U0710259

# 说文部首通解

## A General Introduction to the Radicals in *Shuowen Jiezi*

赵学清 著

**图书在版编目(CIP)数据**

说文部首通解/赵学清著. —北京:中华书局,2019.10
(2023.3 重印)
(国家社科基金后期资助项目)
ISBN 978-7-101-14140-5

Ⅰ.说… Ⅱ.赵… Ⅲ.①《说文》-注释②部首-研究
Ⅳ.H161

中国版本图书馆 CIP 数据核字(2019)第 212936 号

---

书　　名　说文部首通解
著　　者　赵学清
丛 书 名　国家社科基金后期资助项目
责任编辑　白爱虎
责任印制　陈丽娜
出版发行　中华书局
(北京市丰台区太平桥西里 38 号　100073)
http://www.zhbc.com.cn
E-mail:zhbc@zhbc.com.cn
印　　刷　三河市宏盛印务有限公司
版　　次　2019 年 10 月第 1 版
2023 年 3 月第 2 次印刷
规　　格　开本/710×1000 毫米　1/16
印张 25¾　插页 2　字数 340 千字
印　　数　3001-4000 册
国际书号　ISBN 978-7-101-14140-5
定　　价　88.00 元

# 国家社科基金后期资助项目出版说明

后期资助项目是国家社科基金设立的一类重要项目，旨在鼓励广大社科研究者潜心治学，支持基础研究多出优秀成果。它是经过严格评审，从接近完成的科研成果中遴选立项的。为扩大后期资助项目的影响，更好地推动学术发展，促进成果转化，全国哲学社会科学工作办公室按照“统一设计、统一标识、统一版式、形成系列”的总体要求，组织出版国家社科基金后期资助项目成果。

全国哲学社会科学工作办公室

# 目　录

# 序

胡安顺

赵学清教授所撰《说文部首通解》一书近期将由中华书局付梓，嘱余为序，余喜且惧，虽欲勉力为之，犹恐有辱重托，见笑方家，为天下学人所议。

粗览全书校稿，窃以为其优胜之处至少有以下八个方面：

一、绪论充实，理论先行。书首以绪论为先导，通过"部首及其产生"、"研究《说文》部首的意义"、"《说文》部首研究小史"、"研究《说文》部首应当关注的问题"四题，使读者初步了解汉字部首的来源、作用、演变、研究小史以及汉字的性质诸事，为进而学习部首建立了理论基础。

二、说解详明，严谨缜密。全书的解释周详，严密，且用语浅白，深入浅出，对每一部首的古文字形、许慎的说解理据、前人的真知卓见、部首与部中字的关系以及部首在后代的演变情况等，皆有观照。例如：

**1.** 一(yī)　"一，惟初太始，道立于一，造分天地，化成万物。凡一之属皆从一。弌，古文一。"(於悉切)

甲骨文、金文中均作"一"，是数字的开始。"初"是天地形成之初，"太极"是最初的起点。《周易·系辞上》："是故，易有太极，是生两仪。"孔颖达正义："太极，谓天地未分之前，元气混而为一，即是'太初'、'太一'也。"所以"惟初太始"是说开天辟地之初，世界的起源。"道"是主宰天地的天数、天道。《老子》四十二章："道生一，一生二，二生三，三生万物。"许慎说天道是从"一"开始分化，先分为天地，然后分化出万物。"一"是数目字，许慎主要通过它来阐释自己的哲学思想。小篆里，"一"用作构形部件的时候，经常表示天和地，汤济沧《说一》说："就《说文解字》求之，最多者莫如以一为地，如韭、至、才、旦、或、且、丘、屯、止、氐、𢀖计十一字，皆以地说之，而立字尚未计入。以一为天者二，如雨，如不。"

甲骨文中"一"至"十"的写法是一、二、三、亖、X、∧、十、)(、𠃊、丨。从一到四，甲骨文是积画成数，从五开始，变为错画。这可能与古代的算筹有关。算筹的不同排列形式即表达不同的数字。

古文"弌"从"弋"，大概也是用小木橛表示数目。所谓古文"弌"只是"一"的古文别体，并非说"弌"早于"一"。

一部下有"元、天、丕、吏"四个属字，大概是许慎认为这些字都从"一"的初始义得义。其实不然，这几个字在甲骨文和金文中都没有从"一"得义。在后来的楷书字典中，把一些含有"一"的笔画又难以归部的字归入"一"部，如"专、五、无、亚、至、友、再、夷"等字。

**三、穷本极源，是是非非。许慎关于部首形义的说解，多属可信，然亦有谬误不可从者，本书均能依据古文字形及前人的定论进行辨证工作，是其是而非其非。例如：**

**34. 彳(chì)** "彳，小步也。象人胫三属相连也。凡彳之属皆从彳。"(丑亦切)

徐锴《系传》："微步也。故相连属也。"段玉裁注："三属者，上为股，中为胫，下为足也。单举胫者，举中以该上下也。胫动而股与足随之。"

甲骨文中"彳"是"行"字的省文，作为偏旁在古文字中与行、辵、廴等通用，表示行走义，经常有换用的情况。许慎解释不合初谊，而段玉裁为之曲解。古文字从行者或从彳，如德，甲骨文有[古文字]、[古文字]等不同写法，《说文》彳部往字古文作[古文字]、後字古文作[古文字]。"彳"一般只作偏旁，不单独使用。它可与"亍"字连用，组成"彳亍"一词。《说文》"亍"下云："步止也。""彳亍"表示小步或走走停停的意思，又作"踟躇"。

**516. 丁(dīng)** "个，夏时万物皆丁实。象形。丁承丙，象人心。凡丁之属皆从丁。"(当经切)

今天的出土文字形体各异，如甲骨文的、、、，金文的、、，战国包山楚简的、、、。睡虎地秦简作，已与今天写法相同了。徐灏《注笺》："果实未有称丁者，疑丁即今之钉字，象铁弋形。"古文字形证明徐灏之说可信，"丁"是"钉"的初文。陆宗达、王宁两位先生则进一步说明丁之本义为箭的头儿，箭头锐利，中物即入，故丁有撞击、刺杀之义。又箭头刺进目的物就实实定住，因而又有丁实、成熟之义。

**四、分析属字，揭示关联。部首与部中所属字的关系有些比较简单，有些则比较复杂，或隐晦不明，《通解》对部属字大都做了研索辨析工作，将部首与属字在意义上的关联予以揭示。例如：**

句部有三个属字"拘、笱、鉤"。从"句"得声的字多有"曲"义，它们应是同源字，这种编排体现了以声系联的尝试。(51. 句)

言部有属字二百四十四个，重文三十三个。"言"部字多与言语有关，其中大致可分为三类。一类是动词，表示各种言語行为，如"語、許、諾、誅、諫、謗、議、論"等；一类是形容词，多与人的品德有关，如"謹、誠、諒、詐、謙、訥、謬、誤"等；还有一类是与語言有关的名词，如"詩、諺"等。(56. 言)

史部只有一个属字"事"，云："职也。从史，之省声。"卜辞中史、事、吏无别。王国维说："史之本义为持书之人，引申而为大官及庶官之称，又引申而为职事之称，其后三者各需专字，于是史、吏、事三字于小篆中截然有别。持书者谓之史，治人者谓之吏，职事谓之事，此盖出于秦汉之际，而《诗》、《书》之文尚不甚区别。"王说可从。(78. 史)

匚部有六个属字。除"匹"字外，其他字的本义都与隐藏或装盛东西有关。如"區"字下云："踦區，藏匿也。从品在匚中。品，众也。"又如"匿"字下云："亡也。从匚，若声。读如羊骆箠。"又如"匽"字下云："匿也。从匚，妟声。"……又如"医"字下云："盛弓弩矢器也。从匚，从矢。《国语》曰：'兵不解医。'"今《国语·齐语》作"翳"，为假借字。今之医生之"医"实为"醫"字之简化，与"医"字本义无关。

(458. 匸)

五、考察流变,指说存废。部首有文字学部首与检字法部首之分,许慎所立540部根据字义归纳而成,是所谓文字学部首,文字学部首不论检字,唯在取义;明人梅膺祚根据检字需要将540部始并为214部,是所谓检字法部首,检字法部首不别意义,重在检字。《通解》的解说既着眼于部首与部中字的联系,亦注意指说部首的流变及存废情况。例如:

王部只有"闰"、"皇"两个字。因为该部字少,后来的《康熙字典》、《辞源》、《新华字典》均没有列"王"部。1979年新版《辞海》立"王"部,是将部首"王(玉)"归并为"王"部。(5. 王)

京部只有一个属字"就",云:"就高也。从京,从尤。尤,异于凡也。䋊,籀文就。"……后来的字典、词典一般不立"京"部。(190. 京)

邑部有一百八十三个属字。邑字作部首时一般在字的右边。汉字中从"邑"的字大都与城镇、地名有关。如"邦"、"都"、"郭"、"邻"、"郊"、"郓"、"郢"等。(229. 邑)

冖部有三个属字。……汉字中由"冖"组成的字多有"覆盖"之义,如"冥"、"幂"等。但到了楷书结构中有些字虽然含有"冖"字,却没有"覆盖"之义,也被归入到冖部,如"冗"、"写"、"农"等字,需加以注意。(275. 冖)

此外,一些部中字在其后出现了今体或异体,书中不忘指出其古、今之异及通用情况。例如:

皿部有二十四个属字。如"盌"字下云:"小盂也。从皿,夗声。"今作"碗"。"昷"字下云:"仁也。从皿,以食囚也。官溥说。"今通用"温"。"盪"字下云:"涤器也。从皿,湯声。"通作"荡"。(170. 皿)

會部有两个属字。如"䵵"字下云:"益也。从會,卑声。"今作"裨"。(182. 會)

六、博涉群说,择优而从。《通解》全书引证颇丰,兼采众说,择善而从,突出流行之说或权威之说。例如:

**5. 王(wáng)**　“王，天下所归往也。董仲舒曰：‘古之造文者，三画而连其中谓之王。三者，天地人也，而参通之者，王也。’孔子曰：‘一贯三为王。’凡王之属皆从王。李阳冰曰：中画近上，王者则天之义。□，古文王。”(雨方切)

许慎所说“天下所归往”，见《白虎通》；所引董仲舒语见《春秋繁露》。关于“王”字的形源，说法不同。吴大澂、罗振玉、商承祚等认为字形取义于火旺，徐中舒释“王”象人端拱而坐的形象，吴其昌、林沄等认为字形象横置的大斧。现在多数学者认同其构意为斧钺，其演变过程是：□、□、□、□。卜辞中，“王”用为商先公先王的称谓。甲骨文晚期“王”字构形已经与今天楷书一样了。

**346. 鬼(guǐ)**　“鬼，人所归为鬼。从人，象鬼头。鬼，阴气贼害，从厶。凡鬼之属皆从鬼。□，古文从示。”(居伟切)

甲骨文或作□、□、□，均象人身而头巨大，为鬼头之形。构意应为原始社会及商周社会中人所戴的一种吓人的面具，以之代表人观念中的鬼。……西周金文或作□、□，春秋作□，战国早期金文作□，战国郭店楚简作□。这些形体均不从“厶”。董莲池说古文、篆文从“厶”的形体应是从侯马盟书写法讹变而来。张舜徽云：“姚华《弗堂类稿》，有《说鬼》一篇，谓鬼字从甶，乃人戴假面具为装鬼之式。《周礼》方相氏，已有黄金四目之文，其来甚远。人戴甶于首，其形可畏，故畏字亦从甶。姚氏所言精覈，为自来学者所未道。若以声求之，则鬼之与幗，语原同也。物之可戴于首者，古谓之幗，亦谓之鬼，今谓之盔，皆一语之转，姚说信可从已。”

七、察形析义，具道古今。有些部首字后来出现了今体、异体，或借为他字，《通解》多能指出其古今关系以及异体和借用情况。例如：

(次)甲骨文有□，金文作□，象人口液外流形。“涎”是后起形声字。“次”字构意是“流口水”。引申为水满溢。卜辞有：“己亥卜，王贞：洹不次？允不[次]。”卜问洹河的水是否会漫出来。于省吾云：“甲骨文次字，有的象以手拂液形，有的象口液外流形，故后世形容人之贪饕，以垂涎为言。甲骨文盗字只一见，与次同用。口液为次之本义，引申之则为水流泛滥无方，水流泛滥无方又与后世盗窃之义相因。”次、涎为古今字，涎见于东汉碑文。（322. 次）

（頁）甲骨文或作、，象人頭有毛发和身形。頁与首、百本来是一字异体，只比“首、百”多画出人的身体。金文作。战国信阳楚简作。许书中首、百、頁三字分立，盖因三字各有所统属之字。“頁”多用于作偏旁。至于“活頁”、“册頁”中的“頁”，是同音假借字，同“叶”（葉）。（324. 頁）

八、辨析词义，比较异同。部首相同的字，部首呈现的意义往往不同，有些不易察觉。《通解》除在分析部中字时讨论外，亦或在解释部首的过程中进行辨析，比较异同。例如：

331. 彡（shān） “彡，毛饰画文也。象形。凡彡之属皆从彡。”（所衔切）

甲骨文作彡。段玉裁说笔所画之文为彡，曰：“巾部曰：饰者，刷也。饰画者，刷而画之；毛者，聿也。……毛所饰画之文成彡。须发皆毛属也。故皆以为彡之属而从彡。”张舜徽云：“毛饰画文，当读为四事，非止二义也。谓凡从彡之字有属毛者，须、髟是也；有属饰者，彰下云：‘彡其饰也。’是也；有属画者，彤下云：‘彡其画也。’是也；有属文者，彪下云：‘彡象其文也。’是也。若此诸字，虽同从彡，而所象各异。”从中看出，彡这个字形可以表示各种不同的词义，如毛发、色彩、花纹等，因为其外形有相似性。如“参”指浓密的头发；“髟”指头发长；“彩”指各种颜色，“彪”指老虎身上的彩色毛；“影”则指明暗相间斑驳状。

余事不论，仅凭以上所举内容即足证《通解》是一部说解全面、引证繁富的佳作。

学清教授师出名门，先后就读研习于武汉大学、北京师范大学和四川大学等校，师从黄孝德、王宁诸先生，博涉小学，专精文字，朝夕涵泳，春秋不倦，于《说文》部首烂熟于心，《通解》即其长期攻治之结晶。虽前贤时彦说解部首者既多，然《通解》裒集众説，稽据古文，钩深致远，张皇幽眇，抵排曲论，翦刈卮言，更革旧例，别出新意，可谓高标独秀，应弦合节，攀越方城，挺出邓林矣；诚通贯《说文》之津涉，探寻语源之钤键。

《汉书·艺文志》载："汉兴，萧何草律，亦著其法，曰：'太史试学童，能讽书九千字以上，乃得为史。又以六体试之，课最者以为尚书、御史、史书令史。吏民上书，字或不正，辄举劾。'"《说文解字·叙》亦云："汉兴，有草书《尉律》，学僮十七已上，始试讽籀书九千字，乃得为吏。"于中可见汉代对小学知识的重视程度，识字量多，书写无误，不仅是对童蒙的要求，甚而作为取士的标准。今当中兴之世，继承中华优秀传统文化、提高国民综合素质刻不容缓，倘若对大中小学生的识字量提出更高要求，且将识字量作为铨选干部的基本条件，则官员及学人在重要场合读错字、写别字的笑话岂能屡见不鲜哉？《通解》一书的问世适逢其时，必将以其特色独具的内容与同类书一道，促进汉字的普及与研究，为弘扬优秀传统文化，为民族复兴大业做出积极贡献。

于陕西师范大学菊香斋

2019 年 5 月 31 日

# 绪　论

## 一、部首及其产生

### （一）什么是汉字部首？

汉字是表意体系的文字。根据汉字形体结构的不同，可以将汉字相同的表意部分归类，每类称为一部。在同一部类中，把笔形最简单、表意较典型的一个字作为领头的字，这个领头的字习惯上通称为部首。教育部和国家语委发布的语言文字规范之一《汉字部首表》中关于“部首”（indexing component）的定义是：“可以成批构字的一部分部件。含有同一部件的字，在字集中均排列在一起，该部件作为领头单位排在开头，成为查字的依据。”①

运用部首将汉字归类，可以将汉字按一定规律有条不紊地组织起来，举一纲而万目张，有助于记忆和查检。汉字部首的确立经历了一个过程。根据《汉书·艺文志》“小学类”的记载，周宣王时太史籀作《史籀篇》十五篇，是童蒙识字的课本，成书应在春秋战国之际。王国维《史籀篇证序》说：“则《史籀篇》文字，秦之文字，即周秦间西土之文字也。至许书所出古文，即孔子壁中书，其体与籀文、篆文颇不相近。六国遗器亦然。壁中古文者，周秦间东土之文字也。然则《史籀》一书，殆出宗周文胜之后，春秋战国之间，秦人作之以教学童，而不行于东方诸国。”②其后有李斯《苍颉篇》、赵高《爰历篇》、胡毋敬《博学篇》，汉代曾有书师将其合并为《苍颉篇》。汉武帝时司马

①《汉字部首表》，语文出版社，2009 年，第 1 页。

②王国维《观堂集林》（第一册），中华书局，1959 年，第 254—255 页。

相如仿照此类书作《凡将篇》,汉元帝时黄门令史游作《急就篇》等。流传到今天的只有《急就篇》。其开头几句是:"急就奇觚与众异,罗列诸物名姓字,分别部居不杂厕,用日约少诚快意,勉力务之必有喜。"①这种儿童习字的课本在编排上是以义类相从的,如把树木类的字编在一起,这些字的结构中都有一个"木"字。这种编排方法有利于教学和记忆,体现出初步的"分别部居"的思想。与之相类似的是《尔雅》,也按照义类编排,有释诂、释言、释训、释亲、释宫、释器、释乐、释天、释地、释丘、释山、释水、释草、释木、释虫、释鱼、释鸟、释兽、释畜十九篇。其中《释木》中的字多包含"木"旁,《释水》中的字多包含"水"旁,《释草》中的字多有草字头,等等。这些义符实际是汉字部首。

在此基础上,许慎创立了用540部首编排《说文解字》(以下简称《说文》)的方法。他用540部把9353个汉字编排起来,著成《说文》。他在《说文解字叙》中说:"今叙篆文,合以古籀,博采通人,至于小大,信而有证,稽撰其说,将以理群类、解谬误、晓学者、达神恉,分别部居,不相杂厕,万物咸睹,靡不兼载,厥谊不昭,爰明以谕。"徐锴《说文解字系传》(以下简称《系传》)云:"臣锴曰:谓分别相从自慎为始也。"②许慎说的"部居"和史游说的"部居"虽然表面上一样,但实际所指不同,史游说的是义类,许慎说的是部首。许慎在《说文解字叙》中还说:"其建首也,立一为耑,方以类聚,物以群分,同条牵属,共理相贯,杂而不越,据形系联,引而申之,以究万原。"因此许慎在中国辞书发展史上第一次提出"建首"的说法,从此有了"部首"的概念。他通过对小篆形体结构的分析,总结整理出汉字的540个基本部首,并用这些部首系联了9353个汉字。他创立的部首编排法成为后世汉语辞书编纂所遵循的一个主要方法。

后世文史工具书所使用的部首,都可以说是从540部演变而来。如南朝梁顾野王的《玉篇》增为542部,宋司马光等编纂的《类篇》沿

①〔西汉〕史游《急就篇》,岳麓书社,1989年,第1页。

②〔南唐〕徐锴《说文解字系传》,中华书局,1987年,第289页。

用了540部，明代梅膺祚的《字汇》简化为214部，清代张玉书、陈廷敬等编纂的《康熙字典》、近代《中华大字典》、旧本的《辞海》、《辞源》还使用了214部。现代的《新华字典》减少为189部，新《辞海》又成了250部。

部首和偏旁是什么关系呢？有人以为既然部首是偏旁，那么偏旁也就可以称为部首。这种说法不正确。偏旁是对合体字而言，部首是对其内部所统属的字而言。部首可以是合体字的偏旁，但偏旁不一定都是部首。因为部首代表同部字所表示的词义类别，而偏旁则除了表示词义类别外，还有的是表示字的读音，合体字中能够独立存在的各组成部分都可以称为偏旁。如对"蜂、蛾"来说，"虫"是它们的部首，也是它们的偏旁，但另外一半就只是偏旁，不能称为部首了。形声字中，义符通常是部首，但它们之间也不能画等号。"意符对声符而言，部首对所统属的各个字而言。由于形声字的意符同时又是形体构造上的偏旁，所以原则上意符都可以作为部首，但是部首不一定都是形声字的意符。这理由很简单，一则因为部首所统属的字不一定都是形声字，例如贝部的'负、赘、质'等字，言部的'计、讨、设'等字；二则因为有些部首本身就不是形声字的意符，例如部首'冓、放、雔'等等，在这类部首下，没有一个形声字。但是从《说文》全书来看，形声字约占总字数的百分之八十以上。在绝大多数的情况下，我们可以说部首就是意符。"①

## （二）汉字部首和汉字性质

汉字部首的产生与汉字性质分不开。部首是汉字表意性质的充分表现。汉字部首是由汉字性质决定的。汉字是表意文字，它的表意特点不仅表现在汉字的单字是因义构形的，而且表现在汉字在形义矛盾统一的总规律下发生演变，形成了表意文字特有的构形系统。这一系统在《说文》中通过540部首的统率作用显示出来。许

①王力主编《古代汉语》（校订重排本）第一册，中华书局，1999年，第168页。该书中用的是"意符"，我们则使用了"义符"，意思是一样的。

慎通过确立小篆的540部首对小篆进行整理和描写分析,全面体现了他对汉字性质的把握。历代学者有不少继承了许慎的科学理论,对汉字进行探讨和研究。虽然学者们对汉字的研究符合汉字的性质和规律,但古代学者并没有明确提出一个理论概念。在语言文字的比较中,瑞士的语言学家索绪尔首先提出了"表意文字"的概念。

索绪尔认为:"(世界上)只有两种文字的体系:(1)表意体系。一个词只用一个符号表示,而这个符号却与词赖以构成的声音无关。这个符号和整个词发生关系,因此也就间接地和它所表达的观念发生关系。这种体系的典范例子就是汉字。(2)通常所说的表音体系。它的目的是要把词中一连串连续的声音摹写出来。表音文字有时是音节的,有时是字母的,即以言语中不能再缩减的要素为基础的。"①这种观点对中国文字学研究产生了很大影响。在此之前,中国学者还未曾就这一问题进行过探讨。索绪尔理论的传入使得中国学者开始关注这一问题。如沈兼士19世纪20年代在北京大学讲授《文字形义学》时说:"综考今日世界所用之文字,种类虽甚繁多,我们把他大别起来,可以总括为两类:(1)意符的文字,亦谓之意字。(2)音符的文字,亦谓之音字。意字的性质,不以声音为主,而以表示形象为主,用文字来具体的或抽象的形容事物之状态,如前面所说的文字画,楔形文字,中国的象形、指事、会意各字皆是;音字的性质以表示声音为主,大都是由意字转变来的,如欧美各国通用的拼音文字,中国的形声字皆是。"②

20世纪40年代张世禄在《文字学与文法学》一文中指出:"文字是用书写上的图符来代表语言的,而普通所谓语言,是用声音来代表意义的;因之无论哪一种文字,总是具有形体、音读和意义这三种

①〔瑞士〕费尔迪南·德·索绪尔著,高名凯译,《普通语言学教程》,商务印书馆,2014年,第38页。其中"却与词赖以构成的声音无关"一句,伍铁平根据法文加以校正改为"而这个符号不取决于词赖以构成的声音"。参阅王宁《汉字构形学导论》,商务印书馆,2015年,第21页注释。

②沈兼士《沈兼士学术论文集》,中华书局,1986年,第386—387页。

要素。不过这三种要素怎样的配合,又要看文字的性质不同而各有区别。某一种文字是用形体来直接显示意义的,各个字体虽具有音读,而形体本身并非作为记录语音的工具,并且有直接显示意义的效用,例如埃及、巴比仑、中国及墨西哥、克利地的古代文字,我们称为'图画文字'。另一种文字是用形体来作声音的记号的,各个字体是由几个语音符号——就是拼音字母——拼切成功的,从字体上得到了音读因而认识所代表的意义,例如梵文、藏文、满文、蒙文、日本假名及欧美各国的文字,我们称为'标音文字'。……还有一种文字,可以说是介于图画文字和标音文字这两者中间的;在这种文字当中,有一部分的字体是由图画文字上脱胎而来的,如果我们追溯这些字体原来的写法,或者分析它们形体的结构,便可以知道它们原是用形体来直接显示意义的。可是,其中另有一部分的字体,在结构和实际应用上,却已经有进到标音文字的趋向了。这种文字,我们称为'表意文字'。……中国现行的文字——汉字——就是现今世界上表意文字唯一的代表。"①此后,很多学者接受了汉字为表意文字的说法。

表意文字说突出了汉字的本质特征,强调了与表音文字的差异,具有重要的理论价值。但表意文字这一概念本身存在被误解的可能。索绪尔提出这一概念的同时,也反映出了他对汉字的不全面认识。他认为汉字不表达语言,而只表达概念,这容易给人造成汉字不表音的误解,其中隐含西方人对汉字的片面认识。沈兼士对汉字性质的论述主要从文字功能的角度入手,认为字符是显示语义为主的。张世禄则从文字的构形和社会功能两个角度阐释汉字的性质,认为任何文字都有形、音、义三个要素。这一认识和西方人对表意文字的理解不大一样。张氏的论述不是很充分,所以 20 世纪 50 年代后,一些学者在深入研究汉字的基础上对汉字的表意性质提出不同看法,积极开展关于汉字性质问题的讨论。

其中周有光先生提出了意音文字说②。这种说法是以形声字的

①张世禄《张世禄语言学论文集》,学林出版社,1984 年,第 214—215 页。

②周有光《文字演进的一般规律》,《中国语文》1957 年,第 7 期。

结构功能为标准提出来的。这种观点值得商榷。首先这种看法以文字发展的所谓“一般规律”为依据,即世界上文字发展的规律是表形、表意、表音三个阶段,这三个阶段是从初级到高级逐渐发展的。“三段论”是一些西方文字学者先提出的,中国的一些文字学者也有类似的主张。这种看法是否符合世界文字发展的客观规律,必须要经过文字发展客观事实的检验。文字起源于图画文字,这是事实,但各种文字的发展方向并不完全一致。一些古老的文字,如古埃及文字、楔形文字等虽然经过从图画文字向表意文字的过渡,但很快变得不可释读,最后走向表音文字。它们虽然经过三个阶段,但是其发展的总体趋势是表音方向。而汉字的发展也是从图画文字开始,从象形文字走向表意文字,其发展趋势是表意。在几千年的发展中,汉字始终努力维护自己的表意文字特点,同时为了适应记录汉语的需要,汉字不断进行内部调整。并没有发展为表音文字的必要和趋势。因此王宁先生主张“世界文字发展两种趋势论”。这样看来,表意文字和表音文字是两种性质不同的文字,一种体系不会替代另一种体系,更不可能从一种体系自然而然地生出另一种体系。其次,意音文字说从汉字的结构出发,立足于形声字而言。形声字虽然从结构上是形符表意义,声符表读音,但是形声字的声符并不具备独立的语音价值,它在本质上不能独立地表示读音,而是依赖于声符与形声字之间的语音关系间接地提示形声字的读音。而且形声字的声符本质上是示源的,表音是次要的、辅助的。因此,说形声字的声符表音是没有了解形声字声符的性质。

另外还有表词文字说和语素文字说。表词文字说可以参见布龙菲尔德的《语言论》①;语素文字说可以参考赵元任的《语言问题》②。这两种说法是以汉字记录的语言单位为标准而提出的。前者认为一个汉字所对应的语言单位是词,而后者认为一个汉字所对应的语言单位是语素。表词文字的说法比起表意文字来,是判断事

①〔美〕布龙菲尔德《语言论》,商务印书馆,1985 年。

②赵元任《语言问题》,商务印书馆,1980 年。

物的角度和标准不同。说汉字是记录词的，是从汉字与拼音文字字母的比较角度看的，字母记音，汉字记词。但是这种比较还值得商榷。从数量上看，汉字有几万之多，而英语字母是26个，这种比较不对等，不合适，所以基于这种比较得出的结论也必然存在问题。语素文字说是基于现代汉字是一个字记录一个语素的事实而提出的，它反映了现代汉语与汉字的关系特点，但它与表词文字说并没有本质的差异；而且从汉语变化的角度来谈汉字性质，也不是从本体论的角度探讨问题，难以得出科学的结论。

表词文字说和语素文字说或者强调汉字的记词或记录语素功能，或者根据形声字的结构等来判断汉字的性质，这些方法难以准确揭示汉字不同于其他文字体系的最本质特征。王宁先生在《汉字构形学导论》中提出判断文字性质问题的三个原则："第一，文字是记录语言的，文字构形一定要与语言有一定的联系，才能起到语言载体的作用。所以，文字的性质首先取决于这种文字的形体与语言如何联系。第二，文字有自己的演变历史，有些文字——比如汉字——还有相当长时期的发展历史，讨论文字的性质要看这种文字历史发展的全过程，也就是要看这种文字在发展过程中性质是否发生了改变。考察汉字的性质，应当考察从甲骨文开始，历经两周金文、秦代小篆，直至隶变、楷化，从古至今性质是否发生了根本变化，是否有变化的趋势。第三，文字不是孤立的字符，它的总体是成系统的，是按一定的区别原则和组构手段结合而成的体系。讨论文字的性质要看整体系统，而不应拘泥于一字一符或某一类字符。"①

根据第一个原则，即根据文字记录语言的方式来看，从文字的构形理据方面考察，汉字属于表意体系。文字记录语言时，每种语言的文字都会通过各种各样的形体记录下语言的两个要素，而且这两个要素实质上如同一张纸的两面不可分离。但是，文字形体本身作为视觉符号能够显示它是与语言的语音直接联系，还是与语义直

①王宁《汉字构形学导论》，商务印书馆，2015年，第20页。

接联系。也就是说文字形体直接显示的信息只能是一个,或者是语音,或者是语义。根据这个原则,汉字是表意文字体系。这里特别需要说明的是,探讨文字性质要与文字记录语言的职能加以区分。从文字记录语言的功能看,它当然既要记录语言中的音又要记录语言中的义。因此,从这一角度看,表音文字和表意文字又具有一致性,文字的视觉符号都与整个词发生联系。

根据第二个原则,我们要讨论在汉字从古到今的发展历程中,有没有从表意体系向表音体系发展的趋势。事实上,汉字在表音与表意的相互促进中一直强化自己的表意趋势,增强个体字符和整个系统的表意功能。这可从下面三个方面来看。首先,当意义发生变化或字符笔势化后,汉字常要改造自己的形体和对字义的解释,以创造形义统一的新局面。其次,由于书面语和口语的实时转化,表音作用使得汉字出现了一些同音借用字。第三,汉字职能的发挥由两个不可缺少的环节合成,即书写和辨认。在这种矛盾中,汉字达到一种自我的内部平衡,而调节字形的杠杆就是汉字的表意性质。汉字总是不断减少构件与笔画,以减少书写困难和记忆负荷,但这种简化一般在不影响表意与别词的前提下进行。如汉字从大篆到小篆的变化就是一次有意识的省减。这种省减是省去多余的部件。但汉字并没有因此失去表意性质。历史上汉字无论如何简化,都没有失去表意特点。我们看到的反而是形声字表音的不完全和不准确,因此我们无法说汉字有向表音发展的趋势。

根据第三个原则,我们需要考察不同类型的汉字符号是否都能列入表意体系。尤其是带有示音符号的形声字是否仍然可以在表意体系中找到自己的位置。考察早期形声字,可以看到它们主要有三个来源,即强化形声字、分化形声字和声义合成的形声字。在这三类形声字中,汉字整个系统的表意性都是很顽强的。从整个形声字系统来看,正是因为汉字的声符不需要准确表音,所以汉字才能超方言、超时代。也正因为汉字的表音机制不完备,所以推行汉语拼音方案才势在必行。形声字声符本来是利用近似声音别词的,加之历史演变，表音作用相对淡化，所以需要一套表音符号。

可见汉字的表意性质决定了我们应该重视汉字部首的分析，而只有基于汉字表意性质的汉字部首研究才有立足之本。形声字义符绝大多数情况下都是部首，所以对现代汉字中有90%形声字的现状来说，这种研究就更为必要。

## 二、研究《说文》部首的意义

《说文》部首是学习和研究《说文》的纲。从整体上看，《说文》部首把9353个小篆形体类聚起来，同时也是意义分类的标志。使用形与义两维标准来确立的540部首，使9353个正篆能“分别部居，不相杂厕”，正是形义统一规律在发挥作用。许慎从小篆的拆分归纳得到部首，利用其形义来统率所属字的形义。所以学习《说文》小篆应当首先掌握部首。但部首并不容易掌握。这是因为，“学习部首，必须和所属字互相印证，但所属字和部首的关系相当复杂，相互不能印证的情况时而有之。部首本身的情况也不完全符合规律，例如，部首大部分是形声字的义符，可有些又是声符；部首应当有自己所属的字群，不然何称为‘首’？可是确有一部分部首什么字也不统率；部首处于正篆地位，自己应当也是一个字，有自己的意义，不然如何从形与义两个方面统率所属字？可是有些部首却是非字部首，从来没有单用来记录过一个词，有形而无义，甚至竖、撇、点这些不成字的单笔画，《说文》都列入部首；汉字是记录汉语的符号，它的音和义是从汉语移植过来的，既是非字部首，没有义，自然也不应当有音，可是，很多非字部首在《说文》里又都有音；部首里还有一些疑难字，不容易读通……所以，要想普及《说文》，先把部首问题解决，是非常重要的”①。具体说来，学习和研究好《说文》部首还有以下几个方面的作用和意义。

---

①王宁序，董莲池《说文部首形义通释》，东北师范大学出版社，2000年，第3—4页。

## (一)《说文》部首开创了中国辞书编纂的一个重要法则，是学习《说文》的一个入门要径

《说文》用540部首统属汉字的做法，是后代各种工具书使用部首检字法的渊源。目前汉字的检字方法不止一种，虽然其中最常用的是音序检字法，但如果目的在于查字音，这种方法就一筹莫展了，所以，部首检字法目前依然是十分普遍的检字法。因此，认真研究《说文》部首对字典编纂来说是一个重要工作。

许慎创建了部首，以部相从，奠定了汉字字典编纂的科学体系。他认为凡字必有所属之部首，这样可以“举一形以统众形”。北齐的颜之推曾经给予《说文》以高度评价：

> 客有难主人曰：“今之经典，子皆谓非，《说文》所明，子皆云是，然则许慎胜孔子乎？”主人拊掌大笑，应之曰：“今之经典，皆孔子手迹耶？”客曰：“今之《说文》，皆许慎手迹乎？”答曰：“许慎检以六文，贯以部分，使不得误，误则觉之。孔子存其义而不论其文也。先儒尚得改文从意，何况书写流传耶？必如《左传》止戈为武，反正为乏，皿虫为蛊，亥有二首六身之类，后人自不得辄改也，安敢以《说文》校其是非哉？且余亦不专以《说文》为是也，其有援引经传，与今乖者，未之敢从。又相如《封禅书》曰：‘导一茎六穗于庖，牺双觡共抵之兽。’此导训择，光武诏云：‘非徒有豫养导择之劳’是也。而《说文》云：‘䆃是禾名。’引《封禅书》为证；无妨自当有禾名䆃，非相如所用也。‘禾一茎六穗于庖’，岂成文乎？纵使相如天才鄙拙，强为此语；则下句当云‘麟双觡共抵之兽’，不得云牺也。吾尝笑许纯儒，不达文章之体，如此之流，不足凭信。大抵服其为书，隐括有条例，剖析穷根源，郑玄注书，往往引其为证；若不信其说，则冥冥不知一点一画，有何意焉。”①

①〔南北朝〕颜之推《颜氏家训·书证》，《诸子集成》(第八册)，中华书局，1954年，第38—39页。

段玉裁说:“此前古未有之书,许君之独创,若网在纲,如裘挈领,讨源以纳流,执要以说详,与《史籀篇》、《仓颉篇》、《凡将篇》杂乱无章之体例不可以道里计。”

可见,540 部首是《说文》的纲领。我们要想对《说文》进行深入研究就应当从 540 部入手。黄侃《说文略说》曾对 540 部分类编排的原则做了总结性阐述:“许书列部之次弟,据其自叙,谓据形系联;徐锴因之以作部叙。大氐以形相近为次,如一、上、示、三、王、玉、珏相次是也。亦有以义为次者,如齿、牙相次是也。亦有无所蒙者,冓之后次以幺,予之后次以放,是也。必以为皆有意,斯诬矣。”①

季刚先生所言徐锴的《部叙》是《说文解字系传》中的一章,我们看其中开头的部分:“一,天地之始也。一,气之化也,天先成而地后定,天者,上也,故次之以上。在上者莫若天。二古文上字,垂三光以示人,故次之以示。小者,三光也,故次之以三。通三才而后为王,故次之以王。王者,君子所以比德也,天地之精也,王者所服用也,故次之以玉。玉双为珏,故次之以珏。山泽以出气,山泽之精,玉石以出也,故次之以气。气象陶烝,人事以成,故次之以士。”②应该说,《说文》部首排列的基本顺序很重视形体。

总之,《说文》开创的部首在辞书编纂史上的地位是不言而喻的。

## (二)《说文》部首体现了许慎关于语言符号的系统论思想

许慎认识到了汉字本身的结构特点,十分清楚汉字是以系统的方式存在的,因此也可以用系统的方式描写出来。

文字是一套记录语言的符号系统。对于这一点,索绪尔在《普通语言学教程》中有明确说明:“语言和文字是两种不同的符号系统,后者唯一的存在理由是在于表现前者。语言学的对象不是书写

①滕志贤编《新辑黄侃学术文集 · 说文略说》,南京大学出版社,2008 年,第 13 页。

②〔南唐〕徐锴《说文解字系传》,中华书局,1987 年,第 299 页。

的词和口说的词的结合，而是由后者单独构成的。但是书写的词常跟它所表现的口说的词紧密地混在一起，结果篡夺了主要的作用；人们终于把声音符号的代表看得和这符号本身一样重要或比它更加重要。这好像人们相信，要认识一个人，与其看他的面貌，不如看他的照片。”①这里他要说的是语言和文字是两种不同的符号系统，而且文字由于人们的错觉经常被看得比语言还要重要，从而凌驾于口语形式之上。这的确是人们进行语言研究时容易出现的不自觉现象。在古代学者的观念里，字词不分十分常见。索绪尔特别指明了这一点。

这是问题的一个方面。我们要说的是问题的另一方面，即汉字由于特殊的形体结构，作为表意体系，其形体的构造是有系统的，这种系统又是可以描写出来的。当然这种描写是适合汉字与汉语的关系的，即把形义统一起来，这种描写在方法上不可能完全使用西方语言学的方法。西方语言学的方法可以参考，但不可能完全照搬使用。

汉字形体的研究在汉字学上称为“汉字构形学”。其研究对象是汉字本体。什么是汉字的本体？汉字是形音义的结合体，但其中的音义是从汉语中继承而来的，因此，只有形才是它固有的。汉字的形义联系突出展示了汉字的表意性质。由于传统小学以解经为任务，其实用目的十分明显，所以我国语言研究形成了形音义互求的传统方法。这种方法是以意义为出发点，也必然是以意义为落脚点的，这种方法表现出古代训诂学家的杰出创造能力，也在有清一代得到充分运用，从而使当时的语言研究达到一个高峰。这是传统方法的贡献。不过，如果我们换一个角度看，即从汉字本体研究的角度看，这种研究主要是为释义服务的。传统的“六书”是分析汉字构形模式的法则，前四书还可以分析汉字构形，后两书则与汉字构形本身没有关系。在传统小学家眼里，“字”和“词”被认为是一回

①〔瑞士〕费尔迪南·德·索绪尔著，高名凯译，《普通语言学教程》，商务印书馆，2014 年，第 35 页。

事。他们忽略了作为语言载体的文字的相对独立价值，才经常将字、词混淆，从而将文字学和训诂学也纠缠在一起。再有，就是同样出于解经的需要，古代小学家对汉字的关注一般是单个的，以个体为对象。《说文》虽然含有宝贵的构形思想，但人们从解读文献的目的出发，往往更关注其单个字符的意义与形体的解释是否正确，而很少看到其中的系统思想。后代模仿《说文》编写的字书在理论的自觉性上远远不如《说文》，多是套用《说文》的框架罗列汉字，而且没有从历史层面对这些汉字进行分析，结果很难从中看出汉字形体具有的系统性。

汉字构形的系统性其实在《说文》中已经体现出来。《说文》小篆是经过整理规范后的字形，又经过许慎的编排，已经有了系统性。我们对许慎编排的字形进行研究，同时再借鉴西方结构主义语言学的一些合理原则，就可以看到汉字的系统性。

从理论上说，汉字应当是以系统的形式存在的。"根据系统论的原理，汉字作为一种信息载体，一种被社会创建又被社会共同使用的符号，在构形上必然是以系统的形式存在的。在共时历史层面上的汉字总体，应当有自己的构形元素，这些元素应当有自己的组合层次与组合模式，因而，汉字的个体字符既不是孤立的，也不是散乱的，而是互相关联的、内部呈有序性的符号系统。个体字符的考据只有在整个系统中找到它应有的位置，才能被认为是可信的和合理的。仅仅探讨汉字个体字符的形体变化不能称作汉字史。只有在弄清个体字符形体变化的基础上，考察出汉字构形系统的总体演变规律，并且对这种演变的内在的和外在的原因做出符合历史的解释，才能称为汉字史。"①

在此基础上，王宁先生提出了一套用于共时平面汉字的构形分析的理论术语，总结了可以操作的构形分析方法及对汉字构形系统的描写方法。使用这一方法总结的 1380 个甲骨文的基础构件是

①王宁《汉字构形学导论》，商务印书馆，2015 年，第 190—191 页。

412 个,《说文》9431 个小篆①的基本构件有 367 个。可以说许慎总结的 540 个部首经过整理和归纳,基本就是汉字的基础构件。汉字是由基础构件经过层次组合,按照一定的模式而形成的。《说文》的部首绝大部分都是汉字的基础构件。因此了解了《说文》部首就等于了解了汉字的基本元素和构件,就知道了汉字的系统特征。

### (三)《说文》部首研究是汉语字源与汉语词义研究的基础

汉字部首的归纳体现了汉字的性质,我们可以利用汉字部首为以形索义的研究方法奠定基础。540 部首正是最基础的汉字,所以章太炎先生把 540 部当成汉字的初文,来研究汉字字源。这些基础汉字,经过几度组合,形成了数以万计的汉字。而这些汉字的本义都和这些基础汉字的意义直接或间接相关。因此从探索汉字字源及掌握古代文献词义的角度来说,以 540 部首为纲来学习汉字也是科学而便捷的方法。

“汉字字源学是研究探讨形源的规律和汉字最初构形方式的学科,尽量找出汉字的最早字形,寻找每个字构字初期的造字意图,也就是探讨汉字的形源,也叫字源,是汉字字源学的任务。”②字源是文字形体之间的渊源。字源不讲究“音近义通”,因此它与词源不同。但二者又是相互联系的,有时甚至是统一的。如《释名 · 释山》:“山夹水曰涧。涧者,间也。言在两山之间也。”从中可看出,间既是涧的源词,也是涧的源字。但它们侧重不同。“词源学注意的是涧和间音义相通,形体的联系仅仅视为音义相通的旁证而已。字源学感兴趣的恰恰是二字的共形部分,音义相通只是作为解释共形的参考。”③徐中舒先生在谈到古文字的考释方法时,曾说,一个字讲清楚了,还要联系一系列的字,考察其相互的关系。于省吾先生的《释

①许慎《说文解字》说有 9353 个正篆,实际今天通行的陈昌治单行本有 9431 个。

②王宁《汉字构形学导论》,商务印书馆,2015 年,第 3 页。

③尹黎云《汉字字源系统研究》,中国人民大学出版社,1998 年,第 1 页。

两》揭示了两和车的渊源，正是从字源的角度考释古文字。

为了研究字源，首先要研究《说文》540部，这也是进一步研究《说文》和古文字的门径。尹黎云在《汉字字源系统研究》中举了个例子“卩”。《说文·九上·卩部》：“卩，瑞信也。守国者用玉卩，守都鄙者用角卩，使山邦者用虎卩，土邦者用人卩，泽邦者用龙卩，门关者用符卩，货贿用玺卩，道路用旌卩。象相合之形。凡卩之属皆从卩。”甲骨文“卩”象人屈膝长跪之形，许慎所释有误。“象人屈膝长跪之形”只是造意，那么实义是什么呢？后出字形为何？《说文·九上·卩部》：“厀（膝），胫头卩也。从卩，桼声。”厀、卩古音同为质部，卩为精纽，厀为清纽，声音相通。可见“卩”为“厀”的初文，甲骨文以人屈膝长跪形表示“胫头卩”之义。引申指物体相连处，也指相连的各段。古代瑞信一分为二，用时合起来对验，这是瑞信称“卩”的原因。许慎这里把引申义当成本义，同时也说明“卩”是“节”的源字。“厀”后作“膝”。“卩”在甲骨文中的形体，则又是俯就顺服的形象，“卩”的又一意义是顺从。《说文·九上·卩部》下有12个属字，了解部首“卩”的意义是进一步学习其所属字的基础。①

### （四）对《说文》部首的研究有利于指导现代汉语用字规范

现在整个人类社会处在全球化的信息时代，汉字问题已成为社会和民众关心的热点。信息时代对效率和速度的追求，迫使我们不得不考虑汉字进行信息处理的便利性问题。近年来互联网日益普及，人们克服了地域界限，相互往来和信息传递日益频繁。远隔万里的人如在咫尺，世界变成了“地球村”。特别是由于中国经济迅速发展，汉语学习在世界很多国家持续升温。汉语作为第二语言教学地位的上升带来了对汉语教学尤其是汉字教学的新要求。在汉语走向世界之前，汉语和汉字首先要进行一定的规范。“汉字能不能走向世界，如何走向世界，如何取得世界通用文字的资格，这些问题

①尹黎云《汉字字源系统研究》，中国人民大学出版社，1998年，第5页。

也困扰了好几代人。……从汉字作为一个符号系统而言，它自身也曾存在不符合国际通用的缺点，不规范，不标准。字形不规范，字音无标准。异体字多，谁正谁俗？方音复杂，一字如何定音？不要说外国人学起来困难重重，就是中国人学汉字，写汉字，曾经也是各行其是。为汉字定形定音，汉字要与拼音结合，要有自己的拼音系统，这是现代社会的要求，是汉字走向世界的必要条件。西洋传教士曾为汉字制定了各种各样的拼音文字，中国人更是为此付出了巨大的精力、财力、物力。至今两岸未统一，汉字仍有繁简之别，这对国际交流甚至华人内部交流仍有不便。"①2008 年以来，汉字的繁简问题又起争议。有人甚至鼓动政协委员就汉字恢复繁体问题提出议案，汉字繁简的问题经过媒体的报道更是引起社会纷争，不少人就繁简问题发表意见。在信息时代到来之前，这样的问题并不明显。但现在却成为我们无法回避的现象，需要我们从事汉字研究的人加以思考并提出解决方案。在汉字问题上，国家语言文字行政部门十分重视，教育部和国家语言文字工作委员会组织研制了一系列的语言文字规范。从 2001 年就启动了《规范汉字表》的研制工作，并于 2009 年 2 月完成。《规范汉字表》是记录现代汉语的通用字集，体现现代汉语通用汉字的字量、字级和字形规范。《汉字部首表》、《GB13000. 1 字符集汉字部首归部规范》于 2009 年 1 月正式发布，《现代常用字及部件名称规范》、《现代常用独体字规范》于 2009 年 3 月发布。② 教育部、国家语言文字工作委员会历时十余年组织研制的《通用规范汉字表》，2013 年 6 月由国务院正式发布，同年 8 月由语文出版社出版发行。主持《通用规范汉字表》研制的首席专家王宁先生主编的《通用规范汉字字典》也于 2013 年由商务印书馆出版。

可以看到，这些规范中很多部分都涉及汉字部首的问题。其实常用字的部件，还有常用独体字，大多是《说文》部首。其中《现代常

---

①何九盈《汉语三论》，语文出版社，2007 年，第 13—14 页。

②《汉字部首表》、《GB13000. 1 字符集汉字部首归部规范》、《现代常用字及部件名称规范》、《现代常用独体字规范》，语文出版社，2009 年。

用字及部件名称规范》中规定了现代常用字的部件拆分原则、部件及其名称。根据拆分原则,该规范给出了《现代常用字部件表》和《常用成字主形部件表》。《常用成字主形部件表》共包括305个常用的成字主形部件。《现代常用独体字规范》则规定了现代汉字中常用的独体字,确定了256个现代常用独体字,形成了《现代常用独体字表》。这些规范中的305个常用成字部件和256个常用独体字基本都在《说文》540部首范围之中。当然由于《说文》部首建立的一些原则与当时社会和文化密切相关,与许慎的哲学观念紧密相连,所以和现代常用字还有一些不同。但是我们更应该看到对于现代汉字来说,最常用的独体字和成字部件是最基础的构字元素,对这些元素必须从字源上分析清楚,这样才能更好地学习其他汉字。

现代汉字用字规范和部首规范,同《说文》部首相比已经发生了很大变化。《汉字部首表》收主部首201个,附形部首100个。①《汉字部首表》制定的主要原则,一是尊重传统,二是立足现代,兼顾古今。其中尊重传统是非常重要的原则,因为现代使用的所有部首均从古代变化而来,对其来源如果能了解清楚,对整个汉字体系的了解和学习就会容易很多。因此,从现代汉语和汉字规范的角度说,我们对《说文》部首进行研究也具有极大的现实意义。

## 三、《说文》部首研究小史

许慎创立《说文》部首,也就发现了汉字本身的内在构形规律。从此,学者们自觉运用部首来分析汉字形体。部首,在古代或叫"字原"。古代学者认识到这是汉字产生的源头。由于部首对理解和掌握汉字能起到以简驭繁的作用,所以历代的文字学者都重视部首的研究。专门研究《说文》部首的著作,唐代有李腾的《说文字原》,宋代有林罕的《字原偏旁小说》、郑樵的《六书略》、释梦英的《篆书偏

①主部首:有不同写法的部首中具有代表性的书写形式。附形部首:附属于主部首的书写形式,有繁体、变形和从属三种。

旁字原》,宋末元初有戴侗的《六书故》,元代有周伯琦的《说文字原》等。

李腾《说文字原》一卷,著录于《崇文总目》,已佚。

林罕著《字原偏旁小说》三卷,将偏旁增为五百四十一字。他的说法有与许慎不同之处,南宋晁公武《郡斋读书志》批评其有“好怪”之嫌。

宋代释梦英对李阳冰的篆书颇为服膺,他和郭忠恕相友善,常切磋篆学。郭忠恕对林罕的书非常不满,希望能辨明事实,重振古风。释梦英五代末年讲授小篆之学,根据当时刊定的《说文解字》,用篆书重写了《说文》五百四十部首。为了使自己的研究传至后世,将其《篆书偏旁字原》勒石在长安故都文宣王庙。当然其中对许书的改动,也有不少谬误,不足为训。

宋代著名学者郑樵也对六书理论进行了深入研究,他的主要见解收在《通志·六书略》中。其中涉及对部首和字原的很多看法。其学说有一些可取之处,如关于指事与象形的区别,关于形声与会意的区别,关于形声可造无穷之字,等等,都是值得肯定的。但其中也有很多荒诞之说。如他在《起一成文图》中认为所有的文字都是由“一”变来的,是由横、竖、撇、捺、弯等十几种线条构成的。这就把文字当成一种纯粹的符号。他对六书的分类也芜杂而不当。总的来说,他的理论可取之处不多。但他能不迷信许慎,而进行理论创新和探索的精神是可嘉的。郑樵学说对宋、元、明三代的学者产生了不少影响。①

元初戴侗的《六书故》在说文部首研究上有一些创见。他说写作该书的目的就是用字原和六书来通晓文字,“天地万物,古今万事,皆聚于书。书之多,学者常病乎不能尽通。虽然有文而后有辞。书虽多,总其实,六书而已。六书既通,参伍以变,触类而长,极文字之变,不能逃焉。故士惟弗学,学必先六书”②。他思想解放,能运用

①参见张其昀《“说文学”源流考略》,贵州人民出版社,1998 年,第 105—106 页。

②〔宋〕戴侗撰,党怀兴、刘斌点校,《六书故》(上册),中华书局,2012 年,第 3 页。

钟鼎文来探求字原，在《说文》部首研究上有了新进展。①

元代周伯琦精通篆书，其《说文字原》与前面说的几种著作类似，但在学术价值上要超过前面的几部书。该书对许慎《说文》540部首的次序有所调整，使其以类相从，以辗转孳生之义。但周书的问题在于他把《说文》部首全当成字原看待，其实并非如此，而且书中也有不少牵合之处。明代赵撝谦的《六书本义》、赵宧光《说文长笺》等著作也有关于部首的研究，但总的看来，明人在《说文》部首研究上成就不大。

清代的学者在《说文》研究上达到了一个高峰。其中最有成就的段玉裁、朱骏声、桂馥和王筠等在他们的《说文》研究著作中都对部首研究做出了贡献。除此之外，还有专门研究《说文》部首的著作出现。如吴玉搢的《六书部叙考》、蒋和《说文字原集注》、吴照《说文偏旁考》与《说文字原考略》、饶炯《说文解字部首订》等。这些专门研究《说文》部首的著作，成就各有千秋。其中蒋和的著作最为人称道。他在写作《说文字原集注》之后还专门设计了《字原表》。王筠特别欣赏蒋氏的成就，还把其《字原表》改名为《说文部首表》，把表的形式改造成谱牒式附录于《说文解字句读》。王筠说："右蒋仲龢所为表，诸家说部首者皆不及也。间有未惬者更易之。其所为说，多不本于许君，余亦间用之。其可通以许说者，不复用也。"②其成就在当时或许是最高的，但并不说明他们的成果后人就无法超越了。事实上，前代研究《说文》部首的学者，大多受历史的局限，固守经学和许慎原书，成就多在训诂方面，而对字形的阐释，还有很多不足。从古文字材料上来说，虽然甲骨文出土前，也有很多学者对铜器铭文加以研究，其中的部分成果也被吸收到《说文》部首研究中；不过，从整体上看，部首研究对《说文》以外的古文字关注过少。

1899年殷墟甲骨文出土后，学者们看到了3000多年前的汉字

①参见党怀兴《〈六书故〉研究》，陕西师范大学出版社，2000年。

②〔清〕王筠《说文解字句读》，中华书局，1998年，第624页。

资料。同时,殷周铜器铭文也不断发现新材料,这些材料与甲骨文可以相互印证,为学者们研究《说文》部首提供了绝好的机会;所以出现了一些划时代的学者,成就卓著。如王国维、罗振玉、郭沫若、董作宾、唐兰、杨树达、于省吾等在他们的著作中都对部首研究做出了贡献。其中也有专门的部首研究著作出现,如胡小石《说文部首》、林义光《文源》等。

20 世纪 70 年代后,战国文字大量出土。其中,秦系文字和《说文》小篆有直接传承关系。秦文字如睡虎地秦简,形体相当丰富,而以前则有春秋石鼓文、诅楚文,秦的铜器铭文、玺印文字、陶文等,都和《说文》篆体联系密切。出土六国文字中最大宗的是楚文字,如郭店楚简、包山楚简等。其他各国也有大量文字资料出土,都为部首研究提供了新的资料。利用这些古文字资料研究《说文》部首又取得新成就。如徐复、宋文民《说文五百四十部首正解》,邹晓丽《基础汉字形义释源——〈说文〉部首今读本义》,冯蒸《"说文部首今读"新订并说明》,向夏《说文解字部首讲疏——中国文字学导论》,董莲池《说文部首形义新证》,徐耀民《说文解字部首解读》,左民安、王尽忠《细说汉字部首》,黄天树《说文解字部首与甲骨文》,胡安顺《说文部首段注疏义》等。这些研究考释著作主要根据文献典籍、古文字资料和《说文》体例,对部首进行分析注释,利用古文字字形分析部首字形,说明字形的演化和讹变,纠正许慎解释的某些错误,解决一些以前存疑的问题,使《说文》部首研究有了突破性进展。

## 四、研究《说文》部首应当关注的问题

《说文》540 部首的原则是"始一终亥",它的含义是什么呢?"始一"是说《说文》全书字词的排列是从"一"开始的,"终亥"是说全书以"亥"部首为终结。许慎对"一"的解释"惟初大始,道立于一,造分天地,化成万物"反映了他和当时的学者对于宇宙初始状态及其万物产生情况的看法。而"亥"的本义是"荄也"(gāi),草根的

意思,象征“亥而生子,复从一始”,即周而复始,生生不息。许慎贯彻这一原则的目的是“以究万原”,“知化穷冥”。“以究万原”,段玉裁注说是穷尽与毕举“天地鬼神、山川草木、鸟兽昆虫、杂物奇怪、王制礼仪、世间人事”的类别与变化;“知化穷冥”,即“《易》之知化穷神”,意思是真正了解了变化之道,也就穷究了天地万物变化的奇妙。

在研究《说文》部首的过程中,应当注意这样几个方面。

第一,应当熟悉《说文》部首。我们前面已经说到540部作为基础汉字在很多方面都具有重要意义。而研究这些部首不仅是研究《说文》的门径,而且是学习古代汉语、古代汉字乃至现代汉语、汉字的最基础工作,所以我们应当首先熟悉它,熟悉它就要反复阅读、摹写。

第二,应当用发展的观点来看待《说文》部首。这一问题可从两个角度来看。

首先是从辞书编纂的角度看,540部今天看起来有些过于庞大,所以出现了后来部首的合并。我们知道,540部首中,有36个是没有属字的,只有部首。如:三、四、五、六、七;甲、乙、丙、丁、庚、壬、寅、卯、未、戌、亥;易、能、燕、它;才、凵、久、克、录、耑、丏、冉、幵等。

这36个部首中有16个是数目和干支字,许慎为什么把这些字归到部首里呢?邹晓丽先生认为是许慎为贯彻其哲学思想的需要,为了全面系统地宣扬儒道互为表里的阴阳五行说而设立的这些部首,也可以体现他与今文学派坚决斗争的立场。① 许慎坚持实事求是地解释文字,把五经当成前人流传下来的经典文字来分析,不因附会时政而曲解文字。这种指导思想使他在写作时对那些能贯彻其哲学思想的文字给予高度重视,因而单独列出数目字和干支字作为部首。

而有些部首是为客观地反映重大历史现象而设立的,如“燕”

①邹晓丽《论许慎的哲学思想及其在〈说文解字〉中的表现》,《北京师范大学学报》(社会科学版),1989年,第4期。

字。《诗·商颂·玄鸟》:"天命玄鸟,降而生商,宅殷土芒芒。古帝命武汤,正域彼四方。方命厥后,奄有九有。商之先后,受命不殆,在武丁孙子。武丁孙子,武王靡不胜。龙旂十乘,大糦是承。邦畿千里,维民所止,肇域彼四海。四海来假,来假祁祁,景员维河。殷受命咸宜,百禄是何。"全诗分四层。前面三句是第一层,写契祖的诞生。有关简狄生契的故事,是一个流传很广的神话。古籍中记载很多,如《史记·三代世表》记载:"褚先生曰:'……尧知契、稷皆贤人,天之所生,故封之契七十里,后十余世至汤,王天下。尧知后稷子孙之后王也,故益封之百里,其后世且千岁,至文王而有天下。《诗》传曰:"汤之先为契,无父而生。契母与姊妹浴于玄丘水,有燕衔卵堕之,契母得,故含之,误吞之,即生契。契生而贤,尧立为司徒,姓之曰子氏。子者兹;兹,益大也。诗人美而颂之曰'殷社芒芒,天命玄鸟,降而生商'。"刘向《列女传》也有类似记载。

"燕"是殷商氏族的图腾。燕地是殷的发祥地。周武王伐纣后,如何处理好殷商遗民是一个棘手的问题。当时,一是安抚,如将商王之后封在宋国,爵位最高;二是加强管理,如封召公奭为燕国第一代国君,派"三监",其中之一在燕即"邶"。可见"燕"是商周之交重要的政治内容,是古籍很敏感的字眼。

这些部首中,还有渔猎社会的生活工具"率"、农业社会生产工具"录"、重要哲学思想观念"易"等。这种现象也出现在有属字的部首中,如"珏"部,本可归入玉部,但其下收的字"班、琫"说明玉器在古代社会生活中的重要作用,所以单独立部。对此,段玉裁《说文解字注》云:"因有班琫字,故珏专列一部,不则缀于玉部末矣。凡说文通例如此。"

当然,也有一些似乎不必单列的部首。如有些部首是简单部首字体的复体,如口与吅、品、㗊,虫与䖵、蟲,隹与雔、雥,木与林,犬与犾,言与誩,目与䀠等。

这些部首的分立,今天看来似乎找不出什么合适的理由,特别是从检字法的角度看,可能需要合并。明代的梅膺祚则对《说文》部首进行大胆改革，经过删减、合并、增补，最后用 214 部来统摄 33179 个汉字，撰成《字汇》。这次改革确立了“以笔画之多寡循序列之”的部首排列原则，更加巩固了汉字部首编排法的重要地位，也为后来的大型语文辞书所沿用。可以说，这一编排法一定会与汉字长期存在下去。

其次，从汉字发展的角度看，部首作为基础汉字也在不断变化。对于《说文》部首来说，它只是许慎为了分析小篆字形而设立的。小篆是汉字形体发展中的一个历史阶段，它上承甲骨文、金文，下经隶书、楷书，发展到今天。本来《说文》及其小篆在长达近两千年的历史过程中一直享有崇高的地位，但是近代以来受到欧洲文明的冲击，加之中国封建社会的式微，汉字的命运受到质疑。同时，1899 年在安阳出土甲骨文后，人们看到了更为古老的汉字形体。传世及出土的铜器铭文得到进一步重视，还有其他战国文字材料也不断出土，这一切使人们对汉字的认识得以提高。

因此，我们对于这些基础部首的研究，也就应当遵从发展的观点，不应完全拘泥于小篆的形体和意义了。特别是探求汉字本义，追寻原始的造字意图时，由于许慎距离汉字造字的初期已经比较远，许慎撷取的词义是五经词义，就汉语发生的历史来说，也比较晚了，所以进行必要的溯源是需要的。这就牵涉到笔意和笔势两个概念。汉字的形体结构还保留原始造字意图的就是笔意，有些字则由于笔画的简化，加上书法取姿，原有的笔意已经不清楚了，已经演变为笔势了。小篆中保留笔意的不少，但也有一些已经成为笔势，难以看出造字意图了。许慎其实是认识到这一点的。他在有的正篆下没有对字形做任何说明，只是说“从古文之象”、“从古字之象”、“象古文之形”、“从古文省”等。许慎已经认识到这些字很难用小篆字形来说明其字义，应当追溯更早的形体结构。

如《四上 · 乌部》有：“乌，孝鸟也。孔子曰：乌，盱呼也，取其助气，故以为乌呼。凡乌之属皆从乌。[illegible]，古文乌，象形。[illegible]，象古文乌省。”“乌”、“於”同字，古文象乌鸦飞翔于空间。篆文已省，为笔势。

可见,为了寻找某些部首字的造字意图,必须寻找笔意,利用更早的古文字字形,包括甲骨文、金文和战国文字、秦汉文字等材料。

第三,应当从文化、社会、科技等多角度开展对汉字部首的研究。

文字本身是文化的组成部分,同时它作为记录语言的符号系统又是文化的一种载体。汉字部首之所以可以而且应当从文化的角度来研究,与汉字的性质密不可分。语言文字是民族文化的核心元素之一,是民族文化的重要标志。汉字是根据词语的意义构造形体的,汉字字形所承载的文化信息比拼音文字要多。汉字部首大多数是早期象形字的留存,它们保存了上古汉语的词义。同时这些部首又是汉字中占绝大多数的形声字的义符,义符系统是展示汉语语义系统的重要内容。

利用汉字构形系统研究古代文化与历史,是甲骨文发现后逐渐开展起来的。1923 年,张世禄发表《文字学上之古代社会观》一文,提出利用古文字进行古史研究的主张。他说:"居今日而欲知茫昧之古代社会,史策既无征考,则惟有求诸古来之余形遗迹,俾可想见其一斑而已。例如考化石而知生物之递嬗,察地层而识地壳之胎成,皆其类也。世界言象形文字者,必推吾国,则此文字者,诚有史以前,先民遗迹之所留,曷借之以窥其政俗之梗概,以补史策所未及者乎。"①沈兼士在《研究文字学"形"和"义"的几个方法》一文中,专门写了《中国文字之史学的研究》一节,他指出:"现在研究'古'、'籀'、'篆'文的形体,可以说是和文学没有什么关系。至于他对于史学的关系,却反觉得重要得很。你看应用'象形'、'会意'两原则的文字,大都直接的或间接的传示古代道德风俗服饰器物……等的印象,到现在人的心目中。简直就说他是最古的史,也不为错。""史贵征实。但是古及今有意做的史书,那一个不犯着主观的、偏见的、文饰的毛病呢?独有文字里面无意中表现的事实,可以算得有客观

①张世禄《张世禄语言学论文集》,学林出版社,1984 年,第 1 页。

的、直写的、裸体的价值，可以算得没有参过水的古史材料，你看这是何等可贵！”①他认为古文字中显示出来的古史比史书中记录的古史还可靠一些。于省吾在其《甲骨文字释林》的序中也谈到：“中国古文字中的某些象形字和会意字，往往形象地反映了古代社会活动的实际情况，可见文字的本身也是很珍贵的史料。在本书中，我利用甲骨文字的构形和甲骨文的记事，对我国成文历史的开始，对我国古代社会的经济基础和上层建筑，都进行了一些研究。”②

对于形声字来说，义符或称部首往往展示了意义与文化的联系。唐兰在《古文字学导论》中指出：“我们要是把形声字归纳一下，就可以知道除了一部分原始形声字外，纯粹形声字的形母，可以指示我们古代社会的进化。因为畜牧事业的发达，所以牛、羊、马、犬、豕等部的文字特别多。因为农业的发达，所以有艸、木、禾、来等部。因为由石器时代变成铜器时代，所以有玉、石、金等部。因为思想进步，所以有言、心等部。我们假如去探讨每一部的内容，恰等于近代的一本专门辞典。”③

20世纪30年代初期，程树德写了一本《说文稽古篇》，通过汉字形体结构和汉字所承载的词汇含义去追寻先民的各种生活遗迹，考证古代的社会制度和历史背景。后来郭沫若将这一方法充分运用，在以字考史方面取得了相当大的成就。如他的《释祖妣》通过对“祖、妣”等字的考证探讨了古代的生殖崇拜，通过“后”等字探讨了上古的母权统治等。再如“农”字繁体字是从辰的，农与辰有什么关系？今天说法不一。郭沫若认为辰、蜃古当一字。他说：“余以为辰实古之耕器。其作贝壳形者，盖蜃器也，《淮南·氾论训》曰：‘古者剡耜而耕，摩蜃而耨。’其作磬折形者，则为石器。《本草纲目》言：‘南方藤州垦田，以石为刀。’……要之，辰本耕器，故农（農）、辱、蓐、耨诸字均从辰。星之名辰者，盖星象于农事大有攸关，古人多以耕

①沈兼士《沈兼士学术论文集》，中华书局，1986年，第6—7页。

②于省吾《甲骨文字释林·序》，中华书局，1979年，第5页。

③唐兰《古文字学导论》（增订本），齐鲁书社，1981年，第122—123页。

器表彰之。”①

今天，通过文字本身的形体所包含的文化信息，考证古代文化的方法已经成为甲骨文和金文研究的重要内容。即使在汉字发展到今文字阶段，由于汉字的表意性质没有改变，汉字的造字理据大多还有保留，所以我们也可以从中窥见上古历史的文化信息。下面列举几个方面的内容。

如部首“糸”及其所从的字。“糸”的造意是细丝，古代也是丝的省写，汉字中从“糸”的字不少，其中大多与丝织品名称或动作行为有关，也有些是丝织品染成的颜色。“糸”古字形象一束丝，而丝从蚕出。蚕丝是一种柔软光滑、弹性好的纺织原料。但从蚕吐丝作茧，到人工抽丝剥茧经历了一个长期的过程。根据纺织史专家的研究，最初发现蚕茧可以抽丝，有多种可能。一种是，先民发现雨水长时间浸泡过的蚕茧，可以拉出丝来。于是想到人为地用水浸泡，使茧壳松软，原来的丝纤维间粘附的丝胶得到解舒，丝就容易抽出来。不过用凉水浸泡，时间较长，人们就用热水来煮茧。在丝绪浮起后，再缫取丝绪，这就是最早的缫丝技术。何时用开水缫丝，已难以考证。但在商的甲骨文中已经透露了有关的信息。

缫丝的“缫”字，《十三上·糸部》云：“绎茧为丝也。”“绎，抽丝也。”缫丝的工艺应当在殷商时代已经开始，这是丝织前的关键工序。考古学者在殷商的古墓中已经发现丝织品的残痕，说明当时已经有了丝织技术。《周礼》中记载有“典丝”的官员，负责蚕丝的生产、质量和丝帛的税收，还专门颁布了“禁原蚕”的法令，要民间饲养好的蚕种，结成良好的蚕茧，以保证蚕丝的质量。春秋时已经有了丝和丝织品的贸易。《诗·卫风·氓》中写男女青年通过买卖丝而相爱，“氓之蚩蚩，抱布贸丝。匪来贸丝，来即我谋”。诗歌还通过桑树一年中叶子的变化写他们爱情的发展。《尚书·禹贡》写了当时

①郭沫若《甲骨文字研究·释支干》，《郭沫若全集·考古编》（第一卷），科学出版社，2002年，第204—205页。

生产蚕丝和丝织品的地区。先秦其他古籍如《左传》、《仪礼》等也多次提到丝织品。《说文·十三上·糸部》收字248个,重文31个。古代的缫丝一开始是人工的,后来逐渐利用机械操作。在明代的《天工开物》中绘有缫车缫丝图。缫丝后要练丝,这是对蚕丝的进一步处理和漂白。"练,湅缯也"。古代的缫丝技术为丝织品提供基础,这表现在古代有一批与"糸"有关的字。

《说文》540部的很多部首都可以直接显示古代的社会与文化生活。如汉字部首中有网部,其中收录的字有36个。《七下·网部》:"网,庖牺所结绳以渔。从冖,下象网交文。"其中的字有各种用途,生动展示了先民的狩猎生活,如"罟"、"罗"等。再如牛部收字有45个,羊部有26个,马部有115个。其中很多字在现代汉语中都不用了,但它们保存在古代字书中可以使我们追溯古代畜牧社会的痕迹。

中国古代重视对天神及其一切大小神祇的崇拜和敬畏,因此祭祀是人们生活中最重要的事。这可以从汉字系统中看出来,凡与神有关的字都从"示"。"示"的构形及其构意的阐释则反映了人们对天神的崇拜,其甲骨文形体是祖先牌位的形状,后来成为天神的代表。因此汉字中凡与祸福有关的字多从"示",如表示吉福的有"祺、祯、禄、祥、福、禧"等,表示凶祸的如"祸、祟"等。

汉民族早期的货币制度,其产生的大致时间、存在形式,除了直接记载外,还有汉字结构系统的印证。从汉字部首"贝"的广泛使用,可以了解中国古代社会在一个相当长的时间里,一直用贝壳作为货币。《六下·贝部》:"贝,海介虫也。……古者货贝而宝龟,周而有泉,至秦废贝行钱。"《诗·小雅·菁菁者莪》:"菁菁者莪,在彼中陵。既见君子,锡我百朋。"郑玄笺:"古者货贝,五贝为朋。"到秦这种制度才停止不用。由于汉字在秦前就成熟了,所以至今这种古老的货币制度在汉字的形体上还有留存。因此汉语中凡与财物有关的词,其记录符号多以"贝"为部首。《说文·六下·贝部》就收了这方面的59个字。

而文化与社会对汉字及其构形的影响也是很大的。古代的文字学家在解释汉字的构形理据时,就经常从文化的角度进行阐释。如《说文》中的“尾”和“廌”两个部首。《八下·尾部》:“微也。从到毛在尸后。古人或饰系尾,西南夷亦然。”说明古人和西南少数民族地区有在臀后系尾的习俗。《十上·廌部》:“解廌,兽也。似山羊,一角。古者决讼,令触不直。象形,从豸省。”用古人以兽断狱的做法来说明廌及其功用。

同时文化的发展和社会的演进也影响了文字的变化。如上古最早的炊具是陶制的,所以记录炊具名称的字以及相关的字多从鬲。《说文》鬲部字有 13 个。后来随着青铜器逐渐取代陶器,出现不少从金与从鬲并行的异体字。后来从金的字取代从鬲的字,如“鬴”被“锅”替代;“鬴”被“釜”替代等。

可见,《说文》部首中依然还有很多值得我们探讨的内容。

# 卷　一

## 1. 一(yī)

"一,惟初太始,道立于一,造分天地,化成万物。凡一之属皆从一。弌,古文一。"(於悉切)

甲骨文、金文中均作"一",是数字的开始。"初"是天地形成之初,"太极"是最初的起点。《周易·系辞上》:"是故,易有太极,是生两仪。"孔颖达正义:"太极,谓天地未分之前,元气混而为一,即是'太初'、'太一'也。"所以"惟初太始"是说开天辟地之初,世界的起源。"道"是主宰天地的天数、天道。《老子》四十二章:"道生一,一生二,二生三,三生万物。"许慎说天道是从"一"开始分化,先分为天地,然后分化出万物。"一"是数目字,许慎主要通过它来阐释自己的哲学思想。小篆里,"一"用作构形部件的时候,经常表示天和地。汤济沧《说一》说:"就《说文解字》求之,最多者莫如以一为地,如韭、至、才、旦、或、且、丘、屯、止、氏、巠计十一字,皆以地说之。而立字尚未计入。以一为天者二,如雨,如不。"①

甲骨文中"一"至"十"的写法是一、二、三、亖、㐅、∧、十、)(、[illegible]、丨。从一到四,甲骨文是积画成数,从五开始,变为错画。这可能与古代的算筹有关。算筹的不同排列形式即表达不同的数字。

古文"弌"从"弋",大概也是用小木橛表示数目。所谓古文"弌"只是"一"的古文别体,并非说"弌"早于"一"。

一部下有"元、天、丕、吏"四个属字,大概是许慎认为这些字都

①向夏《说文解字部首讲疏——中国文字学导论》,中华书局(香港),1986年,第8—9页。

从“一”的初始义得义。其实不然，这几个字在甲骨文和金文中都没有从“一”得义。在后来的楷书字典中，把一些含有“一”的笔画又难以归部的字归入“一”部，如“专、五、无、亚、至、友、再、夷”等字。

## 2. 丄(shàng)

“丄，高也。此古文上，指事也。凡丄之属皆从丄。𠄞，篆文丄。”(时掌切)

段玉裁注改“丄”为“二”，改“𠄞”为“丄”。徐灏《注笺》：“上下无形可象，故于一画作识，加于上为上，缀于下为下，是谓指事。”段氏的改动暗合了甲骨文，十分精到。

甲骨文中较早有用上仰或下伏之弧形表示一个界限，然后用一短横在上或下表示上与下的字形。后来契刻不便就改作横画。“上”是抽象的方位词，在用文字记录时就采用了指事的方式。卜辞或用其本义，如：“王立于上？”(《合》27815)①“上”的本义指方向在上，与“下”相对。因为有时候“上”和“二”容易混淆，春秋金文就有了类似今天写法的“上”。战国金文还有从“尚”的形声字，作[illegible]。鄂君启舟节还作从辵、从上，作[illegible]。动词，义为“向前进”。“上”本指方位，与“下”相对，引申有天义。如虢叔钟：“皇考严才(在)上。”也可指君王，如班簋：“公告氒(厥)事于上。”②至秦，“上”竖笔上部弯曲作𠄞(峄山碑)，其形为小篆承袭。甲骨文中的数目字“二”是两个长度相等的横画，“上”是上一短横，下一长横。古币中有“丄”的写法，为《说文》古文所取。

丄部有“帝、旁、下”三个字。“帝”和“旁”之初文也不从“上”得义。“下”是因其构形和意义均与“上”相反，所以列入此部。

## 3. 示(shì)

“𠀁，天垂象，见吉凶，所以示人也。从二二，古文上字。三垂，日、

①黄天树《黄天树古文字论集》，学苑出版社，2006年，第324页。

②陈初生《金文常用字典》，陕西人民出版社，1987年，第9页。

月、星也。观乎天文，以察时变，示神事也。凡示之属皆从示。巛，古文示。”（神至切）

甲骨文中较为原始的写法作工，象以木表或石柱为神主之牌位。后简化作丅、亍等。甲骨卜辞中，“示”为天神、地祇、先公、先王之称，当“主”字来用。如：“丙申卜，宾，贞：示祐王？”（《乙》4983）[①]这句卜辞大意是，神灵是否会保佑王。

古文形体与甲骨文的有些形体接近。小篆形体由独体象形不断线条化和加饰笔而成，而许慎根据小篆来解释“示”的构意，把它讲成了会意字。由于“示”本为神主的象形，古人又重视鬼神祭祀，所以凡与鬼神、祭祀和祸福有关的字大多从“示”。因鬼神会显示某种征象，昭人吉凶，故“示”又引申出示范、展示、告示等义。

示部有五十九个属字。“示”字做部首出现在一个字左边时，一般写作“礻”，出现在一个字的下部时，写作“示”。《说文》、《康熙字典》、《辞源》只立“示”部，《辞海》、《新华字典》则为了检字方便，将“示”与“礻”分立。

## 4. 三（sān）

“三，天地人之道也，从三数。凡三之属皆从三。弎，古文三从弋。”（稣甘切）

“三”为记数的字，甲骨文从一到四都是积画为数。卜辞中用为数词，如三月、三牛、三羌、三万、三牢等。

“三”本义为数名，所以段玉裁改补原文，加了“数名”之说。古人以为世上万物无非天、地、人，所以许慎说“天地人之道也”。许慎的这种解释反映出战国和秦汉时期人们的哲学观念。“三”有包罗一切的意思，在古文字和文献中，“三”常指多数。

三部没有属字。在后来简化了部首的字书中，“三”就不作为部首出现了。

---

①马如森《殷墟甲骨文实用字典》，上海大学出版社，2008年，第13页。

## 5. 王(wáng)

“王,天下所归往也。董仲舒曰:‘古之造文者,三画而连其中谓之王。三者,天地人也,而参通之者,王也。’孔子曰:‘一贯三为王。’凡王之属皆从王。李阳冰曰:中画近上,王者则天之义。王,古文王。”(雨方切)

许慎所说“天下所归往”,见《白虎通》;所引董仲舒语见《春秋繁露》。关于“王”字的形源,说法不同。吴大澂、罗振玉、商承祚等认为字形取义于火旺,徐中舒释“王”象人端拱而坐的形象,吴其昌、林沄等认为字形象横置的大斧。现在多数学者认同其构意为斧钺,其演变过程是:太、王、王、王。① 卜辞中,“王”用为商先公先王的称谓。甲骨文晚期“王”字构形已经与今天楷书一样了。春秋时期,南方楚国及吴越地区“王”字曾出现缀以鸟形的写法,是为“鸟虫书”的形体。

许慎的说解源于儒家思想。汉代罢黜百家、独尊儒术,董仲舒大力宣扬天人感应、王权神授的思想。他适应当时帝王的要求,改造儒家思想,在《春秋繁露》中将王权至上的思想表述到极端。他这种维护王权思想的做法,也反映了整个时代的思想。当时的韩婴也有类似的说法。韩婴《韩诗外传》卷五云:“王者何也?曰:往也。天下往之谓之王。曰:善生养人者,故人尊之。善辩治人者,故人安之。善显设人者,故人亲之。善粉饰人者,故人乐之。四统者具,而天下往之。四统无一,而天下去之。往之谓之王,去之谓之亡。”甚至更早的《吕氏春秋·下贤》也说:“帝也者,天下之适也;王也者,天下之往也。”从中可以看出,从周朝到汉朝的一千多年的时间里,王权至上的思想已经成为一种普遍的文化观念。许慎在这样的社会背景下,是用字形来阐释一种思想观念和文化心理。

王部只有“闰”、“皇”两个字。因为该部字少,后来的《康熙字

---

①于省吾《甲骨文字诂林》(第四册),中华书局,1996年,第3273页。

典》、《辞源》、《新华字典》均没有列“王”部。1979年新版《辞海》立“王”部，是将部首“王(玉)”归并为“王”部。

## 6. 玉(yù)

“王，石之美，有五德：润泽以温，仁之方也；䚡理自外，可以知中，义之方也；其声舒扬，尃以远闻，智之方也；不桡而折，勇之方也；锐廉而不技，絜之方也。象三玉之连，丨其贯也。凡玉之属皆从玉。阳冰曰：三画正均，如贯玉也。𤣩，古文玉。”(鱼欲切)

甲骨文字形作丰、丯，象以丨贯玉使其相连的形状。王国维《观堂集林》卷三说：“殷时，玉与贝皆货币也。……其用为货币及服御者，皆小玉、小贝，而有物焉以系之。所系之贝玉，于玉则谓之珏，于贝则谓之朋，然二者于古实为一字。”①近年来在周原墓葬有似珏、朋的玉器实物出土，可以确证王国维等的说法。卜辞中有用本义者，表示祭祀时用的祭品。如：“癸酉贞：帝五玉其……牢。”(《后》上26·15)②战国时期，字或在中竖一侧或两侧加点，以与君王的“王”相区别。许慎所列的古文，大概是这类形体。但小篆中“王”与“玉”字体相近。“王”字中间一横接近最上一横；而“玉”字中间一横处于正中位置，这是秦文字承袭战国文字中未加区别符号的写法。

许慎先讲“玉”的本义为“石之美”，然后说明了其文化含义。古人对玉器是非常看重的。《礼记·聘义》：“子贡问于孔子曰：‘敢问君子贵玉而贱碈者，何也？为玉之寡而碈之多与？’孔子曰：‘非为碈之多故贱之也，玉之寡故贵之也。夫昔君子比德于玉焉，温润而泽，仁也。缜密以栗，知也。廉而不刿，义也。垂之如坠，礼也。叩之，其声清越以长，其终诎然，乐也。瑕不掩瑜，瑜不掩瑕，忠也。孚尹旁达，信也。气如白虹，天也。精神见于山川，地也。圭璋特达，德也。天下莫不贵者，道也。《诗》云：言念君子，温其如玉。故君子贵

①王国维《观堂集林》(第一册)，中华书局，1959年，第161页。

②马如森《殷墟甲骨文实用字典》，上海大学出版社，2008年，第19页。

之也。’”古人对玉石的评价如此之高，是石器时代的遗风。“玉”在古人眼里是美好、尊贵等的象征。所以古人特别重视佩玉，《礼记·曲礼下》：“君无故玉不去身。”孔颖达疏：“玉谓佩也。”

玉部收属字一百二十五个。

## 7. 珏(jué)

“玨，二玉相合为一珏。凡珏之属皆从珏。瑴，珏或从㱿。”（古岳切）

段玉裁注：“《左传》正义曰：瑴，《仓颉篇》作珏，云：‘双玉为珏。’故字从双玉。按《淮南书》曰：‘玄玉百工。’注：‘二玉为一工。’工与珏双声。百工，即百珏也。”

甲骨文的形体作丰等，象两玉相连。卜辞或用其本义，如：“辛酉卜，宾贞：呼师般取珏，不左？”（《合》826）意思是卜问商王呼师般向外征取珏玉等，神不会不佑助吧。西周时期发展出形声写法，作㱿，从璧的象形字○，㱿声。许慎收录的或体也与此相承，它在《左传》和《国语·鲁语》中都曾使用。① 张舜徽云：“瑴乃珏之后出形声字。经传皆用瑴而珏废。”②

由于甲骨文形体不完全定型，玉和珏本为一字。小篆“珏”单独列为部首，只收录两个字“班”与“𤤤”（fú）。许慎没有将它们分在刀部和车部，可能因为这两个字在意义上以玉为重，而刀、车仅为会意的辅助部分。段玉裁说：“因有班、𤤤字，故珏专列一部，不则缀于玉部末矣。凡《说文》通例如此。”

## 8. 气(qì)

“气，云气也。象形。凡气之属皆从气。”（去既切）

甲骨文“气”作三，上下两横长，中间横画较短。金文或作三，与

①董莲池《说文部首形义新证》，作家出版社，2007年，第8页。

②张舜徽《说文解字约注》（第一册），华中师范大学出版社，2009年，第89页。

甲骨文相同。金文亦作⺄、[illegible]，或上下均曲，或曲其上。这是为了避免和“三”相混。包山楚简或作[illegible]，上博简或作[illegible]。卜辞中有用本义的句子，如：“贞：今日其[雨]？王占曰：疑兹气雨。之日允雨。三月。”（《合》12532）大意是，问今日会下雨吗？商王察看卜兆后作出判断说，怀疑这云团将会带来雨水。“之日允雨”是事后追记的验辞，说该日果然下了雨。① 将上述句中“气”解为“云气”是杨树达的意见。于省吾释为“乞”，这里是乞雨，则“气”非用本义。②《广韵·未韵》：“气，与人物也。今作乞。”齐侯壶：“洹子孟姜用气嘉命。”③

《说文》中没有乞字，乞是气的省简写法。古气、乞本为一字。王筠说：“此云气之正字，经典作乞而训为求，本是假借，借用遂久，遂以氣代气，氣乃餼古字。”“氣”的本义是馈赠。《说文·七上·米部》：“氣，馈客刍米也。从米，气声。《春秋传》曰：齐人来氣诸侯。[illegible]，氣，或从既。[illegible]，氣，或从食。”当“氣”被借用表示云气的意思时，就又造“餼”字。如《左传·僖公十五年》：“秦伯又餼之粟。”

乞与祈有同源关系。“乞”由小篆“气”隶变而来，后与“氣”字有职能互换的情况。乞有了“给予”义。如《汉书·朱买臣传》：“粮用乏，上计吏卒更乞匄之。”又“居一月，妻自经死，买臣乞其夫钱，令葬”。给予叫乞，要求也叫乞，这叫施受同词。④

气部只收录一个属字“氛”，云：“祥气也。”即吉凶先见之气。现代辞书中，凡由“气”组成的字大都与气体有关，如“氙、氲、氢、氧”等。

## 9. 士（shì）

“士，事也。数始于一，终于十。从一，从十。孔子曰：‘推十合一为士。’凡士之属皆从士。”（鉏里切）

---

①黄天树《黄天树古文字论集》，学苑出版社，2006 年，第 325 页。

②于省吾《甲骨文字诂林》（第四册），中华书局，1999 年，第 3371—3379 页。

③陈初生《金文常用字典》，陕西人民出版社，1987 年，第 47 页。

④陆宗达、王宁《训诂与训诂学》，山西教育出版社，1994 年，第 237—238 页。

段玉裁注:“士、事叠韵。引申之,凡能事其事者称士。……数始一终十,学者由博返约,故云推十合一。”

“士”字原始构意众说纷纭。或说甲骨文中没有“士”字。但甲骨文中有“吉”字,其中有“士”,郭沫若、马叙伦等认为象男性生殖器。因之为成年男子的名。吴承仕说字形是插苗于地中。杨树达说:“树达按士字甲文作丄,一象地,丨象苗插入地中之形,检斋之说与古文字形亦相吻合也。”①或说甲骨文和金文中的“士”取象斧钺,上古文献中“士”为治狱之官,斧钺最可以体现“士”的威严。在其上加一横为“王”,两个字就有了分别。② 金文中“士”可用为官名。“金文中凡见‘士某’之名者,其人常参与赏赐礼仪,此类名字之构成象‘师某’之职司是师一样,士亦当是职官名。貉子卣:‘王令士道归(馈)貉子鹿三。’臣辰卣:‘王令士上眔史寅𣪘(殷)于成周。’”③许慎引用孔子“推十合一”说则是儒家论事的做法。

士部收三个字,“壻”、“壮”、“墫”。后来的辞书,有的如《辞源》沿用《说文》,把“士”部和“土”部分立,有的如《辞海》中则将“士”部并入“土”部。

## 10. 丨(gǔn)

“丨,上下通也。引而上行读若囟,引而下行读若退。凡丨之属皆从丨。”(古本切)

段玉裁注:“囟之言进也。……可上可下,故曰下上通。”

张舜徽云:“丨之本义为上下通。其音为古本切,犹今语所称滚耳。求之本书,则同谓之昆,亦谓之掍,织成带谓之绲,毂齐等谓之辊,皆当以丨为语根。施之人事,则古者兄弟统谓之罤,经传即借用

①杨树达《积微居小学述林全编》(上)卷第三之《释士》,上海古籍出版社,2007 年,第 112—113 页。

②董莲池《说文部首形义新证》,作家出版社,2007 年,第 10 页。

③陈初生《金文常用字典》,陕西人民出版社,1987 年,第 48 页。

昆字。此上下通之意也。”①或说“丨”只是小篆的笔画之一。尹黎云《汉字字源系统研究》认为,“古本切”的读音是后人误以为丨为棍字而讹读形成的②。因为小篆的笔画是所谓“引”(《说文·五上·竹部》:“篆,引书也。”),所以有了上行、下行的说法。“引而上行”是说小篆的笔画自下而上地运笔,“引而下行”则说小篆的笔画是自上而下地运笔。“上下通”则说笔画的特点是贯通上下,如“中”的竖笔。该部下有“中”字,云:“内也。从口丨,上下通。”

丨部只收“中”与“㫃”两个字。“丨”只作为部首,不单独使用。后来的《康熙字典》等都立有“丨”部。有些虽无“贯通”意义的字,但其中有“丨”的笔形,也可归入“丨”部。如《新华字典》中的“中、韦、书、丰”等。

## 11. 屮(chè)

“屮,艸木初生也。象丨出形,有枝茎也。古文或以为艸字。读若彻。凡屮之属皆从屮。尹彤说。臣铉等曰:丨,上下通也,象艸木萌芽通彻地上也。”(丑列切)

甲骨文字形象草木初生之形。许慎说“古文或以为艸字”,实际上,“屮”、“艸”应为字的繁简差异。商承祚《说文中之古文考》:“《石经·春秋经》:‘陨霜不杀艸。’艸之古文作屮。案屮、艸本一字,初生为屮,蔓延为艸,象丛生形。甲骨文从艸之字,又或从茻,形虽不同,谊则一也。”③《荀子·富国》:“刺屮殖谷。”杨倞注:“屮,古草字。”古代典籍中屮、艸或通用。

屮部有六个字,如“屯、每、毒、熏”等。“屮”现在已不独立成字,只作为部首使用。凡由“屮”组成的字多与草木有关,如:“屯,难也。象艸木之初生,屯然而难。从屮贯一。一,地也。尾曲。《易》曰:‘屯,刚柔始交而难生。’”字形象子芽破土而生。子芽开始破土之时

①张舜徽《说文解字约注》(第一册),华中师范大学出版社,2009年,第95页。
②尹黎云《汉字字源系统研究》,中国人民大学出版社,1988年,第410页。
③商承祚《说文中之古文考》,上海古籍出版社,1983年,第8页。

相当艰难，故许慎用“难也”解释其义。

## 12. 艸(cǎo)

“艸，百芔也。从二屮。凡艸之属皆从艸。”(仓老切)

徐锴《系传》：“总名也。艸丛生，故从二屮。”

甲骨文中，屮、艸、茻为异体字的差别，记录同一个词，常可以互作。甲骨文的字有单体复体无别的情况，到小篆中则分为两个字。“艸”为古“草”字。当用“草”记录“艸”的意义时，“艸”只作为部首使用了。“艸”在楷书中简化为“艹”(俗称“草字头”)。不过有些楷书中有“艸”的字并不都是从“艸”，因此也没有草木之意。如“劳、瞢、共、茕、萬”等。

艸部收属字四百四十四个。“艸”部字一般用于除了树木以外的植物名称，所以大都是名词。有些用作形容词，往往表示草木的性质或状态。如“芳”是草香，“萋萋”是草茂盛的样子，“茁茁”是草初生的样子。还有一部分字用作动词，也大都与草木有关。如“芟”是除草，“葺”是用茅草覆盖房屋，“落”是草木的叶子脱落等。

## 13. 蓐(rù)

“蓐，陈艸复生也。从艸，辱声。一曰：蔟也。凡蓐之属皆从蓐。蓐，籀文蓐从茻。”(而蜀切)

徐锴《系传》：“陈根更生繁缛也。《史记》曰：‘晨炊蓐食，以茭蒲为荐席也。’蔟犹蚕蔟也。”“蓐”为形声字，本来可以放在艸部而不立为部首。段玉裁注说是因为薅字从蓐才立其为部首。徐灏《注笺》：“陈艸复生曰蓐，因之除艸曰薅，除艸之器谓之耨，义相因，声相转也。……蓐为陈艸复生，因之凡陈旧之物可复用者，皆谓之蓐，故隔宿之餐谓之蓐食。”太炎先生则另有解释云：“蓐，厚也。‘蓐食’者，饱食也。藉、蓐皆有厚意(因褥子厚也)。”①

①王宁主持整理《章太炎说文解字授课笔记》(缩印本)，中华书局，2010年，第54页。

甲骨文或作[古文字]、[古文字]，从艸，从辰，从又。从艸或作从林，同。郭沫若等认为，甲骨文中蓐、农为一字。日纽上古归泥纽，两个字古音相通。后来两字分化，形音义都有区别。从古文字形看，其构意应是用手拿农具除草。

蓐部只有一个属字“薅”，云：“拔去田艸也。从蓐，好省声。[古文字]，籀文，薅省。[古文字]，薅或从休。《诗》曰：‘既茠荼蓼。’”

## 14. 茻(mǎng)

“[古文字]，众艸也。从四中。凡茻之属皆从茻。读与冈同。”(模朗切)

段玉裁注：“按经传艸莽字当用此。”

王筠《说文句读》：“元应引‘众艸曰莽也’，即是此说，足征与莽为一字。”又于《说文释例》中说：“茻与部中莽盖一字。而各书分收之，《说文》莽下说，乃以字从犬难解，故云然耳。《说文韵谱》谓莽同茻，盖不诬也。”

茻部只有三个属字，即“莫、莽、葬”。其中“莫”为“暮”的初文，字从“日”落“茻”中会意；“莽”训“南昌谓犬善逐菟艸中”，字以“犬”在“茻”中会意；而“葬”字则以“死”(指尸体)在“茻”中会意。

# 卷　二

## 15. 小(xiǎo)

“𡭕,物之微也。从八,丨见而分之。凡小之属皆从小。”(私兆切)

段玉裁注:“八,别也,象分别之形,故解从八为分之。丨,才见而辄分之,会意也。凡棴物分之则小。”

甲骨文作〔甲骨文字形〕,象尘沙小物的形状,金文作〔金文字形〕,篆书字形承之。马叙伦说“小”即“沙”之初文。甲骨卜辞中少、小为一字,如“少牢”、“小牢”实同。卜辞有:“其遘小雨?”(《合》30137)①两个字分化应是春秋后的事。金文𤍨匜:“自今余敢𡡋(扰)乃小大史(事)。”②《说文》云:“少,不多也。从小,丿声。”

小部只有两个属字“少”和“𡭔”。《说文》后的字典、词典一般都设有“小”部。楷书字形中有些含有“小”的字却不一定与“小”义有关,如“尔、尚、当”等。

## 16. 八(bā)

“)(,别也。象分别相背之形。凡八之属皆从八。”(博拔切)

徐锴《系传》:“数之八,两两相偶背之,是别也。”

段玉裁注:“此以双声叠韵说其义。今江浙俗语以物与人谓之八,与人则分别矣。”

甲骨文作)(,以两画相背离,表示分别的意思。或以为“八”是

①黄天树《黄天树古文字论集》,学苑出版社,2006年,第325页。

②陈初生《金文常用字典》,陕西人民出版社,1987年,第74页。

"北"的省文。甲骨文中"北"是两个人相背的形状,二人相背也就是相分别。马叙伦说"八"为"臂"之初文。"八"用为数目字,可能是声借。

八部有十一个属字,如"分、曾、尚、介、公、必、余"等。这些字中,有的表示分别义,如"分、公"等;有的表示声气往外部方向发散,如"曾、尚、余"等。

## 17. 釆(biàn)

"[篆文],辨别也。象兽指爪分别也。凡釆之属皆从釆。读若辨。[古文],古文釆。"(蒲苋切)

段玉裁注:"仓颉见鸟兽蹏迒之迹,知文理之可相别异也,遂造书契。釆字取兽指爪分别之形。"

王筠《说文释例》云"釆、番盖一字之异体",很有道理。甲骨文作[甲骨文],金文作[金文],均象鸟兽的爪蹄足迹。或说甲骨文构形"会手于沙中摸索分辨之意"①。"此字与番、蹯乃同义的古今字,'番'所从之'田'是鸟兽所踩的田地或脚印。'蹯'是在'番'上加义符'足'以强化其表意功能。至于《说文》所收番之或体[篆文](从足从煩),乃一新造形声字,与'蹯'为异体关系。"②鸟兽的足迹千差万别,繁芜杂乱,只有经验丰富的猎人才能辨别它们的差异,所以"釆"字引申为"辨别"之义。《周礼·地官》有专职"迹人"负责狩猎事宜,郑玄注:"迹之言跡,知禽兽处。"《左传·哀公十四年》:"曰:'迹人来告。'曰:'逢泽有介麇焉。'"杜预注:"主迹禽兽者。"金文中"釆"作族氏名或人名。

釆部有四个属字,即"番、宷、悉、释"。它们都与兽足或辨别义有关。如:"宷,悉也。知宷谛也。"字形象屋下有兽迹。房子里有兽迹,自然是很危险的事情,所以要格外小心,屏息谛听,谨慎应对。"悉"字形是"釆"下加心,表明要用心辨别,知之详尽。

---

①黄德宽《古文字谱系疏证》(三),商务印书馆,2007年,第2801页。
②李学勤《字源》(上),天津古籍出版社,2012年,第67页。

注意："采"与"釆"不同。

## 18. 半(bàn)

"半[seal]，物中分也。从八，从牛。牛为物大，可以分也。凡半之属皆从半。"(博幔切)

甲骨文中未见"半"字。秦公簋作[seal]，从牛从八会意。这里"八"不是数字，而是分别、分割的意思。故"半"之构字意图是"分割牛"。朱骏声说"半"是"判"的本字。《说文·四下·刀部》："判，分也。"凡宰杀牲畜，习惯都是以脊骨为界将牲体一分为大小相等的两部分，故"半"引申有二分之一义。如秦公簋："□一斗七升大半升，盖。"半升为二分之一升，大半升为三分之二升。① 或说"半"是"胖"的本字。徐灏《注笺》："半即肥胖本字，所谓广肉也。牛为物大，夹脊肉多，故从牛从八。……后为半义所专，又增肉旁作胖，实本一字。"

半部只有"胖、叛"两个属字。"半"也可表音，常作声符，如"拌、伴、绊、畔"等。后世一般的字典、词典不立"半"部。

## 19. 牛(niú)

"牛[seal]，大牲也。牛，件也。件，事理也。象角头三、封、尾之形。凡牛之属皆从牛。"(语求切)

徐锴《系传》："件若言物一件二件，大则可分也。封，高起也。"段玉裁注："角头三者，谓上三岐者，象两角与头为三也。……封者，谓中画象封也。封者，肩甲坟起之处。字亦作犎。尾者，谓直画下垂象尾也。"朱骏声《说文通训定声》说："封谓领脊高起也，一象之。"

甲骨文或作[seal]，或作[seal]，字形上象内环的牛角，下象简化的牛头。字形应当是牛头的线条化写法，并无封、尾之象。古人认为大牲畜中，牛最大，所以许慎说"大牲也"。牛在古代农业中占有极其

①陈初生《金文常用字典》，陕西人民出版社，1987年，第91页。

重要的地位。根据考古资料得知，在河南、山东、内蒙、甘肃等地的新石器时代遗址中都有牛骨发现，在浙江河姆渡遗址中出土有水牛的骨骸，表明水牛的饲养在我国至少有7000年的历史。安阳殷墟出土的大量卜骨，就多取材于牛的肩胛骨。牛在商代也大量用于祭祀，这在卜辞里有明确的记载。牛在商周时代被大量饲养，其地位与马相当。《诗·小雅·无羊》："谁谓尔无羊？三百维群。谁谓尔无牛？九十其犉。"这首诗描绘了野外放牧牛羊成群的景象。殷周时期，在一些重大仪式中均用牛，古代战争中俘获牛还作为一种荣耀镌刻于铜器。如小盂鼎："俘牛三百五十五牛。"周还有专门的职官"牛人"，掌管饲养"国之公牛"。①

牛部共收字四十四个，重文一个。如："牟，牛鸣也。"字形象牛之上增加一曲线表示"声气从口出"。后来"牟"借为"谋"，又增加义符，为"哞"。又："物，万物也。牛为大物，天地之数，起于牵牛。故从牛，勿声。"

## 20. 犛(máo)

"犛，西南夷长髦牛也。从牛，𠩺声。凡犛之属皆从犛。"(莫交切)

犛为形声结构，本来不当立为部首。大概因为所属氂、斄二字皆从犛字得义而立之。段玉裁注："今四川雅州府清溪县大相岭之外有地名旄牛，产旄牛。而清溪县南抵宁远府，西抵打箭炉。古西南夷之地，皆产牦牛。……按犛切里之，氂切莫交，徐用唐韵不误，而俗本误易之。"张舜徽云："《尔雅》之犣牛，即许书之犛牛。犛读本为里之切。与犣双声，乃一声之转耳。犣之言鬣也，谓此牛多毛鬣鬣也。"②

"犛"为后出的形声字，段玉裁认为音读当为里之切。斄字甲骨文象手持工具打麦之形，故字形从"来"("麦"的本字)、从又、从攴，来兼声。徐复说："汉族人以其长毛，又称旄牛，故又读为莫交切。

①李学勤《字源》(上)，天津古籍出版社，2012年，第69页。

②张舜徽《说文解字约注》(第一册)，华中师范大学出版社，2009年，第289页。

犛为形声字，当以里之切为正读。”①尹黎云认为，“斄声与来声相通。来为麦子，多芒。犛牛之多毛与来麦之多芒相似，故犛从𠩺得声，却从来得义。”②

犛部属字有“氂”和“斄”。“氂”字下云：“犛牛尾也。从犛省，从毛。”“斄”字下云：“强曲毛，可以箸起衣。从犛省，来声。”

## 21. 告(gào)

“𠰓，牛触人，角箸横木所以告人也。从口，从牛。《易》曰：‘僮牛之告。’凡告之属皆从告。”(古奥切)

甲骨文中已有“告”字，用作祭名。用牛祭神，用口祷告。如：“己酉卜，召方来，告于父丁。”(《甲》810)③金文中也有此用法，如矢令彝：“丁亥，令矢告于周公宫。”④许慎的解释令人费解，“告”的构意说法不一。徐锴《系传》中援引《诗》“设其楅衡”说“设木横于牛角，以防抵触也”。徐灏《注笺》则以戴侗“告，笼牛口勿使犯稼”之说为是。马叙伦在《说文解字六书疏证》中引刘心源的说法，认为“告”为“梏”的初文。张舜徽云：“本书角部：‘衡，牛触，横大木其角。’与告篆说解相发明。盖古者本有设木于牲角端以备抵触之制。自其器言，则谓之楅，或谓之衡，连言之曰楅衡。自其事言，则谓之告也。告乃梏之初文，所从之口，乃象角械之形，非口舌之口也。”⑤

杨树达云：“愚谓告当训牛鸣声。知者：《二篇上·口部》云：‘唬，虎声也。从口、虎，读若暠。’又云：‘吠，犬鸣也。从口、犬。’《四篇上·鸟部》云：‘鸣，鸟声也。从鸟，从口。’告从牛、口，与唬、

---

①徐复、宋文民《说文五百四十部正解》，江苏古籍出版社，2003年，第18页。
②尹黎云《汉字字源系统研究》，中国人民大学出版社，1998年，第130页。
③马如森《殷墟甲骨文实用字典》，上海大学出版社，2008年，第33页。
④陈初生《金文常用字典》，陕西人民出版社，1987年，第96页。
⑤张舜徽《说文解字约注》(第一册)，华中师范大学出版社，2009年，第290—291页。

吠、鸣诸字构造相同，则训义亦当一律，此以字形推论知其当尔者一也。”①

董莲池根据《甲骨文编》收录的几个字形，认为“告”的构形和“牛”无关。“告”上半部分不是牛，而是舌形的变体。② 如此“告”的本义就是言告、告祭。古籍中这种用法亦常见，如《礼记·曾子问》：“凡告用牲币。”由此“告”有常用义“告诉”。

告部只收录一个属字“嚳”，云：“急告之甚也。从告，學省声。”谓教令严酷。

## 22. 口(kǒu)

“ㅂ，人所以言、食也。象形。凡口之属皆从口。”(苦后切)

段玉裁注：“言语、饮食者，口之两大耑。舌下亦曰：‘口所以言、别味也。’《颐》象传曰：‘君子以慎言语，节饮食。’”

甲骨文字形象人之口形，篆文同。卜辞有：“贞：疾口，御于妣甲？”(《合》11460)“御”是除去灾殃的一种祭祀。“疾口”指口腔患病。这句是卜问口腔患病了，是否要向妣甲举行御祭。③ 古文字中“口”是个常见的构字部件，需要注意的是它在构形时的功能不完全一样。“有些从‘口’之字，如部内‘喙’、‘吻’、‘咳’、‘咀’、‘啜’均从‘口’之本义得义；有些则从其引申义得义，如部内‘启’；有些则与‘口’的本义和引申义全然无关，‘口’在构形上只起一种区别作用，如部内‘右’、‘周’、‘否’；有的甚至只是声符的一部分，如部内‘局’字所从。”④

口部收字一百七十九个，重文二十一个。口部字多与口有关，其中包括的字大致分为下面四类：(1)口及其各部分。如“口、吻、咽、喉”等。(2)口的动作。如“咀、嚼、含、吞、吮”等。(3)与口有关

①杨树达《积微居小学述林全编》(上)，上海古籍出版社，2007年，第90页。

②董莲池《说文部首形义新证》，作家出版社，2007年，第19—20页。

③黄天树《黄天树古文字论集》，学苑出版社，2006年，第325—326页。

④董莲池《说文部首形义新证》，作家出版社，2007年，第20页。

的行为。如“呼、吸、吹、吟、唱”等。(4)与口有关的象声词。如“噫、喈”等。

## 23. 凵(kǎn)

“凵,张口也。象形。凡凵之属皆从凵。”(口犯切)

甲骨文此字只作构件,大致有两种内涵,一是埋牲的祭坑之形,如“薶”字的多种异体;一是穴居之坎陷形,如甲骨文的“各”字作[甲骨文字形],“出”字作[甲骨文字形]等。其中凵确象坎陷之形,是“坎”的初文。朱骏声《说文通训定声》:“一说坎也,堑也。象地穿,凶字从此。”饶炯、章太炎、杨树达等也都认为“凵”的构意是坎陷。

《说文》凵部只有部首而没有被统属的字。在后来的辞书中,因为有些汉字的楷书结构中含有“凵”的笔形但又难以归部,只好归入“凵”部,如《辞源》中的“凸、凹、函”等,《新华字典》中的“画、鬯”等。

## 24. 吅(xuān)

“吅,惊呼也。从二口。凡吅之属皆从吅。读若讙。臣铉等曰:或通用讙,今俗别作喧,非是。”(况袁切)

徐锴《系传》:“众人并呼。”《玉篇》云:“吅,与讙通。”《说文·三上·言部》:“讙,哗也。”“吅”和“讙”音义相通,“吅”是“讙”的初文。今作“喧”。《说文》中无喧、諠字,今经典多作諠哗,或作喧哗。

吅部属字有“嚴、單、咢、㗊”等。如“咢”字下云:“哗讼也。”“單”下云:“大也。”“㗊”字下云:“呼鸡,重言之。从吅,州声。读若祝。”段玉裁注:“《博物志》云:‘祝鸡翁善养鸡,故呼祝祝。’”

## 25. 哭(kū)

“哭,哀声也。从吅,狱省声。凡哭之属皆从哭。”(苦屋切)

徐锴《系传》曰:“哭声繁乱,故从二口。”段玉裁注:“按许书言省声,多有可疑者。取一偏旁,不载全字,指为某字之省,若家之为豭省,哭之从狱省,皆不可信。……窃谓从犬之字,如狡、狯、狂、默……卅字，皆从犬而移以言人，安见非哭本谓犬嗥而移以言人也。”张舜徽不同意段氏观点，认为：“哭之本义，为罪囚在狱之哀声，因引申为一切哀声之称。”①“哭”字为形声结构，本来不当立为部首。许慎为一“丧”字而立此部。

甲骨文中有字作[甲骨文]，从人，从吅。李孝定《甲骨文字集释》释为哭字，引叶玉森《殷虚书契前编集释》卷五云：“从[甲骨文]象一人擗踊形，从吅表号呼意，当即古文哭字。”②卜辞中有：“贞：卒[甲骨文]（哭），若，亡尤？”（《合》23705），大意是，举行哭祭是否能顺利，且没有过失。③睡虎地秦简《日书》乙种：“辰不可以哭、穿肆（肂），且有二丧，不可以卜筮、为屋。”④

哭部只有“丧”一个属字。甲骨文“丧”字作[甲骨文]，树木旁有众口。徐复说：“上古之葬，厚衣之以薪，丧字中象草薪掩覆，旁口象人哭状。”⑤凡丧事必是众人开口号啕的形象，故其字从众口。小篆丧字从哭，亡声，义为“亡也”，可以看出哭、丧的关系。

## 26. 走（zǒu）

“[篆文]，趋也。从夭止。夭止者，屈也。凡走之属皆从走。徐锴曰：走则足屈，故从夭。”（子苟切）

徐锴《系传》：“止则趾也。趾，足也。《春秋左传》曰：‘君亲举玉趾，走则足屈。’故从夭、止会意。”

甲骨文有[甲骨文]，为“走”字初文。此字罗振玉、李孝定等释为“夭”。而《甲骨文字诂林》引龙宇纯、赵诚等说法释为“走”，象人趋走时手

---

①张舜徽《说文解字约注》（第一册），华中师范大学出版社，2009年，第352页。

②李孝定《甲骨文字集释》（第二、三卷），台湾中研院史语所，1970年，第431页。

③黄天树《黄天树古文字论集》，学苑出版社，2006年，第326页。

④睡虎地秦墓竹简整理小组《睡虎地秦墓竹简》，文物出版社，1990年，第248页。

⑤徐复、宋文民《说文五百四十部正解》，江苏古籍出版社，2003年，第21页。

臂摇曳之形。[①] 卜辞有用其本义者,如:“王往走。”(《丙》403)而“令亚走马”(《甲》2810)中“走”则用为使动词,大意是命令亚策马快走。[②] 金文增加足趾形,如 ,战国承之作 等,字从走从止会意。金文中或加辵,与加止同。如效卣:“鸣呼,效不敢不万年夙夜奔走扬公休。”[③]上半部分象人奔跑时摆动双臂并迈大步,加“止”强化字意。因此“走”的构意为跑,《释名》云:“徐行曰步,疾行曰趋,疾趋曰走。”《荀子·尧问》:“君子力如牛,不与牛争力;走如马,不与马争走;知如士,不与士争知。”其中“走”用的是本义。

走部属字有八十四个。它们大都与行走有关,大致可以分为两类:多数是动词,表示各种行走的动作,如“赴、起、超、越、趣”等;少数是形容词,形容行走的各种状态,如“趚、趄、赵”等。从《说文》到后来的辞书一般都立“走”部。

## 27. 止(zhǐ)

“止,下基也。象艸木出有址,故以止为足。凡止之属皆从止。”(诸市切)

徐锴《系传》:“艸木初生根干也。”

商朝中晚期古陶文有“止”字,象人的脚板,还有四个脚趾头。[④] 甲骨文简化为三个脚趾朝上之形,作 、 。卜辞或用其本义,如“贞:疾止惟有𧊒(害)?”(《合》13683)意谓脚部患病。[⑤] 睡虎地秦简《法律答问》:“五人盗,臧(赃)一钱以上,斩左止,有(又)黥以为城旦。”[⑥]“斩左止”即截取左脚。后“止”多表示“停止”义,而其本义

①于省吾《甲骨文字诂林》(第一册),中华书局,1996年,第318页。

②赵诚《甲骨文简明词典——卜辞分类读本》,中华书局,1988年,第345页。

③陈初生《金文常用字典》,陕西人民出版社,1987年,第133页。

④参见高明《古陶文汇编》1.5,中华书局,1990年。

⑤黄天树《黄天树古文字论集》,学苑出版社,2006年,第326页。

⑥睡虎地秦墓竹简整理小组《睡虎地秦墓竹简》,文物出版社,1990年,第93页。

另外造“趾”字(《说文》无“趾”字)。对于许慎的解释,朱骏声《说文通训定声》说:“止部文十四,亦无一涉草木者,当以足止为本义,象形也。……字为借义所专,因加足旁作趾。”王筠《说文释例》也说:“止者,趾之古文也。与又部下所云‘手之列多略不过三’同意。上象足指,下象足跟,右上作丿者,足掌长而指短,然不能画其掌于下,故曲一笔以见意,谓足指止于是耳。”可见“止”本义指人足无疑,文献用例如《仪礼·士昏礼》:“御衽于奥,媵衽良席在东,皆有枕,北止。”郑玄注:“止,足也。”而许慎说的“下基”则是止的引申义,后来这个意义另造阯、址字(阯为址之重文,见阜部)。

止部收字十三个,重文一个。凡由“止”组成的字大都与“足”有关,如“歱、步、武、歫、前、歷”等。从《说文》到后世一般的辞书都立“止”部。

## 28. 癶(bō)

“癶,足剌癶也。从止、㞢。凡癶之属皆从癶。读若拨。”(北末切)

徐锴《系传》:“两足相背不顺,故剌癶也。”

“癶”谓人两足分张而行。两足分立,引申则有使横向分开义,可知“癶”是“拨”的初文。邵瑛《群经正字》说:“剌癶,俗多作剌拨。《淮南·修务训》:‘琴或拨剌枉桡,阔解漏越。’高诱注:‘拨剌,不正。’”①杨树达以为癶、䟦为一字,一为象形,一为形声。《足部》云:“䟦,步行獵跋也。从足,貝声。”他又说:“剌癶,或作剌犮。《十篇上·犬部》云:‘犮,走犬貌。从犬而丿之,曳其足则剌犮也。’按人两足分张而行为剌癶,犬曳足而行为剌犮,皆言其行之不正也。”②张舜徽《说文解字约注》:“剌癶二字,叠韵连语。亦倒作拨剌。”③剌癶两

①向夏《说文解字部首讲疏——中国文字学导论》,中华书局(香港),1986年,第39页。

②杨树达《积微居小学述林全编》(上),上海古籍出版社,2007年,第131—132页。

③张舜徽《说文解字约注》(第一册),华中师范大学出版社,2009年,第382页。

个字在上古同为月部，为叠韵联绵字，故上下两音节可对换。如汉陆贾《新语》：“违戾相错，拨刺难匡。”《金瓶梅》中形容女人不正也有“拨刺”一词。“拨刺”也可指拉开弓的样子，《后汉书·张衡传》：“弯威弧之拨刺兮，射嶓冢之封狼。”李善注：“拨刺，张弓貌也。”

癶部有“登、癹”（癹音 bá）两个字。“登”字下云：“上车也。从癶、豆，象登车形。”“癹”字下云：“以足蹋夷艸。从癶，从殳。”

## 29. 步（bù）

“步，行也。从止、㐅相背。凡步之属皆从步。”（薄故切）

甲骨文作 、 等，象两足一前一后行走。甲骨文或从“行”，本义为行走。如：“丙午卜，㱿贞：翌丁未王步？”（《乙》4693）①金文或作 、 、 等。包山楚简或作 。许慎说“步”的本义是“行也”，切合字形，但说“从止、㐅相背”则与“癶”的解说难以区分，或说当释为“相承”或“相随”。王筠《说文句读》：“背当作承。两足前后相承，是一步也。”杨树达云：“步字止在上，㐅在下，象左右二足前后相承之形。许君云从止、㐅相背，非也。……《小尔雅·广度》云：‘跬，一举足也，倍跬谓之步。’倍跬亦谓再举足也。……《二篇下·足部》云：‘踄，蹈也。从足，步声。’旁各切按蹈行同义，踄与步当为一字。异者，步为象形字，踄别加义旁足字耳。”②

步部属字只有一个“歲”，云：“木星也。越历二十八宿，宣遍阴阳，十二月一次。从步，戌声。”“步”本来可入止部，因有“歲”字受义于“步”，故立之。后世的一般辞书不立“步”部。

## 30. 此（cǐ）

“此，止也。从止，从匕。匕，相比次也。凡此之属皆从此。”（雌氏切）

---

①徐中舒《甲骨文字典》，四川辞书出版社，1989 年，第 142 页。

②杨树达《积微居小学述林全编》（上），上海古籍出版社，2007 年，第 131 页。

徐锴《系传》:"匕,近也。近在此也。"

甲骨文作[glyph],金文作[glyph],形体均从止,从人,合起来表示人脚所踏之处。由此引申为近指代词"这"的意思。包山楚简作[glyph]、[glyph]。卜辞中用为祭名,柴祭。尹黎云《汉字字源系统研究》说,字形是止之下增一人,象足踩人背。① "此"是"跐"字初文,《释名·释姿容》:"跐,弭也。足践之使弭服也。"《文选·张衡〈西京赋〉》:"增婵娟以此豸。"李善注:"五臣作跐,音此。"因为被践之人必处于静止状态,故"此"引申有"止"义。陈邦福认为"此"是"柴"的省文,黄约斋说"此"是雌性动物之称。关于"此"字原始构意说法很多,难以确定。

此部下有两个属字,它们何以从"此"不明。后世一般辞书不立"此"部。

## 31. 正(zhèng)

"[glyph],是也。从止,一以止。凡正之属皆从正。徐锴曰:守一以止也。[glyph],古文正,从二,二,古上字。[glyph],古文正,从一足,足者,亦止也。"(之盛切)

甲骨文作[glyph],作[glyph],从止,从口。口即城郭,用脚尖对准口,来显示方向明确,向国邑行进。黄德宽《古文字谱系疏证》说:"甲骨文正或作[glyph],从止从丁(城之初文),会征伐城邑之意。丁亦声。"②从卜辞看"正"是"征"的初文,本义是远征。如:"癸未卜,寅,贞:王旬亡祸,王来正人方。"(《甲》3355)大意是说,最近十天没什么灾祸吧,王要出发远征人方。③ 杨树达云:"正为初文,[glyph]征[glyph]皆加义旁之后起字。正已从止,[glyph]征[glyph]复从辵从彳从[glyph],于形义为复赘。自从口之形变为从二或从一,字形不显,遂有从古文上及一以止之臆说矣。"④

①尹黎云《汉字字源系统研究》,中国人民大学出版社,1998年,第138页。
②黄德宽《古文字谱系疏证》(三),商务印书馆,2007年,第2143页。
③马如森《殷墟甲骨文实用字典》,上海大学出版社,2008年,第43页。
④杨树达《积微居小学述林全编》(上),上海古籍出版社,2007年,第77页。

许慎所释是引申义。太炎先生说:“正为立正本字,从一,谓齐一之,齐一其足,即许说正字之义。”①

正部下只有一个属字“乏”,云:“《春秋传》曰:‘反正为乏。’”段玉裁注:“《左传》宣十五年文。此说字形,而义在其中矣。不正则为匮乏,二字相向背也。”此字战国中山王壶作,把正字上部的横画由平行改为歪斜,取不正即匮乏义成字。

## 32. 是(shì)

“,直也。从日、正。凡是之属皆从是。,籀文是,从古文正。”(承旨切)

段玉裁注:“十目烛隐则曰直,以日为正则曰是,从日、正,会意。天下之物,莫正于日也。”

金文“是”字或作,从日,中一竖象竖立之木,一象日影,下从止,表示所止之处。构意应是古人竖立木棍取日影测时。② 战国包山楚简或作,信阳楚简作,变为从日正,应是《说文》小篆所本。宋育仁《部首笺正》:“日正者,日方中也。日方中者,正当其时。古文时、是为一字,过时则昃,舍时则非,义取诸此,皆仰观象于天。”③邹晓丽《基础汉字形义释源》据金文认为“是”的构意是太阳冲破黑暗而出,即“破晓”,有光明的意思,本义是“正确”。④ 刘钊则认为,“是”字最初可能是从日、止声。⑤

是部只有两个属字“韪、尟”。“韪”字下云:“是也。从是,韦声。《春秋传》曰:‘犯五不韪。’”见《左传·隐公十一年》。“尟”字下云:“是少也。”其中“是”训“正”,强调少的程度,古书多借用“鲜”字。今天的辞书一般不立“是”部。

---

①徐复、宋文民《说文五百四十部正解》,江苏古籍出版社,2003年,第26页。

②徐复、宋文民《说文五百四十部正解》,江苏古籍出版社,2003年,第27页。

③徐复、宋文民《说文五百四十部正解》,江苏古籍出版社,2003年,第27页。

④邹晓丽《基础汉字形义释源》(修订本),中华书局,2007年,第77页。

⑤刘钊《古文字构形学》,福建人民出版社,2006年,第24页。

## 33. 辵(chuò)

“辵,乍行乍止也。从彳,从止。凡辵之属皆从辵。读若《春秋公羊传》曰‘辵阶而走’。”(丑略切)

段玉裁注:“《公食大夫礼》注曰:‘不拾级而下曰辵。’郑意不拾级而上曰栗阶,亦曰历阶,不拾级下曰辵阶也。《广雅》:‘辵,奔也。’”

甲骨文或作𠔁,从行,从止,表示在路上行走。甲骨文之“逆”字①所从诸形,则为行字的一半,表示街道;而“止”为足趾象形,合起来表示行义。卜辞中借用为人名和地名。所谓“乍行乍止”,是忽走忽停。张舜徽云:“辵即彳、亍二字之合音也。盖缓言之为彳、亍,急言之则为辵矣。彳、亍语转为峙躇,足部躇下云:‘峙躇,不前也。’是其义已。又语转为踸踱:‘乍前乍却也。’见《玉篇》足部。今俗称缓步为踱,如云踱来踱去,当以辵为本字也。”②它一般作偏旁部首,很少单独使用。

辵部的属字有一百一十七个,重文三十一个。凡从“辵”的字大都与行走、行动有关,多数是动词,如“追、逐、迈、进、巡、还、迎、送”等;其次是形容词,如“迅、速、远、近、辽”等;只有少数是名词,如“迹、道、远”等。

## 34. 彳(chì)

“彳,小步也。象人胫三属相连也。凡彳之属皆从彳。”(丑亦切)

徐锴《系传》:“微步也。故相连属也。”段玉裁注:“三属者,上为股,中为胫,下为足也。单举胫者,举中以该上下也。胫动而股与足随之。”

甲骨文中“彳”是“行”字的省文,作为偏旁在古文字中与行、辵、

---

①中国科学院考古研究所《甲骨文编》,中华书局,1965 年,第 64—65 页。

②张舜徽《说文解字约注》(第一册),华中师范大学出版社,2009 年,第389 页。

廴等通用,表示行走义,经常有换用的情况。许慎解释不合初谊,而段玉裁为之曲解。古文字从行者或从彳,如德,甲骨文有𢔶、𢓊等不同写法。《说文》彳部往字古文作𨑈、後字古文作𢕍。"彳"一般只作偏旁,不单独使用。它可与"亍"字连用,组成"彳亍"一词。《说文》"亍"下云:"步止也。""彳亍"表示小步或走走停停的意思,又作"踯躅"。

彳部下属字有三十六个,重文七个。彳部字多与行路有关,如"往、循、待、徐、微"等。

## 35. 廴(yǐn)

"廴,长行也。从彳引之。凡廴之属皆从廴。"(余忍切)

许慎说的"长行"即迈步向前走。徐锴《系传》"彳而引之,故曰长行",进一步阐释了许慎的意思。从字形上看,"廴"是"彳"的末一笔拉长而形成的。从字义看,"彳"是"小步","廴"则是"长行"。从甲骨文看,"廴"应是从"彳"分化而来。不过后世的"廴"并非只有一个来源,金文的"乚"旁后世也有变作"廴"的,如"廷、建"等。《说文》中"廷、建"均作"廴"旁。"廴"和"辶(辵)"在汉代多见混用,如"廷、延"和"建"字都有写作从"辶"者。

廴部下有三个属字。如"廷"字下云:"朝中也。"金文或作𠁩、𠁩、𠁩,包山楚简或作𠁩,其构形与廴无关。

## 36. 㢟(chān)

"㢟,安步㢟㢟也。从廴,从止。凡㢟之属皆从㢟。"(丑连切)

徐锴《系传》:"既引而止,相节调之,故曰安行。"容庚等认为,"㢟"与"延"为一字。甲骨文或作𢓊,金文或作𢓊、𢓊,从彳,从止。卜辞中或用其引申义"延长",如:"……子卜,亘,贞:今日不㢟雨。"(《前》1·49·5)①徐复认为,"㢟㢟"亦作"姗姗",《汉书·外戚

①马如森《殷墟甲骨文实用字典》,上海大学出版社,2008年,第50页。

传·孝武李夫人》:“上思念李夫人不已,……为作诗曰:‘是邪,非邪？立而望之,偏何姗姗其来迟!’”颜师古注:“姗姗,行貌。”这里“姗姗”的意思是步履从容,与“安步延延”的意思相合。①

延部只有一个属字“延”,云:“长行也。从延,丿声。”今天常用义是伸展、引长、继续等。或说延、延为一字之异体,两字上古同为元部,延字上古透母,延字余母,皆为舌头音。②

## 37. 行(xíng)

“𧘇,人之步趋也。从彳,从亍。凡行之属皆从行。”(户庚切)

甲骨文作卝,象十字路口之形,罗振玉《增订殷虚书契考释》中有详细考证和说解。“行”本义是道路,“行走”为引申义。卜辞中有:“贞:勿行出？贞:行出?”(《乙》7771)贞问是否由大道出行。作“行走”义讲的,如:“乙丑,王不行自雀?”(《乙》947)“行东至河”(《京》3104)等。③ 春秋金文或作𠂒,已发生形变。

《尔雅·释宫》:“行,道也。”“行”字构意为道路。小篆字形发生讹变,故许慎的解释不确。先秦文献用例如《诗·豳风·七月》有:“女执懿筐,遵彼微行,爰求柔桑。”毛传:“微行,墙下径也。”孔颖达疏:“行,训为道也。步道谓之径,微行为墙下径。”又如《诗·小雅·鹿鸣》:“人之好我,示我周行。”毛传:“行,道也。”许慎之释为“行”之引申义。如《论语·学而》:“三人行,必有我师焉。”“行”是兼类词,读音也因词类的不同而有不同。

行部共有属字十一个,它们本义大都与道路有关。如“術”的本义是邑中的道路,“街”是四通的道路,“衢”是四通八达的道路,“衝”是纵横相交的大道等。从《说文》到《康熙字典》、《辞源》都立有“行”部,但后来的《新华字典》、《汉语大字典》、《汉语大词典》均

---

①徐复、宋文民《说文五百四十部正解》,江苏古籍出版社,2003年,第30页。

②向夏《说文解字部首讲疏——中国文字学导论》,中华书局(香港),1986年,第48页。

③于省吾《甲骨文字诂林》(第三册),中华书局,1996年,第2228—2230页。

予取消,并入“彳”部。

## 38. 齒(chǐ)

“齒,口齗骨也。象口齒之形,止声。凡齒之属皆从齒。𠚒,古文齒字。”(昌里切)

段玉裁注:“郑注《周礼》曰:‘人生齒而体备。男八月、女七月而生齒。’……𠚕者象齒,余口字也。”

甲骨文或作𠚕、𠚕,金文或作𠚕,均象口中有牙齒之形。卜辞或用其本义,如:“妇好弗疾齒。”(《乙》3164)①意思是妇好牙齒没有毛病。战国时,中山王方壶有齒,仰天湖楚简作齒,下象口中有齒形,上面“止”表读音,是后起形声字。甲骨卜辞中,“齒”既可以指人的牙齒,也可以指牛的年齒,另外还有差错、灾害义,如:“吉,亡来齒。”这是由齒牙相切错而引申之义。

《说文》解释“口齗骨”,“齗”与“齦”为异体关系,意思是牙根肉,所谓“齒本肉也”。由于牙齒是整齐地排列在口中,所以“齒”引申为并列或排列。《左传·隐公十一年》:“寡人若朝于薛,不敢与诸任齒。”

齒部有属字四十三个。这些字大多与牙齒有关,如“齦、齡”等。《说文》后的字典、词典大都立“齒”部。

## 39. 牙(yá)

“牙,牡齿也。象上下相错之形。凡牙之属皆从牙。𤘗,古文牙。”(五加切)

段玉裁改“牡齿”为“壮齿”,注:“统言之皆称齿、称牙,析言之则前当唇者称齿,后在辅车者称牙。牙较大于齿,非有牝牡也。”今慧琳《一切经音义》卷35“牙”下引《说文》作“壮齿也”。

金文或作牙、牙,正象臼齿上下交错之形。郭店楚简或作牙、

①马如森《殷墟甲骨文实用字典》,上海大学出版社,2008年,第51页。

𣥺。"牙"指牢固的后牙,又叫大牙。构意为大牙、臼齿,又泛指牙齿。"牙"的上下齿交错之义派生出"芽、讶、伢、蚜"等字。"牙字上古属鱼部,齿字属之部,两部邻韵,《诗》中合韵者五见。在篆文偏旁中也通用。"①

古亦可称将军之旗为"牙",称官署为"牙"(后世写作"衙")。

牙部有两个属字"𤘘、𤘙"。"𤘘"字下云:"武牙也。""𤘙"字下云:"齿蠹也。"常见汉语工具书上一般立"牙"部,不过属字不多。

## 40. 足(zú)

"𧾷,人之足也。在下,从止、口。凡足之属皆从足。徐锴曰:口象股胫之形。"(即玉切)

徐锴《系传》:"口象股胫也。"王筠《文字蒙求》云:"足,从止。止,古趾字。口象胫骨形。"②学者多认为"口"象股胫之形。杨树达云:"肱、掌、指全部为手,股、胫、蹠、跟全部为足。足从口者,象股胫周围之形。"③后专指踝骨以下部分,今称脚。先秦文献用例,如《荀子·劝学》:"假舆马者,非利足也,而致千里。"《韩非子·外储说左上》:"郑人有欲买履者,先自度其足而置之其坐,至之市而忘操之。"

足部收属字八十四个。足部字大都与脚有关。大致可以分为三类:第一类是名词,有的是下肢器官,有的是与脚有关的东西。例如:"踝、跖、距、跟、蹄"等。第二类是动词,表示脚的各种动作的动词,数量居多数。例如:"跋、跌、跨、跣、跳、踊、践、踢、蹈"等。第三类是形容词,表示脚的各种动作的状态,如"跛、蹇"等。

## 41. 疋(shū)

"𤴔,足也。上象腓肠,下从止。《弟子职》曰:'问疋何止?'古

①向夏《说文解字部首讲疏——中国文字学导论》,中华书局(香港),1986年,第50页。

②〔清〕王筠《文字蒙求》,中华书局,2012年,第24—25页。

③杨树达《积微居小学述林全编》(上),上海古籍出版社,2007年,第128页。

文以为《诗》大疋字,亦以为足字。或曰胥字。一曰:疋,记也。凡疋之属皆从疋。”(所菹切)

段玉裁注:“《弟子职》,《管子》书篇名。(问疋何止)谓问尊长之卧,足当在何方也。”

甲骨文或作 ,金文或作 ,上面象腓肠(小腿肚),下象足趾。古文“足”和“疋”其实应为一字。徐灏《注笺》:“疋乃足之别体。”金文中足与疋仍然未分,铭辞中多读为胥,义为辅佐。如师兑簋:“余既令女(汝)疋师和父司左右走马。”战国文字则分化为两个字。李守奎说:“包山楚简中‘疋’读作‘胥’,是职官小吏。仰天湖竹简‘疋缕’读‘疏屦’,义为‘粗’。秦汉以后,读作 shū 的‘疋’字很少单独使用了。”①章太炎先生曾说:“文字本为鸟兽之迹,故疋引申为记疏。《诗》大疋字,实与疏记同义,谓记事也。其记事之人,亦谓之胥。”②张舜徽云:“古文既以疋为《诗·大疋》字,后世书雅俗字者,亦多以疋为之,且时与足字相乱。《世说新语·文学篇》云:‘郑玄在马融门下,三年不得相见,高足弟子传授而已。’又《规箴篇》云:‘高足之徒,皆肃然增敬。’高足二字,不辞。当为高疋之误,以形近而乱,谓高雅弟子也。”③李守奎说“疋”读“雅”是与“夏”的古文省体混讹之后假借导致的,“疋”的形体来源是“夏”的古文省体。④

疋部有两个属字。

## 42. 品(pǐn)

“品,众庶也。从三口。凡品之属皆从品。”(丕饮切)

甲骨文或作 、 等,构意不明。甲骨卜辞中,“品”均为祭名。徐中舒认为:“甲骨文所从之口形偏旁表多种意义,品字所从之口,

---

①李学勤《字源》(上),天津古籍出版社,2012 年,第 157 页。

②徐复、宋文民《说文五百四十部正解》,江苏古籍出版社,2003 年,第33 页。

③张舜徽《说文解字约注》(第一册),华中师范大学出版社,2009 年,第 490—491 页。

④参阅李学勤《字源》(上),天津古籍出版社,2012 年,第 157 页。

乃表示器皿。从三口者,象以多种祭物实于皿中以献神,故有繁庶众多之义。殷商祭祀,直系先王与旁系先王有别,祭品各有等差,故后世品字引申之遂有等级之义。”①张舜徽云:“品字得义于众口,然众口之用,初不止于品评。原夫天地之始,万物无名。进而为每物一名,皆众口所命也。有千万不齐之名,而后有千万不齐之物。故《老子》曰:‘无名,天地之始;有名,万物之母。’物之有名,既出众口;故品物二字,联缀成文,《易》所称‘品物流形’是也。”②金文“品”用作量词,指人或事物的类别。如井侯簋:“易(赐)臣三品:州人、{重}人、𩫖人。”穆公鼎:“易(赐)玉五品。”作册友史鼎:“省北田四品。”人按籍贯不同可分类称品,玉、田也可称品。③《尚书·禹贡》:“厥贡惟金三品。”孔传:“金银铜也。”《汉书·匈奴传》:“故约,汉常遣翁主,给缯絮食物有品,以和亲,而匈奴亦不复扰边。”颜师古注:“品,谓等差也。”

品部有两个属字,“喦”和“喿”。“喦”训“多言”,“喿”训“鸟群鸣”,皆与众口发声有关。

## 43. 龠(yuè)

“龠,乐之竹管,三孔,以和众声也。从品、侖。侖,理也。凡龠之属皆从龠。”(以灼切)

甲骨文或作[glyph]、[glyph],金文或作[glyph]、[glyph],均象编管乐器之形。甲骨文有的字形上部象管子的吹嘴儿,下部是并联在一起的两根管子。郭沫若称其形与汉人说的箫相似。④如《周礼·春官》:“小师掌教……。箫……。”郑玄注:“箫,编小竹管,如今卖饴糖所吹者。”甲骨文和金文字形上加亼,可能表示众管会合之义,这是小篆形体的

①徐中舒《甲骨文字典》,四川人民出版社,1989年,第197页。

②张舜徽《说文解字约注》(第一册),华中师范大学出版社,2009年,第492页。

③陈初生《金文常用字典》,陕西人民出版社,1987年,第219页。

④郭沫若《甲骨文字研究·释龢言》,《郭沫若全集·考古编》(第一册),科学出版社,2002年,第97—101页。

来源。或云金文所加“亼”为装饰部分。①

龠是竹管制成的一种吹奏乐器,后有加形符的“籥”字,在《说文》卷五竹部。徐灏《注笺》:“龠、籥古今字。……三孔盖象形,非品字,以形近次此部。”《诗·邶风·简兮》:“左手执籥,右手秉翟。”

龠部有四个属字。如“龢,调也。”甲骨文用作祭名,龢祭。如:“……巳卜,宾,贞:上甲龢眔唐。”(《前》2·45·2)上甲即上甲微,唐即成汤。前者为先公,后者为先王。② “龤,乐和龤也。从龠,皆声。《虞书》曰:‘八音克龤。’”《说文》后的一般辞书都立有“龠”部,不过《新华字典》取消该部首,将龠字归入“人”部。

## 44. 册(cè)

“𠕋,符命也,诸侯进受于王也。象其札一长一短、中有二编之形。凡册之属皆从册。𥬔,古文册,从竹。”(楚革切)

甲骨文或作𠕁、𠕋,竖立的线象刻有文字的简,中间横贯的线象将简编串在一起的绳子。在纸张发明以前,古人用竹片或木片写字,用来写字的竹片、木片叫作“简”。写完一篇文章,将所用的简串在一起成为“册”,编串这些简的绳子叫“编”。因此“册”的构意是简册。《尚书·洛诰》:“王命作册逸祝册,惟告周公其后。”意思是周王命令名叫逸的作册宣读册文。作册,官名,管理简册、册命。“西周金文习见‘作册某’,甲骨文也有‘作册’官名,见《合》5658和《合》1724背面。卜辞常见关于用‘旧册’(《合》32076)、‘新册’(《屯》1090)的占卜,‘册’即用其本义‘简册’。”③

又《尚书·多士》:“惟殷先人,有册有典。”典也是简册之形。关于简册的形制,从字形看,有长短的不同。《汉书·艺文志》记载了刘向以古文校订今文《尚书》之事,古文简有二十五字的,也有二十

①向夏《说文解字部首讲疏——中国文字学导论》,中华书局(香港),1986年,第54页。

②马如森《殷墟甲骨文实用字典》,上海大学出版社,2008年,第53页。

③黄天树《黄天树古文字论集》,学苑出版社,2006年,第328页。

二字的。从出土竹简看，简长短不一，以合用为原则。许慎说的古文形体笧，上从竹，是增加了表意符号，说明册是用竹子制成的。

册部只收两个属字“嗣”、“扁”。一训“诸侯嗣国也”，一训“署也”，本义均与简册相关。后来的辞书，如《康熙字典》、《辞海》、《辞源》等均不立“册”部。

# 卷　三

## 45. 㗊(jí)

“㗊,众口也。从四口。凡㗊之属皆从㗊。读若戢。又读若呶。”(阻立切)

甲骨文或作㗊,和小篆字形相同。根据古文惯例,它应与吅、品等为一字,即从二口、三口、四口同义。在使用过程中则一个字形固定记一词,成为不同的字。“㗊”在《说文》中训为众口,谓众口在一起喧哗,由此取意。“读若呶”,是“呶”的初文,又作“闹”。徐灏《注笺》:“㗊读若戢,亦与戢义近。《尔雅·释诂》:‘戢,聚也。’聚即众义。㗊之本义为众口,其别义或训为讙呶。”

㗊部有五个属字。除训为“皿也”的“器”字外,本义都和声音喧杂不静有关。如“嚻”字下云:“声也。气出头上。从㗊,从页。页,首也。”《左传·成公十六年》:“在陈而嚻。”杜预注:“嚻,喧哗也。”又如“𠯪”字下云:“高声也。一曰:大呼也。从㗊,丩声。”后省作“叫”。

## 46. 舌(shé)

“舌,在口,所以言也、别味也。从干,从口,干亦声。凡舌之属皆从舌。徐锴曰:凡物入口,必干于舌,故从干。”(食列切)

甲骨文或作[甲骨文字形]、[甲骨文字形]、[甲骨文字形]等,从口,象舌出于口之形。字旁点画,或认为是唾液,或认为是舌头吞卷之物。① 卜辞或用其本义,如:“疾舌,惟有害?”(《合》13634)“疾舌”指舌头患病。② “甲骨文舌,或用

①于省吾《甲骨文字诂林》(第一册),中华书局,1996 年,第 689—694 页。

②黄天树《黄天树古文字论集》,学苑出版社,2006 年,第 328 页。

作祭名,同告,即《说文》之祰祭。如'王舌父乙'、'勿舌且辛'。"①金文中的"舌"或作人名,或读作"吹"。睡虎地秦简《日书》甲74正有"妻多舌……",即多言。

许慎说"舌"为会意兼形声字,是根据小篆形体对其构意的解释。"舌"本义是舌头,象形字。如《诗·小雅·雨无正》:"哀哉不能言,匪舌是出,维躬是瘁。"意思是说,可怜有话不能说,不是舌头有病,而是说了忠心的话恐怕连自身也保不住。

在"适、话、刮、括"等字中,作声旁的"舌"与舌头的"舌"同形,意义却没有什么联系。其中的"舌"是"𠯑"隶变后的形体。"舌"作义符,《说文》中只有两个属字。如:"舓,以舌取食也。从舌,易声。𦧇,舓或从也。"或作舐,意思是用舌头舔东西。《说文》后的汉语辞书一般都立"舌"部,以"舌"为部首的字大多表示舌的各种动作,如"舐、舔"等。但有的楷书字典中"舌"部下的"舍、舒"等字,在《说文》中归其他部首,与"舌"义无关。

## 47. 干(gān)

"𢆉,犯也。从反入,从一。凡干之属皆从干。"(古寒切)

徐锴《系传》:"一者,守一也。入,干之也。"段玉裁注:"犯,侵也。《毛诗》'干旄'、'干旟',假为竿字。……反入者,上犯之意。"

张舜徽以为"干"乃干燥之本字。故旱、皯等字皆声中带义,有干燥义。而干求的"干"本字为"迁",干戈的"干"本字为"戰"。②

甲骨文或作𢆉,象有桠杈的木棒。金文作𢆉、𢆉,应是古人使用的一种狩猎工具,也用为防身御敌的武器,即盾。戴侗《六书故》引蜀本训"盾也",当存本义。《合》28059有"干卫"当读为"捍卫"。③扬雄《方言》卷九:"盾,自关而东或谓之瞂,或谓之干。关西谓之

①黄德宽《古文字谱系疏证》(三),商务印书馆,2007年,第2457页。

②张舜徽《说文解字约注》(第一册),华中师范大学出版社,2009年,第503页。

③于省吾《甲骨文字诂林》(第四册),中华书局,1996年,第3087—3088页。

盾。”①如《尚书·牧誓》:“称尔戈,比尔干。”《韩非子·五蠹》:“执干戚舞。”杨树达《释干》认为“干”为古兵器之一,又举“兵”的重文,说明许慎释“干”为犯,应是引申义,而非本义。② 如《左传·文公四年》:“其敢干大礼以自取戾?”至于“天干、地支”的“干”,那只是同音假借,与“干”的本义无关。从“干”得声的“讦、扞、奸、悍、捍、犴、䶫”等字含有干犯、干求或其引申之义。

“干”部有两个属字。如“屰”字下云:“屰,不顺也。从干下屮,屰之也。”此说不确。“屰”实为大字倒文,以倒人之形,表示顺屰之屰。

在现代的楷书字典中,有些字虽然与“干”的意义无关,但却因含有“干”的形体而归入“干”部。如《康熙字典》、《辞源》中的“平、年”等,《辞海》中的“刊、邗”等。《新华字典》不立“干”部。

## 48. 𧮫(jué)

“𧮫,口上阿也。从口,上象其理。凡𧮫之属皆从𧮫。㖈,𧮫或如此。臄,或从肉,从豦。”(其虐切)

徐锴《系传》:“阿犹曲,文理曲也。郤綌字从此。”段玉裁注:“口上阿,谓口吻已上之肉,随口卷曲。”即口吻以上两侧高起中间低洼且有纹理的部位。饶炯《部首订》云:“凡人口之上下两旁皆有阿曲,而《通俗文》云‘口上曰𧮫,口下曰函’,足证口上之阿曲处曰𧮫,口下之阿曲处曰函。”③张舜徽云:“许书无腭字,《玉篇》齿部始有齶字,其初文但当作𧮫,𧮫与腭,一语之转耳。”④

甲骨文中未见该字。金文中有,或说为一种织物名称,字上半象布线交织,为“绤”之本字。后作(马王堆《老子》乙本卷前古佚书“郤”所从),后变为小篆。⑤ 李守奎说:“𧮫是由‘去’分化出的

①〔汉〕扬雄《方言》,中华书局,2016 年,第 105 页。

②杨树达《积微居小学述林全编》(上),上海古籍出版社,2007 年,第 107 页。

③丁福保《说文解字诂林》(二),云南人民出版社,2006 年,第 711 页。

④张舜徽《说文解字约注》(第一册),华中师范大学出版社,2009 年,第 505 页。

⑤董莲池《说文部首形义新证》,作家出版社,2007 年,第 40—41 页。

一个字,在卻、绤、峪等字中作表音偏旁。‘去’字甲骨文、战国文字均写作‘𠙶’,从‘大口’会意,表示大张着嘴的意思,是‘呿’的本字。‘大’在战国文字中多写作‘亣’,谷与𠙶本为一字,均是‘去’字的异体。秦汉时的‘去’字大都写作‘厺’或‘𠫔’,下部多从‘凵’,‘𧮫’与‘去’分化为二字。”①

“𧮫”与卷九的山谷的“谷”不是一个字,注意区别。𧮫部下只有一个属字“西”,云:“舌皃。从𧮫省,象形。㣆,古文西。”字俗作“舔”。

## 49. 只(zhǐ)

“只,语已词也。从口,象气下引之形。凡只之属皆从只。”(诸氏切)

段玉裁注:“已,止也。矣、只皆语止之词。……语止,则气下引也。”所谓“气下引”就是气下咽,表示话说完了,即“语已词”。如《诗·鄘风·柏舟》:“母也天只,不谅人只!”中的“只”。又《楚辞》句末多用“只”字,洪兴祖补注:“只,音止,语已词。”张舜徽说《诗》多假“止”为“只”,后语转为“底”,为“的”。

郭店楚简《尊德》14 有“教以只则民少以叟”之语,其中“只”读为“技”。②

“只”在古文字中多用作声旁。从“只”声之字如“枳、轵”等含有曲或凹凸不平之意。只部只有一个属字“𠮙”,云:“声也。从只,甹声。读若声。”小徐本作“读若馨”,恐误。张舜徽说“𠮙”之与“声”,析言有别。“声”之本义当指乐声,而“𠮙”则本指语词之声。③

## 50. 㕯(nè)

“㕯,言之讷也。从口,从内。凡㕯之属皆从㕯。”(女滑切)

---

①李学勤《字源》(上),天津古籍出版社,2012 年,第 161 页。

②黄德宽《古文字谱系疏证》(二),商务印书馆,2007 年,第 2023 页。

③张舜徽《说文解字约注》(第一册),华中师范大学出版社,2009 年,第 508 页。

㕯从口从内，表示话藏于口中难以表达。后作“讷”。王筠《说文句读》：“㕯、讷，古今字也。《檀弓》‘其言呐呐然，如不出诸其口’，变㕯之形为呐。……（从口从内）内包乎口，以字形见意之法。《檀弓》作呐，便不明了。”《说文·言部》有“讷”，云：“讷，言难也。从言、内。”段玉裁注：“与㕯音义皆同。《论语》：‘君子欲讷于言而敏于行。’”㕯与讷是所谓的“异部重文”，为异体关系。“㕯由内外结构变为左右结构就是‘呐’。《玉篇·口部》：‘讷，迟钝也。或作呐。’《荀子·非相》：‘言而非仁之中也，则其言不若其默也，其辩不若其呐也。’”①

㕯部只有两个属字“矞”、“商”。两字均非从㕯得义，故“㕯”并非具有义符性质的部首。“矞”字下云：“以锥有所穿也。从矛，从㕯。一曰：满有所出也。”《广雅·释诂一》：“矞，出也。”②指水溢出。“商”字下云：“从外知内也。从㕯，章省声。”

## 51. 句(gōu)

“，曲也。从口，丩声。凡句之属皆从句。”（古侯切，又九遇切）

段玉裁注：“凡曲折之物，侈为倨，敛为句。……凡地名有句字者，皆谓山川纡曲，如句容、句章、句余、高句骊皆是也。凡章句之句，亦取稽留可鉤乙之意。古音总如鉤，后人句曲音鉤，章句音屦，又改句曲字为勾，此浅俗分别，不可与道古也。”

甲骨文作，构意不详。金文或作、，睡虎地秦简作，均从口，丩声，为曲折之义。金文中有“句陵”，地名，或读鉤。“郭店简‘句又车’，读‘苟有车’。郭店简句，读后。如‘然句能至哀’，‘凡悥（憂）思而句患’等。郭店简‘句稷’，读‘后稷’，周之先祖。”③尹黎云《汉字字源系统研究》说“句”是“丩”的繁文。丩是鉤子，引申有

①李学勤《字源》（上），天津古籍出版社，2012 年，第 162 页。

②参见〔清〕王念孙《广雅疏证》，中华书局，2004 年，第 41 页。

③黄德宽《古文字谱系疏证》（一），商务印书馆，2007 年，第 429 页。

曲折义。可见“句”是“鉤”的初文。李守奎以为“句”应“从丩，口声”，因《说文》卷二还有“从口，丩声”的“叫”字。“句”与“叫”结构不应完全相同。“‘句’在古文字中除用为地名、人名外，或借为‘鉤’，或借为‘耇’，或借为‘王后’之‘后’，在战国、秦、汉简牍中又多读为‘苟且’的‘苟’。”①

句部有三个属字“拘、笱、鉤”。从“句”得声的字多有“曲”义，它们应是同源字，这种编排体现了以声系联的尝试。

## 52. 丩(jiū)

“丩，相纠缭也。一曰：瓜瓠结丩起，象形。凡丩之属皆从丩。”（居虯切）

徐锴《系传》：“瓜蔓接续生为纠也。朻木字从此。”甲骨文作丩，象物之纠缠不解。可作动词，缠绕之义。或表地名或族氏名。张舜徽云：“瓜瓠之类，藤蔓间有丩，遇物则缠绕之，其蔓乃得上引，故造文者取象焉。”②“丩”应是“纠”的古字。从“丩”得声的字多含有纠曲之义，如“收、纠、朻、疝、句、拘、枸、笱”等。

隶书以后，“丩”不再单独使用，借用“纠”字来表示。“纠”是部属字，云：“绳三合也。从糸、丩。”

## 53. 古(gǔ)

“古，故也。从十、口，识前言者也。凡古之属皆从古。臣铉等曰：十口所传，是前言也。𠖠，古文古。”（公户切）

徐锴《系传》：“古者无文字，口相传也。”段玉裁注：“识前言者，口也。至于十则展转因袭，是为‘自古在昔’矣。”张舜徽云：“当时流行之传说，即今日之所谓古史。迨文字既兴，始由传说笔之简策耳。

①李学勤《字源》（上），天津古籍出版社，2012年，第163页。

②张舜徽《说文解字约注》（第一册），华中师范大学出版社，2009年，第513页。

传说之时，去已已远，故古字引申为凡久故之称。”①

甲骨文或作、，金文或作、。唐兰先生释此字为“古”，丁山、孙海波都从其说，丁山谓“（古）即四塞，为固之本字，象以盾守关塞之口形”。② 裘锡圭同意这个说法，而且有进一步论述。大概是因盾牌具有坚固特点，古人就在其字上加区别性意符“口”字表示坚固的“固”。③ 如果以“古”为“固”的本字，那么“古”的本义就是坚固。由坚固义引申而有久固、故旧、古老、枯涸等义。由“古”派生的诸字与之有关。④ 金文中多用为古代之义，如中山王壶：“夫古之圣王，务在得贤，其次得民。”⑤又通“故”等。

古部下只有一个属字“嘏”，云：“大远也。”今天的字典、词典一般不立“古”部。

## 54. 十(shí)

“十，数之具也。一为东西，丨为南北，则四方中央备矣。凡十之属皆从十。”(是执切)

甲骨文作丨，用一竖画示意。金文作，郭沫若认为字象一侧立的手掌。他在《甲骨文字研究·释五十》中说：“中国以一掌为十，故金文十字作（甲骨作丨，以不易作肥笔而省之）。一竖而鼓其腹，亦掌之象形也。”⑥于省吾说：“十字初形本为直画，继而中间加肥，后则加点为饰，又由点孳化为小横。数至十复反为一，但既已进位，恐其与一混，故直书之。”⑦丁山亦谓：“纵一为丨，丨之成基于十进

---

①张舜徽《说文解字约注》(第一册)，华中师范大学出版社，2009 年，第 514—515 页。

②于省吾《甲骨文字诂林》(第四册)，中华书局，1996 年，第 2945 页。

③裘锡圭《古文字论集》，中华书局，1992 年，第 645 页。

④参见黄德宽《古文字谱系疏证》(二)，商务印书馆，2007 年，第 1338—1339 页。

⑤陈初生《金文常用字典》，陕西人民出版社，1987 年，第 232 页。

⑥郭沫若《郭沫若全集·考古编》(第一卷)，科学出版社，2002 年，第 116 页。

⑦于省吾《甲骨文字释林》，中华书局，1979 年，第 100 页。

制之通术。”①到了小篆，金文字形中间鼓起的部分变为一横。卜辞中用作本义的，如：“……十宰又五，酒，大甲。”（《前》1·5·5）又有十三月、十人、十羌等。② 在战国以前的出土文献中，“七”也是横竖两笔交叉，二字区别是：“十”字竖长横短，“七”字竖短横长。有的汉代简帛也如此区别。

在表示数字上，甲骨文从一到四都是积画为数的，而五以上的数字则用假借或象形表示。许慎在构形的解释上有些迂曲，因为“四方”与“中央”齐备，应为五方之具，不是“数之具”。数目从一到十就达到完备了，十以上的数目只是由这十个数目字的组合来表达，因此有了这十个数目字就可以计算了。由此看，“十”有计算义，与“计”为同源词。由于数字到“十”就完备了，所以“十”常表示齐全、完备的意思，如“十全十美”等。

十部有八个属字。如：“丈，十尺也。从又持十。”“千，十百也。从十，从人。”

## 55. 卅(sà)

“卅，三十并也。古文省。凡卅之属皆从卅。”（苏沓切）

甲骨文用一竖表示十，用廿表示二十，三十则作卅。金文“三十”作卅、卅。石鼓文作卅，后三体石经古文作卅，为小篆字形所从。或说古人用结绳记事，打一个结是十，三个结是三十。卜辞中或用为本义，如：“……妣庚伐廿，鬯卅。”（《前》1·35·5）伐、鬯都是祭品，意思是廿伐、卅鬯。③

卅部只有一个属字“世”，云：“三十年为一世。从卅而曳长之。亦取其声也。”徐灏《注笺》：“三十年为一世，世者父子相继之称，故从卅而引长之，会意。”董莲池说，西周金文吴方彝作世，是截取“叶”

①于省吾《甲骨文字诂林》（第四册），中华书局，1996 年，第 3504 页。
②马如森《殷墟甲骨文实用字典》，上海大学出版社，2008 年，第 57 页。
③马如森《殷墟甲骨文实用字典》，上海大学出版社，2008 年，第 58 页。

字象叶的部分而成,构形和“卅”无关。①

## 56. 言(yán)

“𧥢,直言曰言,论难曰語。从口,䇂声。凡言之属皆从言。”(語轩切)

徐锴《系传》:“《尔雅·释言》注云:‘直言也。’《诗》曰:‘于时言言。’凡言者谓直言无所指引借譬也。”

甲骨文作[古文字]、[古文字],从[古文字],从口。对于其构意,说法不一。姚孝遂说:“言之初形从舌,加一于上,示言出于舌,为指事字。”②于省吾说:“言与音初本同名,后世以用各有当,遂分化为二。周代古文字言与音之互作常见(详吴大澂《说文古籀补》三·三,罗振玉《增考》中五九,郭沫若《甲研·释龢言》)。先秦典籍亦有言音通用者,例如:《墨子·非乐》上之‘黄言孔章’,即‘簧音孔章’。……甲骨文之‘言其[古文字]疒’(《掇》三三五),‘[古文字]疒言’(《后》下一〇·三),二言字应读作音。音其[古文字]疒与[古文字]疒音,指喉音之临将嘶哑言之。旧读言如字,失之。”③卜辞中言、音形体都作[古文字]。东周时逐渐分化为言、音二字。“言”包山楚简或作[古文字],郭店楚简或作[古文字]。

言部有属字二百四十四个,重文三十三个。“言”部字多与言语有关,其中大致可分为三类。一类是动词,表示各种言语行为,如“語、許、諾、誅、諫、謗、議、論”等;一类是形容词,多与人的品德有关,如“謹、誠、諒、詐、謙、訥、謬、誤”等;还有一类是与语言有关的名词,如“詩、諺”等。

## 57. 誩(jìng)

“[古文字],競言也。从二言。凡誩之属皆从誩。读若競。”(渠庆切)

---

①董莲池《说文解字考正》,作家出版社,2005年,第87—88页。
②于省吾《甲骨文字诂林》(第一册),中华书局,1996年,第697页。
③于省吾《甲骨文字释林》,中华书局,1979年,第87页。

"誩,从二言,饶炯《说文解字部首订》'言之通义为直言。誩,犹二人直持其说,各不相让,盖争言也。'競、譶等字皆由此派生。竟为競之省形分化字,从竟派生之境、镜、滰均含有尽或境限之意。"①

"競"甲骨文或作,象两人竞走之形。学者们多认为誩、競当为一字。"競"字为誩部下属字,云:"競,强语也。一曰:逐也。从誩,从二人。"王筠《说文句读》:"下文又云读若競,则誩直是競之古文。"古文字中有些表示人的器官行为的字,可以从"人",也可以省去"人"。如"聖"(聽)甲骨文作,郭店楚简作。

誩下有三个属字。如:"善,吉也。从誩,从羊。此与義、美同意。"

## 58. 音(yīn)

",声也。生于心,有节于外,谓之音。宫、商、角、徵、羽,声;丝、竹、金、石、匏、土、革、木,音也。从言含一。凡音之属皆从音。"(於今切)

甲骨文中音和言同字,字形在西周铭文中开始有区别。于省吾云:"西周金文音字作,与言字作者互用无别,后来由于用各有当,因而分化。音字的造字本义,系于言字下部的口字中附加一个小横划,作为指事字的标志,以别于言,而仍因言字以为声(言音古通用,详鄂君启节考释)。"②金文秦公钟作,是在言的口中增一笔以别字。张舜徽云:"盖出于口谓之言,出于口而声有节奏或延绵不绝者,则谓之音。故其字从言含一,含一者,谓其声留于口低昂吟咏而未已也。"③音是人的发音器官发出的声音,引申有音乐义。《礼记·乐记》:"凡音者,生于人心者也。乐者,通伦理者也。"

音部有五个属字:"响、韽、韶、章、竟"。如:"章,乐竟为一章。从音,从十。十,数之终也。""竟,乐曲尽为竟。从音,从人。""韶,虞

①黄德宽《古文字谱系疏证》(二),商务印书馆,2007年,第1798页。

②于省吾《甲骨文字释林》,中华书局,1979年,第459页。

③张舜徽《说文解字约注》(第一册),华中师范大学出版社,2009年,第622页。

舜乐也。《书》曰:‘箫韶九成,凤皇来仪。’从音,召声。”

## 59. 䇂(qiān)

“䇂,辠也。从干、二。二,古文上字。凡䇂之属皆从䇂。读若愆。张林说。”(去虔切)

段玉裁注:“辠,犯法也。……《广韵》曰:‘䇂,古文愆。’”

甲骨文有 、 等形,似为刑具的变体。或说䇂、辛同字,均为刑具义。郭沫若认为字形象古代刻镂用的曲刀剞劂,这种工具也用于对罪人或俘虏施刑,因此可借用刑具表示罪愆义。

䇂部有两个属字“妾、童”。“妾”字下云:“有罪女子给事之得接于君者。从䇂,从女。”“童,男有辠曰奴,奴曰童,女曰妾。从䇂,重省声。”

## 60. 丵(zhuó)

“丵,丛生艸也。象丵岳相并出也。凡丵之属皆从丵。读若浞。”(士角切)

徐锴《系传》:“此字下半虽非干字,以其形似,即次于干。所谓据形联系、引而申之也。”王筠《说文句读》:“丵岳叠韵,盖争高竞长之状。”张舜徽云丵岳二字急言之则为族。

无论在出土文献还是传世典籍中,丵字均未见单用,清人郑知同《说文商义残本》认为“丵”字就是经典中使用的“族、簇、蔟”字。“族”就是“丵”的通行字。太炎先生云:“族类之族正当作丵。……族者,矢锋也。(俗借用镞字,镞之本谊训利也)。又一簇(集合之意)之簇,俗字也,正字亦当作丵。”①

丵部有三个属字。如:“叢,聚也。从丵,取声。”“對,譍无方也。从丵,从口,从寸。對,對或从士。汉文帝以为责对而为言多非诚

①王宁主持整理《章太炎说文解字授课笔记·部首》(缩印本),中华书局,2010年,第1页。

对，故去其口，以从士也。”

## 61. 菐(pú)

“，渎菐也。从丵，从廾，廾亦声。凡菐之属皆从菐。臣铉等曰：渎读为烦渎之渎。一本注云：丵，众多也。两手奉之，是烦渎也。”(蒲沃切)

学者多以为“菐”是“僕”的省文。甲骨文“僕”作，金文或作，右边是人形，上有刑具“辛”，下有尾饰，均为僕人之标志。左边是人的两只手捧一个簸箕准备弃置东西。其字形象服贱役的奴隶形象。包山楚简或作、，郭店楚简或作、。其构意当为奴僕，所以许慎用“渎菐”解释它。“渎菐”是烦劳、烦琐的意思。段玉裁注：“渎菐，叠韵字。渎，烦渎也。菐，如《孟子》书之‘僕僕’，赵云‘烦猥皃’。”因此，我们可以认为“菐”和“僕”是同一个字，单独使用为“僕”，作偏旁则用为“菐”。如《诗·小雅·正月》：“民之无辜，并其臣僕。”

菐部有两个属字。“僕”字下云：“给事者。从人，从菐。菐亦声。”

## 62. 廾(gǒng)

“，竦手也。从𠂇，从又。凡廾之属皆从廾。今变隶作廾。，杨雄说：廾从两手。”(居竦切)

段玉裁注：“竦，敬也。……按此字谓竦其两手以有所奉也。”

甲骨文或作，字形象左右手相合上竦的样子，为今之“拱”字的初文。王筠《说文释例》：“，盖即手部拱之古文也。”《说文·手部》：“拱，敛手也。”卜辞中或用其本义，如“乎廾牛多奠”(《乙》2424)。① 金文中用为奉行、奉承义。如叔向父簋：“余小子司(嗣)朕皇考肇帅井(型)先文且(祖)廾明德秉威义。”文献作“恭”，如《尚书·甘誓》：“今予惟恭行天之罚。”传：“恭，奉也。”②西周以后很少

①马如森《殷墟甲骨文实用字典》，上海大学出版社，2008年，第61页。
②陈初生《金文常用字典》，陕西人民出版社，1987年，第276—277页。

单独使用,多作为表意偏旁出现。

廾部有十六个属字。该部的字大都与双手的动作有关。如:“弄,玩也。从廾持玉。”“兵,械也。从廾持斤,并力之皃。”

## 63. 𠬜(pān)

“[seal],引也。从反廾。凡𠬜之属皆从𠬜。今变隶作大。[seal],𠬜或从手从樊。”(普班切)

段玉裁、王筠等认为字形是古“攀”字。许慎说字形象左右两手向外攀缘的意思。加声旁为樊,二字应为异体关系。因樊多借用为“樊篱”字,又在“樊”上加手,写成攀或攀,今通用“攀”字。徐复说字或作“扳”。如《庄子·马蹄》:“鸟鹊之巢,可攀援而窥。”陆德明释文:“攀,本又作扳。普班反。”①张舜徽云:“《汉书》中犹有用𠬜字者,《扬雄传》:‘累既𠬜夫傅说兮。’《司马相如传》:‘仰𠬜橑而扪天。’颜注并云‘𠬜古攀字’是也。或体作攀,乃晚出字,汉人石刻中亦有用之者,《刘修碑》:‘扣马攀轮。’《张寿碑》:‘攀援待车。’皆是也。今皆作攀,则移手旁于下耳。”②

𠬜部有两个属字。如:“樊,鸷不行也。从𠬜,从棥,棥亦声。”章太炎《文始》:“有所牵引,故鸷不行。”意思是被牵绊不得外出。

## 64. 共(gòng)

“[seal],同也。从廿、廾。凡共之属皆从共。[seal],古文共。”(渠用切)

段玉裁注:“廿,二十并也,二十人皆竦手,是为同也。……《周礼》、《尚书》供给、供奉字皆借共字为之。卫包尽改《尚书》之共为恭,非也。”

金文作[seal]、[seal]、[seal]、[seal],均象两手捧一物上举之形。构意为两手共同举物,当为“供”、“恭”或“拱”的本字。吴大澂《窸斋集古录》:

①徐复、宋文民《说文五百四十部正解》,江苏古籍出版社,2003年,第50页。
②张舜徽《说文解字约注》(第一册),华中师范大学出版社,2009年,第639页。

“古共、恭、龚同。”陈初生引郭沫若说，“共”构意是大拱璧。如金文㝬敖簋：“㝬敖用共用璧，用佋告其右子歆史孟。”《诗·商颂·长发》：“受小共大共，为下国骏厖，何天之龙。”旧训未明，郭沫若以为即“小璧大璧”。①

共部只有一个属字“龚”，云：“给也。从共，龙声。”后来的一般字典和词典都不立“共”部。

## 65. 異(yì)

“，分也。从廾，从畀。畀，予也。凡異之属皆从異。”(羊吏切)

徐锴《系传》：“将欲予物，先分異之也。《礼》曰：‘赐君子小人，不同日也。’”

段玉裁注：“分之则有彼此之異。……竦手而予人，则离異矣。”

甲骨文或作、，金文作，字形象两臂上扬，头上顶一物体的样子。金文也有作形。包山楚简或作，郭店楚简或作、、、。关于其构意有不同说法，商承祚《殷虚文字》认为是“翼蔽之本字”，徐中舒《甲骨文字典》认为“象人举子之形，子即祭祀中象征神主之小儿，即所谓‘尸’”，是“祀”的初文。从甲骨卜辞看，徐说很切合。因为卜辞中異字多用为祭祀字。杨树达说異为戴的初文。人负戴重物，双臂上扬，如鸟展翅飞翔，故異字有鸟翅义，孳乳为翼字。《甲骨文字诂林》对“異”字的按语云：“甲骨文異字象人首戴物之形，实为‘从異𢦏声’之‘戴’之初文。后以用各有当，遂另作从𢦏声之戴以示区别。異字所从之或田，即‘东楚名缶曰甾’之‘甾’。”②而在卜辞中有、两形体，前者用为“翼临”之“翼”，如“不其雨，帝翼”(《合》11921 正)；后者用为“王異其田”(《合》30757)，其中“異”的意思当为时间概念。从语音上看，異字上古属

①陈初生《金文常用字典》，陕西人民出版社，1987 年，第 285—286 页。

②于省吾《甲骨文字诂林》(第一册)，中华书局，1996 年，第 285 页。

于之部，翼字属于职部，阴入对转，又为余母双声。① 金文中或用为“翼”，有敬、辅助义。如盂鼎：“古（故）天異（翼）临子（慈）。”或用为殊異义。如召卣：“赏毕土方六十里，召勿敢忘王休異。”異指特殊的待遇。②

“異”为“戴”之初文，那么头戴物则必然要小心谨慎，不能左顾右盼，引申有小心义，如“小心翼翼”之“翼”。由于头戴物时，物体置于人头顶之上，目标明显，引申有突出义。进一步引申则有他义、分义。许慎说的“分也”已不是異字的构意，而是词的引申义了。

“異”今简化为“异”。注意“異”、“异”二字原本不同。《说文》廾部：“异，举也。从廾，目声。《虞书》曰：岳曰异哉。”“异”未见出土古文字形体，文献中用其本义的例子也很少。異部只有一个属字“戴”，云：“分物得增益曰戴。”“戴”为“異”的分化字。

## 66. 舁（yú）

“𦥑，共举也。从臼，从廾。凡舁之属皆从舁。读若余。”（以诸切）

徐锴《系传》：“舁，用力也。两手及爪皆用也。”

太炎先生云：“凡舆猳、舆轿、舆人、舆尸、舆论之舆字，正字皆当作舁。”③“舆，从舁，牙为叠加音符，舁、舆一字分化。”④

甲骨文中只用作偏旁，字形象两人抬举物体的样子。王筠《说文句读》：“舁则两人共举一物也。”在先秦两汉的典籍中，“舁”之义常借用“舆”表示，到魏晋书中始见舁字。如《三国志·魏书·钟繇传》：“时华歆亦以高年疾病，朝见皆使载舆车，虎贲舁上殿就坐。”“舁”也可以借作“舆”。司马光《和子骏新荷》：“新荷满沼绿，篮舁

①参阅赵诚《甲骨文简明词典——卜辞分类读本》，中华书局，1988 年，第 325 页。

②陈初生《金文常用字典》，陕西人民出版社，1987 年，第 287 页。

③王宁主持整理《章太炎说文解字授课笔记·部首》（缩印本），中华书局，2010 年，第 1 页。

④黄德宽《古文字谱系疏证》（二），商务印书馆，2007 年，第 1513—1514 页。

出门疏。”篮舁即篮舆，是竹轿。今晋方言中许多地方仍把共同抬物体称为“舁”。

舁部收三个属字。如“興”字下云：“起也。从舁，从同，同力也。”甲骨文作𦥑、𦥑，从两双手，从口，象二人相对各伸出双手，共举一器形。卜辞中有用为引申义“举行”之义的，如：“丁卯卜，宾，贞：岁不興亡匄，五月。”（《甲》2124）。①

后世一般的字典、词典都不立“舁”部。

## 67. 臼（jū）

“𦥑，叉手也。从𠂇、又。凡臼之属皆从臼。”（居玉切）

段玉裁注：“又部曰：‘叉，手指相错也。’此云叉手者，谓手指正相向也。”

臼在商周文字中常用作偏旁，从二爪相对会意；或说字形象两手捧物之形，现在写成“掬”。“臼”多作为一个表意偏旁出现，很少单独使用。注意臼与臼的区别，臼底下一横是相连的，而臼则不连。

臼部只有一个属字“要”，云：“身中也。象人要自臼之形。从臼，交省声。”小篆字形亦象人两手叉腰，“腰”的本字。

## 68. 晨（chén）

“𦦈，早昧爽也。从臼，从辰。辰，时也。辰亦声。丮夕为㚈（夙），臼辰为晨，皆同意。凡晨之属皆从晨。”（食邻切）

段玉裁注：“《文王世子》注曰：‘早昧爽，击鼓以召众。’亦三字累言之。《左传·僖五年》正义解说文，谓夜将旦、鸡鸣时也。”

甲骨文作𦦈，与小篆同。黄德宽云：“晨，甲骨文从臼，辰声。金文从臼或从臼从廾，辰声，又或于臼中着二。战国文字从臼持午（杵本字），辰声。……案：从臼从辰，昧爽之义不显，疑亦古振字，从臼

①马如森《殷墟甲骨文实用字典》，上海大学出版社，2008年，第65页。

与从手同意。”①甲骨文还有一形作，从林，从辰，会以辰除草木之意，或释为農，或释为晨。古人一般日出而作，即清晨出去耕作，故有早晨义。“古人对时间的感觉与日、月密切相关，所以‘昼’、‘夜’、‘朝’、‘暮’等字或从‘日’，或从‘夕’。晨字也是如此。西周金文晨从夕，战国楚简晨从日，都是晨字的异体。”②《说文》卷七日部又有“晨”字，本曟星之义。《七上·晶部》：“曟，房星，为民田时者。”从古文字材料看，“晨”当是“晨”的后起异体字。晨行而晨废。甲骨文有[艹/晨]，[艹/晨]、晨、晨可能是不同时代晨暮之“晨”。

晨部有一个属字“農”，云：“耕也。从晨，囟声。”

## 69. 爨(cuàn)

“，齐谓之炊爨。𦥑象持甑，冂为灶口，廾推林内火。凡爨之属皆从爨。，籀文，爨省。”(七乱切)

徐锴《系传》：“取其进火谓之爨，取其气上谓之炊。”

这是一个由多个构字部件会意构成的平面结构的字。对于其籀文，饶炯《部首订》云：“籀文作，象两手推木，内火灶口之形，后人以炊爨义犹未备，又象两手持甑以注之。”③战国包山楚简作、，望山楚简作。睡虎地秦简作，上象双手持炊具，下从火焚林以烧灼炊具，会炊爨之意。小篆增加了用手“推林内火”，意思更加显豁。④

爨部收两个属字。其中“釁”字下云：“血祭也。象祭灶也。从爨省，从酉，酉所以祭也。从分，分亦声。”义为用牲血涂于器物裂璺缝隙的祭祀仪式。其异体“衅”见于《玉篇·血部》：“衅，牲血涂器祭也。亦作釁。”今简化通用“衅”。

①黄德宽《古文字谱系疏证》(四)，商务印书馆，2007年，第3725—3726页。

②李学勤《字源》(上)，天津古籍出版社，2012年，第207页。

③丁福保《说文解字诂林》(二)，云南人民出版社，2006年，第820页。

④董莲池《说文部首形义新证》，作家出版社，2007年，第57页。

## 70. 革(gé)

“革，兽皮治去其毛，革更之，象古文革之形。凡革之属皆从革。革，古文革，从三十，三十年为一世而道更也。臼声。”(古覈切)

徐锴《系传》:“皮去其毛，染而莹之曰革。”

甲骨文或作革，金文或作革，均象一张剥下来的兽皮，有头、尾、四肢。战国鄂君启车节讹作革，包山楚简或作革、革，郭店楚简或作革，小篆古文也发生讹变。“革”本义是去了毛的兽皮。如鄂君启车节:“母(毋)载金革黾箭。”①《诗·召南·羔羊》:“羔羊之革，素丝五緎。”因上古多用革做武士护身的甲胄，就产生了“兵革”义。由于革需要加工制作才成，所以“革”又引申出“改变、革除”的意义。金文中“革”可读为“勒”，如康鼎。

杨树达《释革》提出了“革”为“鞹”初文的看法。他说:“盖鸟兽毛羽有时除旧更生，革为鸟翅，引申有兽去毛之义，又引申有改革之义。”②其说可供参考。

革部有属字五十六个，重文十一个。该部字本义大多与皮革义有关。

## 71. 鬲(lì)

“鬲，鼎属，实五瞉。斗二升曰瞉。象腹交文，三足。凡鬲之属皆从鬲。[illegible]，鬲或从瓦。[illegible]，汉令鬲从瓦，麻声。”(郎激切)

甲骨文作鬲、鬲，金文作鬲、鬲、鬲等。字形象古代烹调用具，似鼎，大腹三足，足中空可灌入水，因而与火的接触面大，加热时可以迅速升温。金文中有的写法还加“金”旁，如鬲。郭店楚简作鬲。卜辞有用其本义的，如:“甲戌卜，贞:其尊鬲，饮十牛于丁?”(《合》

---

①陈初生《金文常用字典》，陕西人民出版社，1987 年，第 292 页。

②杨树达《积微居小学述林全编》(上)，上海古籍出版社，2007 年，第 75—76 页。

1977)尊,动词,当放置讲。[①] 于省吾说"豉"象以攴击蛇,引申义为割解人牲或物牲。

最早的鬲当为陶器,但殷商时期已经有不少青铜制作的鬲,从金旁的䥶字可以为证。"鬲"的本义是炊具,后来指从事炊食业的奴隶。如虢仲鬲:"虢仲乍(作)虢妃尊鬲。"金文矢令簋有"鬲百人",大盂鼎有"人鬲"。郭沫若在《奴隶制时代》中说:"矢令簋是成王时器,大盂鼎是康王时器。鬲与人鬲就是古书上的民仪与黎民,黎、仪、鬲(歷)是同音字。鬲是后来的鼎锅,推想用鬲字来称呼这种'自驭至于庶人'的原因,大概就是取其黑色。"[②]

《说文》中或体作䰛,汉令作𠩵,可证汉代称釜鬲为"历"属实。《史记·滑稽列传》:"铜历为棺。"司马贞索隐:"历即釜鬲也。"

鬲部有十二个属字。该部字本义大都与炊具或煮饭有关。

## 72. 䰜(lì)

"䰜,𠩵也,古文亦鬲字。象孰饪五味,气上出也。凡䰜之属皆从䰜。"(郎激切)

段玉裁注:"鬲、䰜本一字。鬲专象器形,故其属多谓器。䰜兼象孰饪之气,故其属皆谓孰饪。""䰜"两旁的形体表示烹煮食物时五味从"鬲"中向上腾起。

䰜部有属字十二个,重文十二个。凡从"䰜"的字,本义与所煮的糜粥、汤等或烹、煮、炒、烙等行为相关;与从"鬲"的字多与炊具有关是不同的。

## 73. 爪(zhǎo)

"爪,丮也。覆手曰爪。象形。凡爪之属皆从爪。"(侧狡切)

段玉裁注:"丮,持也。……仰手曰掌,覆手曰爪。今人以此为

①黄天树《黄天树古文字论集》,学苑出版社,2006 年,第 329 页。

②郭沫若《奴隶制时代》,中国人民大学出版社,2005 年,第 18 页。

叉甲字，非是。"

甲骨文作，金文作。金文中"爪"与"牙"组成合成词"爪牙"，引申为卫士。如师克盨盖即有"乍爪牙"之语。字形构意是手爪，如汉代五言古诗《上山采蘼芜》："新人虽言好，未若故人姝。颜色类相似，手爪不相如。"记录动词义则是抓。张舜徽云"爪"为"搔"之初文，俗书为抓。①

爪部有三个属字。如"孚"字下云："卵孚也。从爪，从子。一曰：信也。"徐锴曰："鸟之孚卵皆如其期，不失信也。鸟裒恒以爪反覆其卵也。"金文中"孚"可用为"俘"，如过伯簋："过白（伯）从王伐反荆，孚（俘）金。"

## 74. 丮（jí）

"，持也。象手有所丮据也。凡丮之属皆从丮。读若戟。"（几劇切）

甲骨文作，西周金文作，象一个人伸出双手有所把持的样子。小篆进一步变成"丮"，握持之形难以窥见。

丮部有七个属字。凡是从"丮"的字，本义与用手从事某种行为有关。今从"丮"旁字多隶定从"丸"，如"孰、藝"等。而"巩"所从的"丮"则隶定为"凡"。

## 75. 鬥（dòu）

"，两士相对，兵杖在后，象鬥之形。凡鬥之属皆从鬥。"（都豆切）

甲骨文作，象两人徒手搏鬥之形。杨树达援引罗振玉说法，认为鬥非从两士，亦不从两手，而是"象两人手搏之状"。② "鬥"的构意是搏鬥、鬥争。《孟子·离娄下》："乡邻有鬥者，被发缨冠而往

①张舜徽《说文解字约注》（第一册），华中师范大学出版社，2009年，第684—685页。

②杨树达《文字形义学》，上海古籍出版社，2013年，第57页。

救之，则惑也。虽闭户，可也。”后加声旁，分化出“鬭”。今简化为“斗”，乃假借“升斗”之“斗”。

鬥部有九个属字。该部的字多与争吵或吵闹义有关。

## 76. 又（yòu）

“ㄡ，手也。象形。三指者，手之列多略不过三也。凡又之属皆从又。”（于救切）

甲骨文作 ㄡ，金文作 ㄡ，字形均象有三个手指向左的一只右手，向右下方伸展的一笔表示手臂。构意为右手。甲骨文中字形向左向右均有，但左右并称时，则又为右，𠂇为左，分别很清楚。卜辞中用为右的，如：“丁酉贞，王作三自（师）：又（右）、中、𠂇（左）。”（《合》33006）①“又”在出土文献中很常用，多读为左右之“右”、有无之“有”、佑助之“佑”等。金文中“又”还可以用作连词，表示并列关系。如毛公鼎：“余非庸又昏。”还可以用于整数与零数之间，如大盂鼎：“人鬲自驭至于庶人六百又五十又九夫。”

表示左右的本字是“𠂇”、“又”，而“左、右”则表示辅佐义。后来，“又”用来表示重复或继续，“𠂇”废而不用，这样的情况下“左、右”成为方位词的用字，而用“佐、佑”表示辅佐义。

又部有二十七个属字。以“又”作形符的字多与手的部位或动作有关。“又”作声符的字则有辅助、劝勉、报答、宽宥等义，如“右、佑、祐、侑、酭、友”等。

## 77. 𠂇（zuǒ）

“𠂇，𠂇手也，象形。凡𠂇之属皆从𠂇。”（臧可切）

段玉裁注：“俗以左右为𠂇又字，乃以佐佑为左右字。”人之所以异于动物，在于心能思而手能作，左右手的重要性对人来说不言而喻，故左右连用可用来表辅助义。如《诗·商颂·长发》：“实维阿

①黄天树《黄天树古文字论集》，学苑出版社，2006 年，第 329 页。

衡，实左右商王。”

甲骨文作，金文作，左手的象形，构意是左手。金文中用为“左”表示方位，用为“佐”表示辅助，用为“尪”表示跛脚。战国文字中“𠂇”大都读为“左”。杨树达云：“𠂇手可为人之助，固矣。然𠂇与右相反戾，人之用𠂇手远不如又手之便，故𠂇之孳乳字多乖刺不正之义。”①此说甚确。如“差、蹉、瘥、搓、磋、嵯、縒、瑳”等均为其孳乳之字。

𠂇部只有一个属字“卑”，云：“贱也。执事也。从𠂇甲。”段玉裁注：“古者尊又而卑𠂇，故从𠂇在甲下。甲象人头。”西周金文作，似手持一器。朱骏声《说文通训定声》认为是“椑”之初文。“椑”为一种两面有柄的扁圆形盛酒器，可以手提携。朱骏声的意见可以参考。②

今天“𠂇”不能独立成字，仅作为部首使用。但《康熙字典》、《辞源》、《新华字典》等辞书未立该部。

## 78. 史（shǐ）

“，记事者也。从又持中。中，正也。凡史之属皆从史。”（疏士切）

段玉裁注：“《玉藻》：‘动则左史书之，言则右史书之。’不云记言者，以记事包之也。……君举必书，良史书法不隐。”

甲骨文作，金文作、、、，包山楚简作，郭店楚简作，均从又持物。手中所持，众说不一。江永以为“中”为簿书。王国维以为“中”为“盛策之器”。③ 太炎先生以为“中”即“册”的省文，古籍中诸多“中”字皆当为“册”，汉代有“治中”之官，治中即治

①杨树达《积微居小学述林全编》（上），上海古籍出版社，2007年，第43—44页。

②董莲池《说文部首形义新证》，作家出版社，2007年，第62页。

③王国维《观堂集林·释史》（第一册），中华书局，1959年，第263—274页。

册。① 这样看来,“史”本义是掌管文书的官。《周礼·天官·冢宰》有宰夫之职,其中有“六曰史,掌官书以赞治”的说法,可为佐证。于省吾《甲骨文字诂林》说卜辞多用“史”为“使”。

古籍中“史”的常用义有史官等。卜辞中有用其义的,如:“癸巳卜,其乎北御史卫。”(《甲》1636)②作为官名,铭文中常见的有史、大史、公大史、大史寮、内史、大内史、乍册内史、乍命内史、内史尹、御史、史小臣等。古籍中还常见“史乘”一词,它本来是晋国的一部史书,也叫《乘》,后来也用“史乘”指称一般的史书。

史部只有一个属字“事”,云:“职也。从史,之省声。”卜辞中史、事、吏无别。王国维说:“史之本义为持书之人,引申而为大官及庶官之称,又引申而为职事之称,其后三者各需专字,于是史、吏、事三字于小篆中截然有别。持书者谓之史,治人者谓之吏,职事谓之事,此盖出于秦汉之际,而《诗》、《书》之文尚不甚区别。”③王说可从。

## 79. 支(zhī)

“支,去竹之枝也。从手持半竹。凡支之属皆从支。支,古文支。”(章移切)

徐锴《系传》:“竹叶下垂也。”段玉裁注:“此于字形得其义也。……(古文支)上下各分竹之半,手在其中。”

学者或认为“支”是“枝”的初文。徐灏《注笺》:“支、枝古今字。干支犹幹枝也。”如《诗·卫风·芄兰》:“芄兰之支,童子佩觿。”由“枝条”义引申为“分支”义。“支”还可以引申指人的肢体,如睡虎地秦简《法律答问》:“妻悍,夫殴治之,夬(决)其耳,若折支(肢)指、

①王宁主持整理《章太炎说文解字授课笔记·部首》(缩印本),中华书局,2010年,第1页。

②马如森《殷墟甲骨文实用字典》,上海大学出版社,2008年,第74页。

③王国维《观堂集林·释史》(第一册),中华书局,1959年,第270页。

肤體(体),问夫可(何)论?当耐。”①后又专为此义造“肢”字。

支部只有一个属字“攲”,云:“持去也。从支,奇声。”意思是用筷子取物。“支”多作声旁,如“枝、肢、伎、歧、岐、跂、忮、屐”等字,其义与跂出、多杈、支撑等有关。

## 80. 聿(niè)

“聿,手之疌巧也。从又持巾。凡聿之属皆从聿。”(尼辄切)

徐锴《系传》:“巾,所持也。”

太炎先生云:“事业、基业之业,皆当作聿。”②甲骨文中不见聿字。一般认为,聿、聿本为一字,是右手执笔之形,本义是“书写”。而后来的“筆”是加竹头,为晚出之字。如戴侗《六书故》第十五:“书传未尝有聿字,且手之疌巧何以取义于巾?……明聿、筆实一字。”③或说“聿”为从又持中的会意字,会擦拭洁净之意。西周时常用作形旁。战国始见独立使用“聿”。聿与聿仅一笔之差,容易混淆,然其来源、音义均不同。④

聿部有两个属字。如“肃”字下云:“持事振敬也。从聿在㶇上,战战兢兢也。”㶇,古渊字。

## 81. 聿(yù)

“聿,所以书也。楚谓之聿,吴谓之不律,燕谓之弗。从聿,一声。凡聿之属皆从聿。”(余律切)

段玉裁注:“以,用也。聿者,所用书之物也。”

甲骨文作 、 ,金文作 等,均象手持筆之形。本义就是书写工具,即“筆”。“不律”急读就是“筆”。王筠《说文释例》:“聿、律、

①睡虎地秦墓竹简整理小组《睡虎地秦墓竹简》,文物出版社,1990年,第112页。

②王宁主持整理《章太炎说文解字授课笔记·部首》(缩印本),中华书局,2010年,第1页。

③〔宋〕戴侗撰,党怀兴、刘斌点校《六书故》(上),中华书局,2012年,第325页。

④李学勤《字源》(上),天津古籍出版社,2012年,第229页。

弗、筆，一声之转，而不律独加‘不’字，盖发声也。”卜辞中聿多借用为人名和地名。董作宾说卜辞中有用为本义的：“卜辞有‘其聿’，是殷王武乙时王命史臣之语，意思是‘把它写下来’。”[1]金文执卣：“赐吕（铝）二，聿（筆）二。”[2]文献中聿之本义用例可见扬雄《太玄》中提到的“舌聿之利”，舌指讲话，聿指用筆写文章。

“卜辞用龟甲、兽骨，契刻用刀，作画则刀、筆并用，彩陶等则用毛筆。一九九五年春，郑州小双桥商代遗址考古发掘，发现三块陶缸残片和一件陶缸表面有八个文字，书写工具为毛筆，以朱砂作颜料，字体工整，书写流畅，筆画规范，与安阳出土的朱书文字和甲骨文字一脉相承。后书写材料改进，筆之制作专门化，材料固定，故上加竹以会意。”[3]当“聿”的本义为“筆”借去，“聿”就借为语气助词了。《诗·大雅·文王》：“无念尔祖，聿修厥德。”聿为句首语气词。《诗·唐风·蟋蟀》：“蟋蟀在堂，岁聿其莫。”聿是句中语气词。

聿部有三个属字。如：“筆，秦谓之筆。从聿，从竹。”“書，箸也。从聿，者声。”

## 82. 畫（huà）

“，界也。象田四界，聿所以畫之。凡畫之属皆从畫。，古文畫省。，亦古文畫。”（胡麦切）

甲骨文作，持笔作畫之意。上部是一只手拿一只笔，下面交叉的两条曲线为描绘的图形。金文或作、、，在字下增田，与《说文》古文相合。而有的则下从周，作。金文中字形下加田，或许表明奴隶主重视疆土的划分与掠夺。郭沫若说是以规畫圆之意。商承祚说“象畫田正经界”。曾侯乙墓竹简与之相

①《董作宾先生全集》第9册，第740页。转引自《黄天树古文字论集》，学苑出版社，2006年，第329页。

②李学勤《字源》（上），天津古籍出版社，2012年，第230页。

③徐复、宋文民《说文解字五百四十部正解》，江苏古籍出版社，2003年，第64页。

近，作畫、畫。

张舜徽云："古文从聿从田，其本义当为木工畫线之事。田象所畫线限，非田地之田。今木工从事之始，恒用竹笔取墨汁，依器物大小作线界于木材之上，此乃古之遗法，可于畫字见之。木工既畫线界，然后循之以施斧斤刀凿，故此字古文又从刀作劃也。"①

《说文》释义是劃分地界，引申为勾劃，如睡虎地秦简《日书甲种》："即五畫地，掓其畫中央土而怀之。"②金文中习见"畫呻（绅）"、"畫靳"等，其中"畫"有图绘、彩色义。"畫"本可以归入"聿"部或"田"部，许慎之所以把它单独立部，可能是因为它反映了古代重要的政治和经济生活内容。《孟子·滕文公上》："夫仁政必自经界始。"可见经劃田界的重要。

"畫"简化为"画"。"画"字最早见于元戴侗《六书故》。畫部只有一个属字"晝"，云："日之出入，与夜为界。从畫省，从日。"

## 83. 隶（dài）

"隶，及也。从又，从尾省。又持尾者从后及之也。凡隶之属皆从隶。"（徒耐切）

段玉裁注："此与辵部'逮'音义皆同。逮专行而隶废矣。"

春秋时期金文作隶，郭店楚简作隶，上部是一只右手，下部是一条尾巴，会以手捉尾之意。因此"隶"的本义是赶上。或体作"逮"。太炎先生《新方言·释言》："《说文》：'隶，及也……持尾者从后及之也。'案：从后持尾，谓追及禽获之。汉时言捕曰逮，《汉书·王莽传》：'逮治党与。'此正隶字。今谓捕得为隶住。"③

金文中"隶"有奴隶义，如廿七年上郡戈："工隶臣積。"郭店楚简

①张舜徽《说文解字约注》（第一册），华中师范大学出版社，2009年，第714—715页。

②睡虎地秦墓竹简整理小组《睡虎地秦墓竹简》，文物出版社，1990年，第223页。

③《汉语大词典》（缩印本）下卷，汉语大词典出版社，1997年，第7190页。

《尊德义》："坓（刑）不隶于君子，豊（禮）不隶于小人。"①其中隶为加、加及，应是追及、捕获义的引申。

隶部有两个属字。其中"隸"下云："附箸也。"

## 84. 臤（qiān）

"，堅也。从又，臣声。凡臤之属皆从臤。读若铿锵之铿。古文以为賢字。"（苦闲切）

段玉裁注："谓握之固也，故从又。……凡言古文以为者，皆言古文之假借也。……盖今文《盘庚》固以臤为賢也。"

甲骨文或作，马如森说其构形从目从又，会以手抠目之意。或说臤从又从臣，会以手击人目之意，为掔之本字。"臤字从又，《说文》以堅训臤属声训，堅非臤之本义甚明。又手部云'掔，固也。从手，臤声。读若《诗》赤舄掔掔。（苦闲切）'（十二上十六）掔从手为叠加意符，掔与臤音义俱同，掔实即臤之后起累增字。"②卜辞中只出现一条，借用为祭名。"贞：勿臤彡，九月"（《续》1·14·3）③。张舜徽云："臤象手执俘虏及罪人，恐其逃亡，故执之甚固，因引申为凡堅之称。"④金文或作、，徐复说依据形体从臣从又，会拘系俘囚之意。⑤ 手执俘虏，担心其逃跑，看管甚严，引申为凡堅之称。奴隶社会中俘虏被认为是和牲畜一样重要的财富，所以金文下或加贝。《六下·贝部》："賢，多财也。"正与此义相联。"《说文》谓'古文以为賢字'。金文中的'臤父丁'、'臤父辛'、'臤且丁'等皆读 xián。郭店楚简《五行》：'明则见臤人。'汉校官碑：'亲臤宝智，师臤作

---

①荆门市博物馆《郭店楚墓竹简》，文物出版社，1998 年，第 174 页。

②黄德宽《古文字谱系疏证》（四），商务印书馆，2007 年，第 3475—3476 页。

③马如森《殷墟甲骨文实用字典》，上海大学出版社，2008 年，第 75 页。

④张舜徽《说文解字约注》（第一册），华中师范大学出版社，2009 年，第 717 页。

⑤徐复、宋文民《说文解字五百四十部正解》，江苏古籍出版社，2003 年，第 66 页。

朋。’臤亦读 xián。”①郭店楚简中字形或作、、。

臤部有“緊、堅、豎”三个属字。

## 85. 臣(chén)

“，牵也，事君也。象屈服之形。凡臣之属皆从臣。”(植邻切)

太炎先生云：“臣之训牵，以声为训。臣在真韵，牵在先韵。真先古通，故臣得训牵。”②

甲骨文作，金文或作，包山楚简或作，郭店楚简或作。郭沫若在《甲骨文字研究・释臣宰》中，根据卜辞“臣”之字形，认为其象竖目，以一目代表一人。人首下俯时则横目形为竖目形，故以竖目形象屈服之臣仆奴隶。③ 或说“臣”为“𦣞”之初文。《说文・九上》：“𦣞，举目视人皃。从頁，臣声。”④卜辞中“臣”多为职官名。黄天树说有一例用其本义的，即：“癸巳卜，宾，贞：臣幸(执)？王占曰：‘吉，其执唯乙、丁。’七日丁亥既执。”(《合》643)卜辞大意：癸巳日占卜，贞人宾主持贞问，问逃亡的臣奴能否被抓住？商王武丁察看卜兆，说：“吉利，到第三天的乙未或第五天的丁酉就可以抓住。”但商王占卜并不准确，事实上在占卜的前七天的丁亥日，臣奴就在外地被抓住了。⑤ 金文中“臣”可指奴隶。如夨令簋：“乍(作)册夨令尊宜于王姜，姜商(赏)令贝十朋、臣十家、鬲百人。”⑥也用于指官吏、臣僚等。如铭文中常见自称“臣某”、“小臣某”等。金文中也有“臣”、“妾”连用。后来睡虎地秦简《封诊式》也有：“以某县丞某书，

---

①李学勤《字源》(上)，天津古籍出版社，2012年，第234页。

②王宁主持整理《章太炎说文解字授课笔记・部首》(缩印本)，中华书局，2010年，第2页。

③郭沫若《郭沫若全集・考古编》(第一卷)，科学出版社，2002年，第65—78页。

④黄德宽《古文字谱系疏证》(四)，商务印书馆，2007年，第3474页。

⑤黄天树《黄天树古文字论集》，学苑出版社，2006年，第330页。

⑥陈初生《金文常用字典》，陕西人民出版社，1987年，第348页。

封有鞫者某里士五(伍)甲家室、妻、子、臣妾、衣器、畜产。”①

古代典籍中“臣”常表示奴隶或战俘。如《韩非子·五蠹》:“虽臣虏之劳不苦于此矣。”其中“臣”与“虏”并举,都指奴仆。

臣部收两个属字。其中“臧”字下云:“善也。从臣,戕声。”

## 86. 殳(shū)

“,以杸殊人也。《礼》:殳以积竹,八觚,长丈二尺,建于兵车,车旅贲以先驱。从又,几声。凡殳之属皆从殳。”(市朱切)

徐锴《系传》:“断绝分析为殊,积竹谓削去白,取其青处合为之,取其有力也。”

甲骨文作,金文作,象手中拿一武器。卜辞中殳多用于人名。马如森说或用于本义,如“有殳”(《乙》3511)、“有其殳”(《乙》1655)等。② 金文中也指兵器,如曾侯邚殳:“曾侯邚之用殳。”③睡虎地秦简《效律》45 也有用例“殳戟弩”。传世文献用例如《诗·卫风·伯兮》:“伯也执殳,为王前驱。”殳是古代兵器,长柄勾头,以竹为之,长一丈二尺,有棱而无刃。这种武器为旅贲所持,旅贲是官名。《周礼·夏官》有旅贲氏,为诸侯国的禁卫军,王车出行时,旅贲执掌殳、戈、盾等,在王车左右随行警卫。

殳部有十九个属字。凡由“殳”组成的字大都与打、杀、撞击等意义有关。

## 87. 殺(shā)

“,戮也。从殳,杀声。凡殺之属皆从殺。臣铉等曰:《说文》无杀字。相传云音察,未知所出。,古文殺。,古文殺。,古文殺。”(所八切)

---

①睡虎地秦墓竹简整理小组《睡虎地秦墓竹简》,文物出版社,1990 年,第 149 页。

②马如森《殷墟甲骨文实用字典》,上海大学出版社,2008 年,第 76 页。

③陈初生《金文常用字典》,陕西人民出版社,1987 年,第 351 页。

段玉裁注:"按张参曰:'杀,古殺字。'张说似近是。此如本作朮,或加禾为秫。……(杀)按此盖即杀字转写讹变耳,加殳为小篆之殺。"

黄德宽《古文字谱系疏证》说,甲骨文"殺"字会用戈割头之意,西周金文或作[古文字],左边象人散发之形,亦会击杀之意。① 或说甲骨文字形作[古文字],与"蔡"同,以创伤一肢表示伤害义。古蔡、殺通用。祭、察、蔡古音相同,均有殺义,与殺通用。卜辞中或用其本义,如:"丁巳卜,行,贞:王宾父丁殺十牛,亡尤?"(《粹》302)②金文或作[古文字]、[古文字]、[古文字],包山楚简作[古文字],郭店楚简作[古文字]、[古文字]。金文中"殺"有攻克义,如墙盘:"粤武王既殺殷。"秦简中还可用于除灭义。如睡虎地秦简《法律答问》:"小畜生入人室,室人以投(殳)梃伐殺之,所殺直(值)二百五十钱,可(何)论?当赀二甲。"③

殺部有一个属字"弒",云:"臣殺君也。《易》曰:'臣弒其君。'从殺省,式声。"

## 88. 几(shū)

"[篆文],鸟之短羽飞几几也。象形。凡几之属皆从几。读若殊。"(市朱切)

徐锴《系传》:"殳从此,象短羽形。"

几字古书未见用者。段玉裁谓殳从几得声。或云几为殳的省文。而殳为投掷兵器,要远投不可过高,故殳为低飞状。鸟之短羽者亦如殳一样,其飞也是在低空窜飞,故状之云殳殳,省文作几。

几部有两个属字"㐱、鳬"。"㐱"字下云:"新生羽而飞也。从几,从彡。""鳬"字下云:"舒鳬。鹜也。"徐复云:"实则[篆文]受名于鳬,

---

①详见黄德宽《古文字谱系疏证》(三),商务印书馆,2007年,第2479页。
②马如森《殷墟甲骨文实用字典》,上海大学出版社,2008年,第77页。
③睡虎地秦墓竹简整理小组《睡虎地秦墓竹简》,文物出版社,1990年,第115页。

盖初有皀鸟之字,后取几以示短羽也。”①

## 89. 寸(cùn)

“ 㓁,十分也。人手却一寸动脉,谓之寸口。从又,从一。凡寸之属皆从寸。”(仓困切)

徐锴《系传》:“一者,记手腕下一寸。此指事也。”

段玉裁注:“度别于分,忖于寸。禾部曰:‘十发为程,一程为分,十分为寸。’……却,犹退也。距手十分动脉之处,谓之寸口。故字从又、一,会意也。”

甲骨文中只有“又”(又,表示手),没有“寸”字。战国文字始见“寸”字。寸为长度单位十分,秦简已经有此用法。如睡虎地秦简《秦律十八种·仓律》:“隶臣、城旦高不盈六尺五寸,隶妾、舂高不盈六尺二寸,皆为小;高五尺二寸,皆作之。”②

到《说文》小篆中,寸字有了较强的构字能力。“甲、金文中从又与从廾的那些字,一般表示手的动作或可以握在手中的小型酒器。小篆改为寸,则有了更深一层的意思,即表示法度:封、尊、爵等与分封爵位有关,射、导、寻,与丈量有关,尉、乃、辱、寺,与刑法、治狱有关。寸,作为一个新的成字形位被大量使用,而且有了明确的造意,这是周秦时代法制严密、继承权与分封制确立、度量衡有了统一标准等社会状况的反映。”③

“寸”是会意字,以人体为标准来作为长度单位。事实上,周制中寸、尺、咫、寻、常、仞都是以人体为标准的。“寸”是较短的长度单位,所以由它组成的词多含有“短”、“小”之义,如短暂的时间称“寸

---

①徐复、宋文民《说文解字五百四十部正解》,江苏古籍出版社,2003 年,第 71 页。

②睡虎地秦墓竹简整理小组《睡虎地秦墓竹简》,文物出版社,1990 年,第 32 页。

③王宁、谢栋元、刘方《说文解字与中国古代文化》,辽宁人民出版社,2000 年,第 15 页。

旬”，微薄的俸禄称“寸禄”，短暂的闲暇称“寸隙”，极小的步子称“寸步”等。又“寸口”为中医诊脉的部位名。

寸部有六个属字。如：“尃，六寸簿也。从寸，叀声。一曰：尃，纺尃。”

## 90. 皮(pí)

“，剥取兽革者谓之皮。从又，为省声。凡皮之属皆从皮。，古文皮。，籀文皮。”(符羁切)

徐锴《系传》：“又，手也。生曰皮，理之曰革，柔之曰韦。”

段玉裁注：“取兽革者谓之皮。……引申凡物之表皆曰皮，凡去物之表亦皆曰皮。”

金文作，包山楚简作，上博简作，睡虎地秦简作，有手持工具剥取兽皮之义。金文中或用于指兽皮，如九年卫鼎：“⿱从疋(豵)皮二。”①故“皮”的构意为剥取兽皮。《战国策·韩策二》：“聂政大呼，所杀者数十人。因自皮面、抉眼，自屠出肠，遂以死。”其中“皮面”是用刀剥裂面皮。“皮”又为动物的皮或人的皮肤，是引申义。又引申为凡加于物表者均得以称皮，分化出披义、被义。黄德宽云：“皮与里相对而言，彼此之意即取于此；又表皮多不平正，故又有坡、跛等字。”②

“皮”可假借为“彼”。如石鼓文《汧沔》：“汧殹沔沔，烝皮(彼)淖渊。”皮部有两个属字，两个重文。

## 91. 𤿭(ruǎn)

“，柔韦也。从北，从皮省，从夐省。凡𤿭之属皆从𤿭。读若耎。一曰若儁。臣铉等曰：北者，反覆柔治之也。夐，营也。，古文𤿭。，籀文𤿭，从夐省。”(而兖切)

徐锴《系传》：“按《周礼·考工记》注云：‘攻皮之工。’《苍颉篇》

①陈初生《金文常用字典》，陕西人民出版社，1987年，第359页。

②黄德宽《古文字谱系疏证》(三)，商务印书馆，2007年，第2348页。

有鞄甍也。此解脱误。”

许慎说的“柔”是鞣制兽皮的意思,“韦”是鞣制后可以使用的熟皮。“甍”当为“鞣”的古字,构形不明,“鞣”则是从革柔声的形声字。张标说,籀文乃从人、从皮省、从甍省,会柔韦之意,即加工鞣制皮革。而《说文》古文乃从人,从皮省,《汉简》也有相似形体。①

甍部下只有一个属字。

## 92. 攴(pū)

“攴,小击也。从又,卜声。凡攴之属皆从攴。”(普木切)

甲骨文作攴,象手持鞭子或木棍之形。姚孝遂云:“《合集》22536辞云:‘丙辰卜禾。’《说文》训‘攴’为‘小击’。‘攴禾’,当指谷物之脱粒言之。今日农村脱粒犹有以‘攴’击之者。”②《说文》中“攴”与“击”互训,义为“击打”。从“攴”旁的字意义往往跟打击、敲打等有关。后来楷书的“攴”多变作“攵”,一般称为“反文”。

攴部有七十六个属字。如:“更,改也。从攴,丙声。”“救,止也。从攴,求声。”张舜徽云:“从攴之字,金文多从又,知从攴从又,古可互通。本部所录七十余文,其无击义者,可推此意以求之。”③

## 93. 教(jiào)

“教,上所施,下所效也。从攴,从孝。凡教之属皆从教。𢽈,古文教。𤓽,亦古文教。”(古孝切)

徐锴《系传》:“攴所执以教道人也。孝音教,效也。会意。”

甲骨文作教、𢼊,金文或作𢼊、教,或从攴从子,爻声,或从攴,爻声。卜辞中用为地名、贞人名。许慎解释“教”的本义是施教、传授知识技能,传世文献常用。出土文献用例如郭店楚简《老子》甲本:

①李学勤《字源》(上),天津古籍出版社,2012年,第246页。

②于省吾《甲骨文字诂林》(第二册),中华书局,1996年,第936页。

③张舜徽《说文解字约注》(第一册),华中师范大学出版社,2009年,第743—744页。

"是以圣人居亡为之事，行不言之[illegible]（教）。"又《唐虞之道》："夫圣人上事天，效（教）民又（有）尊也。"①字形或作[illegible]、[illegible]、[illegible]、[illegible]。

教部只有一个属字"斅"，云："觉悟也。"典籍通作"學"字。古施受同词，教學同字，后分化为二。故静簋："静學（教）无罪（斁）。"②楚简又读教为學。

## 94. 卜（bǔ）

"卜，灼剥龟也。象灸龟之形。一曰：象龟兆之纵横也。凡卜之属皆从卜。[illegible]，古文卜。"（博木切）

甲骨文作卜、卜，金文作卜，均象火灼烧龟甲所出现的裂纹的形状。殷商时代，人们崇尚神灵，逢事一定要先问卜，如外出田猎、设祭祈年、风雨晦暝等都要问卜。所谓"问卜"是先在甲或骨的背面钻凿孔洞，目的是使甲骨变薄，然后放在火上灼烧，这样甲骨上就会出现或纵或横的裂纹，卜人再根据裂纹判断吉凶。许慎的解释有两说，一是认为"卜"是置龟甲于火上进行灼烧；二是"卜"字象灼烧后龟甲上显示的纵横裂纹。一般认为后者为确。胡小石《说文部首》："卜之法，先于反面钻孔，再以荆取火灼之，腹甲正面受热而剥裂之，起兆文。兆文之形，均作卜、卜状，即'卜'字之源也。叔重第二说为是。卜者，象龟兆之纵横也。而'卜'其声之由，乃龟甲剥裂之音响也。卜、剥同声相训，剥者即裂也。"③

卜部有七个属字。如："贞，卜问也。从卜，贝以为贽。一曰：鼎省声。京房所说。""占，视兆问也。从卜，从口。"

## 95. 用（yòng）

"用，可施行也。从卜，从中，卫宏说。凡用之属皆从用。臣铉等

①荆门市博物馆《郭店楚墓竹简》，文物出版社，1998年，第112页，第157页。
②陈初生《金文常用字典》，陕西人民出版社，1987年，第395页。
③徐复、宋文民《说文五百四十部首正解》，江苏古籍出版社，2003年，第76页。

曰：卜中乃可用也。，古文用。”（余讼切）

甲骨文作、，金文或作、。文字学家对字形解说不同。徐中舒《甲骨文字典》认为字形象卜者看骨版上卜兆来确定所卜问的事是否能得到施行。杨树达《释用》根据甲金文字形，结合文献，提出“用”为“桶”的初文。然后又以《毛公鼎》之“簟弼鱼”即《诗·小雅·采芑》之“簟茀鱼服”为据，认为即《说文》弩矢箙之箙，由此变为今之葡字，葡下亦从用，进一步确认了“用”之为桶的论断。桶为受器，为用至广，引申为一切器用之用。① 于省吾说：“用字初文作，象甬（今作桶）形，左象甬体，右象其把手。近年出土的云梦秦简还以用为桶（一九七六年《文物》第七期），进一步证明了这一点。……用字初文本象日常用器的桶形，因而引申为施用之用。用甬本是一字，故甲骨文以迵为通。周代金文甬字作，上端加半圆形以区别于用，是后起的分别字。”②卜辞中有用其引申之义的，如“叀兹丰用”（《佚》241）即兹用丰，丰为祭品。许慎引用卫宏说法则是，占卜而中，所卜之事就可行了。这是根据小篆字形作出的解释。

“用与不用是甲骨学术语，出现在命辞之后，表示对命辞内容可施行与否的裁定。《合集》30719：‘㞢（侑）于且乙一牛？用。’《殷契佚存》86：‘辛未又（侑）于出日？兹不用。’甲骨文、金文又特指杀牲（含人牲）以祭。”③金文中“用”作连词较多，可用来表示并列关系、相承关系、因果关系等。

用部下有四个属字。如：“甯，所愿也。从用，寧省声。”今谓宁愿，即此义。

## 96. 爻（yáo）

“，交也，象《易》六爻头交也。凡爻之属皆从爻。”（胡茅切）

---

①杨树达《积微居小学述林全编》（上），上海古籍出版社，2007年，第63页。

②于省吾《甲骨文字释林》，中华书局，1979年，第360页。

③李学勤《字源》（上），天津古籍出版社，2012年，第269页。

甲骨文作，用两个标示符号表示交叉之义。金文或作。具体构意不明。赵诚说："甲骨文的网（）字从爻，象交错之织文。似即爻之本义。从爻孳乳的殽字，从爻演化的驳字，均有交杂、相错之义，则为本义之引申。"①或说爻象算筹排列交叠之形。"按古盛行卜筮，演习占蓍为学习之重要内容，故学、教等字由此派生。又算筹排列则有交错之状，故肴、殽、巹、校、驳等字均含有交错之意。"②卜辞中爻可用为人名、族名、地名等，也借为"教"字，商代祭名。也通作"教"。如《铁云藏龟拾遗》10.6："王弗爻马，亡疾？"③

许慎所说"六爻头交"取义于《周易》，不是最初构意。古代多认为杂乱为爻，用双交叉表示。"爻"的本义当是《周易》所说的世界万物变化的符号。"—"为阳爻，"--"为阴爻，含有交错变化之义。太炎先生认为"爻"即"殽"的本字。《说文》："殽，相杂错也。"学者还有其他说法，但对其交错义的认识是一致的。

爻部有一个属字"棥"，云："藩也。从爻，从林。《诗》曰：'营营青蝇，止于棥。'"今《诗·小雅·青蝇》作"樊"，毛传："樊，藩也。"

## 97. 㸚（lǐ）

"㸚，二爻也。凡㸚之属皆从㸚。"（力几切）

徐锴《系传》："若网交缀也。"

段玉裁注："二爻者，交之广也。以形为义，故下不云从二爻。"

关于"㸚"的构意，说法很多。徐锴说是象网之交错连缀。杨树达《释㸚》提出，㸚字象窗牖交文之形，即"丽廔"之"丽"的本字（"囧"、"廔"两字释义下均用"丽廔"一词）。他进一步从爾、爽、丽等字的形义确认㸚之构意。又《说文》"爾"下之"丽爾"，《广

---

①赵诚《甲骨文简明词典——卜辞分类读本》，中华书局，1988年，第368页。

②黄德宽《古文字谱系疏证》（一），商务印书馆，2007年，第775页。

③李学勤《字源》（上），天津古籍出版社，2012年，第271页。

韵》作“㸚爾”,实为一词之语转。[①] 太炎先生说“笊篱”之“篱”当作“㸚”。张舜徽云:“天地以交错为文,智者创物,实象自然之文以为之制。见蛛网而知结绳以为田渔之具。因其交缀可以隔内外而不蔽明也,用之宫室,则为㽥囱;用之园圃,则为楙篱。故㸚之为字,实诸物之共形,非一名之专号也。……《易·说卦》云:‘离者明也。’离即㸚之借字。”[②]㸚还可作人名用字,太炎先生长女取名即用此字。

㸚部有两个属字。“爾,丽爾,犹靡丽也。从冂,从㸚。其孔㸚,尒声。此与爽同意。”“爽,明也。从㸚,从大。”

①杨树达《积微居小学述林全编》(上),上海古籍出版社,2007年,第61—62页。

②张舜徽《说文解字约注》(第一册),华中师范大学出版社,2009年,第781页。

# 卷　四

## 98. 夏(xuè)

“ ,举目使人也。从攴,从目。凡夏之属皆从夏。读若 。”(火劣切)

段玉裁注:“此与言部‘訹’音同,义亦相似。《项羽本纪》:‘梁眴籍曰:可行矣!籍遂拔剑斩首头。’然则眴同夏也。……(从攴、目)动其目也。会意。”

甲骨文作 、 ,金文作 。甲骨文、金文中用作族氏名与人名。经传中不见夏字。段玉裁说可从,构意即今之使眼色。王筠《说文句读》引《类篇》云:“夏,目小动也。”

夏部有三个属字。如:“夐,营求也。从夏,从人在穴上。《商书》曰:‘高宗梦得说,使百工夐求,得之傅岩。’岩,穴也。”据传殷高宗武丁梦见贤才傅说,派人从洞穴中找到了他而加以重用。夐字即为此而造。

## 99. 目(mù)

“ ,人眼。象形。重,童子也。凡目之属皆从目。 ,古文目。”(莫六切)

甲骨文作 、 ,金文作 、 等,均象人眼,中象眼珠。郭店楚简或作 、 、 ,已经不再象形。卜辞中有:“戊戌卜,贞:丁疾目,不丧明?”(《合》21037)这里卜问某人眼睛受了伤,是否会失明。①又如:“贞:王其疾目?”(《合》165 正)是卜问王的眼疾吉凶如何。②

---

①黄天树《黄天树古文字论集》,学苑出版社,2006 年,第 331 页。

②徐中舒《甲骨文字典》,四川辞书出版社,1989 年,第 362 页。

卜辞中还有多处说到“疾目”，均占问王的眼疾吉凶，用其本义。

许慎所谓“童子”，即瞳子，亦称瞳人、瞳仁。“重”指小篆“目”字中间的两笔。

目部有一百一十二个属字，八个重文。该部字大都与眼睛或眼睛的动作有关。

## 100. 䀠(jù)

“䀠，左右视也。从二目。凡䀠之属皆从䀠。读若拘。又若‘良士瞿瞿’。”(九遇切)

段玉裁注：“凡《诗》齐风、唐风，《礼记》檀弓、曾子问、杂记、玉藻，或言瞿，或言瞿瞿，盖皆䀠之假借，瞿行而䀠废矣。”“䀠”为初文，孳乳为“瞿”，经传中多用“瞿”。

甲骨文作，从二竖目。金文“睽”作，用二目会左右视之义。裘锡圭认为，古文字里表示人体器官和行为的字，有一些既可以从人，也可以不从人。他说甲骨文的字，是人形上加两个竖目，是《说文》训“举目惊然”的“”字的初文，与“䀠”应为一字。① 段玉裁认为通作“瞿”。《说文·瞿部》：“瞿，鹰隼之视也。从隹，从䀠，䀠亦声。”是说鹰隼类猛禽在攫取食物时那种左右逡巡的目光。䀠象左右视之形，目之左右视则多为恐惧之象，故从䀠之瞿、矍均含有惊视或惧怕之义。②

䀠部有两个属字。

## 101. 眉(méi)

“眉，目上毛也。从目，象眉之形，上象额理也。凡眉之属皆从眉。”(武悲切)

甲骨文作、、，金文作、等，下象眼睛，上象眉毛。金

①裘锡圭《古文字论集》，中华书局，1992年，第100页。

②详见黄德宽《古文字谱系疏证》(二)，商务印书馆，2007年，第1356页。

文下或加人面之形，如𦣞。“眉”的构意就是眉毛。如《穀梁传·文公十一年》：“断其首而载之，眉见于轼。”至于许慎说的“上象额理”，是在小篆中，眉毛讹变为额头的皱纹。“眉”长在眼睛的上方，所以可以引申为物的上端或旁侧，如“书眉”、“眉批”。《汉书·陈遵传》：“子犹瓶矣。观瓶之居，居井之眉，处高临深，动常近危。”颜师古注：“眉，井边地，若人目上之有眉。”古人认为眉毛长者高寿，故用“眉寿”表年高。如《诗·豳风·七月》：“为此春酒，以介眉寿。”

眉部只有一个属字“省”，云：“视也。从眉省，从屮。𡬅，古文从少，从囧。”

## 102. 盾(dùn)

“盾，瞂也，所以扞身蔽目。象形。凡盾之属皆从盾。”(食问切)

甲骨文作[古文字]、[古文字]、[古文字]，金文作[古文字]、[古文字]、[古文字]、[古文字]，象盾牌之形。金文或作[古文字]、[古文字]，象手执盾之形。“盾”的构意是防御性兵器盾牌。于省吾《释盾》说，地下发掘之盾作[古文字]形，面上绘双虎，目的是镇邪，另一面中间绘有圆形图案。西周中期的师旂簋上的字形，则脱离了古文字方盾的形体，且成为后来小篆字形的来源。① 睡虎地秦简作[古文字]，与小篆字形相似。

盾部有两个属字。如：“瞂，盾也。”

## 103. 自(zì)

“自，鼻也。象鼻形。凡自之属皆从自。𦣹，古文自。”(疾二切)

段玉裁注：“凡从自之字，如尸部‘眉，卧息也’、言部‘詯，胆气满声，在人上也’，亦皆于鼻息会意。”徐灏《注笺》：“自即古鼻字，[古文字]象鼻形，中画其分理也。人之自谓或指其鼻，故有自己之称。又引申之，训由，训从。因为语词所专，复从畀声为鼻。今自与鼻不同音者，声变之异也。”

①于省吾《释盾》，《古文字研究》第三辑，中华书局，1980年，第1—6页。

甲骨文作㒳、㒳、㒳，金文作㒳、㒳等。象人鼻形，本义是鼻子。卜辞有："贞：有疾自，唯有害；贞：有疾自，不唯有害。"（《合》11506）"疾自"是鼻子的疾患。① 卜辞中还用作引申义指自己，也用作引申义"由、从"。金文中可作代词，自己义，如右走马嘉壶："右走马嘉自乍（作）行壶。"②也可用作介词，从。如令鼎："王归自諆田。"③

自部只有一个属字。

## 104. 白（zì）

"白，此亦自字也。省自者，词言之气从鼻出，与口相助也。凡白之属皆从白。"（疾二切）

徐锴《系传》："言此自字之省，别为一体也。凡词助字皆从此。"

段玉裁注："其字上从自省，下从口，而读同自。"徐灏《注笺》："然此字直从自省，不须重述其义，所以别为一部者，使'皆'、'鲁'等字有所属耳。段以为从口，非是。"

此字为自的或体，故许慎云"此亦自字也"。既然许慎说自、白为一字或体，为什么又分为两个部首呢？大概是两部都有一些所属字的缘故。注意此字应与"白"（bái）分开，今天"白"（zì）已消亡。

白部有六个属字。此部的字如"皆、鲁、者、智"等，多与口或曰义有关。

## 105. 鼻（bí）

"鼻，引气自畀也。从自、畀。凡鼻之属皆从鼻。"（父二切）

徐锴《系传》："畀，与也，助也。"甲骨文和金文均用自字为鼻字，甲骨文有㒳，似为"鼻"字。因"自"多假借为"自己"之"自"，故其初义用"鼻"字表示，以示区别。郭店楚简作㒳，睡虎地秦简作㒳。"鼻"为"从自、畀声"的形声字。今本说解，或夺"声"字。张舜徽

①黄天树《黄天树古文字论集》，学苑出版社，2006年，第331页。

②李学勤《字源》（上），天津古籍出版社，2012年，第289页。

③陈初生《金文常用字典》，陕西人民出版社，1987年，第414页。

云:“鼻在五官百体最为准直,故古人亦称鼻为准头。”①

鼻部有四个属字。

## 106. 皕(bì)

“皕,二百也。凡皕之属皆从皕。读若祕。”(彼力切)

段玉裁注:“即形为义,不言从二百。”

此字汉时未见单用。以篆文有奭字,故《说文》别立皕部。清人开始用皕为二百,陆心源有藏书楼名“皕宋楼”。太炎先生《辨诗》:“夫载祀相隔,不逾皕稔,声韵乃远离其本,明自他族挟之以变,非自变也。”②

皕部只有“奭”,云:“盛也。从大,从皕,皕亦声。此燕召公名。读若郝。”

## 107. 習(xí)

“習,数飞也。从羽,从白。凡習之属皆从習。”(似入切)

段玉裁注:“数,所角切。《月令》:‘鹰乃学習。’引申之义为習孰。”

甲骨文作、,战国包山楚简作,郭店楚简作。上部是两根羽毛,代表翅膀,下部是“日”,表示鸟在日光下练習飞翔。《说文》释“从羽,从白”可视为理据重构。隶书多从羽,从日。或说其造意非从羽,“今据甲骨文,则習字当从彗,从日,彗亦声。《说文》彗之古文作,足证彗与習形同声通。唐兰之说是对的”。③《说文》释义是鸟多次试飞。如《礼记·月令》:“鹰乃学習,腐草为萤。”卜辞中有“重复”义。如:“癸未卜,習一卜,習二卜。”(《佚》220)④

---

①张舜徽《说文解字约注》(第一册),华中师范大学出版社,2009年,第837页。

②章太炎撰,庞俊、郭诚永疏证《国故论衡疏证》(下),中华书局,2011年,第603页。

③于省吾《甲骨文字诂林》(第三册),中华书局,1996年,第1855页。

④李学勤《字源》(上),天津古籍出版社,2012年,第293页。

习部只有一个属字"翫"，云："习猒也。从习，元声。《春秋传》曰：'翫岁而愒日。'"此与心部"忨"字音义同。

## 108. 羽(yǔ)

"羽，鸟长毛也。象形。凡羽之属皆从羽。"(王矩切)

甲骨文或作。《甲骨文编》："此亦羽字，象羽翼之形，卜辞借用为翌，昱字从此。"①金文或作、、。包山楚简或作、。《左传·隐公五年》："皮革、齿牙、骨角、毛羽，不登于器，则公不射，古之制也。"孔颖达疏："鸟翼长毛，谓之为羽。"

羽部有三十三个属字。

## 109. 隹(zhuī)

"隹，鸟之短尾总名也。象形。凡隹之属皆从隹。"(职追切)

徐锴《系传》："隹，鸟名也。《诗》曰：'翩翩者隹。'隹为鸟短尾，亦总名也。当脱亦字。或者以为许慎言鸟之短尾总名为隹，中有鸡雉字，以此为讥，岂不疏哉，岂不疏哉！"

甲骨文作，金文作、，均象鸟的样子，上部是鸟头，嘴向左方，向右的笔画是翅膀，向下的笔画是爪子。郭店楚简作。"隹"的构意是鸟。卜辞中用其本义，还常借用为助词。《甲骨文编》："隹用为唯。经典亦以惟、维字为之。"②文字学家多认为"隹"与"鸟"实为一字，区别仅在笔画的繁简，而不是许慎说的"隹"为短尾鸟、"鸟"为长尾鸟。商承祚《殷虚文字》："卜辞中隹与鸟不分，故隹字多作鸟形，许书隹部诸字，亦多云'籀文从鸟'。盖隹、鸟古本一字，笔画有繁简耳。许以隹为短尾禽之总名，鸟为长尾禽之总名，然鸟尾长者莫如雉与雞，而并从隹，尾之短者莫如鹤、鹭、凫、鸿，而均从鸟，可知强分之之未为得矣。"③金文中"隹"可作语气词，用于句首、句中。

①中国科学院考古研究所《甲骨文编》，中华书局，1965年，第167页。
②中国科学院考古研究所《甲骨文编》，中华书局，1965年，第171页。
③徐复、宋文民《说文五百四十部首正解》，江苏古籍出版社，2003年，第88页。

还用为“为、虽、谁”等。

隹部有三十八个属字。

## 110. 奞(suī)

“，鸟张毛羽自奋也。从大，从隹。凡奞之属皆从奞。读若睢。”(息遗切)

戴侗曰：“象鸟将飞，颈项毛羽先奋张之形。”①段玉裁注：“(从大、隹)大其隹也。张毛羽，故从大。”太炎先生云：“按恣睢之睢，正当作奞。”②

金文有，从大，从隹。金文中用作人名。徐灏《注笺》说“奞”所从之“大”只是毛羽奋张的样子，似大而非大。或说令鼎中字形所从之“衣”亦当为鸟奋张毛羽状。林义光《文源》亦持此说，可从。③

奞部有“奪”和“奮”字。“奪”字下云：“手持隹失之也。从又，从奞。”“奮”字下云：“翚也。从奞在田上。《诗》曰：‘不能奮飞。’”

## 111. 萑(huán)

“，鸱属。从隹，从𦫳，有毛角，所鸣其民有旤。凡萑之属皆从萑。读若和。”(胡官切)

徐锴《系传》：“旤，祸字也。按《尔雅》‘萑，老鵵’注：‘木兔也，似鸱鸺头而小，头有角毛，夜飞，好食雉。又曰怪鸱，今江东通呼此属为怪鸟。张华《博物志》曰：夜至人家取人所弃爪甲，分别视之，则知吉凶。凶者辄鸣，鸣则其家有祸，所以人弃爪甲于门内也。’”

甲骨文作、，字形象猫头鹰类眼睛特别大的猛禽。孙诒让在《契文举例》中已释出“萑”。卜辞或用其本义，如：“其皆用萑罘

①〔宋〕戴侗撰，党怀兴、刘斌点校《六书故》(上)，中华书局，2012年，第427页下。

②王宁主持整理《章太炎说文解字授课笔记·部首》(缩印本)，中华书局，2010年，第2页。

③董莲池《说文部首形义新证》，作家出版社，2007年，第86—87页。

贝。”(《合》29694)是说祭祀的时候合用萑及贝。萑即鸱鸺。①《广雅·释鸟》:“鸱鸺,怪鸱也。”王念孙疏证:“怪鸱,头似猫而夜飞,今扬州人谓之夜猫,所鸣有黻。”②张舜徽云:“读若和者,其鸣声然也。今音转为胡官切,读若桓。古桓和声通,犹桓表亦称和表,桓门亦称和门耳。”③

注意“萑”与“萑”不同。“萑”在《说文·一下·艸部》,训“艸多皃”。

萑部有三个属字。

## 112. 𦫳(guǎ)

“𦫳,羊角也。象形。凡𦫳之属皆从𦫳。读若乖。”(工瓦切)

段玉裁注:“《玉篇》曰:‘𦫳𦫳,两角皃。’《广韵》曰:‘𦫳𦫳,羊角开皃。’”

学者多云“𦫳”为“枴”之本字。今“𦫳”字消亡。太炎先生《新方言·释言》:“今人谓街巷曲折之处为𦫳角,圭角、乖角,亦一语也。俗书作拐角。杖头如角,故曰𦫳杖。《广韵》作枴,云:老人拄杖也。此为后出俗字。”④张舜徽云:“今语称人之性行恶劣者为𦫳,音转为拐,即𦫳之引申义也。凡云拐角、拐杖,皆当以𦫳为本字。拐骗,则当以诖为本字。”⑤清范寅《越谚》卷中“疾病”类有“𦫳子”即瘸子,有“𦫳脚𦫳手”。⑥ 黄德宽《古文字谱系疏证》说:“𦫳,象羊角左右分张之形。乖之初文。”⑦

𦫳部有两个属字。

---

①黄天树《黄天树古文字论集》,学苑出版社,2006年,第332页。

②〔清〕王念孙《广雅疏证》卷十下《释鸟》,中华书局,2004年,第375页。

③张舜徽《说文解字约注》(第一册),华中师范大学出版社,2009年,第876页。

④徐复、宋文民《说文五百四十部首正解》,江苏古籍出版社,2003年,第90页。

⑤张舜徽《说文解字约注》(第一册),华中师范大学出版社,2009年,第878页。

⑥〔清〕范寅著,侯友兰等点注《越谚》,人民出版社,2006年,第164页,第169页。

⑦黄德宽《古文字谱系疏证》(二),商务印书馆,2007年,第2002页。

## 113. 苜(mò)

“苜,目不正也。从𦍌,从目。凡苜之属皆从苜。莧从此。读若末。徐锴曰:𦍌,角戾也。”(徒结切)

段玉裁注:“𦍌者,外向之象,故为不正。”

此字读若末,谓与眛同。字亦通作“蔑”。《左传·隐公元年》:“三月,公及邾仪父盟于蔑。”《公羊传》作“眛”。目部曰:“眛,目不明也。”与苜字之义近。或说从羊,从目,为眫字,待考。

苜部有三个属字。如:“蔑,劳目无精也。从苜,人劳则蔑然,从戍。”注意:从“𦍌”的字隶变后,多混同为“艹”,如“蔑、舊”等。但这些字的构意与“艸”没有任何关系。

## 114. 羊(yáng)

“羊,祥也。从𦍌,象头角足尾之形。孔子曰:‘牛羊之字,以形举也。’凡羊之属皆从羊。”(与章切)

甲骨文作[illegible]、[illegible],金文作[illegible]、[illegible]等,均象羊头形。“羊”为象形字,构意是羊。卜辞常用其本义。或借用为祥字。如:“……巳卜,王壬申不羊雨,二月。”(《前》4·49·1)①秦汉时代多用“羊”为“祥”,古器物铭文中的“吉羊”就是“吉祥”。马王堆帛书《十六经·前道》:“顺于民,羊(祥)于鬼神。”②羊是人类最早畜养的动物之一,性情温顺,由此被赋予美、善等感情色彩,也派生出“祥、眫、养”等字。

羊部有二十五个属字。

## 115. 羴(shān)

“羴,羊臭也。从三羊。凡羴之属皆从羴。羶,羴或从亶。”(式连切)

---

①马如森《殷墟甲骨文实用字典》,上海大学出版社,2008年,第97页。

②湖南省博物馆、复旦大学出土文献与古文字研究中心《长沙马王堆汉墓简帛集成》(肆),中华书局,2014年,第168页。

段玉裁注："臭者，气之通于鼻者也。羊多则气羴，故从三羊。"

甲骨文作[古文字]、[古文字]，金文作[古文字]。俞樾《儿笘录》谓"羴"字为群羊之义，云："今按：羶者，羊臭也；羴者，群羊也。"

现代整理汉字时，"羶"与"羴"都作为异体被淘汰，取代它们作为正体的是"膻"。"膻"(dàn)见《说文·肉部》，本义是裸衣露肉。但《集韵》认为它也读尸连切(shān)，同"羶"，也就是说，在读 shān 时它与"羶"是同形字关系。"膻"是借同形字关系替代羶与羴的。

羴部有一个属字。"羼，羊相厕也。从羴在尸下。尸，屋也。一曰：相出前也。"

## 116. 瞿(jù)

"瞿，鹰隼之视也。从隹，从䀠，䀠亦声。凡瞿之属皆从瞿。读若章句之句。"(九遇切，又音衢)

徐锴《系传》："惊视也。《礼》曰：'见似目瞿。'会意。"

段玉裁注："知为鹰隼之视者，以从隹䀠知之也。……经传多假瞿为䀠。……古音句读如钩，别之曰章句之句。知许时章句已不读钩矣。"

一般认为，"瞿"是"䀠"的后起字，始见于战国。根据《说文》，其本义是象鹰隼一样地惊视。《礼记·檀弓上》："曾子闻之，瞿然曰：'呼！'"出土文献中"瞿"可用作"懼"等。如马王堆帛书《周易经传·衷》007："《林(临)》之卦，自谁不先瞿(懼)。"①

瞿部有一个属字。

## 117. 雔(chóu)

"雔，双鸟也。从二隹。凡雔之属皆从雔。读若醻。"(市流切)

段玉裁注："按《释诂》：'仇、雠、敌、妃、知、仪，匹也。'此雠字作

①湖南省博物馆、复旦大学出土文献与古文字研究中心《长沙马王堆汉墓简帛集成》(叁)，中华书局，2014年，第93页。

雔，则义尤切近。……度古书必有用雔者，今则雠行而雔废矣。”太炎先生云：“俦类之俦。《说文》所无，《汉书》中多借疇字为之。寻其本字，实应作雔。”①

金文作、，是两鸟相对之形，故有两个义项，一是彼此、配偶等；二是相对，如匹敌、仇敌。《说文·言部》的“讎”应与“雔”是同源字。金文中“雔”可用为国族名，是族徽符号。

雔部有两个属字。如：“靃，飞声也。雨而双飞者，其声靃然。”“雙，隹二枚也。从雔，又持之。”

## 118. 雥（zá）

“，群鸟也。从三隹。凡雥之属皆从雥。”（徂合切）

徐锴《系传》：“按《国语》曰：‘兽三为群，人三为众，女三为粲。’然则鸟三为雥。”

甲骨文作，亦从三隹，有会合、聚集之义。战国包山楚简作。或说为“襍”（雜）的本字。张舜徽云：“群鸟聚则鸣声喧扰不已，验之燕雀尤然。今语称人声噪乱为嘈杂，亦当以雥为本字。”②黄德宽云：“从雥派生之雧、雜、𦄼等字均有聚合之意。”③

雥部有两个属字。如：“雧，群鸟在木上也。从雥，从木。集，雧或省。”金文中也已经出现两种写法，即、。

## 119. 鳥（niǎo）

“，长尾禽总名也。象形。鳥之足似匕，从匕。凡鳥之属皆从鳥。”（都了切）

太炎先生云：“能从，鹿从比，皆象其四足。鳥乌皆二足，故从

---

①王宁主持整理《章太炎说文解字授课笔记·部首》（缩印本），中华书局，2010年，第2页。

②张舜徽《说文解字约注》（第一册），华中师范大学出版社，2009年，第897页。

③黄德宽《古文字谱系疏证》（四），商务印书馆，2007年，第3899页。

匕。乃俗于下皆作四点，于象形之谊，大相剌谬矣。”①张舜徽云：“鳥之为物，飞翔四方；偶尔止息，但栖一枝。故鳥字引申，自有寄义。因之寄生艸谓之蔦，海中有山可依止者谓之島，并受声义于鳥也。”②

甲骨文作、、，金文作、、等。战国郭店楚简作，上博简作。鳥、隹本一字，卜辞中或用其本义。如：“贞：戛不我，其来百鳥。”（《掇》2・142）再如：“……之日夕有鳴鳥。”（《合》17366）是说鳥鸣在晚间，是不应该鳴而鳴的异常现象，所以予以记载。③

鳥部有一百一十五个属字。

## 120. 烏（wū）

“，孝鸟也。象形。孔子曰：‘烏，盱呼也。’取其助气，故以为烏呼。凡烏之属皆从烏。臣铉等曰：今俗作嗚，非是。，古文烏，象形。，象古文烏省。”（哀都切）

段玉裁注：“（孝鸟也）谓其反哺也。《小尔雅》曰：‘纯黑而反哺者，谓之烏。’（象形）鸟字点睛，烏则不，以纯黑，故不见其睛也。”

金文或作、，象烏鸦的样子。金文中也有类似《说文》古文的形体，如、。战国郭店楚简或作、、，睡虎地秦简作。许慎说烏鸦是“孝鸟”，能反哺。“古代氏族社会有崇拜太阳神者，以烏为图腾。《论衡・说日》：‘日中有三足烏。’……《楚辞・天问》王逸注：‘尧命羿仰射十日，中其九日，日中九烏皆死，堕其羽翼，故留其一日也。’此皆见于我国典籍者。古希腊的太阳神化身即为烏鸦，美洲玛雅人亦传说日神是烏鸦变成的。”④

---

①王宁主持整理《章太炎说文解字授课笔记・部首》（缩印本），中华书局，2010年，第2页。

②张舜徽《说文解字约注》（第一册），华中师范大学出版社，2009年，第898页。

③黄天树《黄天树古文字论集》，学苑出版社，2006年，第332页。

④徐复、宋文民《说文五百四十部首正解》，江苏古籍出版社，2003年，第95页。

“烏”构意为烏鸦，如《诗·邶风·北风》：“莫赤匪狐，莫黑匪烏。”又引申为黑色义。金文中“烏”均用其假借义。

烏部有两个属字。

## 121. 華(bān)

“華，箕属，所以推弃之器也。象形。凡華之属皆从華。官溥说。”(北潘切)

段玉裁注：“此物有柄，中直象柄，上象其有所盛，持柄迫地推而前，可去秽，纳于其中。箕则无柄，而受秽一也。故曰箕属。”太炎先生云：“畚箕之畚，正当作華。”①

林沄云：“甲骨文中的[古文字]字，罗振玉早已指出即小篆畢字作[古文字]所从的華。《说文》：‘畢，田网也。从田，从華，象畢形微也。’他还引古代图像为证，说‘汉画象刻石凡捕兔之畢，尚与華字形同，是田网之制，汉时尚然也’。”②金文有[古文字]，象捕捉鸟兽的有柄有网的工具。

華部有三个属字。

## 122. 冓(gòu)

“冓，交积材也。象对交之形。凡冓之属皆从冓。”(古候切)

段玉裁注：“高注《淮南》曰：‘構，架也。材木相乘架也。’按结冓当作此。今字構行而冓废矣。”

甲骨文有[古文字]、[古文字]，象两条鱼相遇之形，是遘遇之“遘”古字。卜辞或用此义，如：“其莫不冓雨。”(《粹》695)③金文中或用为婚媾义。如叀叔多父盘：“兄弟诸子婚冓(媾)无不喜。”④后演变为篆文，许慎据小篆释为材木纵横相交之形。“从冓声诸字皆与交会之基本义或

①王宁主持整理《章太炎说文解字授课笔记·部首》(缩印本)，中华书局，2010年，第2页。

②林沄《林沄学术文集》，中国大百科全书出版社，1998年，第41页。

③马如森《殷墟甲骨文实用字典》，上海大学出版社，2008年，第101页。

④陈初生《金文常用字典》，陕西人民出版社，1987年，第443页。

引申义相关。又引申而有相遇、相值之义。覯、媾、講、購诸字均由是孳乳而来,每相通用;溝、構等也含有交错之义,故同为冓之同源派生字。”①

冓部有两个属字。

## 123. 幺(yāo)

“𢆶,小也。象子初生之形。凡幺之属皆从幺。”(於尧切)

段玉裁注:“子初生甚小也。俗谓一为幺,亦谓晚生子为幺,皆谓其小也。”徐灏《注笺》:“丝从丝省,而幺从丝省。丝训微,析之则其形愈微。故凡物之小者,皆谓之幺,因之子初生亦曰幺也。丝,於虯切;幺,於尧切,亦一声之转也。”

甲骨文有 [illegible]、[illegible],当为“糸”之初文。其义训小,卜辞有“……不雨?乙幺雨,小”,“幺雨”犹“小雨”。② 金文作 [illegible]、[illegible],象束丝之形。许慎说“象子初生之形”并不确。“幺”训“小也”,应是从“糸”的本义“细丝也”引申而来。《尔雅·释兽》有“幺豚”指最后出生的小猪。苏轼《异鹊》:“家有五亩园,幺凤集桐花。”其中的“幺凤”指传说的较小的凤鸟。很多方言中称幼子为“老幺”。

黄德宽云:“幺,象丝束形。幼从幺派生。参影纽丝声下。畜、蓄均有蓄积之意。《易·小畜》:‘小畜,亨。’陆德明释文:‘畜,积也,聚也。’《说文》:‘蓄,积也。’稸、滀、慉均为蓄之异体。见朱骏声《说文通训定声》‘蓄’字下。”③

金文中或用“幺”为“玄”。

幺部只有一个属字“幼”,云:“少也。从幺,从力。”意思是幼年力小。

①黄德宽《古文字谱系疏证》(一),商务印书馆,2007 年,第 933—934 页。
②黄天树《黄天树古文字论集》,学苑出版社,2006 年,第 332 页。
③黄德宽《古文字谱系疏证》(一),商务印书馆,2007 年,第 420 页。

## 124. 𢆶(yōu)

“𢆶,微也。从二幺。凡𢆶之属皆从𢆶。”(於虯切)

徐灏《注笺》:“𢆶训微,义由絲起,引申为凡物之微细也。”

甲骨文作𢆶、𢆶,金文字形与之相似,如𢆶、𢆶等,均象絲二束之形。此字形在甲骨卜辞和铭文中均被借为代词“兹”。《甲骨文编》:“𢆶用为兹。”①如:“乙酉卜,大,贞:及𢆶二月有大雨。”(《前》3·19·2)②古“𢆶、兹、幺、玄”应是一字分化而来。

𢆶部有两个属字“幽、幾”。如:“幽,隐也。从山中𢆶。𢆶亦声。”“幽”是山间小道,所以它引申有幽深、幽暗、清净义。

## 125. 叀(zhuān)

“叀,專,小谨也。从幺省;屮,财见也,屮亦声。凡叀之属皆从叀。叀,古文叀。叀,亦古文叀。”(职缘切)

徐锴《系传》:“叀,專也。幺,小子也。言人之專谨若小子也。幺屮,财有所为也。”徐灏《注笺》:“叀即古專字。寸部:‘專,一曰纺專。’纺專所以收丝,其制以瓦为之,《小雅·斯干》传‘瓦,纺專’是也。今或以竹为之。叀象纺车之形,上下有物贯之。今云‘从屮,从幺省’者,望文为说耳。”王筠等认为,“叀”造字意图为“穿牛鼻”,由此引申有小谨、專一等义。经传中通用“專”字,“叀”废止不用。

甲骨文作叀、叀、叀、叀。对“叀”的本义众说纷纭,有𢍰、惠、甫、搏、専等解释。黄德宽云:“甲骨文、金文叀象纺塼形,是纺塼之塼的初文。上古音在元部。在古文字中叀多读惠,从惠得声的字或从叀。”③因卜辞中多“叀牛”、“叀羊”,故王国维以为“𠜬”字。唐兰以为在卜辞中“叀”是语词,与“唯、惟、隹”同。如:“己巳卜,争,贞:

①中国科学院考古研究所《甲骨文编》,中华书局,1965年,第192页。

②马如森《殷墟甲骨文实用字典》,上海大学出版社,2008年,第102页。

③黄德宽《古文字谱系疏证》(三),商务印书馆,2007年,第2885页。

叀王往伐工方，受有祐。”（《粹》1081）①金文作 、 ，也可读为“惠”，或假借为语气词，相当于“惟”。如何尊：“叀王龏（恭）德谷（裕）天，顺（训）我不每（敏）。”②郭店楚简作 。

叀部有两个属字，三个重文。如：“惠，仁也。从心，从叀。 ，古文惠，从芔。”

## 126. 玄（xuán）

“ ，幽远也。黑而有赤色者为玄。象幽而入覆之也。凡玄之属皆从玄。 ，古文玄。”（胡涓切）

段玉裁注：“《老子》曰：‘玄之又玄，众妙之门。’高注《淮南子》曰：‘天也。’圣经不言玄妙，至伪《尚书》乃有‘玄德升闻’之语。”徐灏《注笺》：“字从入幺。幺即糸之古文，盖取义于染丝也。……玄、兹实本一字，兹从二入，从丝省，会意。入丝者，染丝也。玄即兹之省，入丝为文，似泛指众色，而独属之玄者，以其取象于天为最尊也。”

王筠《说文释例》：“许君于字形不能得此意，乃以后世幽深、玄远之义冠之。……古义失传，当从盖阙。”张舜徽引太炎先生、林义光等说法，认为“玄”实为“縣”之初文。③

在甲骨文和金文中，“幺”和“玄”同形，象束丝之形，引申为微小幽远。小篆形体上面是覆盖物，下面是悬挂的丝。许慎说“象幽而入覆之也”，即有物覆盖丝上之意。许慎对“玄”的训解是引申义，“玄”是青黑、深暗的颜色，给人以深远、渺茫的感觉。甲骨文有“玄牛”，指赤黑色的牛。《诗·小雅·何草不黄》：“何草不玄？何人不矜？”郑玄笺：“玄，赤黑色。”太炎先生认为“兹”当为“玄色”之“玄”的本字。④

---

①马如森《殷墟甲骨文实用字典》，上海大学出版社，2008年，第102页。

②王辉《商周金文》，文物出版社，2006年，第42页。

③张舜徽《说文解字约注》（第二册），华中师范大学出版社，2009年，第954页。

④王宁主持整理《章太炎说文解字授课笔记·部首》（缩印本），中华书局，2010年，第2页。

玄部有一个属字“兹”，云：“黑也。从二玄。《春秋传》曰：‘何故使吾水兹。’”

## 127. 予(yǔ)

“予，推予也。象相予之形。凡予之属皆从予。”(余吕切)

段玉裁注：“予、与古今字。……(象相予之形)象以手推物付之。”

对小篆，诸家认为是连环之形。董莲池认为“予”由“吕”字分化而来，小篆则似两部分叠合而成。① 齐航福也认为“予”是“吕”的变形分化字，战国文字野、豫、舒等均从“吕”。有时把“吕”上下两部分黏连在一起，秦系文字下加短竖以示区别，形成小篆写法。② 文献中“予”的常用义是“给予”，如《诗·小雅·采菽》：“君子来朝，何锡予之？”

予部有两个属字“舒、幻”。“幻”字下云：“相诈惑也。从反予。《周书》曰：‘无或诪张为幻。’”段玉裁注：“诡诞惑人也。……(从反予)，倒予字也。”

## 128. 放(fàng)

“放，逐也。从攴，方声。凡放之属皆从放。”(甫妄切)

徐锴《系传》：“古者臣有罪，宥之于远也。当言方亦声。”

“放”是东周时期出现的形声字。金文作放。本义是放逐。由此而引申出释放、放任、开放、发放、放置等义。中山王方壶有“隹朕所放”，放读仿，仿效。③ 张舜徽云：“放字训逐而从攴，亦指驱禽兽言。上古之世，禽兽多为人害，必时时持杖以追逐之，此放字本义也。因之牧养牛羊亦谓之放。”④

---

①董莲池《说文部首形义新证》，作家出版社，2007年，第98页。

②参见李学勤《字源》(上)，天津古籍出版社，2012年，第341页。

③黄德宽《古文字谱系疏证》(二)，商务印书馆，2007年，第1947页。

④张舜徽《说文解字约注》(第二册)，华中师范大学出版社，2009年，第957页。

放部有两个属字。如“敖”字下云：“出游也。从出，从放。”金文作[seal script]、[seal script]。

## 129. 𠬪(biào)

“[seal script]，物落，上下相付也。从爪，从又。凡𠬪之属皆从𠬪。读若《诗》‘摽有梅’。”（平小切）

徐锴《系传》：“爪，覆手也；又，仰手也。”

段玉裁注：“以覆手与之，以手受之，象上下相付。凡物陊落皆如是观。……毛曰：‘摽，落也。’按：摽，击也。《毛诗》摽字正𠬪之假借。”太炎先生云：“今俗书之抛字，正当作𠬪。”①

桂馥《说文解字义证》：“凡饿殍、莩落字从孚者，本皆作𠬪，𠬪变为孚，转写讹耳。”徐复说，凡今用钱票、支票，亦当为𠬪，均由相付之义引申而来。②

𠬪部有八个属字，三个重文。如：“[seal script]，进取也。从𠬪，古声。”隶变后作“敢”。

## 130. 𣦼(cán)

“[seal script]，残穿也。从又，从歺。凡𣦼之属皆从𣦼。读若残。”（昨干切）

段玉裁注：“又，所以残穿也。残穿之去其秽杂，故从又、歺会意。”徐灏《注笺》：“按歺者，列骨之残也；从又，所以分列之。盖古语列骨谓之残，故禽兽所食余亦谓之殂。见肉部，与此音同义近。引申之，则凡物之残败皆曰𣦼，凡有所穿凿亦曰𣦼。”

甲骨文作[oracle bone form]。太炎先生云：“𣦼、残皆训残贼。至残余之残，则当作殂。”③张舜徽云：“今青海食羊肉，犹以手持之，盖古之遗法。其肉

---

①王宁主持整理《章太炎说文解字授课笔记·部首》（缩印本），中华书局，2010年，第2页。

②徐复、宋文民《说文五百四十部首正解》，江苏古籍出版社，2003年，第103页。

③王宁主持整理《章太炎说文解字授课笔记·部首》（缩印本），中华书局，2010年，第2页。

连骨而方大，必以手决裂之而后可入口，此殆残穿之义。残穿犹言碎裂，谓析之使小耳。"①黄德宽云："从奴得声之叔、粲、餐等字含有食意。……粲，《尔雅》'餐也'。当由餐引申分化而来。又吞食劳动所得能引起生理、心理之快感，故粲有美、善之义，遂派生殄、燦、璨等字。"②

奴部有四个属字。

## 131. 歺(è)

"歺，列骨之残也。从半冎。凡歺之属皆从歺。读若櫱岸之櫱。徐锴曰：冎，剔肉置骨也。歺，残骨也。故从半冎。臣铉等曰：义不应有中一，秦刻石文有之。歺，古文歺。"（五割切）

段玉裁注："冎，剔人肉置其骨也。半冎，则骨残矣。铉曰：'不当有中一，秦刻石文有之。'"徐灏《注笺》："歺盖从冎省，故曰半冎，其下多一画，相承增之也。"张舜徽云："列骨之残谓之歺，犹伐木之余谓之櫱，语原一耳。"③

甲骨文作歺、歺，上部象骨头破碎的裂纹，下部象死人的空骨。许慎释为死人残骨。故从"歺"的字大都与死亡或不吉祥的事情有关，如"殂、殊、殡、殃、残、殆"等。黄德宽云："或以为列之初文。从歺得声之列、裂等字含有分列之意。"④后来变得与"好歹"的"歹"混而不分。"好歹"的"歹"到了宋元之际才出现。

歺部有三十一个属字。

## 132. 死(sǐ)

"死，澌也，人所离也。从歺，从人。凡死之属皆从死。死，古文死如此。"（息姊切）

①张舜徽《说文解字约注》（第二册），华中师范大学出版社，2009年，第963页。
②黄德宽《古文字谱系疏证》（三），商务印书馆，2007年，第2756页。
③张舜徽《说文解字约注》（第二册），华中师范大学出版社，2009年，第966页。
④黄德宽《古文字谱系疏证》（三），商务印书馆，2007年，第2408页。

段玉裁注："水部曰：'澌，水索也。'《方言》：'澌，索也，尽也。'是澌为凡尽之称。人尽曰死，死、澌异部叠韵。"

甲骨文作、，罗振玉说，象生人拜于朽骨之旁，死之义。黄德宽云："或谓死是屍的本字，从人，从歺，人之遗骨即是屍。死，《说文》训'澌也'，是声训。……《说文》又训'人所离也'，是说死（屍）是人之精魂所离去者。按照古人观念，人之精魂所离去者，即是屍。……后死为死亡义所专，又造从尸、从死的屍字以当死之本义。"①卜辞或用其死亡义，如："己酉卜，王弜隹死，九月。"（《前》5·41·3）②金文中亦用其本义，如齐镈："用旟（祈）寿老母（毋）死。"金文中或假"死"为"尸"，义为主持。如嘉鼎："死（尸）于下土，以事康公。"③战国楚系文字字形有一些变化。如包山楚简作、、；郭店楚简作、；望山楚简作、。

死部有三个属字。

## 133. 冎(guǎ)

"，剐人肉置其骨也。象形，头隆骨也。凡冎之属皆从冎。"（古瓦切）

段玉裁注："《列子》曰：'炎人之国，其亲戚死，冎其肉而弃之。'刀部无剐字。冎，俗作剐。"

甲骨文作、，下面加"肉"就是"骨"字，"骨"之初文。金文或作。于省吾《释冎》云："总之，前文既阐明了为骨字的初文，象骨架相支撑形，其左右小竖划象骨节转折处突出形，后来冎字孳乳为骨，遂成为从肉冎声的形声字，这就纠正了《说文》的误解。"④

①黄德宽《古文字谱系疏证》（四），商务印书馆，2007年，第3132页。

②马如森《殷墟甲骨文实用字典》，上海大学出版社，2008年，第104页。

③陈初生《金文常用字典》，陕西人民出版社，1987年，第462页。

④于省吾《甲骨文字释林》，中华书局，1979年，第369页。

也有学者谓“冎”为“剐”之古字。徐复云：“谓割肉离骨，古谓凌迟处死。”①由于残骨多差跌不整，故引申有不正、过失、祸害之义，如“過、禍”等字。

冎部有两个属字。如：“別，分解也。从冎，从刀。”字形隶变后作“别”。

## 134. 骨(gǔ)

“骨，肉之覈也。从冎，有肉。凡骨之属皆从骨。”(古忽切)

段玉裁注：“去肉为冎，在肉中为骨。”徐灏《注笺》：“戴氏侗曰‘从月，象形’，是也。骨肉相附丽，故骨从月而象形，上为骨节，下其支也。”

“骨”与“冎”本一字之分化。李孝定说：“契文不从肉，即象牛肩胛骨之形。即许书冎字，亦即骨之古文。”②战国包山楚简或作骨，仰天湖楚简或作骨，象骨肉相连的样子。也用为本义，如《望山楚简》1.39：“足骨疾。”覈通核，张舜徽云：“今语称梅李之实亦曰骨，骨与覈固无殊矣。本书襾部：‘覈，实也。’盖凡物之外柔脆而内坚实者，其坚实之部谓之覈，亦谓之骨耳。”③中医认为骨对人体起着支架的作用。由此引申为支撑物体的骨架，如“龙骨”、“伞骨”等。又可以引申为人的品质、气概，如“侠骨”、“媚骨”等。

骨部有二十四个属字。

## 135. 肉(ròu)

“肉，胾肉。象形。凡肉之属皆从肉。”(如六切)

徐锴《系传》：“肉无可取象，故象其为胾。”

---

①徐复、宋文民《说文五百四十部首正解》，江苏古籍出版社，2003年，第106页。

②李孝定《甲骨文字集释》(第四、五卷)，台湾中研院史语所，1970年，第1501页。

③张舜徽《说文解字约注》(第二册)，华中师范大学出版社，2009年，第984页。

甲骨文作[甲骨文字形]、[甲骨文字形],象一块肉形,中有纹理。包山楚简作[楚简字形]。卜辞中或用其本义,如:"丙入(纳)肉? ○弜(勿)入肉?"(《花》113)入,通"纳",贡纳之意。① 金文中未见单用的"肉"字。

"胾",是大块的肉。"肉"本义是动物的肌肉,引申可表示蔬菜瓜果等去皮去核后中间可食用的部分,如"笋肉"、"龙眼肉"等。古代圆形有孔的钱币和玉器,孔内叫"好",孔外叫"肉"。《尔雅·释器》:"肉倍好谓之璧,好倍肉谓之瑗,肉好若一谓之环。"

肉部收属字一百三十九个。注意:"肉"作偏旁时,只有少数写作"肉",绝大多数写作"月"。

## 136. 筋(jīn)

"[篆文字形],肉之力也。从力,从肉,从竹。竹,物之多筋者。凡筋之属皆从筋。"(居银切)

黄德宽《古文字谱系疏证》认为"筋"从刚,从竹,会剥竹多筋以喻人筋之意。根据《集韵·觉韵》,"刚"为"剥"之异体。帛书《老子》"筋"均从刀,不从力。② 可备一说。"筋"是会意字,义为附在骨端的韧带。《周礼·天官·疡医》:"凡药,以酸养骨,以辛养筋。"严玉也说:"秦汉简帛文字,'筋'皆从'刀'不从'力',可能是'刀'乃'力'之讹。睡虎地秦简《秦律十八种》18:'即入其筋、革、角。''筋'用其本义。"③

筋部有两个属字。

## 137. 刀(dāo)

"[篆文字形],兵也。象形。凡刀之属皆从刀。"(都牢切)

甲骨文作[甲骨文字形]、[甲骨文字形],金文作[金文字形]、[金文字形]、[金文字形],象刀形,构意为古代兵器。黄天树说,卜辞中有用其本义的,如:"辛子卜贞,梦亚雀肇余刀,

①黄天树《黄天树古文字论集》,学苑出版社,2006年,第333页。

②黄德宽《古文字谱系疏证》(四),商务印书馆,2007年,第3649页。

③李学勤《字源》(上),天津古籍出版社,2012年,第371页。

若?”亚雀,人名。大意是,子组卜辞的主人“子”梦见亚雀给予我一把刀,吉利吗?① 又战国《包山楚简》144:“小人取怆之刀。”②黄德宽云:“从刀得声之沼、舠、魛、軺、猖、韶等字均含有小意。”③

根据考古发掘可知,新石器时代已经有了石刀。后有金属铸器,用为切割之具。《穀梁传·僖公元年》:“孟劳者,鲁之宝刀也。”另外古代有一种钱币称为“刀”或“刀布”。如《荀子·富国》:“厚刀布之敛以夺之财。”

刀部有六十一个属字。

## 138. 刃(rèn)

“𠚣,刀坚也。象刀有刃之形。凡刃之属皆从刃。”(而振切)

甲骨文作𠚣,象刀形,一点则指明刀刃所在。甲骨文“刃”作人名或方国名。上博简或加“金”字旁,作釰。许慎所谓“刀坚”,意思是刀之坚刚锋利之处。王筠《说文释例》:“夫刀以刃为用,刃不能离刀而成体也。顾刀之为字,有柄有脊有刃矣。欲别作刃字,不能不从刀而以·指其处,谓刃在是而已。”故“刃”之构意是刀口。如《尚书·费誓》:“备乃弓矢,锻乃戈矛,砺乃锋刃,无敢不善。”锋刃是说犀利的刀锋。

刃部有两个属字。如:“劒,人所带兵也。”“刅,伤也。从刃,从一。创,或从刀,仓声。”

## 139. 㓞(qià)

“㓞,巧㓞也。从刀,丯声。凡㓞之属皆从㓞。”(恪八切)

甲骨文作㓞,左边是三横一竖,象刻画之形,右边是一把刀,表示用来刻画的工具。或说卜辞“丁帝其降𡆥(忧)? 其㓞?”(《合》

①黄天树《黄天树古文字论集》,学苑出版社,2006 年,第 333 页。

②李学勤《字源》(上),天津古籍出版社,2012 年,第 371 页。

③黄德宽《古文字谱系疏证》(一),商务印书馆,2007 年,第 836—837 页。

14176)中“韧”用为本义。[①] 许慎说“巧韧”，段玉裁说是汉人语，徐灏说“言其刻画之工也”。“韧”是“契”的古字。《尔雅·释诂》：“契，绝也。”郭璞注：“今江东呼刻断物为契断。”“契”即“韧”字。后世通用“契”。

韧部有两个属字。

## 140. 丯(jiè)

“丯，艸蔡也。象艸生之散乱也。凡丯之属皆从丯。读若介。”(古拜切)

段玉裁注：“艸部曰：‘蔡，艸丯也。’叠韵互训。……按凡言艸芥，皆丯之假借也，芥行而丯废矣。”

关于“丯”的构字意图有两种不同说法。一种认为，“丯”为“契”的古字。戴侗云：“丯即契也，又作韧，加刀，刀所以契也。又作契，大声。古未有书，先有契，契刻竹木以为识，丯象所刻之齿。”[②]朱骏声《说文通训定声》云：“按介画竹木为识也，刻之为契。上古未有书契，刻齿于竹木以记事，丨象竹木，彡象齿形。”[③]于省吾《释丯》也赞同这种说法。[④] 另一说法如段玉裁所说，字象草木茂盛形，构意是草芥。太炎先生云：“凡艸芥之芥，正当作丯。”[⑤]黄德宽云：“甲骨文丯，或读为介，如‘不乍丯’。《尔雅·释诂》：‘介，助也。’或读为匄，如‘亡丯’即‘无匄’。或为西方风之名。”[⑥]

丯部只有一个属字。

---

①李学勤《字源》(上)，天津古籍出版社，2012年，第383—384页。

②〔宋〕戴侗撰，党怀兴、刘斌点校《六书故》卷二十九，中华书局，2012年，第688页。

③〔清〕朱骏声《说文通训定声》，武汉古籍书店影印，1983年，第660页。

④于省吾《甲骨文字释林》，中华书局，1979年，第353—359页。

⑤王宁主持整理《章太炎说文解字授课笔记·部首》(缩印本)，中华书局，2010年，第2页。

⑥黄德宽《古文字谱系疏证》(三)，商务印书馆，2007年，第2389页。

## 141. 耒(lěi)

“，手耕曲木也。从木推丯。古者垂作耒耜以振民也。凡耒之属皆从耒。”(卢对切)

段玉裁注:“(耕曲木也)各本耕上有手,今依《广韵》队韵、《周易》音义正。”徐灏《注笺》:“耒之初制,盖其末为岐头,后人易以铁齿。”

金文或作、,象木杈,是原始的木犁形象。黄德宽云:“金文耒,多用为族氏名。耒作父己簋耒,人名。”①许慎根据小篆,把字形解释为“从木推丯”的会意字。意思是用耒来芟除草芥,然后翻土。三代以上,人们用手来耕作,所用农具形如木杈,即“耒”。如《周易·系辞下》:“神农氏作,斫木为耜,揉木为耒。”对于古代耕作情况,胡小石《说文部首》亦云:“古耕作以手推曲木,比及西周尚采用之。古牛不用于耕而用以服箱。及孔子弟子冉伯牛,其名曰耕,则知春秋时已有牛耕。惟其时人耕未偏废(长沮、桀溺之耕可证),而为二类并存。”②

耒部有六个属字。

## 142. 角(jiǎo)

“，兽角也。象形,角与刀鱼相似。凡角之属皆从角。”(古岳切)

甲骨文作、,金文作、等,均象兽角或畜角。张舜徽云:“凡兽有角者,好以角相抵触,故引申为角力、角斗之称。古音读如禄,汉角里先生,即此字。俗改作角,非也。”③

“角”可引申为形状象角的东西,如“豆角”、“槐角”、“菱角”等。

---

①黄德宽《古文字谱系疏证》(三),商务印书馆,2007 年,第 3078 页。

②徐复、宋文民《说文五百四十部首正解》,江苏古籍出版社,2003 年,第 111 页。

③张舜徽《说文解字约注》(第二册),华中师范大学出版社,2009 年,第 1088 页。

古代男孩头顶两侧所留的头发似角，亦称为“角”。如《礼记·内则》：“男角女羁。”角在上古曾作为量器，所以后来“角”可以作为计量单位，又引申为货币单位。

“角”又为古代音乐术语，五声之一。如曾侯乙甬钟：“穆钟之角。”字形作 。①

角部收属字三十八个。该部的字大都与角类或量器有关。“衡”在角部，云：“牛触，横大木其角。从角，从大，行声。《诗》曰：‘设其楅衡。’”

①陈初生《金文常用字典》，陕西人民出版社，1987 年，第 469 页。

# 卷　五

## 143. 竹(zhú)

"𥫗,冬生艸也。象形。下垂者箁箬也。凡竹之属皆从竹。"(陟玉切)

段玉裁注:"云冬生者,谓竹胎生于冬,且枝叶不凋也。云艸者,《尔雅》竹在《释艸》。《山海经》有云'其艸多竹',故谓之冬生艸。……(象形)象两两并生。"

甲骨文中有[古文字],象竹叶形,本义是竹子。卜辞或用其本义,如"王用竹若"(《乙》6350)。[1] 战国金文或作[古文字],包山楚简或作[古文字]。许慎说的"下垂者箁箬也",似不确切,因为"箁箬"是包竹笋的皮,生在竹之根部。"竹"之本义为竹子,是中国的特产,可用于制作简册和管乐器等。"竹"还是古代八音之一,指用竹子做的乐器,如箫、管、笛、笙之类。欧阳修《醉翁亭记》:"宴酣之乐,非丝非竹。"

竹部收属字一百四十三个。

## 144. 箕(jī)

"[古文字],簸也。从竹;[古文字],象形;下其丌也。凡箕之属皆从箕。[古文字],古文箕省。[古文字],亦古文箕。[古文字],亦古文箕。[古文字],籀文箕。[古文字],籀文箕。"(居之切)

甲骨文作[古文字]、[古文字],金文作[古文字]、[古文字],均象簸箕之形。战国金文或作[古文字],信阳楚简作[古文字]。后来"其"借为虚词,才造"箕"字。如徐灏《注笺》:"古文[古文字]、[古文字]皆象形,[古文字]从廾持之,[古文字]从丌声,因为语词所专,故

---

①马如森《殷墟甲骨文实用字典》,上海大学出版社,2008 年,第 111 页。

加竹为箕。”商承祚说：“其形，字初但作甘，后增丌，后又加竹作箕，许君录后起之箕字而附甘、𠀠诸形于箕下者，以当时通用之字为主也。”①战国文字有时简写成“丌”或“亓”。汉隶中有时“竹”字头写成“艸”字头，但楷书中为了与“其”区别，定形为“箕”。

箕部只有一个属字“簸”，云：“扬米去糠也。从箕，皮声。”《诗·小雅·大东》：“维南有箕，不可以簸扬。”

## 145. 丌(jī)

“丌，下基也，荐物之丌。象形。凡丌之属皆从丌。读若箕同。”(居之切)

段玉裁注：“字亦作亓。古多用为今‘渠之切’之其。《墨子》书‘其’字多作‘亓’，亓与丌同也。……(象形)平而有足，可以荐物。”

太炎先生云：“凡基址字，其泛指者，皆当用丌字(抽象)。惟用土之基(具体)，则当用基字(如墙基)。”②张舜徽云：“魏三体石经《尚书·君奭篇》即以丌为基字古文。凡平而有足，可以荐物之具，即为所荐物之基矣。”③

许慎说的“荐物之丌”，谓用丌垫底，上可置放物品。战国金文作亓、丌，包山楚简作亓。“或以为晚周时期由截取‘其’字下部结构而成形，乃‘其’之省写。战国文字承袭晚周金文，或于其上加一羡划作亓。”④亓表示丌上有物。丌、亓二体并行，《墨子》则借亓为其字。

丌部有六个属字。如：“典，五帝之书也。从册在丌上，尊阁之也。”“奠，置祭也。从酋，酋，酒也。下其丌也。”引申为奠定义。

---

①徐复、宋文民《说文五百四十部首正解》，江苏古籍出版社，2003年，第115页。

②王宁主持整理《章太炎说文解字授课笔记·部首》(缩印本)，中华书局，2010年，第2页。

③张舜徽《说文解字约注》(第二册)，华中师范大学出版社，2009年，第1161页。

④黄德宽《古文字谱系疏证》(一)，商务印书馆，2007年，第47页。

## 146. 左(zuǒ)

"𠂇,手相左助也。从𠂇、工。凡左之属皆从左。臣铉等曰:今俗别作佐。"(则箇切)

段玉裁注:"左者,今之佐字。《说文》无佐也。𠂇者,今之左字。𠂇部曰:'左手也。'谓左助之手也。以手助手是曰左,以口助手是曰右。(从𠂇、工)工者,左助之意。"张舜徽云:"工乃治丝之器。治丝错杂之时,必赖以工与口交相为理。左右二字之从工从口,犹尋、𦥒二字之从工从口耳。"①

金文始见"左"字,或作[金文]、[金文]、[金文]。构意为辅佐、佐助,"佐"之古字。如陈喜壶:"为左(佐)大族。""左"又用于表𠂇义,即"左手"。又表示方位,如杜虎符:"左在杜。"②战国曾侯乙墓竹简作[古文],包山楚简作[古文]。"𠂇、又"为初文,后世用的"左右、佐佑"都是孳乳字。

由于古代礼俗尊右,故"左"又有卑下义,引申出谪贬、降级等义。故从"左"的"差"字有差错义。至于现代用"左"表示政治上激进,"右"表示政治上落后,则是受近代欧洲政治文化的影响才出现的。

左部只有一个属字"差",云:"贰也,差不相值也。从左,从𠂹。[籀文],籀文差,从二。"

## 147. 工(gōng)

"工,巧饰也。象人有规榘也。与巫同意。凡工之属皆从工。[古文],古文工,从彡。"(古红切)

徐锴《系传》:"为巧必遵规矩法度,然后为工,否则目巧也。巫事无形,失在于诡,亦当遵规矩,故曰与巫同意。明巫字暗与工同

①张舜徽《说文解字约注》(第二册),华中师范大学出版社,2009 年,第 1165 页。

②陈初生《金文常用字典》,陕西人民出版社,1987 年,第 488 页。

意。字不从工也。”

甲骨文作□、□、□，金文作□、□。黄德宽云：“甲骨文工，多表示身份，或以为低级官吏，或以为工匠，如‘多工’、‘百工’等。甲骨文工，读贡，如‘工典’、‘工父甲三牛’等。甲骨文工读功，如‘众㞢工’、‘王其眚牢又工’等。”①对于其构意，说法不一。有人认为象涂饰之器，即刷子。杨树达《释工》以从工之巨、左、式、巧等字，论证“工”之初义应为器物之名。“然则工究当为何物乎？以字形考之，工象曲尺之形，盖即曲尺也。巨所以为方，《说文》字或作榘，经传通作矩。《史记·礼书》索隐训矩为曲尺，而巨字形为手持工，此工即曲尺之明证也。盖工与巨义本相同，以造文之次第论，初有工文，双声转注，后复有巨。制字者以巨工同物，故即就工字之形为巨字。后人习用巨字，致曲尺之义为巨所独据，工字之初义不明。”②还有孙海波谓象玉形，吴其昌谓象斧形。至今该字形体来源，尚无定论。“与巫同意”是说工与巫造字意图有某种相似。段玉裁注：“𢒄有规榘，而彡象其善饰；巫事无形，亦有规榘，而𠬞象其两褎，故曰同意。凡言某与某同意者，皆谓字形之意有相似者。”

“工”的“曲尺”义文献未见用例，或许只是构意。金文中“工”用为匠义，如伊簋中有“百工”指各种工匠。金文中也指官名。《尚书·尧典》：“允釐百工，庶绩咸熙。”金文中已有“司工”这一官职，主管水利、土木工程等，在典籍中作“司空”。古籍中常见“工女”一词，则专指采桑、纺织的妇女。如鲍照《咏采桑》：“季春梅始落，工女事蚕作。”

工部有三个属字。如：“巧，技也。从工，丂声。”“巨，规巨也。从工，象手持之。榘，巨或从木矢，矢者，其中正也。𢀚，古文巨。”

## 148. 㠭（zhǎn）

“㠭，极巧视之也。从四工。凡㠭之属皆从㠭。”（知衍切）

---

①黄德宽《古文字谱系疏证》（二），商务印书馆，2007年，第1133页。

②杨树达《积微居小学述林全编》（上），上海古籍出版社，2007年，第91—92页。

段玉裁注："工为巧，故四工为极巧。极巧视之，谓如离娄之明、公输子之巧，既竭目力也。凡展布字当用此。展行而㠭废矣。《玉篇》曰：'㠭，今作展。'"太炎先生云："凡展视之展，正当作㠭。"①他还在《国故论衡·原道中》中使用此字，云："人君者，在黄屋羽葆之中，有料民听事之劳矣。心不两役，欲与畴人百工比巧犹不得，况其至㠭察者？"②

此字古代典籍中未见使用，通作"展"。《八上·尸部》有"展"，义为"转也"。睡虎地秦简《治狱二》有"各展其辞"。《左传·襄公三十一年》有"各展其物"，注释说"展，陈也"。许慎所说当为引申义。

㠭部只有一个属字"𡨄"，云："窒也。从㠭，从廾窒宀中。㠭，犹齐也。"

## 149. 巫(wū)

"巫，祝也。女能事无形，以舞降神者也。象人两褎舞形，与工同意。古者巫咸初作巫。凡巫之属皆从巫。巫，古文巫。"（武扶切）

甲骨文作巫；金文作巫；战国天星观1号墓卜筮简作巫，望山楚简作巫；睡虎地秦简作巫。黄德宽云："巫，构形不明。疑象巫师所执巫具之形。战国文字……或于其上、下加短横为饰，或于其下加口旁为饰。"③许慎说的"无形"，当指神而言，巫可沟通人神。唐兰、郭沫若都认为甲骨文之"巫"与《诅楚文》中"巫咸"之"巫"同。邹晓丽《基础汉字形义释源》说："巫为古代跳舞降神之人。古巫、無(舞)同字。……巫，名词。無(舞)，动词。'巫'字所以从'工'，是因为'巫'能降神，即是神、祖的代言人，所以在当时地位高，极受人

①王宁主持整理《章太炎说文解字授课笔记·部首》（缩印本），中华书局，2010年，第2页。

②章太炎撰，庞俊、郭诚永疏证《国故论衡疏证》（下），中华书局，2011年，第704页。

③黄德宽《古文字谱系疏证》（二），商务印书馆，2007年，第1687页。

尊敬。”①卜辞中或用其本义，如：“癸酉卜，巫罗（宁）风？”（《合》33077）（癸酉这天占卜，巫师进行让风静下来的祭祀吗？）②从“巫”的“诬、筮”等字均从“巫”派生而来。

巫部只有一个属字“觋”，云：“能斋肃事神明也。在男曰觋，在女曰巫。从巫，从见。”段玉裁注：“见鬼者也，故从见。”

## 150. 甘（gān）

“甘，美也。从口含一；一，道也。凡甘之属皆从甘。”（古三切）

段玉裁注：“甘为五味之一，而五味之可口皆曰甘。（一，道也）食物不一，而道则一，所谓味道之腴也。”徐灏《注笺》：“从口含一，指事。人莫不饮食也，鲜能知味也。是故饮食也而道存焉，故曰‘一，道也’。”

甲骨文作甘，“口”里面一短横，表明这是舌上最能体味甘美之处。战国郭店楚简或作甘。“甘”的构意就是味道甜美。如《尚书·洪范》：“稼穑作甘。”引申为悦耳动听、情愿、乐意等意思。卜辞中借用为地名，如“贞：王往于甘”（《后》上12·5）。③

“甘，表示口中含物甘美之意。从甘派生之甜、苷、酣有甘美义。又口中含物则有含、衔之意，又引申有钳夹等意，故拑、钳、箝、绀等字为又一派生系列。”④

甘部有四个属字，两个重文。如：“甚，尤安乐也。从甘，从匹耦也。”

## 151. 曰（yuē）

“曰，词也。从口，乙声；亦象口气出也。凡曰之属皆从曰。”（王代切）

徐锴《系传》：“今试言曰，则口开而气出也。凡称词者，虚也，语

①邹晓丽《基础汉字形义释源—〈说文〉部首今读本义》（修订本），中华书局，2007年，第31页。

②李学勤《字源》（上），天津古籍出版社，2012年，第413页。

③马如森《殷墟甲骨文实用字典》，上海大学出版社，2008年，第113页。

④黄德宽《古文字谱系疏证》（四），商务印书馆，2007年，第4035页。

气之助也。”

甲骨文作⿴,金文作⿴,下部为口,上面的一小横表示说话时气或声从口而出。构意为说,引申为叫作、称为。黄德宽说甲骨文“曰”与“今”两字形义相反,“曰字倒书为今,本义是闭口不作声,义与曰正相反,故二字亦有形义分化之关系”①。甲骨卜辞中,“曰”常用本义。金文中也用为说、谓等义。或用为句首语气词,如墙盘:“曰古文王,初斆(戾)龢(和)于政。”②后代文献中也可以作句首语气词,如《诗·秦风·渭阳》:“我送舅氏,曰至渭阳。”许慎说的“词”,是虚词,所谓“意内而言外”,即只起语法作用的词。

曰部有六个属字,一个重文。如“曹”字下云:“狱之两曹也。在廷东。从棘,治事者;从曰。”甲骨文有⿴、⿴,金文或作⿴、⿴,本义待考。

## 152. 乃(nǎi)

“⿴,曳词之难也。象气之出难。凡乃之属皆从乃。臣铉等曰:今隶书作乃。⿴,古文乃。⿴,籀文乃。”(奴亥切)

段玉裁注:“曳有矫拂之意,曳其言而转之,若‘而’、若‘乃’皆是也。乃则其曳之难者也。《春秋·宣八年》:‘日中而克葬。’《定十五年》:‘日下昃乃克葬。’《公羊传》曰:‘而者何?难也。乃者何?难也。曷为或言而、或言乃?乃难乎而也。’何注:‘言乃者内而深,言而者外而浅。’……气出不能直遂,象形。”

甲骨文作⿴,金文作⿴,均用弯曲的笔画表示出气。或以为象绳索抛出之状。③ 在甲骨卜辞中,用为语气词,也借为第二人称代词。卜辞中借用作副词,同“廼”、“迺”。金文中可作副词、代词、连词等。“乃”为人称代词,第一个作主语,第二个作定语。在古代典籍中,可作代词、副词、连词、发语词等。

---

①黄德宽《古文字谱系疏证》(三),商务印书馆,2007年,第2355页。

②陈初生《金文常用字典》,陕西人民出版社,1987年,第496页。

③参阅黄德宽《古文字谱系疏证》(一),商务印书馆,2007年,第181—183页。

乃部有两个属字。

## 153. 丂(kǎo)

"丂,气欲舒出,㇉上碍于一也。丂,古文以为亏字,又以为巧字。凡丂之属皆从丂。"(苦浩切)

段玉裁注:"㇉者,气欲舒出之象,一其上不能径达。此释字义而字形已见,故不别言形也。(丂,古文以为亏字)亏与丂音不同而字形相似,字义相近,故古文或以丂为亏。(又以为巧字)此则同音假借。"

甲骨文作丅,金文作丁等,春秋金文或在其上部与竖笔之中部添加饰笔为丂形。或说其为"柯"的象形初文。金文中有用为"考"者,所以有学者认为是"考"之本字。如同簋:"用乍(作)朕文丂(考)叀中(仲)障宝簋。"①胡小石《说文古文考》:"齐镈皇考及考命字作丂,形与篆文亏为近。许书云'古文以丂为亏',其误当由此类而出。许书古文出齐,此又一证也。"②

丂部有三个属字。

## 154. 可(kě)

"可,肎也。从口、丂,丂亦声。凡可之属皆从可。"(肯我切)

肎,古"肯"字。"肯"、"可"二字通用。如《国语·晋语》:"固止之,不可。"韦注:"可,肎也。"

甲骨文作可、可,李孝定《甲骨文字集释》说为"柯"之初文。或说"可"本义为歌咏。金文及战国郭店楚简中可用"诃"表示歌咏。卜辞有用其副词"可以"之义的,如:"惠可用于宗父甲,王受祐?"(《英》2267)卜辞贞问:可以在宗庙为父甲举行用祭,王能得到保佑吗?③ 金文作可,包山楚简或上加短横作可。金文可假借为荷、苛等。

①陈初生《金文常用字典》,陕西人民出版社,1987年,第502页。

②徐复、宋文民《说文五百四十部首正解》,江苏古籍出版社,2003年,第123页。

③黄天树《黄天树古文字论集》,学苑出版社,2006年,第334页。

可部有三个属字。

## 155. 兮(xī)

“兮,语所稽也。从丂、八,象气越亐也。凡兮之属皆从兮。”(胡鸡切)

甲骨文作[illegible]、[illegible],或为地名,或读为曦。金文作[illegible],多用为人名。字形是丂上有八,表示气上越出。许慎说“越亐”,意思是气发扬也。“兮”字构意不明,但应与“乎”相关。或说“兮”是“乎”的分化字。卜辞中“兮”可表时段,如:“中日至郭兮,不雨,大吉。”(《小屯南地甲骨》2729)“郭兮”应是下午2时到4时之间。①

兮部有三个属字。如:“乎,语之余也。从兮,象声上越扬之形也。”卜辞中“乎”有呼唤命令之义,如:“贞:登人三千,乎伐工方受有祐。”(《续》1·10·3)②

## 156. 号(háo)

“号,痛声也。从口在丂上。凡号之属皆从号。”(胡到切)

徐锴《系传》:“丂者,痛声不舒扬也。”段玉裁注:“号,嗁也。凡嗁號字古作号。口部曰:‘嗁,号也。’今字则號行而号废矣。(从口在丂上)丂者气舒而碍,虽碍而必张口出其声,故口在丂上,号咷之象也。”今见最早的“号”字系战国早期楚系文字,如曾侯乙编钟中即出现[illegible]字。又银雀山汉墓竹简《尉缭子》486简:“发号出令。”③不过传世典籍一般写作“號”。

号部下只有一个属字“號”,云:“呼也。从号,从虎。”今“號”简化为“号”。

---

①李学勤《字源》(上),天津古籍出版社,2012年,第422页。

②马如森《殷墟甲骨文实用字典》,上海大学出版社,2008年,第116页。

③李学勤《字源》(上),天津古籍出版社,2012年,第423页。

## 157. 于(yú)

"亏,於也。象气之舒于。从丂,从一。一者,其气平之也。凡于之属皆从于。今变隶作于。"(羽俱切)

段玉裁注:"於者,古文乌也。……《释诂》、毛《传》皆曰:'于,於也。'凡《诗》、《书》用于字,凡《论语》用於字。盖于於二字在周时为古今字。故《释诂》、毛《传》以今字释古字也。"王筠说"于"当为"吁"之古文。

甲骨文中有[illegible]、[illegible]、[illegible]等不同形体,商代金文作[illegible],西周金文或作[illegible]。关于其构意,说法不一。徐中舒说:"[illegible]象画大圆的圆规,从[illegible]即表示圆规的直径可以上下移动之形,于即[illegible]之省,于画大圆,故从于之字如迂、纡,就有迂远纡回之义。"①裘锡圭说为"竽"的象形。李孝定说:"契文不从丂一,其字形何以作于,无义可说。卜辞用于与经传于字用义皆以示所在,胡先生说是也。"②在甲骨文和金文中,"于"主要用作介词和连词。

于部有四个属字,两个重文。如:"虧,气损也。从于,雐声。[illegible],虧或从兮。""粤,于也。审慎之词者。从于,从宷。《周书》曰:'粤三日丁亥。'""平,语平舒也。从于,从八。八,分也,爰礼说。[illegible],古文平如此。""于"作为声旁派生的字多有大义,如"芋、竽、吁、盂、宇"等。

## 158. 旨(zhǐ)

"[illegible],美也。从甘,匕声。凡旨之属皆从旨。[illegible],古文旨。"(职雉切)

徐锴《系传》:"《礼》曰:'调以滑旨。'旨,甘也。"

---

①徐中舒《怎样考释古文字》,《古文字学论集》初编,第17页,转引自于省吾《甲骨文字诂林》(第四册),中华书局,1996年,第3437页。

②于省吾《甲骨文字诂林》(第四册),中华书局,1996年,第3436页。

甲骨文作𠤎、𠤎，从人、从口，或从曰；与《说文》古文形体相近。金文或作𠤎、𠤎、𠤎，郭店楚简作𠤎，睡虎地秦简作𠤎。或说甲骨文之形象以勺舀东西在口，有食者美足之义。本义是“味道美”。① 金文有用例，如殳季良父壶：“用盛旨酒。”②张舜徽说“旨”与“甘”的区别是：甘所指范围广，旨多用于称饮食。引申为意旨、意义，又引申为帝王的诏谕，如圣旨、奉旨。

旨部只收“嘗”字。“嘗，口味之也。从旨，尚声。”后来的字典和词典一般都不立“旨”部，而把“旨”字放在“匕”部。

## 159. 喜(xǐ)

“喜，乐也。从壴，从口。凡喜之属皆从喜。歖，古文喜从欠，与欢同。”(虚里切)

甲骨文形体作喜、喜，金文或作喜、喜、喜，上面是鼓的形状，下面是口形；表示人听到鼓乐声，有喜庆的事，开口而笑。甲骨文中“喜”用为人名或地名。金文中义为“乐”，如叔代簋：“用侃(衎)喜百生(姓)、倗友眔子妇。”③或用为“饎”，有酒食、祭祀义等。

喜部收两个字，“憙、嚭”。后世一般字典、词典不立“喜”部。

## 160. 壴(zhù)

“壴，陈乐立而上见也。从屮，从豆。凡壴之属皆从壴。”(中句切)

徐锴《系传》：“豆，树鼓之象；屮，其上羽葆也。象形。”

甲骨文作壴、壴、壴，金文作壴、壴，象鼓形。上部为装饰，中间是鼓面，下部是鼓架。构意为“鼓”，也用为动词，击鼓。金文中可泛指敲击、演奏乐器，如春秋王孙钟：“枼(世)万孙子，永保壴之。”④秦

①马如森《殷墟甲骨文实用字典》，上海大学出版社，2008年，第117页。
②陈初生《金文常用字典》，陕西人民出版社，1987年，第513页。
③陈初生《金文常用字典》，陕西人民出版社，1987年，第515页。
④李学勤《字源》(上)，天津古籍出版社，2012年，第427页。

以后只用“鼓”字，而不再用“壴”字了。

注意：“鼓”字左半和“尌”字左半不同，但《说文》混而为一而归入了《说文·壴部》。其实“尌”字左半上从木，下从豆，而古文中木，或省为中，于是𣡌变为𡔷，再变为壴。而“鼓”的左半则是“鼓”字初文。二字形近，但本义相远。《说文》所收的从“壴”的字，除了“尌”以及从“尌”声的字外，其所从之形皆为“鼓”形之“壴”。① “壴”和“鼓”本为一字，而《说文》分为两个部首。

壴部有四个属字“尌、𡔶、彭、嘉”。后世的字典和词典一般不立“壴”部。

## 161. 鼓(gǔ)

“鼓，郭也。春分之音，万物郭皮甲而出，故谓之鼓。从壴，支象其手击之也。《周礼》六鼓：靁鼓八面，灵鼓六面，路鼓四面，鼖鼓、皋鼓、晋鼓皆两面。凡鼓之属皆从鼓。徐锴曰：郭者，覆冒之意。𥭀，籀文鼓，从古声。”（工户切）

甲骨文作[古文字]、[古文字]，金文作[古文字]、[古文字]、[古文字]，字形象手持鼓槌击鼓之形。战国包山楚简作[古文字]，信阳楚简作[古文字]。甲骨卜辞中有专门用鼓的祭祀，如：“辛亥卜，出，贞：其鼓彡告于唐，一牛？九月。”（《合》22749）“鼓”也可以写作“壴”，如：“丁酉卜，大，贞：气告，其壴于唐，衣(卒)，亡尤？九月。”（《合》22746）卜辞卜问举行“鼓”祭的典礼时能否顺利完成而且没有过失。② “鼓”由“壴”孳乳而来，古本同字。

鼓有“乐器”之义。如《荀子·礼论》中的“钟、鼓、管、磬、琴、瑟、竽”等都是乐器。《说文》中用“郭”来解释鼓，这里是声训。“郭”在这里的意思是“鼓出”。“郭”本义是外城，引申出外表、外层等义。“万物郭皮甲而出”意谓万物的种子到春天萌芽鼓出生成外

①黄天树《黄天树古文字论集》，学苑出版社，2006年，第334页。

②黄天树《黄天树古文字论集》，学苑出版社，2006年，第335页。

皮,而种子破皮而出。张舜徽云:“鼓、郭双声,一语之转耳。凡物张之使大曰郭,本书《金部》:‘鏬,郭衣针也。’是已。”①

鼓部有九个属字。《康熙字典》、《辞海》、《辞源》均立“鼓”部。《新华字典》不立“鼓”部,“鼓”字归入“士”部。

## 162. 豈(qǐ)

“豈,还师振旅乐也。一曰:欲也,登也。从豆,微省声。凡豈之属皆从豈。”(墟喜切)

“豈字《说文》有三解:(一)‘还师振旅乐也’,此即凯歌之正字(凯乃俗字)。(二)‘欲也’,此假为覬字。(三)‘登也’,此假为隑字(隑训梯,见《方言》注)。”②甲骨文和金文中都没有豈字。《说文》训“豈”之义为军队打胜仗归来后演奏的乐曲。段玉裁注:“《公羊传》曰:‘出曰祠兵,入曰振旅。’《周礼·大司乐》曰:‘王师大献,则令奏愷乐。’注曰:‘大献,献捷于祖。愷乐,献功之乐。郑司农说以春秋晋文公败楚于城濮,传曰振旅愷以入于晋。’按:经传豈皆作愷。”徐灏《注笺》、林义光《文源》均认为“豈”为“愷”的古文。

元代通俗小说抄本上,出现了草书楷化类似“岂”的写法。1935年《简体字表》将“豈”简化为“岂”。

豈部只有两个属字。其中一个是“愷”,云:“康也。从心、豈,豈亦声。”依据段玉裁注,“凱”为“愷”的俗字。

## 163. 豆(dòu)

“豆,古食肉器也。从口,象形。凡豆之属皆从豆。[illegible],古文豆。”(徒候切)

甲骨文作[illegible]、[illegible],金文作[illegible]、[illegible],字形皆象盛食之器。甲骨文中

①张舜徽《说文解字约注》(第二册),华中师范大学出版社,2009年,第1195页。

②王宁主持整理《章太炎说文解字授课笔记·部首》(缩印本),中华书局,2010年,第2页。

的“豆”、金文散盘中的“豆”，均指地名，读郖，地在今河南灵宝。金文中也用于指盛食器，如周生豆：“周生乍(作)尊豆。”①战国信阳楚简作豆。

《说文》释“豆”为古代盛肉食的器具。《周礼·考工记·梓人》：“食一豆肉，饮一豆酒，中人之食也。”许慎对字形的解释说“从口”，是说象豆的圆口形状。徐灏《注笺》说：“此字全体象形，小篆从古文变耳。云‘从口’者，就小篆之体析言之。”“豆”后来引申为量器或容量单位。《左传·昭公三年》：“齐旧四量，豆、区、釜、钟。四升为豆，各自其四，以登于釜，釜十则钟。”后世用为植物名，是假借义，古曰尗，亦作菽。如《礼记·投壶》：“壶中实小豆焉，为其矢之跃而出也。”经传以豆称菽较少，多用菽。后来分化出“梪”表示食肉器之义。

豆部下有五个属字。汉字中从豆的字都与器皿有关。“豆”也可以表音，作声符。从“豆”得声的“侸、豎”等均有“立”义；逗训止，止也是“立”义的引申。

## 164. 豊(lǐ)

“豊，行禮之器也。从豆，象形。凡豊之属皆从豊。读与禮同。”(卢启切)

甲骨文作豊、豊等，从珏在凵中，从豆，象盛玉供奉神祇之器。“豊”是“禮”的初文，古人举行禮仪活动时经常击鼓奉玉以成大禮。金文或作豊、豊、豊。或用为“禮”，如天亡簋：“王又(有)大豊(禮)。”金文中还用为丰收、富饶义，如墙盘：“厚福豐年。”②郭店楚简或作豊、豊、豊、豊。后来随语义分化，字形分为醴、禮两个字。豊字也废而不用了。所谓“行禮之器”就是举行祭祀禮仪时使用的器具。或说“人體”之“體”得名亦缘于體能行禮之义，“軆”为“體”之

①陈初生《金文常用字典》，陕西人民出版社，1987年，第522页。

②陈初生《金文常用字典》，陕西人民出版社，1987年，第524—525页。

异体。①

豊部只有一个属字“𧯛”，云：“爵之次弟也。从豊，从弟。《虞书》曰：‘平𧯛东作。’”

## 165. 豐(fēng)

“，豆之豐满者也。从豆，象形。一曰：《乡饮酒》有豐侯者。凡豐之属皆从豐。，古文豐。”（敷戎切）

甲骨文作、，金文作、，包山楚简作。许慎把豐、豊分为两个部首。其实在甲骨文中，它们是一字异体，都是豆中盛放祭品的形象。到《说文》中将其分为两个字，“豆之豐满”者称为“豐”，“行礼器”称为“豊”。两个字在隶书中也常混同互用。或说“豐”甲骨文从壴，亡声，本义为钟鼓之音盛大。金文有字从豐从攴，形容钟鼓之声，而《说文》所释为引申义。此可备一说。②

豐部只有一个属字“豔”，云：“好而长也。从豐；豐，大也。盍声。《春秋传》曰：‘美而豔。’”俗作“艳”。

## 166. 䖒(xī)

“，古陶器也。从豆，虍声。凡䖒之属皆从䖒。”（许羁切）

周原甲骨一一三作，下象陶器本体，上象以虎头装饰，本为象形字。构意应是与豆形状相似的陶器，但未见本义用例。许慎根据小篆字形释为形声字。段玉裁注：“陶当作匋，书多通用。匋作瓦器也。”张舜徽云：“䖒之为言壶也，古之陶器多圜形，与壶相似耳。”③“䖒”在出土文献中仅见两个用例。“其一，在西周甲骨卜辞中写地名‘戲（戏）’，即戏水；其二，在战国楚帛书中写古帝王名号‘靁

①黄德宽《古文字谱系疏证》（三），商务印书馆，2007年，第3095页。

②黄德宽《古文字谱系疏证》（二），商务印书馆，2007年，第1239—1241页。

③张舜徽《说文解字约注》（第二册），华中师范大学出版社，2009年，第1206页。

虘',即伏戏,古书又写作宓戏、伏羲、庖牺、包牺等。"①楚帛书字形作[古文字形]。

"虘"多作合体字的偏旁。虘部有两个属字。

## 167. 虍(hū)

"[篆文],虎文也。象形。凡虍之属皆从虍。"(荒乌切)

文字学家多说虎、虍古当为一字,虍为虎的省形。孙诒让亦据金文认为虍为虎头,而非虎文。甲骨文作[甲骨文字形],用为地名。如:"七月在虍。"(《乙》8013)②后"虍"字废弃不用。

虍部有八个属字,多与虎有关。如:"虔,虎行皃。从虍,文声。""虖,哮虖也。从虍,乎声。""虐,残也。从虍,虎足反爪人也。""虞,驺虞也。白虎黑文,尾长于身。仁兽,食自死之肉。从虍,吴声。《诗》曰:'于嗟乎驺虞。'"

## 168. 虎(hǔ)

"[篆文],山兽之君。从虍,虎足象人足,象形。凡虎之属皆从虎。[古文],古文虎。[古文],亦古文虎。"(呼古切)

卜辞中有很多象形写法,或作[甲骨文字形]、[甲骨文字形]、[甲骨文字形]。或用为本义。金文作[金文字形]、[金文字形],与甲骨文相近。金文中也用为"琥",雕成虎形的玉器,如卫盉:"矩或(又)取赤虎(琥)两。"③战国文字"虎"字头形部分写法变异很大,呈现出明显的地域特色。如包山楚简作[字形]、[字形],曾侯乙墓竹简作[字形]。

虎部有十四个属字,大都与虎有关。其中有常用字"彪",云:"虎文也。从虎,彡象其文也。"又:"虓,虎鸣也。一曰:师子。从虎,九声。""虢,虎所攫画明文也。从虎,寽声。"

《康熙字典》、《辞源》、《新华字典》均不立"虎"部,但《辞海》有

①李学勤《字源》(上),天津古籍出版社,2012年,第433页。

②马如森《殷墟甲骨文实用字典》,上海大学出版社,2008年,第119页。

③陈初生《金文常用字典》,陕西人民出版社,1987年,第531页。

"虎"部。

## 169. 虤(yán)

"虤,虎怒也。从二虎。凡虤之属皆从虤。"(五闲切)

段玉裁注:"此与'㹜,两犬相齧也'同意。"虎怒就是二虎相争斗。甲骨文作[illegible],金文作[illegible]。卜辞中借用为地名,如:"贞:旬无祸,在虤。"(《后》下3·8)①金文中用作人名,早期典籍未见用例。

虤部有两个属字。如"贙"字下云:"分别也。从虤对争贝。"

## 170. 皿(mǐn)

"皿,饭食之用器也。象形,与豆同意。凡皿之属皆从皿。读若猛。"(武永切)

甲骨文作[illegible]、[illegible]、[illegible],象盛物器皿之形,可读盟,地名。金文或作[illegible],用作人名。其中战国时期金文"廿七年皿"作[illegible],加了义符"金"。大概因商周鼎皆以青铜器为之,故加"金"旁。小篆与甲骨文写法相近。"皿"本义是盛东西的器具,是盆、盎、杯、盘、盂等饭具炊具的泛称。

皿部有二十四个属字。如"盌"字下云:"小盂也。从皿,夗声。"今作"碗"。"昷"字下云:"仁也。从皿,以食囚也。官溥说。"今通用"温"。"盪"字下云:"涤器也。从皿,湯声。"通作"荡"。

## 171. 凵(qū)

"凵,凵盧,饭器,以柳为之。象形。凡凵之属皆从凵。笑,凵或从竹,去声。"(去鱼切)

凵在古文字中不是独立字形,只作合体字中的表意部件。"盧"在皿部,训为"饭器","凵盧"当为同义联合式合成词。段玉裁注:

①马如森《殷墟甲骨文实用字典》,上海大学出版社,2008年,第120页。

"单呼曰盧，累呼曰𠙴盧也。"《方言》第十三作"⿱竹去簇"①。徐灏《注笺》："𠙴即去字，与匚作方同例。北人读曲如去，与𠙴音去鱼切，只轻重之殊。凡器曲而受物谓之曲，故蚕簿名曲，而饭器名𠙴也。此与二篇凵字异，篆体上敛下侈者，以别于口犯切之凵耳，非字义所存也。"𠙴的或体作⿱竹去，为后起的增加偏旁字。杨树达《释凵𠙴》认为《二上・凵部》之"凵"的"张口"之训当属此"𠙴"。"去"声之字多含开张之义。他说："今谓凵即坎，为凶臼二字所从，张口之训，当属之𠙴，为呿祛胠义训所本，斯文字形义，古书训诂，各得其所矣。"②

𠙴部没有属字。

## 172. 去(qù)

"去，人相违也。从大，𠙴声。凡去之属皆从去。"(丘據切)

段玉裁注："违，离也。人离故从大；大者，人也。"

甲骨文作去、去、去，裘锡圭认为此字从大从口，本义应该是张口，当是《庄子・秋水》中"口呿而不合"的"呿"的初文。离开义当是由张开义引申而来。或说小篆"去"有两个来源：一是象形字，表食器，"𠙴盧"的象形初文；二是从大从口，可视为"呿"之初文。第一个意义"去"，在汉代以后一般作"⿱竹去"，典籍中多作"筥"。第二个意义引申出离开、除去等义。卜辞中有用其"离开"义的，如："贞：王去束于甘？"(《合》5129)③金文字形或作去、去，如嘉鼎："少去父母。"④文献中也常用，如《尚书・胤征》："伊尹去亳适夏。"

去部只有两个属字。

---

①《方言》第十三有："簇，南楚谓之筲，赵魏之郊谓之⿱竹去簇。"参见钱绎《方言笺疏》(下)，上海古籍出版社，1984年，第798页。华学诚等《扬雄方言校释汇证》(上)作"去簇"，中华书局，2006年，第976—978页。

②杨树达《积微居小学述林全编》(上)，上海古籍出版社，2007年，第64页。

③黄天树《黄天树古文字论集》，学苑出版社，2006年，第335页。

④陈初生《金文常用字典》，陕西人民出版社，1987年，第548页。

## 173. 血(xuè)

“𧖧,祭所荐牲血也。从皿,一象血形。凡血之属皆从血。”(呼决切)

徐锴《系传》:“祭荐毛血也。”段玉裁注:“按不言人血者,为其字从皿。人血不可入于皿,故言祭所荐牲血。然则人何以亦名血也?以物之名加之人。古者茹毛饮血,用血报神,因制血字,而用加之人。”

甲骨文作[古文字]、[古文字]、[古文字],象血在皿器之中。卜辞中或用其本义,如:“王其铸黄吕,奠血,惠今日乙未利?”(《英》2567)这是一条关于青铜冶炼的卜辞。其中“铸黄吕”指冶炼青铜。奠血,意思是用牲血祭新造铜器。这条卜辞问,选择今天的乙未日铸造铜器是否顺利。①卜辞中还有“血室”一词,指商代宗庙里用牲血祭的场所。如:“己巳卜,兄,贞:尊告血室……”(《前》4·33·2)②战国仰天湖楚简或作[古文字],郭店楚简作[古文字]、[古文字]。到睡虎地秦简字形作[古文字],已与今天写法差不多了。

血由牲血引申指人血,甚至可以指液体。如《庄子·外物》:“人主莫不欲其臣之忠,而忠未必信,故伍员流于江,苌弘死于蜀,藏其血,三年而化为碧。”其中“血”指人血。《管子·四时》:“寒生水与血。”这里“血”指水一类。从“血”得声的“洫”为田间水道,似人体血管之纵横交错,应由“血”派生而来。

血部有十四个属字。如“卹”字下云:“忧也。从血,卩声。一曰:鲜少也。”心部有“恤”字,与“卹”音义相同。“衄”字下云:“鼻出血也。从血,丑声。”《素问》曰“鼻衄”。

## 174. 丶(zhǔ)

“丶,有所绝止,丶而识之也。凡丶之属皆从丶。”(知庾切)

①黄天树《黄天树古文字论集》,学苑出版社,2006年,第335页。

②马如森《殷墟甲骨文实用字典》,上海大学出版社,2008年,第123页。

徐锴《系传》:"丶犹点柱之柱。若汉武读书止,辄乙其处也。"

段玉裁注:"按此于六书为指事。凡物有分别,事有可不,意所存主,心识其处者,皆是。非专谓读书止,辄乙其处也。"徐灏《注笺》:"凡事物有所表识则丶而识之,识之即定于此矣,故人之所住亦谓之主。"张舜徽云:"丶为舌音知纽字,古读归端,当即今日通行句读中所称逗点之逗字。"①丶是古代的断句符号,以供识别。

丶不单独使用,只是一个部首字,下有两个属字。如"主"字下云:"镫中火主也。从𡈼,象形。从丶,丶亦声。"段玉裁注:"按丶、主古今字,主、炷亦古今字。"或说甲骨文"主"象祭祀神主之形,"示"为其同源分化字,大致分化于春秋战国时期。②

## 175. 丹(dān)

"丹,巴越之赤石也。象采丹井,一象丹形。凡丹之属皆从丹。丹,古文丹。彤,亦古文丹。"(都寒切)

徐锴《系传》:"《史记》曰:'寡妇清,其先得丹穴而富也。'穴即井也。……《山海经》有白丹、黑丹。丹以赤为主,黑、白皆丹之类,非正丹也。"丹构意是朱砂,表示红色。

甲骨文或作丹、丹,金文或作丹,中间象丹砂,外象所凿的坎穴。或说从凡,从一,构意不明。卜辞中"丹"用为地名和方国名。金文中可用为朱砂义,如庚赢卣:"易(赐)贝十朋又丹一杆。"③战国包山楚简或作丹、丹。古代用丹作为药物。段玉裁注云:"巴郡、南越,皆出丹沙。……丹者,石之精。故凡药物之精者曰丹。"

丹部有两个属字。如"彤"字下云:"丹饰也。从丹,从彡。彡其画也。"段玉裁注:"以丹拂拭而涂之,故从丹、彡。彡者,毛饰画文也。饰、拭,古今字。"

---

①张舜徽《说文解字约注》(第二册),华中师范大学出版社,2009年,第1235页。

②黄德宽《古文字谱系疏证》(二),商务印书馆,2007年,第981—988页。

③陈初生《金文常用字典》,陕西人民出版社,1987年,第551页。

## 176. 青(qīng)

"青,东方色也。木生火,从生、丹。丹青之信,言象然。凡青之属皆从青。[古文],古文青。"(仓经切)

徐锴《系传》:"凡远视之明,莫若丹与青,黑则昧矣。阮籍《咏怀》诗曰:'丹青著盟誓。'言若丹青之分明也。犹《诗》云'有如皎日'。"

甲骨文有从中从丹之字,作[甲骨文],王襄释为"青",构意应是"石之苍绿者"。卜辞中借用指宗庙之室,即青室,如"丁亥,史其酒告青室"(《簠征》典礼22)。① 金文作[金文]、[金文],从生,从丹。金文或作[金文],可借为"静",如墙盘:"青(静)幽高且(祖),才(在)散(微)靁(靈)处。"②战国包山楚简或作[楚简]、[楚简],郭店楚简作[楚简]。《说文》说"东方色",因东方属木,木色青,故云。在五行学说中,木生火,火色赤,所以"青"字的结构从生从丹会意,丹代表火色。太炎先生《小学答问》:"丹为巴越之赤石,从丹,生声。宜本赤色之名,故綪从青声,而训赤缯,青与綪犹朱与絑矣。"③这里是就提炼丹砂而言。丹青之信,是说其颜色不易泯灭,故云"言必然"。黄德宽云:"青,为草青色之意。青色寓人以静谧之感觉,故从青派生之静、靖、清、瀞、彭、清等均由此派生。"④

青部只有一个属字"静",云:"审也。从青,争声。"段玉裁注:"采色详审得其宜谓之静,《考工记》言画缋之事是也。"

## 177. 井(jǐng)

"井,八家一井,象构韩形,·,甕之象也。古者伯益初作井。凡

①马如森《殷墟甲骨文实用字典》,上海大学出版社,2008年,第124页。
②陈初生《金文常用字典》,陕西人民出版社,1987年,第552页。
③章炳麟《小学答问》,第26页,清宣统元年刻本。转引自徐复、宋文民《说文五百四十部首正解》,江苏古籍出版社,2003年,第140页。
④黄德宽《古文字谱系疏证》(三),商务印书馆,2007年,第2201页。

井之属皆从井。”（子郢切）

徐锴《系传》：“韩，井垣也。《周礼》谓之井树。古者以瓶甕汲。故《易》曰：‘繘井羸其瓶。’《庄子》：‘汉阴丈人抱甕而出。’《淮南子》曰：‘益作井而龙登天。言知凿之不已也。’”

甲骨文作井，金文作井，均象井栏二直木二横木相交之形。甲骨文中用作方国名、人名、地名等。金文或作井，为《说文》小篆所本。金文中或借作“邢”，是诸侯国名。或借为“刑”，表示处罚、效法等义。段玉裁注：“孟子曰：方里而井，井九百亩，其中为公田。此古井田之制，因象井韩而命之也。……韩，井上木阑也。其形四角或八角，又谓之银床。”《说文》：“韩，井垣也。”所谓“构韩”，就是井口筑一圈矮墙，防止人与物等落入。甕，汲水瓶。许慎这里讲了“井”的两个义项。前面“八家一井”说的是殷周时代的井田制度。田亩中有阡陌，形状似井，所以叫“井田”。后面则说水井之本义。世人居住的地方，就要有井有屋，所以古籍中的“井屋”一词，就泛指人家。如韦应物《园林晏起寄昭应韩明府卢主簿》：“田家已耕作，井屋起晨烟。”

井部只有四个属字。如：“刑，罚辠也。从井，从刀。《易》曰：‘井，法也。’井亦声。”说“刑”由“井田制度”义派生。杨树达《释刑》认为“刑”实非从井，云：“考甲文死字作[古文字]，象人卧棺中之形。刑字左旁盖本作井，以形似遂误作井字，实非井字也。刑罚字无可象，故以棺形表死刑，从刀则示刀锯之刑。《书·吕刑》所谓劓、刵、椓、黥之属也。”①大概由于所属字太少，所以《康熙字典》、《辞源》、《辞海》等常用汉语工具书均不立“井”部。

## 178. 皀（bī）

“皀，谷之馨香也。象嘉谷在裹中之形；匕，所以扱之。或说：皀，一粒也。凡皀之属皆从皀。又读若香。”（皮及切）

①杨树达《积微居小学述林全编》（上），上海古籍出版社，2007年，第133页。

徐锴《系传》:“扱,载也。白象谷。颜之推《家训》云:‘有蜀竖调豆,粒为豆皀。’则此也,食、鵖亦从此。”

甲骨文作[illegible]、[illegible]、[illegible],金文作[illegible]。甲骨文和金文形体(包括卽、既两字中的“皀”)皆象食器形。但许慎说皀义为豆粒。段玉裁注:“《颜氏家训》曰:吾在益州,与数人同坐。初晴,见地下小光,问左右是何物?一蜀竖就视云,是‘豆逼’耳。皆不知所谓。取来,乃小豆也。蜀土呼豆为逼,时莫之解。吾云:《三苍》、《说文》,皆有皀字,训粒,《通俗文》音方力反,众皆欢悟。”张舜徽云:“‘又读若香’之上,当有‘读若苾’三字,即《颜氏家训·勉学篇》所引《通俗文》音方立反之旧读也。谷之馨香谓之皀,犹艸之馨香谓之苾矣。本书《食部》:‘飶,食之香也。’即皀之后起字。金文、甲文中,凡卽、既诸字偏旁之皀,皆作[illegible],作[illegible],象器盛食形,下不从匕。小篆从匕,乃笔势之变。”①

皀部有三个属字。如“卽”字下云:“卽食也。从皀,卩声。”“既”下云:“小食也。”

## 179. 鬯(chàng)

“[illegible],以秬酿鬱艸,芬芳攸服,以降神也。从凵,凵,器也;中象米;匕所以扱之。《易》曰:不丧匕鬯。凡鬯之属皆从鬯。”(丑谅切)

甲骨文有[illegible]、[illegible]、[illegible],金文作[illegible]、[illegible]、[illegible],均象盛酒容器之形。上象器身,下象器足,中间的点表示酿酒的米粒。卜辞中的用例指祭祀所用的香酒,如“……卜,何,……鬯祖辛”(《甲》2766)。② 金文中也用于指黑黍酿成的鬯酒,如盂鼎:“易(赐)女(汝)鬯一卣。”③许慎释为用黑黍和郁金香酿成的酒。《周易·震》:“震惊百里,不丧匕鬯。”王弼注:“匕,所以载鼎实;鬯,香酒。奉宗庙之盛也。”不丧匕鬯,意思是不丢失勺子里的酒。“鬯”可以假借为“韔”(弓囊)。

①张舜徽《说文解字约注》(第二册),华中师范大学出版社,2009年,第1243页。

②马如森《殷墟甲骨文实用字典》,上海大学出版社,2008年,第126页。

③李学勤《字源》(上),天津古籍出版社,2012年,第452页。

《诗·郑风·大叔于田》:“抑释掤忌,抑鬯弓忌。”“鬯”还通“畅”。如《汉书·郊祀志上》:“夏得木德,青龙止于郊,草木鬯茂。”

鬯部有四个属字。如“爵”下云:“[篆文],礼器也。象爵之形,中有鬯酒,又持之也。所以饮。器象爵者,取其鸣节节足足也。[古文],古文爵,象形。”甲骨文或作[甲骨文],金文或作[金文]、[金文],均为象形字。

## 180. 食(shí)

“[篆文],一米也。从皀,亼声。或说:亼皀也。凡食之属皆从食。”(乘力切)

甲骨文作[甲骨文]、[甲骨文]、[甲骨文],象簋上有盖之形,应为日常使用的飯器,用来盛放食物,中间的点表示米粒。也有人说,甲骨文“食”字上所从的亼或写作“[倒口形]”(《合》20134、20961),为倒口形,如果后一种说法正确,那么字形表示“吃”。《合》28000 说:“戍兴伐,𨛜(比)方食☒○于方既食戍迺(乃)伐,𢦔(捷)?”这里“比方食”与“于方既食”对贞,大意说,究竟到敌人吃飯的时候发起进攻好,还是等到敌人吃完飯再发起进攻好。① 卜辞中“食”还通用表示日、月之蚀,如:“癸酉卜,日月有食,隹若。”(《佚》374)②还可表示时间,“大食”是上午9时许,“小食”是下午四时许,即吃早飯和吃晚飯的时段。

许慎说“一米”,有人解释“一”通“壹”,意思是聚集。段玉裁改“一米”为“亼米”,云:“亼,集也,集众米而成食也。引申之,人用供口腹亦谓之食。……皀者,谷之馨香也。其字从亼皀,故其义曰‘亼米’,此于形得义之例。”

食部有六十一个属字,十八个重文。汉字中从“食”的字大都与食物、粮食或吃有关,如“飯”、“餉”、“飽”、“飧”等。

## 181. 亼(jí)

“[篆文],三合也。从入、一。象三合之形。凡亼之属皆从亼。读若

---

①黄天树《黄天树古文字论集》,学苑出版社,2006 年,第 336 页。

②马如森《殷墟甲骨文实用字典》,上海大学出版社,2008 年,第 126 页。

集。臣铉等曰：此疑只象形，非从入一也。”（秦入切）

亼，古“集”字。集字甲骨文作[illegible]，从鸟在树上。亼从三画训为三合，举三乃喻其多。后来因其音读，被释为“集”的本字。太炎先生云：“凡集合之集，皆当用亼字。”①不过，典籍及所见出土文献中均无单字“亼”的用例。

亼部有四个属字。如“合”字下云：“合口也。从亼，从口。”“僉”字下云：“皆也。从亼，从吅，从从。《虞书》曰：‘僉曰伯夷。’”又“侖”字下云：“思也。从亼，从册。”“侖”，古“論”字。

## 182. 會（huì）

“[illegible]，合也。从亼，从曾省。曾，益也。凡會之属皆从會。[illegible]，古文會如此。”（黄外切）

甲骨文有[illegible]之形，赵诚云：“亼象盖，口象盛物之器，[illegible]象所盛之物，表示盛了物品盖上盖。所以引申有會合之义。甲骨文作为动词即用此义，如‘来會于……’（《甲》3630）。”②金文有[illegible]、[illegible]、[illegible]，上部是盖子的形状，下部是个底儿，中间似装着一些东西。金文中有會合、聚合义。战国文字字形中间部分有变化。《说文》训其义为合。传世文献中，其义用为器物盖子。如《仪礼·士虞礼》：“祝洗酌奠，奠于铏南，遂命佐食启會。”郑玄注：“會，合也，谓敦盖也。”

1956年《汉字简化方案》采用草书楷化方式，把“會”简化为“会”。

會部有两个属字。如“朇”字下云：“益也。从會，卑声。”今作“裨”。后世字典、词典一般不立“會”部。

## 183. 倉（cāng）

“[illegible]，谷藏也。倉黄取而藏之，故谓之倉。从食省，口象倉形。

①王宁主持整理《章太炎说文解字授课笔记·部首》（缩印本），中华书局，2010年，第3页。

②赵诚《甲骨文简明词典——卜辞分类读本》，中华书局，1988年，第349页。

凡倉之属皆从倉。仺,奇字倉。”(七冈切)

徐锴曰:“谷熟,色倉黄也。”

甲骨文作[古文字],中间象粮倉的通气孔,上为粮倉的顶,下为基石。卜辞中用为“倉廪”之“倉”。金文或作[古文字]、[古文字],战国包山楚简作[古文字],郭店楚简作[古文字]、[古文字]。《说文》字形已变,中间不是声符,也不是从食省。古文奇字的写法应为简体。倉是储藏粮食的地方。

太炎先生云:“案今之搶字,字书所无,正当作倉。盖古者谓藏倉黄劫取之物之处曰倉,适与今‘搶’字之谊合。”①张舜徽云:“田家收谷,宜趁黄熟时急为之,俗称搶收。引申之,则强夺财物亦曰搶,搶当以倉为本字,即蒼黄取之之义也。”②

1956年《汉字简化方案》把“倉”简化为“仓”。这与《说文》奇字及清代刊行《目连记弹词》等书中“仓”的写法相近。

倉部只有一个属字“牄”,云:“鸟兽来食声也。从倉,爿声。《虞书》曰:‘鸟兽牄牄。’”今《尚书·益稷》作“蹌蹌”。后来的字典、词典一般不立“倉”部。

## 184. 入(rù)

“入,内也。象从上俱下也。凡入之属皆从入。”(人汁切)

徐锴《系传》:“从上俱下,入而散也。阴阳气入地则流散。”

《说文》“内”、“入”互训。甲骨文内字作[古文字],从冂,从入,表示人进入穴居。甲骨文的入字作[古文字]、[古文字],用“内”字的省形为之。卜辞或用其“进入”义,如:“甲戌卜,𣪊,贞:今六月王入于商。”(《前》2·1·1)③金文作[古文字]、[古文字]、[古文字]。金文中“入”字有两种用法。一种表示“进入”,与“出”相对,如元年师兑簋:“同仲右师兑入门。”另一义为

①王宁主持整理《章太炎说文解字授课笔记·部首》(缩印本),中华书局,2010年,第3页。

②张舜徽《说文解字约注》(第二册),华中师范大学出版社,2009年,第1281页。

③马如森《殷墟甲骨文实用字典》,上海大学出版社,2008年,第129页。

交纳，如颂鼎："颂拜䭬首，受令（命）册佩以出，反（返）入（纳）堇（瑾）章（璋）。"①

入部有五个属字。如"内"字下云："入也。从口，自外而入也。"

## 185. 缶(fǒu)

"，瓦器，所以盛酒浆，秦人鼓之以节歌。象形。凡缶之属皆从缶。"（方九切）

徐锴《系传》："《史记》渑池之会，蔺相如进盆缶曰：窃闻秦人善击缶。"

甲骨文作，上部是器皿的盖子，下部是器皿之形。金文作、，形体略有变化。其中有加"金"字旁的，如。战国包山楚简作、、，信阳楚简作。缶的构意是陶瓦器，可以盛水、盛酒等。古代缶可以作为乐器敲击。李斯《谏逐客书》："夫击瓮叩缶，弹筝搏髀，而歌呼呜呜快耳者，真秦之声也。"张舜徽云："寶字本从缶声。缶字今读方九切，古无轻唇音，故读与寶同。湖湘间音转为博，俗作缽。"②

缶部下有二十个属字。如"缺"字下云："器破也。从缶，决省声。"

## 186. 矢(shǐ)

"，弓弩矢也。从入，象镝栝羽之形。古者夷牟初作矢。凡矢之属皆从矢。"（式视切）

徐锴《系传》："按《吕氏春秋》'夷羿作弓'，弓矢当同时。"

甲骨文作，象一支箭。卜辞或用其本义，如："□小臣牆比伐，擒……，车二两，橹百八十三，函五十，矢……。"（《合》36481）这是一篇记载商王战功的记事刻辞。小臣牆，人名，他随从商王出征，获得

①陈初生《金文常用字典》，陕西人民出版社，1987年，第578页。

②张舜徽《说文解字约注》（第二册），华中师范大学出版社，2009年，第1284页。

各种战利品。① 甲骨文或用其陈列义，如“我以方矢于宗”（《屯》313）。② 金文或作[古文字]、[古文字]等。金文中主要用于箭义，如同卣：“矢王易（赐）同金车弓矢。”③

许慎根据小篆所说的形体把矢解释为合体象形。《说文》说的“鏑”是箭头，“栝”是箭干，“羽”是箭尾所结的雕翎。古代文献中，“矢”的假借字有“誓”、“屎”、“施”。《诗·鄘风·柏舟》：“之死矢靡它。”通“誓”。《史记·廉颇蔺相如列传》：“廉将军虽老，尚善饭，然与臣坐，顷之三遗矢矣。”通“屎”。《诗·大雅·大明》：“矢于牧野，维予侯兴。”通“施”。

矢部有属字九个。如“短”字下云：“有所长短，以矢为正。从矢，豆声。”“知”字下云：“词也。从口，从矢。”

## 187. 高（gāo）

“[小篆]，崇也。象台观高之形。从冂，口与仓、舍同意。凡高之属皆从高。”（古牢切）

徐锴《系传》：“按《易》曰：‘崇效天，卑法地。’崇，高。口音韦，与仓舍同意，谓皆室屋垣墙周帀之意。”

“高”是个象形字，甲骨文[古文字]，金文[古文字]，皆象台观高大之形。甲骨文中多用为远义，如“高且（祖）”即远祖。战国包山楚简作[古文字]。战国文字“高”可用为高低之高，如秦青川木牍：“道广三步，封高四尺，大称其高。”④许慎以“崇”释“高”，是同义互训。说“口与仓、舍同意”意思是粮仓和屋舍都有窗。

高部有三个属字。如“亭”字，云：“民所安定也。亭有楼。从高省，丁声。”“亳”下云：“京兆杜陵亭也。从高省，乇声。”后来的辞书中，《康熙字典》、《辞海》、《辞源》中都立“高”部。“高”可以作声符，

①黄天树《黄天树古文字论集》，学苑出版社，2006年，第336页。

②黄德宽《古文字谱系疏证》（三），商务印书馆，2007年，第3012页。

③陈初生《金文常用字典》，陕西人民出版社，1987年，第582页。

④李学勤《字源》（中），天津古籍出版社，2012年，第474页。

如“稿”、“篙”、“槁”、“缟”等。

## 188. 冂(jiōng)

“冂,邑外谓之郊,郊外谓之野,野外谓之林,林外谓之冂。象远界也。凡冂之属皆从冂。冋,古文冂从口,象国邑。坰,冋或从土。”(古荧切)

金文作冂、冋,口代表城邑,冂表示城邑的郊野。段玉裁注:“(邑外谓之郊……)与《鲁颂》毛传同。邑,国也;岠国百里曰郊;野,郊外也;平土有丛木曰林。皆许说也。”邑外谓之郊四句,也见于《尔雅·释地》。张舜徽云:“自国邑以外有郊、野、林、冂诸名,此特析言之耳。本无定制,传闻异辞,名数多少,不足诘也。若统言之,则皆远野之通名耳。”①

对于冂的造字意图,杨树达《释冂》提出不同看法。他说:“寻《十二篇上·户部》云:‘扃,外闭之关也,从户,冋声。’愚谓冂乃扃之初文也。……盖冂为象形字,扃则形声字也。冋从冂声,扃复从冋声,冂孳乳为扃,与臾孳乳为蒉,凵孳乳为莶同例。”②

冂部有四个属字。如“市”字下云:“买卖所之也。市有垣,从冂;从乀,乀,古文及,象物相及也;之省声。”“央”字下云:“中央也。从大在冂之内。大,人也。央、旁同意。一曰:久也。”段玉裁注:“人在冂内,正居其中。”“隺”字下云:“高至也。从隹上欲出冂。《易》曰:‘夫乾隺然。’”今《周易·系辞下》作“確”,王弼注:“確,刚貌也。”

## 189. 𩫏(guō)

“𩫏,度也,民所度居也。从回,象城郭之重,两亭相对也。或但从口音韦。凡𩫏之属皆从𩫏。”(古博切)

---

①张舜徽《说文解字约注》(第二册),华中师范大学出版社,2009年,第1300页。

②杨树达《积微居小学述林全编》(上),上海古籍出版社,2007年,第76—77页。

太炎先生云:“按度为宅字之借。度居者,宅居也。今文《尚书·尧典》‘宅南交’、‘宅西’诸宅字,皆作度。是二字通用之证。○《汉书》往往借度为宅。”①

甲骨文作、,繁体字形象四合式的城墙上面建有用来瞭望的门楼,即“城郭”的象形字。卜辞中或用其本义,如:“己丑,子卜,贞:余又乎出。”(《人》三二四一)②金文或作、、。战国天星观1号墓遣册简作。《说文》其中的解释“度也,民所度居也”是声训,旨在推源。度也有居住义,度、居为同义连用。小篆𩫏是城郭字。古代国都所在地皆两重,内曰城,外曰郭。城门之上,又各有一亭。《释名·释宫室》:“郭,廓也。廓落在城外也。”古代城郭皆用土修筑,故从郭的字可改从土。《说文》土部中垣、堵、城等籀文皆从𩫏,可见西周从𩫏之字因袭不变,小篆都改为从土。

“上古时期,𩫏既是郭字,有时亦用作城墉的墉字。《说文·土部》:‘墉,城垣也。从土,庸声。𩫏,古文墉。’故知𩫏为郭、墉二字所自出。……战国文字𩫏演变为享,仍读郭,如上博简《曹沫之陈》:‘城𩫏(郭)必攸(修)。’字仍通槨,如睡虎地秦简《秦律十八种·田律》:‘唯不幸死而伐绾𩫏者。’‘绾𩫏’即‘棺槨’。”③

𩫏部只有一个属字。

## 190. 京(jīng)

“,人所为绝高丘也。从高省,丨象高形。凡京之属皆从京。”(举卿切)

徐锴《系传》:“按《尔雅》:‘绝高为京丘。’《诗》曰:‘如坻如京。’”

甲骨文“京”作、、,象建在人造高丘上的建筑物。姚孝遂

①王宁主持整理《章太炎说文解字授课笔记·部首》(缩印本),中华书局,2010年,第3页。

②徐中舒《甲骨文字典》,四川辞书出版社,1989年,第597页。

③李学勤《字源》(中),天津古籍出版社,2012年,第476页。

云："卜辞京为地名，亦或称'𣪊京'、'殸京'、'阭京'等，京当为高丘之通名。京与高有时形体相混，当属同源。"①金文作[古文字]、[古文字]。可指国都，如静卣："王才（在）莽京。"②京与丘的区别在于人为和自然。析言有别，浑言则同。

京部只有一个属字"就"，云："就高也。从京，从尤。尤，异于凡也。[古文字]，籀文就。"汉字中，从京或京字头的字多与高或亭有关，如就、高、亭等。京也作声旁，如惊、鲸、凉、琼等。后来的字典、词典一般不立"京"部。

## 191. 亯（xiǎng）

"[古文字]，献也。从高省，曰象进孰物形。《孝经》曰：祭则鬼亯之。凡亯之属皆从亯。[古文字]，篆文亯。"（许两切，又普庚切，又许庚切）

太炎先生云："今俗书之享、亨、烹三字，皆《说文》所无，其正字皆当作亯。"③杨树达云："按亯字隶变作享，又作亨，亨又有许庚切、普庚切两音。《诗·小雅·瓠叶》云：'幡幡瓠叶，采之亨之。'笺云：'亨，孰也。'《楚茨》云：'或剥或亨。'毛传云：'亨，饪之也。'《周礼·天官·内饔》云：'掌王及后世子膳羞之割亨煎和之事。'注云：'亨，煮也。'此三经《释文》并云：'亨，普庚反。'字又作烹。……故小篆亯之一字，今实分为享、亨、烹三文，亦兼三字之义。"④

甲骨文作[古文字]，象建在台基上的宗庙之形，是鬼神享受之地。金文或作[古文字]、[古文字]、[古文字]，战国包山楚简作[古文字]，睡虎地秦简作[古文字]。卜辞中借用为地名。"亯字上古多用为享献、享祭义，如克罍、克盉：'唯乃明乃心（一说是"鬯"），亯于乃辟。'或为享用义，如《说文》引《孝经·

①于省吾《甲骨文字诂林》（第三册），中华书局，1996年，第1953页。

②陈初生《金文常用字典》，陕西人民出版社，1987年，第592页。

③王宁主持整理《章太炎说文解字授课笔记·部首》（缩印本），中华书局，2010年，第3页。

④杨树达《积微居小学述林全编》（上），上海古籍出版社，2007年，第114—115页。

孝治》‘祭则鬼亯之’，今作享，即此义。……战国文字《包山楚简》237有‘亯祭’一词。”①

亯部有三个属字。如“䈞”字下云：“厚也。从亯，竹声。读若笃。”今用“笃”为笃厚字。

## 192. 㫗(hòu)

“㫗，厚也。从反亯。凡㫗之属皆从㫗。”（胡口切）

徐锴《系传》：“亯者，进上也，以进上之具反之于下则厚也。”徐灏《注笺》：“㫗、厚，古今字。以厚释㫗者，以常言易晓之字释所难知，亦同字相训例也。依许义，凡笃厚、敦厚本作㫗，物之厚薄则作厚，今通用厚矣。”㫗、厚同字。

甲骨文作 ，商代金文作 、 。或说象盛物之坛形。“㫗疑为瓨之象形初文。瓨似罂大口长颈，罂为缶器之大者，故引申出深厚之义。厚，从厂，《说文》谓‘山陵之厚’，盖因引申之义而造孳乳派生字。”②

㫗部有属字“厚”，云：“山陵之厚也。从㫗，从厂。垕，古文厚，从后、土。”甲骨文“厚”作 ，徐复说其构意是山陵之居，筑封土亦取其意，故帝王之墓称“陵”，厚字古文从后、土。其引申义为“厚薄”之“厚”。③ 还有“覃”字，云：“长味也。从㫗，鹹省声。《诗》曰：‘实覃实吁。’”

## 193. 畐(fú)

“畐，满也。从高省，象高厚之形。凡畐之属皆从畐。读若伏。”（芳逼切）

徐锴《系传》：“福、富从此。”段玉裁注：“畐、偪，正俗字也。《释言》曰：‘逼，迫也。’本又作偪，二皆畐之俗字。”

---

①李学勤《字源》（中），天津古籍出版社，2012年，第477页。

②黄德宽《古文字谱系疏证》（一），商务印书馆，2007年，第930页。

③徐复、宋文民《说文五百四十部首正解》，江苏古籍出版社，2003年，第154页。

甲骨文中畐，金文作畐、畐，象鼎腹充满之形。张舜徽引戴侗《六书故》的说法，以为“畐”即“鍑”之初文。《说文·金部》：“鍑，如釜而大口者。从金，复声。”而复在夊部，从畐省声。畐为烹物之器，腹大能容，故以满为训。① 西周金文用为福，如士父钟：“降余鲁多畐（福）无彊（疆）。”②古称富贵寿考为福。《尚书·洪范》提到的“五福”就有“寿”和“富”。战国文字或读为“富”，如睡虎地秦简《日书乙》195：“赐某大畐。”“畐”通“富”。

畐部只有一个属字“良”，云：“善也。从畐省，亡声。徐锴曰：良，甚也。故从畐。”

## 194. 㐭（lǐn）

“㐭，谷所振入，宗庙粢盛，仓黄㐭而取之，故谓之㐭。从入、回，象屋形，中有户牖。凡㐭之属皆从㐭。廩，㐭或从广，从禾。”（力甚切）

徐锴《系传》：“振，举也。仓廪有户牖以防蒸热也。”

甲骨文作㐭、㐭、㐭，皆象粮仓之形。字形上象粮仓的顶盖，下象墙垣窗牖。卜辞或用其本义，如“令𠂤省在南㐭（廪）”（《合》9638），即“命令𠂤巡视南面的仓廪”。③ 金文或作㐭、𥻆、稟、𣪁，或加米，或加禾，或加米又加攴。金文用㐭为禀，义为“受”，如大盂鼎：“今我隹（唯）即井（刑）㐭于文王正德。”战国文字多用其本义，如《陶汇》6.107：“荥阳㐭”，即“荥阳廪”，义为荥阳的仓廪。④ 许慎根据小篆形体，说㐭的构意是收藏谷物的地方，“粢盛”义为祭祀时放在祭器中的谷物，“仓黄”是匆忙义。黄德宽云：“㐭，象仓廪之形。㐭、禀、廪一字分化。上古先民多以为谷物等粮食为上天之恩赐，从仓廪中发放粮食赈济平民与上天之赐意同，故廪又引申有廪受、禀

①张舜徽《说文解字约注》（第二册），华中师范大学出版社，2009年，第1308—1309页。

②陈初生《金文常用字典》，陕西人民出版社，1987年，第599页。

③黄天树《黄天树古文字论集》，学苑出版社，2006年，第337页。

④李学勤《字源》（中），天津古籍出版社，2012年，第480页。

承之义。禀字属此派生系列。”①

亩部有三个属字。如“亶”字下云：“多谷也。从亩，旦声。”引申有厚意。又如“稟”字下云：“赐谷也。从亩，从禾。”段玉裁注：“凡赐谷曰稟，受赐亦曰稟。引申之，凡上所赋、下所受皆曰稟。”

## 195. 嗇(sè)

“，爱濇也。从來，从亩。來者，亩而藏之。故田夫谓之嗇夫。凡嗇之属皆从嗇。，古文嗇，从田。”（所力切）

徐锴《系传》：“《汉·百官表》：乡有秋嗇夫职，听讼收赋税也。”

甲骨文有、、，均象把禾麦藏到亩下之形，或从二禾从亩会意。从甲骨卜辞看，嗇、穡本为一字，“嗇”为“穡”之初文。金文或作、、，战国郭店楚简作，睡虎地秦简作。“嗇”即“穡”之古文，如《汉书·成帝纪》：“书不云乎？‘服田力嗇，乃亦有秋。’其勖之哉！”小篆的字形沿袭了卜辞中“从来从亩”的写法。许慎的解释“爱濇”，意思是爱惜，省嗇，这是从本义“敛谷收藏”引申而来。构件“来”、“亩”分别表示禾麦和粮仓。战国及秦汉均有“嗇夫”的官名，“嗇夫”之名中“嗇”只有“收藏谷物”的意思。

嗇部只有一个属字“牆”，云：“垣蔽也。从嗇，爿声。”后来的辞书中一般都不再立“嗇”为部首。

## 196. 來(lái)

“，周所受瑞麥來麰。一來二缝，象芒束之形。天所來也，故为行來之來。《诗》曰：‘诒我來麰。’凡來之属皆从來。”（洛哀切）

徐锴《系传》：“今小麦也。”许慎所说“周所受瑞麥來麰”指下面所引《诗·周颂》所说的事。段玉裁注：“《周颂》：‘诒我來麰。’笺云：‘武王渡孟津，白鱼跃入王舟，出涘以燎。后五日，火流为乌。五至，以谷俱来，此谓遗我來牟。’”

①黄德宽《古文字谱系疏证》（四），商务印书馆，2007年，第3951页。

甲骨文作[ancient glyph]、[ancient glyph]、[ancient glyph]，象小麥之形，上部是穗，中间两侧是叶，下部是根。卜辞或用其本义。如："辛亥卜，贞：或刈來。"（《合》9565）或，大概是产量的地区名，也可能是商王准备派往某地去刈麥的人。刈來就是刈麥。① 卜辞中的"來"多假借为往來之"來"。金文作[ancient glyph]、[ancient glyph]，与甲骨文相似。战国天星观1号墓卜筮简作[ancient glyph]，包山楚简作[ancient glyph]，江陵九店56号墓简作[ancient glyph]。

太炎先生云："案《说文》之解來字，说甚支离难通。其实，'來'宜训'麥'，'麥'则训'行來'之'來'字。从夊，与行动义合。此二字自古互讹，故二部所从之字亦因之而互误。"②张舜徽云："'一來二缝'宜据《周颂·思文》篇《正义》所引作：'一麥二夆。'夆之言锋，谓一麥二穗，乃麥之嘉种，故许云瑞麥也。古者祭祀皆用黍稷，知黍稷乃上世常食之谷。麥则至周之后稷，始教民种之。……而《诗》篇中言及黍者凡二十余见，大氐皆周《诗》。可知西土民食，以黍为主。而來与麥又屡见于殷墟卜辞，则中原之地，原自有麥。周之祖先，盖始得麥种于此，教民播殖。"③

文献中，多数的"來"被假借为"來去"的"來"。中古的时候"來"还可以作句末语气词，相当于现代汉语的"咧"。如陶渊明《归去来兮辞》："归去來兮，田园将芜胡不归？"还可以表示约数，如杜牧《书情》："谁家洛浦神，十四五來人。"

來部只有一个属字。后来一般字典、词典都不立"來"部。

## 197. 麥（mài）

"[ancient glyph]，芒谷。秋种厚薶，故谓之麥。麥，金也。金王而生，火王而死。从來，有穗者；从夊。凡麥之属皆从麥。"（莫獲切）

①黄天树《黄天树古文字论集》，学苑出版社，2006年，第337页。

②王宁主持整理《章太炎说文解字授课笔记·部首》（缩印本），中华书局，2010年，第3页。

③张舜徽《说文解字约注》（第二册），华中师范大学出版社，2009年，第1314—1315页。

甲骨文作、、，上部象麥子之形，下部之形有不同说法。金文或作、，与甲骨文相似。或说是一只脚趾朝下的脚，徐铉等曰："夊，足也，周受瑞麥來麰如行來，故从夊。"段玉裁注："从夊者，象其行來之状。"或说夊为麥根。李孝定《甲骨文字集释》说來、麥本为一字，夊象麥根，因为來被假借表示行來之义，就另造"麥"作为"麰"的本字。卜辞或用其本义。如《合》24440为一块非卜用骨版，上面刻有两个月的干支，开头一句是："月一正，曰食麥。"郭沫若引《月令》"孟春之月食麥与羊"为证，说明殷王室正月食麥。① 卜辞中麥多数用作地名，是商的狩猎区，在今太行山南侧，如"壬午，王田于麥麓……"(《佚》518)。

许慎所说"芒谷"为带刺的谷物。"秋种厚薶，故谓之麥"为探源之说。种小麥多在秋季霜降之际，且先挖深沟，然后撒麥种，盖土深埋。"麥，金也"说麥子成熟的时候是金黄色，以此來说小麥在五行上为金。"金王而生，火王而死"，"王"为"旺"的借字。五行中金旺在秋季，麥子在秋天种下去开始生长；火旺在夏季，小麥在第二年的夏季收割，故如此而言。

麥部有十二个属字。如"麧"字下云："坚麥也。从麥，气声。"字通作"覈"，指麦中的粗屑。"麪"字下云："麥末也。从麥，丏声。"就是面粉。

## 198. 夊(suī)

"，行迟曳夊夊。象人两胫有所躧也。凡夊之属皆从夊。"(楚危切)

甲骨文作、，象脚趾朝下，与止同意，表示行动。胡小石《说文部首》："若质之卜辞、金文，即可知夊乃象人足形。"②"夏"篆下说解犹云"夊，两足也"。许慎说的"行迟曳夊夊"就是缓步而行的意

①黄天树《黄天树古文字论集》，学苑出版社，2006年，第337页。

②徐复、宋文民《说文解字五百四十部正解》，江苏古籍出版社，2003年，第159页。

思。夊夊，《诗经》假借为“绥绥”；“象人两胫有所躧也”，也是说走路迟缓，躧音洗，意思是曳履而行。太炎先生云：“今谓胫为骽，亦作腿。二字皆《说文》所无，正当作夊。”①《玉篇》：“骽，股也。”《集韵》：“骽，或作腿。”

夊部有十四个属字，其中有几个常用字。如“致”字下云：“送诣也。从夊，从至。”会意字。今字“致”从“攵”为俗字写法。“爱”字下云：“行皃。从夊，㤅声。”“夏”字下云：“中国之人也。从夊，从頁，从臼；臼，两手；夊，两足也。”“复”字下云：“行故道也。从夊，畐省声。”而彳部下有“復”，义同。

《说文》、《康熙字典》、《辞源》都设立“夊”部，但《辞海》、《新华字典》则将“夊”归入到“攵”部。

## 199. 舛(chuǎn)

“舛，对卧也。从夊㐄相背。凡舛之属皆从舛。踳，杨雄说，舛从足、春。”(昌兖切)

从小篆形体看，舛象两只脚各朝相反的方向，表示相背。从文献看，舛并无对卧之义。正如饶炯《部首订》所云：“盖从两夊相背以见义。按夊字从人指事。夫人本两足，兹从二夊相背，即象二人对卧也。是对卧者乃解舛之字形，非解舛之字义，说解当训‘违也’。”②《说文》中提到的舛的重文“踳”在贾谊《新书》中多用，《淮南子》也有“趋行踳驰”的说法。

舛部有两个属字。如：“舞，乐也。用足相背。从舛，無声。𦏶，古文舞从羽、亡。”卜辞中或用其本义，如：“乙未卜，今月奏舞，有从雨。”(《前》3·20·4)③

①王宁主持整理《章太炎说文解字授课笔记·部首》(缩印本)，中华书局，2010年，第3页。

②丁福保《说文解字诂林》(二)，云南人民出版社，2006年，第1409页。

③马如森《殷墟甲骨文实用字典》，上海大学出版社，2008年，第136页。

## 200. 舜(shùn)

“𦮙,艸也。楚谓之葍,秦谓之藑。蔓地连华。象形。从舛,舛亦声。凡舜之属皆从舜。今隶变作舜。𩇨,古文舜。”(舒闰切)

徐锴《系传》:“藑,茅也。《诗》曰:‘颜如蕣华。’”

《说文·艸部》:“藑,茅葍也。一名舜。”盖舜、藑、葍是一物之三名。“蔓地连华”谓此草在地上蔓延,花也连成一片。太炎先生云:“舜即今之旋复花。”①徐复说,似是牵牛花。②

甲骨文、金文未见“舜”字。战国郭店楚简“舜”成为高频字,或作[古文字形]、[古文字形]、[古文字形]、[古文字形]、[古文字形]、[古文字形]。刘桓说:“‘舜’是‘夋’的同音字,秦汉文字可能与‘夋’的讹变形有关。[古文字形]在战国文字中大都指帝舜,如郭店楚简《唐虞之道》:‘古者尧之与[古文字形]也。’……由于舜、夋古音相同,故‘舜’在古书上通‘俊’。《山海经·大荒东经》:‘帝俊生中容’,郭璞注:‘俊亦舜字,假借字也。’这里的帝俊就是帝舜。”③

舜部只有一个属字。后来的字典、词典一般都不立舜部。

## 201. 韋(wéi)

“韋,相背也。从舛,囗声。兽皮之韦,可以束枉戾相韦背,故借以为皮韦。凡韦之属皆从韦。[古文字形],古文韦。”(宇非切)

徐锴《系传》:“皮柔孰为韦。囗音韦。”

甲骨文作[甲骨文字形]、[甲骨文字形]、[甲骨文字形],囗为城邑,止表足迹,会巡逻护衛在城邑之意。商代金文或作[金文字形]、[金文字形]。“韦”实为“衛”之初文,本义是保衛、护衛。卜辞中,“韦”字多借用为人名和地名。“韦”后来被假借为煮熟

①王宁主持整理《章太炎说文解字授课笔记·部首》(缩印本),中华书局,2010年,第3页。

②徐复、宋文民《说文解字五百四十部正解》,江苏古籍出版社,2003年,第161页。

③李学勤《字源》(中),天津古籍出版社,2012年,第486页。

的兽皮或熟牛皮条，成为常用义，如《包山楚简》259：“二紫韦之䪏。”①字形作、，曾侯乙墓竹简作。

韦部有十五个属字。如“韤”下云：“足衣也。从韦，蔑声。”俗写为“韈、襪”，简体为“袜”。又“韜”下云：“剑衣也。从韦，舀声。”引申有收藏、收敛等义。又“韓”下云：“井垣也。从韦，取其帀也。倝声。”

## 202. 弟(dì)

“，韦束之次弟也。从古字之象。凡弟之属皆从弟。，古文弟，从古文韦省，丿声。”（特计切）

徐锴《系传》：“积之而顺不相戾者，莫近于韦，故取名于韦束之次弟。”

甲骨文作、、，金文作、，象缯缴缠绕有次第之形，故引申为次第，再引申为兄弟。姚孝遂云：“卜辞用为兄弟之弟：‘壶弟曰攸……钔弟曰。’”②《侯马盟书》309 有“兄弟”一词。战国包山楚简作、、，郭店楚简作、。

弟部只有一个属字，“罤”下云：“周人谓兄曰罤。从弟，从眔。”就是昆弟本字。

## 203. 夂(zhǐ)

“，从后至也。象人两胫后有致之者。凡夂之属皆从夂。读若黹。”（陟侈切）

此字与夊部之夊在甲骨文中都作朝下的脚形。到《说文》中分化为两个部首。一个是夂部，小篆字形左上角不出头，《说文》中凡是脚形写在上面的字都归入此部，如“夆、夅”等。一个是夊部，小篆形体左上角一捺出头。《说文》中凡是脚形写在下面的字都归入此

①李学勤《字源》（中），天津古籍出版社，2012 年，第 487 页。

②于省吾《甲骨文字诂林》（第四册），中华书局，1996 年，第 3233 页。

部，如复等。

夊部有五个属字。如“夅”字下云：“服也。从夂、㐄，相承不敢并也。”今字通作“降”，义为降服。

## 204. 久(jiǔ)

“久，从后灸之，象人两胫后有距也。《周礼》曰：‘久诸墙，以观其桡。’凡久之属皆从久。”（举友切）

徐锴《系传》：“今言灸，以艾注之也。”

“久”始见于睡虎地秦简，作乆，后通作“灸”。杨树达云：“愚谓《说文》十篇上《火部》云：‘灸，灼也。从火，久声。’古人治病，燃艾灼体谓之灸，久即灸之初字也。字形从卧人，人病则卧床也。末画象以物灼体之形。……《史记·仓公传》曰：‘齐北宫司空命妇出于病，臣意诊其脉，曰：病气疝，客于膀胱，难于前后溲，而溺赤，病见寒气则遗溺，使人腹肿。臣意即灸其足厥阴之脉，左右各一所，即不遗溺而溲清，小腹痛止。齐中大夫病龋齿，臣意灸其左大阳明脉，即为苦参汤，日漱三升，出入五六日，病已。’此古人以灸治病之事也。”①古人治病常以火灸灼，灸灼所需时间较长，故引申为长久之义。

久部没有属字。

## 205. 桀(jié)

“桀，磔也。从舛在木上也。凡桀之属皆从桀。”（渠列切）

许慎以“磔”释“桀”。磔是古代刑名，指张其尸体。许慎说“桀”象人两脚分张在木上，故有此训。徐复说桀、磔为古今字。②张舜徽有不同看法。他说：“桀之言乔也，乔者，高也，此象二人高处

---

①杨树达《积微居小学述林全编》（上），上海古籍出版社，2007年，第69—70页。

②徐复、宋文民《说文解字五百四十部正解》，江苏古籍出版社，2003年，第165页。

木上之形。'磔也'之训,非其本义。太古巢居,所谓'出于幽谷,迁于乔木'是已。……桀有高义,因引申为出类拔萃之称。《诗·卫风·伯兮》:'邦之桀兮。'《毛传》云:'桀,特立也。'本书人部傑字,乃桀之后增体也。"①其说可从。"桀"之傑出义后作"傑",又见出土文献,如睡虎地秦简《日书甲》:"为邑桀(傑)。"字形作。

桀部有磔、乘两个属字。"乘"字下云:"覆也。从入、桀。桀,黠也。军法曰乘。"卜辞中乘作、,象人乘木之形。林义光《文源》根据金文说"古作、作,从大象人形,象人在木上,八其两足。"卜辞中皆用作人名。②

①张舜徽《说文解字约注》(第二册),华中师范大学出版社,2009 年,第 1343 页。

②于省吾《甲骨文字诂林》(第一册),中华书局,1996 年,第 298 页。

# 卷　六

## 206. 木(mù)

"木,冒也。冒地而生,东方之行。从屮,下象其根。凡木之属皆从木。徐锴曰:屮者,木始甲拆。万物皆始于微,故木从屮。"(莫卜切)

甲骨文作木、木,金文作木,整体象形。王筠《说文释例》:"木固全体象形字也。丨象干,上扬者枝叶,下注者根株,只统言象形可矣,分疏则谬。"如散盘:"自根木道左至于井邑封、道以东一封。"①根木或为一种树名。

"木"的构意为树木。如《庄子·山木》:"庄子行于山中,见大木枝叶盛茂。"许慎以冒释木是声训,目的在探索语源。所谓"冒地而生"就是蒙地而生。

木部有四百二十个属字。如"杲"字下云:"明也。从日在木上。""杳"字下云:"冥也。从日在木下。""休"字下云:"息止也。从人依木。"三字均为会意。

## 207. 東(dōng)

"東,动也。从木。官溥说:'从日在木中。'凡東之属皆从東。"(得红切)

段玉裁注:"木,榑木也。日在木中曰東,在木上曰杲,在木下曰杳。"

甲骨文作東、東,学者多说甲骨文形体象橐囊之形。② 金文或作

---

①陈初生《金文常用字典》,陕西人民出版社,1987年,第611页。

②于省吾《甲骨文字诂林》(第四册),中华书局,1996年,第3010—3011页。

、,战国天星观1号墓卜筮简作,包山楚简作。或说东、東为同形分化,二字古音相近。黄德宽云:“東由束派生,本象橐囊缚束两端,人负之则‘重’,故‘重’亦‘東’之派生字。由重之厚重义引申孳乳出湩、腫、諌等字,或含有多、浓、厚之义。”①许慎用“动”训“東”是声训。《汉书·律历志》、《白虎通》、《释名》等都有这种说法。许慎引用官溥的说法则是对后出字形的重新解释。甲骨文、金文中“東”已用为方位词。

東部只有一个属字,“棘”下云:“二東。曹从此。阙。”后世的字典和词典一般不立東部。

## 208. 林(lín)

“,平土有丛木曰林。从二木。凡林之属皆从林。”(力寻切)

徐锴《系传》:“丛木故从二木,平土故二木齐。”段玉裁注:“《周礼·林衡》注曰:‘竹木生平地曰林。’《小雅》:‘依彼平林。’传曰:‘平林,林木之在平地者也。’”

甲骨文作,金文作,均象两棵树并立,为同体会意字,表示树木众多。卜辞中借用为方国名和地名。金文中可作森林义,如胤嗣妤盗壶:“于彼新野,其膾如林。”②

林部有八个属字。如“楚”字下云:“丛木。一名荆也。从林,疋声。”“森”下云:“木多皃。从林,从木。”

## 209. 才(cái)

“,艸木之初也。从丨,上贯一,将生枝叶;一,地也。凡才之属皆从才。徐锴曰:上一,初生歧枝也。下一,地也。”(昨哉切)

段玉裁注:“引申为凡始之称。”

甲骨文作、、、,金文作、、、十、,象艸木初生

①黄德宽《古文字谱系疏证》(二),商务印书馆,2007年,第1003页。

②陈初生《金文常用字典》,陕西人民出版社,1987年,第628页。

从地下冒出来之形。甲骨卜辞和金文辞例中，都借“才”为“在”，表示处所。金文中还用为感叹词，文献作“哉”。战国郭店楚简作[古文字]、[古文字]、[古文字]。

才部没有属字。

## 210. 叒(ruò)

“[篆文]，日初出东方汤谷，所登榑桑，叒木也。象形。凡叒之属皆从叒。[籀文]，籀文。”(而灼切)

徐锴《系传》：“叒木即榑桑。《十洲记》说榑桑两两相扶，故从三又，象桑之婀娜也。”段玉裁注：“《离骚》：‘总余辔乎扶桑，折若木以拂日。’二语相联，盖若木即谓扶桑。扶若字，即榑叒字也。(象形)枝叶蔽翳。”汤谷是古代传说的日出之处。榑桑，一作扶桑，古人以为是太阳居住的神树。叒木，即若木。唐代李峤《日》：“旦出扶桑路，遥升若木枝。”

甲骨文作[古文字]，金文作[古文字]、[古文字]，象一人跪而理发使顺之形。篆文的“叒”即由甲骨文的“若”字讹变而来。战国文字“若”在郭店楚简作[古文字]，上博简作[古文字]，信阳楚简作[古文字]，新蔡葛陵楚简作[古文字]。由于“叒”字在战国文字中发生讹变，《说文》就将若、叒分为二字。

叒部只有一个属字。“桑”字下云：“蚕所食叶木。从叒、木。”甲骨文中“桑”字上象枝叶形。或说“叒”即“桑”之省体。卜辞借作地名。

## 211. 之(zhī)

“[篆文]，出也。象艸过屮，枝茎益大，有所之。一者，地也。凡之之属皆从之。”(止而切)

徐锴《系传》：“之者，枝也。象艸木之枝东西旁出而常连于根本也。”《说文》以“出”释“之”，意为生长出来。许慎根据讹变的字形，加以训释。甲骨文作[古文字]，从人足在一上，表示离开一个地方前往他处。《尔雅·释诂上》：“之，往也。”卜辞或用其本义，如：“甲戌卜，王之以射?”(《英》526)①卜辞中“之”还被借用为指代词,如:“辛酉卜,……翊壬戌不雨,之日夕雨,不延。”(《乙》5278)②金文作[古文字]、[古文字]、[古文字],用为第三人称代词,如齐镈:“医氏易(赐)之邑言(二百)又九十又九邑。”也用作指示代词,此,这,如何尊:“余其宅兹中或(国),自之辪(乂)民。”③文献中“之”多被借用为语助词,参见王引之《经传释词》卷九。

之部只有一个属字“[篆文]”,云:“艸木妄生也。从之在土上。读若皇。”

## 212. 帀(zā)

“[篆文],周也。从反之而帀也。凡帀之属皆从帀。周盛说。”(子答切)

徐锴《系传》:“日一日行一度,一岁往反而周帀也。周盛,当时之说文字者。指事。”“周”意思是周遍,环绕一周。“帀”后起字作“匝”。甲骨文作[古文字],金文或作[古文字]。战国包山楚简或作[古文字]、[古文字]、[古文字]、[古文字]、[古文字],或于下斜笔加圆点或短横为饰。小篆中“之”、“帀”形体相反,反向的“之”字即成“帀”字。

帀部只有一个属字“師”,云:“二千五百人为师。从帀,从[古文字]。[古文字],四帀,众意也。”“師”字甲骨文作[古文字]、[古文字],与[古文字]同构。金文或增帀作“師”,或省[古文字]作“帀”。金文“師”所从之“帀”,与环绕义之“帀”本非一字,隶变后成为同形字。

## 213. 出(chū)

“[篆文],进也。象艸木益滋,上出达也。凡出之属皆从出。”(尺律切)

太炎先生云:“凡草木出本用出,不用茁。”④

①黄天树《黄天树古文字论集》,学苑出版社,2006年,第338页。

②马如森《殷墟甲骨文实用字典》,上海大学出版社,2008年,第148页。

③陈初生《金文常用字典》,陕西人民出版社,1987年,第637页。

④王宁主持整理《章太炎说文解字授课笔记·部首》(缩印本),中华书局,2010年,第4页。

甲骨文作𠙴、𡳿,从止,从凵(坎),表示一只脚从门口或土坑口走出来。本义是外出,卜辞或用其本义,如"贞:于大甲告工方出"(《后》上29·4);卜辞中还有"出现"义,如"……出虹……于河,在十二月"(《前》7·43·2)。① 金文作[illegible]、[illegible]、[illegible]等。金文中也用其本义,如颂簋:"颂拜䭫首,受令(命)册佩㠯(以)出,反(返)入(纳)堇(瑾)章(璋)。"②金文中又有出动、交出、发布等义。战国包山楚简作[illegible]、[illegible],望山楚简作[illegible]。到了睡虎地秦简作[illegible],已与现在字形完全一致了。孙诒让《名原·象形原始弟三》:"明古出字取足形出入之义,不象艸木上出形。盖亦秦篆之变易,而许君沿袭之也。"③许慎根据演变后的字形说解,并非原始构意。

出部有四个属字。如"敖"字下云:"游也。从出,从放。""賣"字下云:"出物货也。从出,从買。"

## 214. 米(pò)

"[illegible],艸木盛米米然。象形,八声。凡米之属皆从米。读若辈。"(普活切)

段玉裁注:"米米者,枝叶茂盛、因风舒散之皃。……(象形)谓中也。不曰从中而曰象形者,艸木方盛,不得云从中也。"太炎先生云:"《孟子·梁惠王上》'沛然下雨'之沛,毛诗《东门之杨》'其叶肺肺'之肺,均假借字,正当作米。"④张舜徽云:"本字为米米,而《诗》篇乃作淠淠、旆旆或伐伐者,乃双声通假也。"⑤

米字没有单用者。米部下属字有五个。除"[illegible]"外,"索、孛、[illegible]、

①马如森《殷墟甲骨文实用字典》,上海大学出版社,2008年,第149页。

②陈初生《金文常用字典》,陕西人民出版社,1987年,第642页。

③〔清〕孙诒让《名原》,齐鲁书社,1986年,第17页。

④王宁主持整理《章太炎说文解字授课笔记·部首》(缩印本),中华书局,2010年,第4页。

⑤张舜徽《说文解字约注》(第二册),华中师范大学出版社,2009年,第1516页。

南”四字均见于古文字，而其篆文所从之“朩”在古文字中各有来源，并非同一字。①

## 215. 生(shēng)

“㞢，进也。象艸木生出土上。凡生之属皆从生。”(所庚切)

徐锴《系传》：“土者，吐出万物。《尚书》曰：‘丕冒海隅苍生。’《春秋传》曰：‘食土之毛，故生从屮、土。’”

甲骨文或作[古文字]、[古文字]，金文或作[古文字]、[古文字]、[古文字]，与甲骨文形同。战国包山楚简作[古文字]。“生”字象植物枝芽破土而出之形，构意为草木生长。卜辞或用其本义，如：“甲申卜，宾，贞：呼耤，生？ 〇贞：不其生？ 〇王占曰：‘丙其雨，生。’”(《合》904)大意是，甲申日从正反两方面卜问，叫人去种，种的东西能够生长出来吗？王察看卜兆后判断说，到第三天丙日就下雨，能生长出来。② 卜辞中还有用其引申义的，生育、求生育子女，如：“癸未，贞：求生于妻妣庚。”(《乙》5405)求生即求子。卜辞中“生”又与“死”相对而言：“其隻生鹿”(《粹》951)、“乎取生鶵”(《乙》1052)。卜辞中“生月”，陈梦家释为“下月”，其说可信。③ 金文中有生育义，如叔夷钟：“不(丕)显穆公之孙，其配襄公之妣，而鍼公之女，雩生弔(叔)尸(夷)，是辟于齐侯之所。”④金文中还有发生、活的等义，也假借为姓、性等。

生部有五个属字。如“丰”字下云：“艸盛丰丰也。从生，上下达也。”“産”字下云：“生也。从生，彦省声。”“隆”字下云：“丰大也。从生，降声。”

## 216. 乇(zhé)

“乇，艸叶也。从垂穗，上贯一，下有根。象形。凡乇之属皆从

---

①李学勤《字源》(中)，天津古籍出版社，2012年，第550—552页。

②黄天树《黄天树古文字论集》，学苑出版社，2006年，第339页。

③于省吾《甲骨文字诂林》(第二册)，中华书局，1996年，第1308—1326页。

④陈初生《金文常用字典》，陕西人民出版社，1987年，第645页。

乇。”(陟格切)

甲骨文作 ，金文作 ，战国郭店楚简作 。许慎说“乇”构意是草叶，“从垂穗”是说其字形上部象草叶下垂形，如穗下垂一般。“乇”还可指草木发芽时，种子外皮裂开之义。此义也借用“宅”字表示。《周易·解》有“甲宅”，《文选·左思〈蜀都赋〉》：“百果甲宅，异色同荣。”李善注引《易》曰：“百果草木皆甲拆。”甲宅、甲拆、甲乇同。乇、拆音近义同。①

乇部没有属字。古文字材料中“乇”多用作宅、毫等形声字的声旁。

## 217. 𠂹(chuí)

“𠂹，艸木华叶𠂹。象形。凡𠂹之属皆从𠂹。 ，古文。”(是为切)

徐锴《系传》：“从夂夂，皆叶之低垂也，非夂雪之字。”段玉裁注：“引申为凡下𠂹之称，今字垂行而𠂹废矣。(象形)象其茎枝华叶也。”王筠《说文句读》：“中其茎也。凡下𠂹者，其茎必曲，故曲以象之。左右四曲，其华叶也。”𠂹后来作垂。

甲骨文象草木花朵形。植物花朵大多低垂，后来用其专表下垂义。从𠂹得声的“垂、陲、唾、睡”等字多含有低落、低垂之意。

𠂹部没有属字。

## 218. 𠌶(huā)

“𠌶，艸木華也。从𠂹，于声。凡𠌶之属皆从𠌶。 ，𠌶或从艸，从夸。”(况于切)

金文作 、 、 、 ，为小篆所本。“𠌶”为“華”之古字。其或体在汉印中可见。段玉裁说“𠌶”与下文“華”音义皆同。张舜徽云：

①参阅徐复、宋文民《说文解字五百四十部正解》，江苏古籍出版社，2003年，第175页。

“雩字古在模韵，故从于声。盖雩之言敷也，谓其瓣蕊开张分布也。今音转入麻韵，故变作花。花字乃六朝俗体，不见汉以上书。经传中多以華为雩。”①

雩部只有一个属字“韡”，云：“盛也。从雩，韋声。《诗》曰：‘萼不韡韡。’”

## 219. 華(huā)

“䔢，荣也。从艸，从雩。凡華之属皆从華。”（户瓜切）

“華”为“雩”的后起字。张揖《广雅·释草》中已有“花”字，这样看来，“花”在曹魏时期就已经出现。许慎用“荣”解释“華”。古代“華”、“荣”、“英”、“秀”都可以指花。《尔雅·释草》称木本之花为“華”，草本之花为“荣”，荣而实者谓之“秀”，荣而不实谓之“英”。

華部只有一个属字“皣”，云：“艸木白華也。从華，从白。”

## 220. 禾(jī)

“𥝌，木之曲头止不能上也。凡禾之属皆从禾。”（古兮切）

徐锴《系传》：“木方长上碍于物而曲也。”段玉裁注：“此字古少用者。《玉篇》曰：‘亦作碍。’非是。”王筠《说文释例》：“禾、稽盖亦一字，音义皆同也。《玉篇》禾又有五溉切，云‘亦作碍’。”章太炎先生在《文始》中则说，禾即戟，属于句兵一类的武器。②

禾部有两个属字。从“禾”的字，隶变后改为从形近的“禾”。

## 221. 稽(jī)

“𥡴，留止也。从禾，从尤，旨声。凡稽之属皆从稽。”（古兮切）

①张舜徽《说文解字约注》（第二册），华中师范大学出版社，2009 年，第 1522 页。

②参阅徐复、宋文民《说文解字五百四十部正解》，江苏古籍出版社，2003 年，第 178 页。

徐锴《系传》:"禾,木之曲止也。尤者,异也。有所异处,必稽考之,考之即迟留也。"段玉裁注:"高注《战国策》曰:'留其日。'稽留其日也。凡稽留则有审慎求详之意,故为稽考。……(从禾,从尤)取乙欲出而见閡之意。"太炎先生云:"稽之本义为留止。《国语·吴语》:'拥铎供稽。'唐固(三国时人)谓稽即棨戟字。戟,有枝兵也。枝为木别生条,与禾之'木之曲头止不能上'之义近。禾变为稽,故戟得借用稽字。"①徐复说,禾为戈戟字,稽为晚出字。② 战国郭店楚简作 [illegible],睡虎地秦简作 [illegible]。

稽部有两个属字。如"[illegible]"字下云:"特止也。从稽省,卓声。"今作"卓"。

## 222. 巢(cháo)

"[illegible],鸟在木上曰巢,在穴曰窠。从木,象形。凡巢之属皆从巢。"(鉏交切)

徐锴《系传》:"臼,巢形也。巛,三鸟也。左思《吴都赋》曰:'巢宿异禽。'"段玉裁注:"《穴部》曰:'穴中曰窠,树上曰巢。'巢之言高也,窠之言空也。……(从木,象形)象其架高之形。"

金文班簋有 [illegible],上为巢形,下为木,表示巢在树上。战国望山楚简作 [illegible]。巢可指鸟类的窝,如《诗·召南·鹊巢》:"维鹊有巢,维鸠居之。"也指人类在原始时代居住的巢穴,如《韩非子·五蠹》:"有圣人作,构木为巢,以避群害,而民悦之,使王天下,号之曰有巢氏。"

巢部只有一个属字"[illegible]",云:"倾覆也。从寸,臼覆之。寸,人手也。从巢省。杜林说,以为贬损之贬。"司马相如《上林赋》:"适足以[illegible]君自损也。"晋灼曰:"[illegible],古贬字。"

---

①王宁主持整理《章太炎说文解字授课笔记·部首》(缩印本),中华书局,2010年,第5页。

②徐复、宋文民《说文解字五百四十部正解》,江苏古籍出版社,2003年,第179页。

## 223. 桼(qī)

"桼,木汁,可以髹物。象形。桼如水滴而下。凡桼之属皆从桼。"(亲吉切)

段玉裁注:"木汁名桼,因名其木曰桼,今字作漆而桼废矣。漆,水名也,非木汁也。《诗》、《书》梓桼、桼丝皆作漆,俗以今字易之也。《周礼・载师》:'桼林之征,二十而五。'大郑曰:'故书桼林为漆林。'杜子春云:'当为桼林。'是则汉人分别二字之严。……(象形)谓左右各三,皆象汁自木出之形也。"

战国晚期二十七年守趞戈作桼。天星观1号墓卜筮楚简作桼,象漆树形。裘锡圭《战国货币考》认为,"桼"作为古文字偏旁作桼,字形由木及其两侧象征漆汁的四道短画构成。古籍中通用"漆"。大写数字"七"作"柒",为"漆"的变体。三国吴天玺记功碑"天玺元年桼月己酉",桼月,即七月。

桼部有两个属字。如"髹"字下云:"桼也。从桼,髟声。"髹为动词,是以漆漆物。俗省作髤、髹。

## 224. 束(shù)

"束,缚也。从囗、木。凡束之属皆从束。"(书玉切)

徐锴曰:"束薪也。囗音围,象缠。"甲骨文作束,象束木之形。金文作束、束、束、束,和甲骨文字形相近。战国新蔡葛陵楚简作束。"束"构意为缚,如《左传・襄公二十八年》:"士皆释甲,束马而饮酒。"西周早期铜器《盂卣》铭文记载兮公赏赐盂"鬯束、贝十朋",即"一束鬯、十串贝"。《诗・郑风・扬之水》:"扬之水,不流束楚。"其中"束"均用为量词。

束部有三个属字。如"柬"字下云:"分别简之也。从束,从八。八,分别也。"后来写作拣字。再如"剌"字下云:"戾也。从束,从刀。刀者,剌之也。"引申为乖剌义。

## 225. 㯻(gǔn)

“㯻,橐也。从束,圂声。凡㯻之属皆从㯻。”(胡本切)

徐灏《注笺》:“此字从束,其义当为束物,而训为橐者,盖橐无底,与㯻相类也。㯻、緄古字通。《卫策》:‘束组三百緄。’又通作梱,俗作綑。”

㯻部有四个属字。如“橐”字下云:“囊也。从㯻省,石声。”“囊”下云:“橐也。从㯻省,襄省声。”《史记·郦生陆贾传》之索隐引《埤仓》说:“有底曰囊,无底曰橐。”橐是一种两头扎口的袋子。如果装满东西,缚住上头,并在其上部再加上捆住上口的绳索形的小圈,就成为㯻了。所以橐应是在象形初文基础上加声符“石”的形声字,而不是从㯻省的字。这样看,《说文》把㯻立为部首不妥,应把橐的象形初文(𣠔)分离出来,立为部首。如此,《说文》中的橐、囊、㯻等皆可以归入此部了。①

## 226. 囗(wéi)

“囗,回也。象回帀之形。凡囗之属皆从囗。”(羽非切)

学者多云囗、围是古今字。段玉裁注:“回,转也。按围绕、周围,字当用此。围行而囗废矣。”甲骨文中,囗只见于合体字中,经典中也未见此字单用。从囗的字,意义大多与区域或界围有关。

囗部有二十五字。如“國”字下云:“邦也。从囗,从或。”“囚”字下云:“系也。从人在囗中。”

## 227. 員(yuán)

“員,物数也。从貝,囗声。凡員之属皆从員。鼎,籀文从鼎。”(王权切)

徐锴《系传》:“古以貝为货,故員数之字从貝。若言一钱二钱

---

①黄天树《黄天树古文字论集》,学苑出版社,2006年,第339页。

也。”段玉裁注：“本为物数，引申为人数，俗称官員。”太炎先生云：“員在谆部，口在灰部，灰谆对转，故員得从口声。”（注：此处‘灰’部，即章太炎古韵二十三部中的‘脂队’部。）①

甲骨文作[古文字]、[古文字]、[古文字]，从口从鼎，与《说文》籀文写法相同。口为鼎口，鼎大多为圆口。古文字中鼎、貝形体相近，所以小篆讹作从貝。林义光说，“員”实为“圓”之本字。金文作[古文字]、[古文字]，《说文》籀文与金文形体接近。战国郭店楚简或作[古文字]、[古文字]、[古文字]、[古文字]、[古文字]。“員”又有員数之义，故后来又在員上加一个口旁，分化出“圓”字专门表示“圓”这个词。

員部只有一个属字“䡝”，云：“物数纷䡝乱也。从員，云声。”现在写成“纷纭”。

## 228. 貝（bèi）

“[篆文]，海介虫也。居陆名猋，在水名蜬。象形。古者货貝而宝龟，周而有泉，至秦废貝行钱。凡貝之属皆从貝。”（博盖切）

甲骨文作[古文字]、[古文字]、[古文字]，金文作[古文字]、[古文字]、[古文字]，象海貝之形。许慎所说“海介虫”，指海里有甲壳的虫。貝曾作为古人珍贵的装饰品和原始貨币。如“嬰”字就象一个女人脖子上挂着用海貝做的项链。《尚书·盘庚》：“兹予有乱政同位，具乃貝玉。”《史记·平准书》：“太史公曰：‘农工商交易之路通，而龟貝金钱刀布之币兴焉。’”《周礼》有泉府，秦才“废貝行钱”。张舜徽云：“周始名貨为泉，故其官有泉府。谓之泉者，欲其流行如水不壅积也。亦谓之布，取遍布于外之义耳。秦乃变泉言钱，至今沿之。”②

宋元以来的一些小说及戏曲刻本中，貝字及貝旁或作“贝”，今“貝”简化为“贝”。貝部所属的字有五十八个，汉字中凡从貝的字大

---

①王宁主持整理《章太炎说文解字授课笔记·部首》（缩印本），中华书局，2010年，第6页。

②张舜徽《说文解字约注》（第二册），华中师范大学出版社，2009年，第1543页。

多与財貨、交易有关。如財、貨、貫、貸、貿、貴、賄、資、費、賬等。

## 229. 邑(yì)

“[illegible],国也。从囗;先王之制,尊卑有大小,从卪。凡邑之属皆从邑。”(於汲切)

徐锴《系传》:“有宗庙先君之主曰都,无曰邑,邑曰筑,筑曰城。囗,其城郭也。”段玉裁注:“(从囗)音韦,封域也。……尊卑,谓公、侯、伯、子、男也;大小,谓方五百里、方四百里、方三百里、方二百里、方百里也。……尊卑大小,出于王命,故从卪。”邑本为人聚居的地方,大至国都,小至乡镇,上古都可以称为“邑”。

甲骨文作[illegible],金文作[illegible]、[illegible],均为会意字。上部“囗”字代表围墙,下部是面朝左跪坐的人,合起来表示人聚居的区域范围。罗振玉说,“邑为人所居,故从囗从人”。姚孝遂云:“《左传》庄二十八年:‘凡邑有宗庙先君之主曰都,无曰邑。’卜辞则不然,人所聚居均得谓之邑。”① 如:“己亥卜,内,贞:王有石在鹿北东,作邑于之?……作邑于鹿?”(《合》13505)鹿是地名,邑是城。大意说,王有石料在鹿北东,是在那里建城呢,还是在鹿地建城。② 传世文献中用例如《诗·商颂·殷武》:“商邑翼翼,四方之极。”说商的国都很整齐。甲骨文中屡见“大邑商”,《尚书》作“天邑商”,即“大国商”,与之相对的是“小邦周”。这是在“国家”意义上使用“邑”的概念。

金文中“邑”义为城市,大曰都,小曰邑,如齐侯壶:“齐侯既迹(济)洹子孟姜丧其人民都邑堇宴(宴)無(舞)。”金文中也有“大邑商”的说法,指国家,如何尊:“隹(惟)珷(武)王既克大邑商。”③

邑部有一百八十三个属字。邑字作部首时一般在字的右边。汉字中从“邑”的字大都与城镇、地名有关。如“邦”、“都”、“郭”、“邻”、“郊”、“郓”、“郢”等。

---

①于省吾《甲骨文字诂林》(第一册),中华书局,1996年,第345页。

②黄天树《黄天树古文字论集》,学苑出版社,2006年,第340页。

③陈初生《金文常用字典》,陕西人民出版社,1987年,第664页。

## 230. 䢼(xiàng)

“䢼,邻道也。从邑,从[illegible]。凡䢼之属皆从䢼。阙。今隶变作郒。”(胡绛切)

段玉裁注:“道当为邑,字之误也。其字从二邑会意。……阙者谓其音未闻也。”此字甲骨文作[illegible],从二欠相对,象两个人张口相向之形,为“嚮背”之“嚮”初文。张舜徽云:“北京称巷曰胡同,即䢼字古音之切语也。下文䢽,即䢼之后增体。今通作巷,而䢼、䢽皆废。”①

䢼部有两个属字。如“鄉”字下云:“国离邑,民所封鄉也。啬夫别治。封圻之内六鄉,六鄉治之。从䢼,皀声。”“鄉”字甲骨文或作[illegible]、[illegible]、[illegible],象两人相对共食之形,是饗之初文。徐复说:“鄉(后起字为嚮)、饗、卿初为一字。盖宴饗之时须相嚮食器而坐,故引申为鄉,更以陪伴君王共饗之人分化为卿。甲骨文[illegible]字两旁之[illegible]为[illegible]之省作。……而《说文》篆文作[illegible],变二人相嚮为二邑相嚮,初义遂隐晦不彰矣。”②

---

①张舜徽《说文解字约注》(第二册),华中师范大学出版社,2009 年,第 1621 页。

②徐复、宋文民《说文解字五百四十部正解》,江苏古籍出版社,2003 年,第 185 页。

# 卷　七

## 231. 日(rì)

“⊖,实也。太阳之精不亏。从口、一,象形。凡日之属皆从日。⊝,古文,象形。”(人质切)

段玉裁注:“(日,实也)以叠韵为训。”《释名·释天》:“日,实也。光明盛实也。”徐灏《注笺》:“泰西戴进贤《七政图》:日中有小黑点数十,横亘如带,以远镜目验实然,日字中画象之,古人造字之精如此。相传日中有乌者,以黑点如群乌飞耳。古文或作⊝,盖后人以乙象乌也。此字全体象形,小篆由古文变为方体,析而言之则曰‘从口、一’。”我国古代神话说太阳中有“三足乌”。国外神话也有类似说法,如古希腊神话说太阳神化身为乌鸦,美洲玛雅文化也说日神是乌鸦所变。

甲骨文作⊟、⊙、◊、□,金文或作○、日、日、日,皆象日形。本义是太阳。卜辞或用其本义,如:“日有食。”(《合》11480)。① 卜辞中还用日表示时间,今天,当天,如:“壬辰,贞:今日壬啓。”(《拾》8·8)大意是,当天天晴了。② 还可以表示白天,与夕相对。金文中也有这种用法。在古籍中,太阳有很多别称,如“日母”、“日车”、“日君”、“日驭”、“日轮”、“日头”等。

日部有六十九个属字。如“旱”下云:“不雨也。从日,干声。”“昌”下云:“美言也。从日,从曰。一曰:日光也。《诗》曰:‘东方昌矣。’”“昆”下云:“同也。从日,从比。”“普”下云:“日无色也。从

---

①黄天树《黄天树古文字论集》,学苑出版社,2006年,第341页。

②马如森《殷墟甲骨文实用字典》,上海大学出版社,2008年,第158页。

日,从並。"

## 232. 旦(dàn)

"旦,明也。从日见一上。一,地也。凡旦之属皆从旦。"(得案切)

甲骨文或作[古文字]、[古文字]、[古文字],金文作[古文字]、[古文字]、[古文字],字形下象光影,用日与光影相接之形表示日初升之时。或说,日下表示地面或水面,合起来表示太阳刚从地面或水面升起的意思。"旦"义为天明,早晨。甲骨文和金文均为常用义。传世文献也常用。如《尚书·太甲上》:"先王昧爽丕显,坐以待旦。"《淮南子·天文训》:"日出于旸谷,浴于咸池,拂于扶桑,是谓晨明;登于扶桑,爰始将行,是谓朏明;至于曲阿,是谓旦明。"

战国出土文献中,"旦"又为姓氏;又"秦简'城旦',刑徒。《汉书·惠帝纪》'当为城旦舂者',注'应劭曰,城旦者,旦起治城,皆四岁刑也'"①。

旦部只有一个属字"暨",云:"日颇见也。从日,既声。"段玉裁注:"日颇见者,见而不全也。"

## 233. 倝(gàn)

"倝,日始出,光倝倝也。从旦,㫃声。凡倝之属皆从倝。"(古案切)

金文或作[古文字],战国包山楚简作[古文字]。战国文字"倝"从早,㫃声。金文中假借为"韩氏"之"韩"。许慎说字为日出之义,"倝倝"为重言譬况字,修饰光,谓光芒闪烁。

倝部有两个属字。如"𠦝"字下云:"旦也。从倝,舟声。"隶变后写成"朝",构意难以看出。"朝"甲骨文或作[古文字]、[古文字],金文作[古文字]、[古文字]、

①黄德宽《古文字谱系疏证》(三),商务印书馆,2007年,第2683页。

、,并不从㫃。小篆所从之“㫃”应来自战国讹变字形。①

## 234. 㫃(yǎn)

“,旌旗之游,㫃蹇之皃。从屮,曲而下,垂㫃相出入也。读若偃。古人名㫃,字子游。凡㫃之属皆从㫃。,古文㫃字,象形及象旌旗之游。”(於幰切)

段玉裁注:“旌旗者,旗之通称。旌,有羽者;旗,未有羽者;各举其一以该九旗也。王逸《九歌》注云:‘偃蹇,舞皃。’……晋有籍偃、荀偃,郑有公子偃、驷偃,孔子弟子有言偃,皆字游。今之经传皆变作偃,偃行而㫃废矣。”

甲骨文或作、,金文或作、,字形中间直立部分是一杆旗杆,下边弯曲而下垂的一笔表示飘动的旗帜,称为“游”。一面旗帜,最少的有一游,最多的是十二游。卜辞或用其本义,如:“弜(勿)其立㫃?”(《合》28207)②或说此句中“㫃”为方国名。其字在春秋金文中已难看出构意,战国更是各国异形,小篆讹变而成“㫃”。

㫃部有二十二个属字。如“旗”字下云:“熊旗五游,以象罚星。士卒以为期。从㫃,其声。”“游”字下云:“旌旗之流也。从㫃,汓声。”段玉裁注:“此字省作斿,俗作旒。”甲骨文作,金文有、等形,从子,从旗帜形,正象人执旗帜,表示军队行军之义。春秋晚期金文也出现了从辵和从水旁的“游”字,如、。战国包山楚简作、。

## 235. 冥(míng)

“,幽也。从日,从六,冖声。日数十,十六日而月始亏幽也。凡冥之属皆从冥。”(莫经切)

甲骨文有字,解说不一。唐兰说字形象两手以巾覆物形;于省吾《甲骨文字诂林》释为冥字,读为“娩”,字形象双手助产之形。

---

①董莲池《说文部首形义新证》,作家出版社,2007年,第173—174页。

②黄天树《黄天树古文字论集》,学苑出版社,2006年,第341页。

卜辞中有“子娩”(《合》13975)。又《屯》附22亦有“小臣娩妫”之记载,小臣为女性。卜辞中还借用为地名,如《合》7842及7845。① 黄德宽云:“冥,从昊(《玉篇》:‘昊,日光也。’)从冖,会日落幽暗之意。冖亦声。小篆误昊为昊。……诅楚文‘冥室’,暗室。”②或说其形表示人头顶的太阳被覆盖之意,即冥暗。冖用为冥字声符,后“大”讹变为“六”。③

许慎用“幽暗”解释之。“日数十”,意思是说,一个月三旬,一旬十日,十天干之数尽而循环。“十六日而月始亏幽”说每月的十五月亮最圆,从十六开始,月亮慢慢亏缺幽暗。段玉裁注:“冖者,覆也,覆其上则窈冥。……日之数十,昭五年《左传》文。谓甲至癸也。历十日,复加六日,而月始亏,是冥之意,故从日六。”

冥部只有一个属字。

## 236. 晶(jīng)

“晶,精光也。从三日。凡晶之属皆从晶。”(子盈切)

甲骨文中,“晶”和“星”应为一字,尚未分化。或作晶,或作品,象众星排列之形;或加声符“生”,作[illegible],作[illegible]。古读星、晶同音。对此,孙诒让《名原·古章原象第二》有详细分析,最早指出晶、星同字。也有学者研究说,纯象形字和加声符的字已经分化。象星形的字当日月星的“星”讲,如“辛未㞢(有)异新晶(星)”(《合》6063反),大意说,辛未有奇异的新星出现。而加声符“生”的字当阴晴的“晴”讲,如“……食日大星(晴)”(《合》11506反),食日约相当于上午十时,卜辞大意说,上午十时天气大晴。④ 从古文字形看,晶本不从三日。到《说文》中分化后,“星”为名词,专门指天上之星;而“晶”则形容星光。

---

①于省吾《甲骨文字诂林》(第三册),中华书局,1996年,第2071页。

②黄德宽《古文字谱系疏证》(三),商务印书馆,2007年,第2127页。

③李学勤《字源》(中),天津古籍出版社,2012年,第616页。

④黄天树《黄天树古文字论集》,学苑出版社,2006年,第341页。

晶部有四个属字。如“星”下云：“万物之精，上为列星。从晶，生声。”“曟”下云：“房星，为民田时者。从晶，辰声。晨，曟或省。”“曡”下云：“杨雄说，以为古理官决罪，三日得其宜乃行之。从晶，从宜。亡新以为曡从三日太盛，改为三田。”后通行“叠”字。

## 237. 月(yuè)

“[illegible]，阙也。大阴之精，象形。凡月之属皆从月。”(鱼厥切)

甲骨文作[illegible]、[illegible]，象半月之形。卜辞中假月为夕，早期以加点之[illegible]为夕，而以[illegible]为月；晚期，则倒过来了。卜辞中月、夕之别因时代或组别不同而异。卜辞或用其本义，如：“癸未卜，争，贞：旬无祸，三日乙酉夕，月有食，闻，……八月。”(《甲》1289)卜辞中月也用来纪时，如：“……及前二月有大雨。”(《前》3・19・2)①金文月字作[illegible]、[illegible]，夕字作[illegible]，中间一般没有点。战国包山楚简或作[illegible]、[illegible]。

许慎用“阙”解释“月”，是声训，有推源的作用。月亮亏缺时多，圆时少，每月初一为月芽，至十五月圆，十六又渐缺。《白虎通・日月》：“月之为言阙也，有满有阙也。”《论衡・顺鼓》：“苟以为当攻其类，众阴之精，月也。”这和《说文》的解释是吻合的。“阙”为“缺”的借字。“阙”之构意是一种建筑物，缺其下如门，供人通行。

月部有七个属字。如“朔”字下云：“月一日始苏也。从月，屰声。”“霸”字下云：“月始生霸然也。承大月二日，承小月三日。从月，䨣声。《周书》曰：‘哉生霸。’[illegible]，古文霸。”“朗”字下云：“明也。从月，良声。”“期”字下云：“会也。从月，其声。[illegible]，古文期，从日丌。”日、月都可以表示时间。

## 238. 有(yǒu)

“[illegible]，不宜有也。《春秋》传曰：‘日月有食之。’从月，又声。凡有之属皆从有。”(云九切)

---

①马如森《殷墟甲骨文实用字典》，上海大学出版社，2008年，第164页。

甲骨文中的 为一只右手之形，借用为持有字。卜辞可用作又，如："贞：牢有（又）一牛。"（《甲》2809）①金文有字作、、，均象手持肉形。林义光《文源》："按有非'不宜有'之义，有，持有也。古作……从又持肉，不从月。"②金文中"有"有领有、存在义，如散盘："余有散氏心贼，则鞭千罚千。"③也用为佑、右、又等。

有部有两个属字。

## 239. 朙（míng）

"，照也。从月，从囧。凡朙之属皆从朙。，古文朙，从日。"（武兵切）

甲骨文作、、、，金文作、、、、，从月，从囧。囧或作日，或作田，为镂孔的窗牖。朙以夜间月光射入室内，会明意。或从日，则以月未落而日已出会意。"明"之构意为光明、明亮。卜辞中或用其本义，如："戊戌卜，贞：丁疾目，不丧明，其丧明？"（《合》21037）大意是，贞问名叫丁的人眼睛受伤，是否会造成失明。④ 金文中"明"有明白、英明、显明等义，如毛公鼎："女（汝）母（毋）弗帅用先王乍（作）明井（刑）。"明井（刑），即英明的法典。⑤

朙部只有一个属字"萠"，下云："翌也。从明，亡声。"

## 240. 囧（jiǒng）

"，窗牖丽廔闿明。象形。凡囧之属皆从囧。读若犷。贾侍中说，读与明同。"（俱永切）

甲骨文作、、，金文作，字形均象窗牖之窗格交错而透光。许慎说的"丽廔"为联绵词，形容窗格交错而透光之貌；"闿明"

①马如森《殷墟甲骨文实用字典》，上海大学出版社，2008 年，第 164 页。

②林义光《文源》卷六，中西书局，2012 年，第 232 页。

③陈初生《金文常用字典》，陕西人民出版社，1987 年，第 692 页。

④黄天树《黄天树古文字论集》，学苑出版社，2006 年，第 341 页。

⑤陈初生《金文常用字典》，陕西人民出版社，1987 年，第 695 页。

的意思是开阔敞亮。段玉裁注："丽廔，双声，读如离娄，谓交疏玲珑也。闿明，谓开明也。象形，谓象窗牖玲珑形。"张舜徽云："丽廔、离娄、玲珑，皆双声连语，所以状其物之空明也。……证以盟之或体作盟、作盟，则囧、朙、明同字，殆无可疑。"①

囧部只有一个属字"盟"，云："《周礼》曰：'国有疑则盟。'诸侯再相与会，十二岁一盟。北面诏天之司慎、司命。盟，杀牲歃血，朱盘玉敦，以立牛耳。从囧，从血。盟，篆文从朙。盟，古文从明。"今通用字"盟"从明、从皿。

## 241. 夕(xī)

"夕，莫也。从月半见。凡夕之属皆从夕。"(祥易切)

甲骨文中月、夕尚未分化。林义光《文源》："夕、月初本同字。暮时见月，因谓暮为月，犹昼谓之日，夜晴谓之星也。后分为二音，始于中加一画为别，而加画者乃用为本义之月，象月形者反用为引申义之夕。"②甲骨文中或用不加点的字形表示夜晚。如："癸卯卜，贞：今日雨；贞今夕雨？"(《合》11994)今日指白天，今夕指夜晚。③姚孝遂云："卜辞凡月夕见于同版者，从不相混。如'旬壬申☾☽有食'(《簠天》二)'六日(甲)午☾☽有食'(《乙》三三一七)。凡同一贞人，月与夕亦判然有别。是月、夕之分，殷代已然。惟在偏旁中，则月夕混用。"④金文"夕"亦指旁晚，与朝相对。克盨："克其用朝夕亯(享)于皇且(祖)考。"⑤

夕部有八个属字。如"夜"字下云："舍也。天下休舍也。从夕，亦省声。"又"夢"字下云："不明也。从夕，瞢省声。"又"姓"字下云：

①张舜徽《说文解字约注》(第二册)，华中师范大学出版社，2009年，第1675页。

②林义光《文源》卷一，中西书局，2012年，第70—71页。

③黄天树《黄天树古文字论集》，学苑出版社，2006年，第341—342页。

④于省吾《甲骨文字诂林》(第二册)，中华书局，1996年，第1120页。

⑤陈初生《金文常用字典》，陕西人民出版社，1987年，第698页。

"雨而夜除星见也。从夕,生声。"现在通用"晴"字。又"外"字下云:"远也。卜尚平旦,今夕卜,于事外矣。"

## 242. 多(duō)

"多,重也。从重夕。夕者,相绎也,故为多。重夕为多,重日为曡。凡多之属皆从多。竹,古文多。"(得何切)

甲骨文作[古文字],金文作[古文字],重叠两个象肉块的字形;或说从二夕,会日居月诸之意。构意为"多少"之"多"。甲骨文或用其本义,如:"乙亥卜,今秋多雨,告?"(《合》29908)①徐中舒《汉语古文字字形表》:"多象两块肉形,古时祭祀分胙肉,分两块则多义自见,《说文》以为从二夕,实误。"②许慎用"重"解释,意思是重叠、重复。"夕者,相绎也"说夕为夜晚,连接两昼,循环往复以至无穷,如丝之抽绎。

太炎先生云:"夕有邪义,多从重夕,故亦有邪义。而如哆、侈等从多之字,亦皆有邪义。"③

多部有三个属字。如"夥"字下云:"齐谓多为夥。从多,果声。"《史记》中有"夥颐"的说法,"颐"为助词。

## 243. 毌(guàn)

"毌,穿物持之也。从一横贯,象宝货之形。凡毌之属皆从毌。读若冠。"(古丸切)

甲骨文作[古文字]、[古文字],均象用丨穿物以便于携持之。郭沫若等说甲骨文诸形,象干盾之形,为干盾之初文,则另为一说。孙诒让提出《中鼎》的[古文字]象穿贝之形,为毌之初文。④ 秦文字或下加了"贝"字为"贯",今"贯"字通行而"毌"字废弃不用。王筠《说文句读》:"古盖

①黄天树《黄天树古文字论集》,学苑出版社,2006年,第342页。

②徐中舒《汉语古文字字形表》,四川辞书出版社,1981年,第271页。

③王宁主持整理《章太炎说文解字授课笔记·部首》(缩印本),中华书局,2010年,第7页。

④于省吾《甲骨文字诂林》(第三册),中华书局,1996年,第2324—2333页。

只有毌字,动静两义皆用之。既孳育贯字,于是毌分动义为毌穿,贯分静义为钱串。至于今之经典不用毌字,又以贯兼动静两义,此亦沿革自然之势也。"张舜徽云:"毌即贯之初文。"①汉后以千钱为一贯,也竖写成为串,指钱串。

毌部有两个属字。如"贯"字下云:"钱贝之贯。从毌、贝。"

## 244. 马(hàn)

"㔾,嘾也。艸木之华未发圅然。象形。凡马之属皆从马。读若含。"(乎感切)

"嘾"义为深含。徐锴《系传》:"嘾者含也,艸木华未吐,若人之含物也。丁则华苞形,㇉象其华初发,其茎尚屈也。"各家解释说字象花苞。徐复说,《诗·陈风·泽陂》中"彼泽之陂,有蒲菡萏"之"菡萏"即"马"字,指荷花未放。② 许慎以嘾释马,连言为马嘾,后出字即为"菡萏"。

或说,马构形不明。黄德宽云:"从马得声之笵、範、軓等字均含有法则、模范等义。由法则引申而有范围义,范围又暗含有约束之意,相反成训表冒犯、侵犯,疑由约束义引申而来,故疑犯字亦属此派生系列。"③

马部有四个属字。如"甬"字下云:"艸木华甬甬然也。从马,用声。"又"圅"字下云:"舌也。象形,舌体马马。从马,马亦声。"隶书作"函"。

## 245. 東(hàn)

"𣐺,木垂华实。从木、马,马亦声。凡東之属皆从東。"(胡

①张舜徽《说文解字约注》(第二册),华中师范大学出版社,2009年,第1682页。

②徐复、宋文民《说文五百四十部首正解》,江苏古籍出版社,2003年,第199页。

③黄德宽《古文字谱系疏证》(四),商务印书馆,2007年,第3909—3910页。

感切)

甲骨文作[古文字]、[古文字]、[古文字]、[古文字],金文作[古文字]、[古文字]。裘锡圭说:"《说文》:'東,木垂华实也。从木、马,马亦声','[古文字],束也。从東,韦声'。今按甲骨文字马象木上有物缠束之形。《说文》从马声之字如'函''笵'(即铸铜器的'范'的本字)等,都有包含之义,也与缠束之义相近。所以'東'字的本义应该是缠束包裹一类意思,而不是《说文》所说的'木垂华实也'。正因为如此,训为'束'的'[古文字]'字才会把它用作形旁。"①徐复说,马、東实一字异体,音义皆同。②

東部只有一个属字。

## 246. 卤(tiáo)

"[古文字],艸木实垂卤卤然。象形。凡卤之属皆从卤。读若调。[古文字],籀文,三卤为卤。"(徒辽切)

甲骨文作[古文字]、[古文字]、[古文字]、[古文字],金文作[古文字]、[古文字]、[古文字],均象草木实之形。与许慎所说同。"卤卤然",下垂的样子。或说字形象酒器卣形,本义是酒器。③ 徐灏《注笺》:"卤者,艸木实之通名,故栗、粟皆从之。卤象形,段氏谓隶变作中尊之卣,非也。卣者,酉之别体。"

卤部有两个属字。如"栗"字下云:"木也。从木,其实下垂。故从卤。"隶变作"栗"。甲骨文作[古文字]、[古文字],战国包山楚简作[古文字]、[古文字]、[古文字],为《说文》之籀文[古文字]"从三卤"所本。又"粟"字下云:"嘉谷实也。从卤,从米。"古籍中通行"粟"字。

## 247. 齊(qí)

"[古文字],禾麦吐穗上平也。象形。凡齊之属皆从齊。"(徂兮切)

徐锴《系传》:"生而齊者,莫若禾麦也。二,地也。两旁在低处也。"

---

①裘锡圭《古文字论集》,中华书局,1992年,第357—358页。

②徐复、宋文民《说文五百四十部首正解》,江苏古籍出版社,2003年,第199页。

③参见马如森《殷墟甲骨文实用字典》,上海大学出版社,2008年,第167页。

段玉裁注:“从二者,象地有高下也。禾麦随地之高下为高下,似不齊而实齊。参差其上者,盖明其不齊而齊也。引申为凡齊等之义。”这里段氏把许慎的解释当成本义,又以之来说引申义,实际没有分清字的构造意图和词的实际用义,不妥。

甲骨文作、,金文作、、、、,象禾麦吐穗之形,皆不从二。战国天星观1号墓卜筮楚简作,包山楚简作。“齊”字构意为禾穗齊平,其记录的词义是“整齊”。如《庄子·马蹄》:“饥之渴之,驰之骤之,整之齊之。”“齊”由“整齊”义又引申有等同、全部等义。还可假借为齋、臍、劑等。

齊部只有一个属字。“齊”今简化为“齐”。

## 248. 朿(cì)

“,木芒也。象形。凡朿之属皆从朿。读若刺。”(七赐切)

徐锴《系传》:“从木形,左右象刺生之形也。”

甲骨文作、、、,象有锋的利器。金文作、、。战国包山楚简作,郭店楚简作。段玉裁注:“朿,今字作刺,刺行而朿废矣。”于省吾说:“朿为刺之古文,本为名词,作动词用则为刺杀。”①

朿部有两个属字。如“棗”字下云:“羊棗也。从重朿。”又“棘”字下云:“小棗丛生者。从并朿。”

## 249. 片(piàn)

“,判木也。从半木。凡片之属皆从片。”(匹见切)

甲骨文有、。徐中舒说象床形,是“床”的初文。卜辞中用为地名。许慎根据小篆形体说字象“木”字的一半。段玉裁注:“(判木也)谓一分为二之木。片、判以叠韵为训。……(从半木)木字之半也。”徐灏《注笺》:“片即今义之半字。以一木分而为二,从半、木,会意。”

---

①于省吾《甲骨文字释林》,中华书局,1979年,第176页。

片部下有七个属字，这些字大都有剖开或薄的意思。如“版”字下云：“判也。从片，反声。”又“牖”字下云：“穿壁以木为交窗也。从片、户、甫。谭长以为甫上日也，非户也，牖所以见日。”

## 250. 鼎(dǐng)

“，三足两耳，和五味之宝器也。昔禹收九牧之金，铸鼎荆山之下，入山林川泽，魑魅蛧蜽莫能逢之，以协承天休。《易》卦‘巽木于下者为鼎’，象析木以炊也。籀文以鼎为贞字。凡鼎之属皆从鼎。”(都挺切)

甲骨文作、、、，西周金文作、、、、、、、，为整体象形，上象鼎的双耳，中间为腹部，下为三足。本义为烹煮的炊器。卜辞中常借用作贞，如：“丁未卜，鼎(贞)：大庚祸告王。”(《乙》9073)①春秋金文形体已经变得不象形了，如、、、等。战国金文作、，包山楚简作、，信阳楚简作，这些都失去象形的味道了。

《周礼·秋官·掌客》：“鼎簋十有二。”五味指甜、酸、苦、辣、咸。许慎的解释还采用大禹造鼎的传说。夏兴盛时代，九州进贡了矿石，夏王朝就用这些矿石来铸造九鼎，上面铸有各种奇异怪兽，使人博闻多识，避免伤害，从此鼎成了权力象征。由此也派生出问鼎、迁鼎、定鼎等词语。

鼎部有三个属字。如“鼐”字下云：“鼎之绝大者。从鼎，乃声。鲁诗说：鼐，小鼎。”这里说的是天子诸侯的大鼎，也称牛鼎。

## 251. 克(kè)

“，肩也。象屋下刻木之形。凡克之属皆从克。，古文克。，亦古文克。”(苦得切)

徐锴《系传》：“肩者，任也。《尚书》曰：‘朕不肩好货。’不委任

①马如森《殷墟甲骨文实用字典》，上海大学出版社，2008年，第169页。

好货也。任者，又负荷之名也，与人肩膊之肩义通，故此字下亦微象肩字之上也。”

甲骨文作[illegible]、[illegible]、[illegible]，金文作[illegible]、[illegible]、[illegible]、[illegible]、[illegible]。殷涤非曰：“克者，任也，胜任也。所以字形画一人头上戴胄而以手撑腰之姿势，以示胜任之意。”①故其构意为肩任、担负等。引申为能、成、堪等意义。“卜辞克字作[illegible]形者，其下所从之[illegible]即肩字之初形，与户易混，小篆复从肉，实已演化为形声字。”②卜辞或用其克敌、战胜之义，如：“甲戌卜，𣪘，贞：雀壬子口正其方，克。”（《乙》5582）③金文中也有此用法，如𢦏簋：“卑（俾）克氒（厥）啻（敵）。”④战国曾侯乙墓楚简作[illegible]，郭店楚简作[illegible]、[illegible]。

许慎以“肩”释“克”，意思是肩负、胜任。至于许慎所云“象屋下刻木之形”，是根据小篆加以解说的。

克部没有属字。

## 252. 录（lù）

“[illegible]，刻木录录也。象形。凡录之属皆从录。”（卢谷切）

徐锴《系传》：“录录犹历历也。一一可数之皃。”张舜徽云：“段玉裁曰：‘剥下云：“录，刻割也。”录录，丽廔嵌空之皃。《毛诗》“车历録”，亦当作历录。’舜徽按：历录，即丽廔、离娄、玲珑诸辞之转语，皆所以状物之空明。凡物刻镂之后，则多空明，故许云‘刻木录录也’。录，当即镂字之初文。克篆下古文[illegible]，及说解‘象屋下刻木之形’一语，许书原本，当在此篆下。”⑤

甲骨文作[illegible]、[illegible]、[illegible]，金文作[illegible]、[illegible]、[illegible]、[illegible]、[illegible]、[illegible]、[illegible]等。徐中

①陈初生《金文常用字典》，陕西人民出版社，1987年，第711页。

②于省吾《甲骨文字诂林》（第一册），中华书局，1996年，第730页。

③马如森《殷墟甲骨文实用字典》，上海大学出版社，2008年，第169页。

④陈初生《金文常用字典》，陕西人民出版社，1987年，第711页。

⑤张舜徽《说文解字约注》（第二册），华中师范大学出版社，2009年，第1697页。

舒《甲骨文字典》、李孝定《甲骨文字集释》皆谓字形象井上辘轳汲水之形,上象桔槔,下象汲水器,小点象水滴形,构意当为辘轳。甲骨文、金文均可假借为山麓之麓。金文中还用为“福禄”之“禄”。战国曾侯乙墓楚简作[illegible],郭店楚简作[illegible]。许慎说字形是树木被刻割得历历可数,清晰可见,这恐非原始构意。

录部没有属字。《说文·示部》有“禄”,云:“福也。从示,录声。”黄焯《形声字借声说》云:“凡形声字所从之声,未有不兼义者。其有义无可说者,或为借声。……禄,福也,从录声,此借录为鹿也。录与鹿古多通用,如簏或作箓,漉或作渌,麓古文作[illegible]皆是。禄之从录,与从鹿同,其与慶之从鹿同意也。”①

## 253. 禾(hé)

“[illegible],嘉谷也。二月始生,八月而孰,得时之中,故谓之禾。禾,木也,木王而生,金王而死。从木,从垂省。垂象其穗。凡禾之属皆从禾。”(户戈切)

徐锴《系传》:“禾垂穗顾本也。”

甲骨文作[illegible]、[illegible]、[illegible],金文作[illegible]、[illegible]、[illegible],皆合体象形。于省吾曰:“按经传中禾字有两种涵义,狭义是专指稷,与甲骨文不同。广义是泛指一切谷类。……甲骨文中所见的禾都是广义的。因为甲骨的稷字作齋,是谷子(小米)的专字。”②卜辞中用例如:“贞:今秋禾不遘大水?”(《合》33351)③金文中也有用例,如曶鼎:“昔馑岁,匡众氒(厥)臣廿夫,寇曶禾十秭。”④《诗·豳风·七月》:“禾麻菽麦。”

太炎先生《文始》:“案此合体象形,以丿象垂穗,非必从垂省也。”⑤许慎的解释借用了汉代谶纬家的说法。《淮南子·地形训》:

---

①黄侃笺识,黄焯编次《说文笺识四种》,上海古籍出版社,1983年,第361页。

②于省吾《甲骨文字释林》,中华书局,1979年,第250页。

③黄天树《黄天树古文字论集》,学苑出版社,2006年,第342页。

④陈初生《金文常用字典》,陕西人民出版社,1987年,第714页。

⑤丁福保《说文解字诂林》(三),云南人民出版社,2006年,第1779页。

“故禾春生秋死。”高诱注：“禾者木，春木王而生，秋金王而死。”

禾部有八十六个属字。如“私”字下云：“禾也。从禾，厶声。北道名禾主人曰私主人。”又“颖”字下云：“禾末也。从禾，顷声。《诗》曰：‘禾颖穟穟。’”又“科”字下云：“程也。从禾，从斗。斗者，量也。”又如“秦”字下云：“伯益之后所封国。地宜禾。从禾，舂省。一曰：秦，禾名。”

## 254. 秝(lì)

“，稀疏适也。从二禾。凡秝之属皆从秝。读若历。”（郎击切）

甲骨文作、，从两禾相背。许慎云“稀疏适”，意思是禾苗稀疏得所。王筠《说文释例》：“指两禾字中间之空地也。立苗欲疏，故两禾虽立，与林字取其密比者异，故字形虽同，而命意不同也。”

秝部只有一个属字“兼”，云：“并也。从又持秝。兼持二禾，秉持一禾。”会意字。

## 255. 黍(shǔ)

“，禾属而黏者也。以大暑而种，故谓之黍。从禾，雨省声。孔子曰：‘黍可为酒，禾入水也。’凡黍之属皆从黍。”（舒吕切）

甲骨文“黍”作、、、、、、，从禾，下象黍米形，或无点，或似从禾从水，水实为黍米落下的米粒。黍，今称黍子，去皮称为大黄米，是商周时代贵族主要饭食之一。此外，黍还是酿酒的主要原料。卜辞或用其本义，如：“癸卯卜，亘，贞：我受黍年。”（《铁》248·1）①传世文献如《诗·魏风·硕鼠》：“硕鼠硕鼠，无食我黍。”

黍米适合在大暑时节种植。贾思勰《齐民要术》注引《氾胜之书》曰：“种者必待暑。”许慎的“从禾，雨省声”的说法，并不符合甲

①马如森《殷墟甲骨文实用字典》，上海大学出版社，2008年，第172页。

骨文和金文的造字意图，只是根据小篆进行的分析。他援引孔子“禾入水”的说法并不是只解释意义，还说明“黍”字形体由“禾、入、水”三个部件构成。

黍部有七个属字。如“𪏽”字下云：“黏也。从黍，日声。《春秋传》曰：‘不义不𪏽。’”今《左传》作“暱”。又“黎”字下云：“履黏也。从黍，利省声。……作履黏以黍米。”

## 256. 香(xiāng)

“香，芳也。从黍，从甘。《春秋传》曰：‘黍稷馨香。’凡香之属皆从香。”(许良切)

甲骨文作[illegible]，从黍，从口，用作地名。许慎说香字从黍、从甘，因为古人认为，在各种农作物里，黍是最好吃的一种谷物。香字亦通作薌。徐灏《注笺》：“香古通作薌。……许书无薌字，盖香属黍稷、薌属艸华，古通用无别也。从黍、甘会意。甘以味言，味者，气之本也。”香为谷物成熟后散发出的香甜气味。《诗·周颂·载芟》：“有飶其香，邦家之光。”后泛指香气。如《周礼·天官·庖人》：“凡用禽献，春行羔豚，膳膏香。”郑玄注：“膏香，牛脂也。以牛脂和之。”指牛油的香味。

香部只有一个属字“馨”，云：“香之远闻者。从香，殸声。殸，籀文磬。”

## 257. 米(mǐ)

“米，粟实也。象禾实之形。凡米之属皆从米。”(莫礼切)

甲骨文作[illegible]，象许多米粒之形，中间一横为其界画。卜辞中或用其本义，如：“己巳，贞：王其登南囧米，惠乙亥？”(《合》34165)大意是，以囧地之米致祭于先祖。① 王筠《说文释例》云：“米之形本难象，故字不甚明豁。四点，米也，十则聊为界画耳。凡凌杂之物，皆

---

①黄天树《黄天树古文字论集》，学苑出版社，2006年，第343页。

此形也。”构意是谷类和其他植物的内实,即去除皮、壳后的子实,如“大米”、“小米”、“玉米”等。

从米得声的字多有细小义,如迷、眯、寐等。

米部有三十五个属字。如“精”字下云:“择也。从米,青声。”又如“粹”字下云:“不杂也。从米,卒声。”又如“氣”字下云:“馈客刍米也。从米,气声。《春秋传》曰:‘齐人来氣诸侯。’”晚出字为“餼”。又如“粠”字下云:“陈臭米。从米,工声。”《汉书·贾捐之传》:“太仓之粟红腐而不可食。”其中的“红”为“粠”的借字。

## 258. 毇(huǐ)

“毇,米一斛舂为八斗也。从臼,从殳。凡毇之属皆从毇。”(许委切)

段玉裁将“米一斛舂为八斗”改为“粝米一斛舂为九斗”。但湖北云梦出土秦简表明许慎解释不误。斛为量词,十斗为斛。毇为会意字。字形象手拿器具在“臼”中捣米。本义是把米舂精细。徐复说,此字当为从米,毁省声。①《说文·土部》:“毁,缺也。从土,毇省声。”毇、毁均为破坏义,二字声和义相近。

毇部只有一个属字“糳”,云:“粝米一斛舂为九斗曰糳。从毇,丵声。”经传借用“鑿”为“糳”字。

## 259. 臼(jiù)

“臼,舂也。古者掘地为臼,其后穿木石。象形。中,米也。凡臼之属皆从臼。”(其九切)

甲骨文“舂”字偏旁有“臼”字,金文“舊”字偏旁亦有之。战国文字承袭商周文字,包山楚简作𦥑、𦥑,字象舂米的石臼形,中为米形。许慎云“舂也”,段玉裁改为“舂臼也”,云:“各本无臼字,今

---

①徐复、宋文民《说文五百四十部首正解》,江苏古籍出版社,2003 年,第 210 页。

补。……引伸凡凹者曰臼。……(象形)臼象木石臼也。”“舂臼”意为舂米的石臼。“臼”是定形的,所盛之物不易跳出来。可引申为陈旧的格调,古代称为“臼科”,今天多作“窠臼”。

臼部有五个属字。如“舂”字下云:“擣粟也。从廾持杵临臼上。午,杵省也。古者雍父初作舂。”甲骨文作、,金文作,《说文》小篆和金文略同。又如“舀”字下云:“抒臼也。从爪、臼。《诗》曰:‘或簸或舀。’,舀或从手,从冘。,舀或从臼冘。”现在把用器皿抒水称为舀水。又“臽”字下云:“小阱也。从人在臼上。”传世文献中通用“陷”字。

## 260. 凶(xiōng)

“,恶也。象地穿交陷其中也。凡凶之属皆从凶。”(许容切)

徐锴《系传》:“恶不可居,象地之堑也,恶可以陷人也。”

“凵”在甲骨文中作构件,象坎陷形;中间×表示交陷其中。“凶”有恶义,故后有双音词“凶恶”。

凶部只有一个属字“兇”,云:“扰恐也。从人在凶下。《春秋传》曰:‘曹人兇惧。’”见《左传·僖公二十八年》。1955 年发布的《第一批异体字整理表》中,“兇”被作为“凶”的异体字处理,不再通行了。

## 261. 朩(pìn)

“,分枲茎皮也。从屮、八,象枲之皮茎也。凡朩之属皆从朩。读若髌。”(匹刃切)

徐锴《系传》曰:“剥麻之剥也。”段玉裁注:“谓分擘枲茎之皮也。(从屮)象枲茎。(八象枲皮)两旁者,其皮分离之象也。”许慎释“朩”为剥去麻秆外皮。张舜徽云:“朩、𣏟、麻实即一字,饶说是也。许君必为分立三部者,盖以各有从之得义之字,必如此而后能有所统属耳。分枲茎皮谓之朩,因之名枲之茎皮为朩;亦犹剥取兽革谓之皮,因之名所取之革为皮。古人名物,固有以动字为静字者,此类是已。”①

朩部只有一个属字“枲”。

## 262. 林(pài)

“𣏟,葩之总名也。林之为言微也,微纤为功。象形。凡林之属皆从林。”(匹卦切)

徐锴曰:“葩即麻也,犹言派也。派亦水分微也。”段玉裁注:“各本葩作葩,字之误也。……艸部曰:‘葩,枲实也。’……葩本谓麻实,因以为苴麻之名。……林、微音相近,《春秋说题辞》曰:‘麻之为言微也。’林、麻古盖同字。”段氏改为“葩之总名”,是麻的总称。“林之为言微”,这里是声训,用“微”来推导“林”的得名由来。张舜徽云:“今俗称雨之小者曰麻雨,雀之小者曰麻雀,皆此音此义。今湖湘间称析麻成纤丝曰派麻,即林字也。”②“微纤为功”一句,段氏说:“丝起于糸,麻缕起于林。”“朩”为分擘麻枲之皮,林从二朩,会细析麻枲之意。

林部有两个属字。如:“𢻮,分离也。从攴,从林。”今作“散”,见肉部。

## 263. 麻(má)

“麻,与林同,人所治在屋下。从广,从林。凡麻之属皆从麻。”(莫遐切)

徐锴《系传》曰:“在田野曰葩,实曰枲,加功曰麻。广,庑屋也,与宀异。宀,交覆深屋也。此广盖庑敞之形,于其下治麻。”

金文作𠩺,不从广而从厂。古广、厂通用。段玉裁注:“林必于屋下绩之,故从广。然则未治谓之枲,治之谓之麻。以已治之称加诸未治,则统谓之麻。”太炎先生云:“古用为分析麻之义,系动字,今

①张舜徽《说文解字约注》(第二册),华中师范大学出版社,2009年,第1754—1755页。

②张舜徽《说文解字约注》(第二册),华中师范大学出版社,2009年,第1756页。

作名字用。”①“麻”义为剥下来的麻皮纤维,可作为纺织原料。如《管子·牧民》:“养桑麻,育六畜,则民富。”

麻部有三个属字。

## 264. 尗(shū)

“尗,豆也。象尗豆生之形也。凡尗之属皆从尗。”(式竹切)

徐锴《系传》:“豆性引蔓,故从丨。有歧枝,非从上下之上也。故曰:象尗生形,小象根也。”段玉裁注:“尗、豆,古今语,亦古今字。此以汉时语释古语也。《战国策》:‘韩地五谷所生,非麦而豆,民之所食,大抵豆饭藿羹。’《史记》豆作菽。”徐灏《注笺》:“尗又作叔,从又者,采撷之意。因为伯叔字所专,故别作菽。古食肉器谓之豆,无以尗为豆者,自战国以后,乃有此称。”太炎先生云:“尗在三部(齿),豆在四部(舌头),三、四合音最近,古齿音往往作舌头音,故尗读如豆。‘俶,始也’(《尔雅》),今人谓始曰头,即俶字之变,与尗、豆同例。”②可见,尗为古豆字,字象引蔓之形。如《后汉书·光武帝纪》:“至是野谷旅生,麻尗尤盛,野蚕成茧,被于山阜,人收其利焉。”“旅生”即“野生”。字也作“叔”,金文有[illegible]、[illegible],从手从尗,会采摘之意。“叔”后来专用为叔伯义,故又造“菽”字为尗豆字。金文中“尗”可借用为“俶”、“淑”等。或以为“尗”象戈柲置立之状,可参见甲骨文“督”、“叔”等字所从,金文“叔”字所从。此说可供参考。③

尗部只有一个属字“𢽼”,云:“配盐幽尗也。从尗,支声。豉,俗𢽼,从豆。”现在称为豆豉。

---

①王宁主持整理《章太炎说文解字授课笔记·部首》(缩印本),中华书局,2010年,第8页。

②王宁主持整理《章太炎说文解字授课笔记·部首》(缩印本),中华书局,2010年,第9页。

③黄德宽《古文字谱系疏证》(一),商务印书馆,2007年,第551页。

## 265. 耑(duān)

"耑,物初生之题也。上象生形,下象其根也。凡耑之属皆从耑。臣铉等曰:中一,地也。"(多官切)

徐锴《系传》曰:"题犹额也,端也。古发端之耑,直如此而已。一,地也。"

甲骨文作[古文字]、[古文字]、[古文字]、[古文字],上部和止字形近,象草木初生上部歧出的样子,下部象根须,点者象水。罗振玉说:"卜辞耑字增八象水形,水可养植物者也。从止,象植物初茁渐生歧叶之状,形似止字而稍异。"①春秋时期,字形或作[古文字]。战国望山楚简作[古文字],郭店楚简作[古文字]、[古文字],均与小篆形体相近。许慎说,字象植物初生的上端,上面象植物初生抽拔之形,下象植物的根。构意为开端。如《汉书·艺文志》:"言感物造耑,材知深美,可与图事,故可以为列大夫也。"颜师古注:"耑,古端字也。"

耑部没有属字。不过"耑"作声符构字较多。

## 266. 韭(jiǔ)

"韭,菜名。一种而久者,故谓之韭。象形,在一之上。一,地也。此与耑同意。凡韭之属皆从韭。"(举友切)

徐锴《系传》曰:"一,地也。故曰与耑同意。韭,刈之复生也。异于常艸,故皆自为字也。"

战国郭店楚简有[古文字],睡虎地秦简作[古文字]。韭菜是多年生宿根草木,叶和花嫩时可食用。韭菜可以再生,许慎用"久"训"韭"为声训,有推源作用。《诗·豳风·七月》:"四之日其蚤,献羔祭韭。"字后作"韮"。《广韵·有韵》:"韭,俗作韮。"今通行"韭"。

韭部有五个属字。如"䪥"下云:"菜也。叶似韭。从韭,㪅声。"俗作"薤"。因其根白呼为藠头。古乐府有《薤露》,为古挽歌名。

①于省吾《甲骨文字诂林》(第一册),中华书局,1996年,第840页。

## 267. 瓜(guā)

"瓜,𤓰也。象形。凡瓜之属皆从瓜。"(古华切)

徐锴《系传》:"厶,瓜实也。外,蔓也。"

春秋金文命瓜君壶作瓜,外部象瓜蔓,中间象瓜实,为合体象形字。其文"命瓜"读"令狐",地名。睡虎地秦简用其本义。大徐本《说文》用"𤓰"解释,段玉裁改为"蓏",云:"蓏,大徐本作𤓰,误。艸部曰:'在木曰果,在地曰蓏。'瓜者,縢生布于地者也。"《诗·豳风·七月》:"七月食瓜,八月断壶,九月叔苴。"指蔬瓜。古乐府《君子行》:"君子防未然,不处嫌疑间。瓜田不纳履,李下不整冠。"这是"瓜田李下"的出处。

瓜部有六个属字。如"瓣"字下云:"瓜中实。从瓜,辡声。"

## 268. 瓠(hù)

"瓠,匏也。从瓜,夸声。凡瓠之属皆从瓠。"(胡误切)

徐锴《系传》:"瓜根柢柔弱。《楚辞》曰:'斡弃周鼎而宝康瓠。'康,空也。康瓠,空瓠也。"

饶炯《部首订》:"匏有甘苦二种。甘者人以为食,苦者多作瓢器。朱骏声曰'今苏俗谓之壶卢,瓠即壶卢之合音'是也。盖壶以形似人腹为名,而瓠又似壶,亦借壶名之。《诗》'八月断壶',传云'壶,瓠也'可证。但以壶长言之则曰壶卢,又以壶卢合呼之则曰瓠异耳。"①瓠即壶卢,今作葫芦。《诗·小雅·南有嘉鱼》:"南有樛木,甘瓠累之。"

瓠部只有一个属字"瓢",云:"蠡也。从瓠省,票声。"

## 269. 宀(mián)

"宀,交覆深屋也。象形。凡宀之属皆从宀。"(武延切)

---

①丁福保《说文解字诂林》(三),云南人民出版社,2006年,第1847页。

徐锴《系传》:“象屋两下垂覆也。”甲骨文作宀、宀,金文也有类似字形,均象宫室之形。卜辞或用其本义,如:“丁卯卜:作宀于兆?勿作宀于兆?”(《合》295)①作宀意谓建筑房屋,即作宅。从半坡遗址的复原房屋看,房子一半在地下,上面部分是圆形基址上建墙,墙上覆盖圆锥形屋顶,屋顶中间开有通气孔,下有门。这种建筑外露部分不多,因而深密,所以许慎说“交覆深屋也”。

张舜徽云:“凡屋深者,则幽暗不易见物,故宀之为言丏也。本书:‘丏,不见也。象壅蔽之形。’语转为杳,不见也;为𡧊,冥合也;为鼆,冥也;为冥,窈也;为梦,不明也;为覭,小见也;皆声义俱近,语原一耳。”②

宀部有七十个属字。如“向”字下云:“北出牖也。从宀,从口。《诗》曰:‘塞向墐户。’”又“宏”字下云:“屋深响也。从宀,厷声。”又“宜”字下云:“所安也。从宀之下,一之上。多省声。”又“寫”字下云:“置物也。从宀,舄声。”“寡”字下云:“少也。从宀,从頒。頒,分赋也,故为少。”

## 270. 宫(gōng)

“宫,室也。从宀,躳省声。凡宫之属皆从宫。”(居戎切)

段玉裁注:“《释宫》曰:‘宫谓之室,室谓之宫。’郭云:‘皆所以通古今之异语,明同实而两名。’按宫言其外之围绕,室言其内。析言则殊,统言不别也。”

甲骨文有宫、宫、宫,从宀下两口,金文字形相似。卜辞或用其本义,如:“癸巳卜,在黄林餗天邑商公宫,衣兹夕亡祸,宁?”(《缀合》182)③李学勤说:“黄林和獄都是天邑商内的地名,其地有公宫、

①李学勤《字源》(中),天津古籍出版社,2012年,第654页。

②张舜徽《说文解字约注》(第二册),华中师范大学出版社,2009年,第1766页。

③马如森《殷墟甲骨文实用字典》,上海大学出版社,2008年,第180页。

皿宫,或即'《史记》正义'所说的离宫别馆。"①

徐复说:"据半坡圆形房屋遗址复原,其房屋乃在圆形基础上建立围墙,墙之上部覆以圆锥形屋顶,又于墙中部开门,门与屋顶斜面之气窗孔呈吕形,此种形制房屋,屋顶似穹窿,墙壁又似环行围绕,故名为宫,或省作[古文字]、[古文字],象从上俯视见通气窗孔也。"②

宫部只有一个属字"营",云:"市居也。从宫,荧省声。"市居即围绕而居。军事堡垒也被称为"营"。

## 271. 吕(lǚ)

"[古文字],脊骨也。象形。昔太岳为禹心吕之臣,故封吕侯。凡吕之属皆从吕。[古文字],篆文吕,从肉,从旅。"(力举切)

甲骨文吕字作[古文字],金文作[古文字]、[古文字]、[古文字]、[古文字]、[古文字],象人或动物的脊骨之状,一块接一块连成串。马王堆《养生方》一一二有"膂"字,变为形声字,《说文》篆文与之相同。"太岳"为神农之后,尧之四岳;"心吕之臣"犹心腹之臣,"心吕"即心与脊骨,比喻主要的辅佐人员。段玉裁注:"吕象颗颗相承,中象其系联也。"《国语·周语》:"赐姓曰姜,氏曰有吕,谓其能为禹股肱心膂,以养物丰民人也。"韦昭注:"吕之为言膂也。"或说"吕"构意为两个金属块,金属名,后作"铝"。"吕"与"宫"、"雍"所从的偏旁来源不同,但在作偏旁时同形。"吕"的脊骨义是假借用法。③ 金文中"吕"用为金属名,如郘钟:"玄鏐鏞吕。"④金文中"吕"也用为国名、地名、人名等。

吕部只有一个属字"躳",云:"身也。从身,从吕。躬,躳,或从弓。"现在通用"躬"字。

---

①李学勤《殷代地理简论》,科学出版社,1959年,第15页。

②徐复、宋文民《说文五百四十部首正解》,江苏古籍出版社,2003年,第219页。

③李学勤《字源》(中),天津古籍出版社,2012年,第665页。

④陈初生《金文常用字典》,陕西人民出版社,1987年,第752页。

## 272. 穴(xué)

“,土室也。从宀,八声。凡穴之属皆从穴。”(胡决切)

金文中“穴”作偏旁,如,字形象土室,构意就是土室、岩洞,与小篆形体基本一致。《诗·大雅·緜》:“古公亶父,陶复陶穴,未有家室。”郑玄笺:“复者,复于土上;凿地曰穴。”《周易·系辞下》:“上古穴居而野处,后世圣人易之以宫室,上栋下宇,以待风雨,盖取诸大壮。”说人类有房屋前住在洞里,处于野外生活的状态。太古之穴,即后世之宀,故宀、穴两部字亦多互从。战国新蔡葛陵楚简作,下加“土”表意。

穴部有五十个属字。如“穿”字下云:“通也。从牙在穴中。”又如“窫”字下云:“穿也。从穴,𣶒声。《论语》有公伯窫。”又如“突”字下云:“犬从穴中暂出也。从犬在穴中。一曰:滑也。”

## 273. 㝱(mèng)

“,寐而有觉也。从宀,从疒,夢声。《周礼》以日月星辰占六㝱之吉凶:一曰正㝱,二曰㖾㝱,三曰思㝱,四曰悟㝱,五曰喜㝱,六曰惧㝱。凡㝱之属皆从㝱。”(莫凤切)

徐锴《系传》:“㝱之言蒙也,不明之皃。疒者,倚著也,宀,屋也。卧安则㝱多也。宣王考室之诗曰:‘上莞下簟,乃安斯寝。其㝱维何?’六㝱之解,具于《礼》注。”

甲骨文作、、、、,象一人睡在床上做㝱,手足㝱舞①。卜辞多用作本义,如:“……丑卜,王㝱有祸大虎……。”(《拾》10·7)②典籍中通作“夢”。“寐而有觉”的意思是睡着了但有知觉。《周礼》中说到六㝱:“正㝱”是一般的㝱;“㖾㝱”是惊愕的㝱,也作“噩㝱”;“思㝱”俗称“心记㝱”,日有所思则夜有所㝱;“悟㝱”是未

---

①于省吾《甲骨文字诂林》(第四册),中华书局,1996年,第3105—3112页。

②马如森《殷墟甲骨文实用字典》,上海大学出版社,2008年,第181页。

寝醒悟时有所见而做的㝱；“喜㝱”是因喜悦而做的㝱；“惧㝱”是因恐惧而做的㝱。由于“㝱”笔画太多，后省写成“夢”。北宋出现了行书“梦”，明清出现了楷书“梦”。今“梦”作为简化字替代了“夢”。

㝱部有九个属字。如“寐”字下云：“卧也。从㝱省，未声。”又如“寤”字下云：“寐觉而有信曰寤。从㝱省，吾声。一曰：昼见而夜㝱也。”

## 274. 疒（nè）

“疒，倚也。人有疾病，象倚箸之形。凡疒之属皆从疒。”（女戹切）

徐锴《系传》：“今日谓人勉强不得已曰戹，疒则此字。”徐灏《注笺》：“疒疑只象卧寝，从爿建类，从一指事。爿即古牀字。……人有疾则卧时多，故凡疾病字皆用为偏旁，久而遂专其义。”

甲骨文作[甲骨文字形]、[甲骨文字形]、[甲骨文字形]、[甲骨文字形]，象人卧床上，有点的字形强调人有疾病，“点”表示人在出汗。卜辞或用其本义，如：“丁亥卜，贞：子鱼其有疒？”（《前》5·44·2）子鱼是人名，武丁之子。又“妇好不延疒”（《后》下11·8）。①

疒部有一百零一个属字。如“痛”字下云：“病也。从疒，甬声。”又“瘉”字下云：“病瘳也。从疒，俞声。”“癡”字下云：“不慧也。从疒，疑声。”今简化作“痴”。

## 275. 冖（mì）

“冖，覆也。从一下垂也。凡冖之属皆从冖。”（莫狄切）

徐铉等注：“今俗作幂。”徐锴《系传》：“《尚书》云：‘丕冒海隅。’此其义也。此与俎几字相乱，几俎字狭而高，两足外向。冖，冒字低广，两垂直下也。”段玉裁注：“覆者，盖也。（从一下垂）一者，所以覆之也，覆之则四面下垂。《广韵》引《文字音义》云：‘以巾覆，从一下

---

①马如森《殷墟甲骨文实用字典》，上海大学出版社，2008年，第182页。

垂。'"徐灏《注笺》:"冖又作幂。《说文》无幂字,幂即幎也。巾部曰'幎,幔也','幔,幕也'。惟在上曰幕,与覆义同。冖、幎、幔、幕一声之转,冖象巾覆物形。"

金文大盂鼎作冂,为"一"两端下垂之形,构意是覆盖东西的幕布或大巾之类。《麦尊》:"冖、衣、市、舄。"唐兰曰:"此处用作盖在头上的头巾,演化为冃字、冃字,冃就是冒(帽)字,又音转为冕字,从免声。"①

冖部有三个属字。如"冠"字下云:"絭也。所以絭发,弁冕之总名也。从冖,从元,元亦声。冠有法制,从寸。"又"冣"字下云:"积也。从冖,从取,取亦声。"字与聚字音义皆同。汉字中由"冖"组成的字多有"覆盖"之义,如"冥"、"幂"等。但到了楷书结构中有些字虽然含有"冖"字,却没有"覆盖"之义,也被归入到冖部,如"冗"、"写"、"农"等字,需加以注意。

## 276. 冃(mǎo)

"冃,重覆也。从冖、一。凡冃之属皆从冃。读若艸苺苺。"(莫保切)

徐灏《注笺》:"冃与冃形声义皆相近,疑本一字,因所属之字或从一,或从二,故各为部首耳。"王筠《说文句读》亦云冃、冃古为一字,只是繁简不同。

冃部有三个属字。如"同"字下云:"合会也。从冃,从口。"段玉裁注:"口皆在所覆之下,是同之意也。"又"冡"字下云:"覆也。从冃、豕。"现多借用"蒙"字表"冡"之义。

## 277. 冃(mào)

"冃,小儿、蛮夷头衣也。从冖,二其饰也。凡冃之属皆从冃。"(莫报切)

①陈初生《金文常用字典》,陕西人民出版社,1987年,第754—755页。

徐锴《系传》:“《史记》云‘薄太后以冒絮提文帝’是也,今作帽。”

冃,为古“帽”字。亦作“冒”。“冒”金文作,下从目,上为帽形。许慎说“冃”构意是小孩及边远少数民族所戴的便帽。段玉裁注:“谓此二种人之头衣也。小儿未冠,夷狄未能言冠,故不冠而冃。……冃即今之帽字也。”由于“冒”又有覆盖、冒犯等引申义,故又造“帽”表示帽义。

冃部有四个属字。如“冕”字下云:“大夫以上冠也。邃延,垂瑬,紞纊。从冃,免声。古者黄帝初作冕。絻,冕,或从糸。”又“冒”字下云:“冢而前也。从冃,从目。”又“胄”字下云:“兜鍪也。从冃,由声。”这里指头盔,和肉部训“胤”之“胄”不是一个字。

## 278. 网(liǎng)

“,再也。从冂,阙。《易》曰:‘参天网地。’凡网之属皆从网。”(良奖切)

段玉裁注:“凡物有二,其字作网不作兩。兩者,二十四铢之称也。今字兩行而网废矣。”

甲骨文取象于一衡兩轭,代表一輛车。如:“癸巳卜,往,马三十兩(輛)?”(《合》20790)卜辞贞问商王可否用三十对马,即驾三十輛车出行。① 金文作、、等。于省吾认为字形是截取甲骨文和金文中的“车”字辕前双轭形的部分而成,引申之,凡成对并列的都可称为兩。② 战国包山楚简作、,曾侯乙墓楚简作。后派生有輛、緉等字。

网部有兩个属字。如“兩”字下云:“二十四铢为一兩。从一;网,平分,亦声。”于省吾认为“网”、“兩”本属同字。

---

①黄天树《黄天树古文字论集》,学苑出版社,2006年,第344页。

②于省吾《释两》,《古文字研究》第十辑,中华书局,1983年。

## 279. 网(wǎng)

“，庖牺所结绳，以渔。从冖，下象网交文。凡网之属皆从网。，网或从亡。，网或从糸。，古文网。，籀文网。”(文纺切)

甲骨文作、、、、，整体象网形。卜辞或用其本义，如“甲寅卜，乎鸣网鸟获，丙辰凤获五”(《甲》3112)。① 金文有所省简。战国江陵九店 56 号墓楚简作，睡虎地秦简作。网，或作罔，或作網。传说庖牺发明了鱼网，用来打猎或捕鱼等。《诗·邶风·新台》：“鱼網之设，鸿则离之。”

网部有三十三个属字。如“罪”字下云：“捕鱼竹网。从网、非。秦以罪为辠字。”又如“羅”字下云：“以丝罟鸟也。从网，从维。古者芒氏初作羅。”又如“署”字下云：“部署，有所网属。从网，者声。”又如“罷”字下云：“遣有罪也。从网、能。言有贤能而入网，而贯遣之。”又如“置”字下云：“赦也。从网、直。”

## 280. 襾(yà)

“，覆也。从冖，上下覆之。凡襾之属皆从襾。读若。”(呼讶切)

高亨说：“‘襾’象盖物之巾布，上有系。”构意为覆盖。张舜徽云：“章炳麟曰：‘凡言夏屋者，两下覆宇，襾之声借也。’舜徽按：襾训覆，与宀下训‘交覆深屋’之覆同，皆谓屋宇之下覆也。罯乃春夏之夏本字，古人既假夏为襾，故许云读若罯。襾之本义为屋下之覆，引申为凡覆之称。”②

“襾”是个纯部首字，不单独使用。襾部下收录了三个属字。如“覂”字下云：“反覆也。从襾，乏声。”“覆”字下云：“覂也。一曰：盖也。从襾，復声。”

①马如森《殷墟甲骨文实用字典》，上海大学出版社，2008 年，第 183 页。

②张舜徽《说文解字约注》(第二册)，华中师范大学出版社，2009 年，第 1867 页。

“襾”现在的写法和“西”相似，但音和义都不同。另外还有一些字如“栗”、“粟”、“要”等，本为象形字，上面的字既不是襾，也不是西。大多数后来的字典和词典把它们并入到同一部内，仅仅因为形似而已。

## 281. 巾(jīn)

“，佩巾也。从冂，丨象系(据段注本)也。凡巾之属皆从巾。”(居银切)

甲骨文作，金文作，冂为覆巾，一竖表示系于带，构意为佩巾。战国信阳楚简作，包山楚简作。段玉裁注：“带下云：‘佩必有巾。’佩巾，礼之纷帨也。郑曰：‘纷帨，拭物之佩巾也。’……《玉篇》曰：‘本以拭物，后人著之于头。’……巾可覆物，故从冂。《周礼·幂人》注：‘以巾覆物曰幂。’(丨象系也)，有系而后佩于带。”佩巾为古代佩带在腰左的拭巾。后戴在头上的头巾也可称“巾”。李白《嘲鲁儒》：“首戴方山巾。”古代诗文中常用“巾卷”指头巾。

巾部有六十一个属字。如“帥”字下云：“巾，佩巾也。从巾、𠂤。帨，帥，或从兑。”又“帶”字下云：“绅也。男子鞶帶，女子帶丝。象系佩之形。佩必有巾，从巾。”后作“带”。又“常”字下云：“下裙也。从巾，尚声。裳，常，或从衣。”又“帚”字下云：“粪也。从又持巾扫冂内。古者少康初作箕、帚、秫酒。少康，杜康也，葬长垣。”

## 282. 巿(fú)

“，韠也。上古衣，蔽前而已，巿以象之。天子朱巿，诸侯赤巿，大夫葱衡。从巾，象连带之形。凡巿之属皆从巿。，篆文巿。从韦，从犮。臣铉等曰：今俗作绂。”(分勿切)

徐锴《系传》：“以韦为之也。《诗》曰：‘三百赤巿。’《易》曰：‘朱巿方来。’多用此字也。”张舜徽云：“今《诗·曹风·侯人》篇作‘三百赤芾’，乃于巿上加艸，后人所益也。今《易》困卦作‘朱绂方来’，乃从糸从犮,则由市之篆体韨,变韦为糸耳。皆后出俗体也。"①

金文作市,与《说文》形体基本一致。金文或加"攴"作𢁒。市的构形从一,从巾,象大巾上的博带。义为祭服的蔽膝,"韨"的本字。柳鼎:"易(赐)女(汝)赤市、幽黄、攸勒。"②文献作芾、绂、韨、黻、绋、茀等。段玉裁注:"郑注《礼》曰:'古者佃渔而食之,衣其皮,先知蔽前,后知蔽后。后王易之以布帛,而独存其蔽前者,不忘本也。'……(从巾,象连带之形)谓一也。"可见,"韠"就是蔽膝。今之所谓腰围裙,应是市之遗制。"葱衡"义为青颜色的玉衡。

市部只有一个属字。

## 283. 帛(bó)

"帛,缯也。从巾,白声。凡帛之属皆从帛。"(旁陌切)

徐锴《系传》:"当言白亦声,脱亦字也。"

甲骨文作帛,金文作帛,均从白,从巾,构意为素缯。战国信阳楚简作帛,郭店楚简作帛。缯、帛在《说文》中互训。段玉裁注:"《聘礼》、《大宗伯》注皆云:'帛,今之璧色缯也。'"徐灏《注笺》:"帛者,缣素之通名。璧色,白色也,故从白。引申为杂色缯之称。"金文中"帛"有两种用法。一指丝织品,如九年卫鼎:"舍矩姜帛三两。"二通"白",如九年卫鼎:"(舍)朏帛(白)金一反(钣)。"③

帛部只有一个属字"锦",云:"襄邑织文。从帛,金声。"

## 284. 白(bái)

"白,西方色也。阴用事,物色白。从入合二。二,阴数。凡白之属皆从白。白,古文白。"(旁陌切)

①张舜徽《说文解字约注》(第二册),华中师范大学出版社,2009年,第1892—1893页。

②陈初生《金文常用字典》,陕西人民出版社,1987年,第760页。

③陈初生《金文常用字典》,陕西人民出版社,1987年,第761页。

甲骨文中作[illegible]、[illegible]，金文作[illegible]。对于其构意，说法不一。或说白为一粒稻米的形象，或说象日光。郭沫若说象拇指之形。拇指居首位，故引申为伯仲之伯，又引申为五伯之伯。用于白色为假借。于省吾《甲骨文字诂林》引赵诚、陈世辉等说法，说“白”象人首，人头骨的刻辞皆书“白”字可为明证。如此说来，白、首本同出一源，皆象人首形。白象其正面，首象其侧面。而黑白之白，本无形可象，是假借用法。① 卜辞云：“甲辰卜，𣪊，贞：奚来白马？王占曰：吉。其来。”（《合》9177 正）② 卜辞中还用作“伯”，如“……王来征盂方白炎……”（《后》上 18 · 6）。③ 金文中可用于白色义，如作册大鼎：“公賫（赏）乍（作）册大白马。”也可用为“伯”，五等爵位之三，如鲁伯盘：“鲁白（伯）厚父乍（作）仲姬艅（俞）賸（媵）般（盘）。”④也用于人名，如虢季子白盘。

白部有十个属字。如“晳”字下云：“人色白也。从白，析声。”如“皤”字下云：“老人白也。从白，番声。《易》曰：‘贲如，皤如。’”“老人白”是说老人头发花白。

## 285. 㡀（bì）

“[illegible]，败衣也。从巾，象衣败之形。凡㡀之属皆从㡀。”（毗祭切）

徐锴《系传》：“衣败零落也。中画当上下通彻，今人或上为小，皆非是。”许慎说㡀字即破败的衣服之形。战国郭店楚简作[illegible]、[illegible]。裘锡圭说，字形以“巾”上有灰尘表示破旧之义。⑤ 段玉裁注：“此败衣正字。自敝专行，而㡀废矣。”王筠《说文释例》：“言败即是事，知此字除巾之外，其四画皆破坏之状也。”

---

①于省吾《甲骨文字诂林》（第二册），中华书局，1996 年，第 1018—1026 页。

②黄天树《黄天树古文字论集》，学苑出版社，2006 年，第 344 页。

③马如森《殷墟甲骨文实用字典》，上海大学出版社，2008 年，第 184 页。

④陈初生《金文常用字典》，陕西人民出版社，1987 年，第 762 页。

⑤裘锡圭《古文字论集》，中华书局，1992 年，第 638 页。

㡀部只有一个属字"敝",云:"帗也。一曰:败衣。从攴,从㡀。㡀亦声。"㡀与敝都有败衣的意思。甲骨文有[古文字]、[古文字]、[古文字],从攴从㡀会意,敲击而敝坏。如此看来,两个字应该为异体关系。

## 286. 黹(zhǐ)

"黹,箴缕所紩衣。从㡀,丵省。凡黹之属皆从黹。臣铉等曰:丵,众多也。言箴缕之工不一也。"(陟几切)

徐锴《系传》:"紩,刺绣也。业,象刺文也。"

甲骨文作[古文字],金文作[古文字]、[古文字]、[古文字]、[古文字]、[古文字]、[古文字],象衣物两片之间用针线缝缀之形,构意为用针线绣成的花纹。卜辞或用其本义,如:"丙寅卜,丁卯子劳丁,爯黹圭一、……。来狩自斝。"(《花》480)大意说,花东卜辞的占卜主体"子"怎么慰劳武丁之事。武丁从斝地狩猎归来,路途劳累,所以子要迎接慰问。"爯黹圭一"意思是进献一件有花纹的玉圭。① 金文中可指刺绣花纹,如此鼎:"易(赐)女(汝)玄衣、黹屯(纯)、赤市(韨)、朱黄(衡)、䜌(鑾)旂(旂)。"②

《说文》所说"箴缕所紩衣",意思是用针和线缝制衣服。段玉裁注:"箴当作鍼。箴所以缀衣,鍼所以缝也。紩,缝也。缕,线也。丝亦可为线矣。以箴贯缕紩衣曰黹。"从丵,丵为丛生之草,比喻丝缕之多。徐复说,《说文》有从"希"之字,如"稀"、"脪"、"郗"等,但没有"希"字,大概是由于许慎将黹、希两字整齐划一而为一字的缘故。这个说法可以参考。③

黹部有五个属字。如"黼"字下云:"白与黑相次文。从黹,甫声。"又如"黻"字下云:"黑与青相次文。从黹,犮声。"

①黄天树《黄天树古文字论集》,学苑出版社,2006年,第344页。

②陈初生《金文常用字典》,陕西人民出版社,1987年,第763页。

③徐复、宋文民《说文五百四十部首正解》,江苏古籍出版社,2003年,第232页。

# 卷　八

## 287. 人(rén)

"𠆢,天地之性最贵者也。此籀文,象臂胫之形。凡人之属皆从人。"(如邻切)

甲骨文有𠆢、𠆢不同写法,均象人侧立之形;人侧立则只能见其躯体和一臂。卜辞或用其本义,如:"丁酉卜,㱿,贞:今春王共人五千,正土方受有祐,三月。"(《后》上31·5)①王,武丁;共,派出;人,兵卒;正,同征。金文作𠆢、𠆢等,与甲骨文相似。

徐灏《注笺》:"大,象人正视之形;人,象侧立之形。侧立,故见其一臂一胫。……造字之初,因物象形,本无奥义,后世穿凿求之,而支离曼衍之说繁矣。"许慎所说,盖本自《孝经·圣治章》:"天地之性人为贵。"上古"生"与"性"相通,许慎说,人是天地之间的生物中最高贵的。

人部有二百四十四个属字。汉字中,凡由"人"组成的字大都与人有关,如"介"、"众"、"从"等。《康熙字典》将人部和亻部合为"人"部,《辞源》、《辞海》、《新华字典》则将它们分立。

## 288. 七(huà)

"𠤎,变也。从到人。凡七之属皆从七。"(呼跨切)

此字训为变,从倒人,谓人死之称。戴侗曰:"倒人为七,人死则七也。凡自无而有,自有而无皆曰七。气七曰七,形易曰变。七者密移而其迹泯,变者革故而其迹著。天地生生,变七无穷。引而申

---

①马如森《殷墟甲骨文实用字典》,上海大学出版社,2008年,第185页。

之,变七之义无所不通。”①段玉裁注:“凡变七当作七,教化当作化,许氏之字指也。……(从到人)到者,今之倒字。人而倒,变七之意也。”

七部有三个属字。如“真”字下云:“仙人变形而登天也。从七,从目,从乚。八,所乘载也。”又如“化”字下云:“教行也。从七,从人。七亦声。”甲骨文下有化字,作 [illegible],象人一正一倒之形。

## 289. 匕(bǐ)

“[illegible],相与比叙也。从反人。匕亦所以用比取饭,一名柶。凡匕之属皆从匕。”(卑履切)

王筠《说文释例》:“匕字盖两形各义,许君误合之也。比叙之匕从反人,其篆当作 [illegible]……;一名柶之匕,盖本作 [illegible],象柶形,与勺篆作 [illegible] 相似,其物本相似也。勺之柄在下,[illegible] 之柄在上耳。……由此观之,其为两义,较然明白。……流传既久,字形同也。”许慎对“匕”的字义有两种解释,一是说人与人相与比之义,所以从反人,这是说“匕”和“比”上古为一字;二是说匕是取饭用具,就是今天所谓的羹匙或小勺。如《三国志·蜀书·先主传》:“先主方食,失匕箸。”

甲骨文或作 [illegible]、[illegible]、[illegible],象人鞠躬或匍匐的侧形。卜辞中用为妣,先祖之配偶。② 金文中或用为器名,或借为“妣”。关于反人,杨树达《释匕》认为许慎“相与比叙”解释不清楚,提出“匕”即“妣”之初文。他根据妣之籀文作妣、牡牝相对、麀从匕而非从牝省等理由,证明“匕”即与“男”相对之“女”。“然则字何以从反人也?曰:凡圆胪方趾之类皆人也,然人之中有男女之别焉。造文者艰于创构,小变人之形以表人类中之女,固事理之宜也。”③

①〔宋〕戴侗撰,党怀兴、刘斌点校《六书故》(上),中华书局,2012 年,第 156 页下。

②于省吾《甲骨文字诂林》(第一册),中华书局,1996 年,第 3—7 页。

③杨树达《积微居小学述林全编》(上),上海古籍出版社,2007 年,第 59—60 页。

匕部有八个属字。如“匙”字下云:“匕也。从匕,是声。”“顷”字下云:“头不正也。从匕,从页。”又如“卬”字下云:“望,欲有所庶及也。从匕,从卪。《诗》曰:‘高山卬止。’”又如“卓”字下云:“高也。早匕为卓,匕卪为卬,皆同义。”

## 290. 从(cóng)

“从,相听也。从二人。凡从之属皆从从。”(疾容切)

段玉裁注:“听者,聆也。引申为相许之称。言部云:‘许,听也。’按从者,今之從字,從行而从废矣。……许书凡云‘从某’,大徐作‘从’,小徐作‘從’。江氏声曰:‘作从者是也。以类相与曰从。’”

甲骨文作[illegible]、[illegible],金文作[illegible]、[illegible],象二人相随行路。甲骨文或加彳作[illegible],金文或加辵作[illegible],或加止作[illegible],或加彳作[illegible]。卜辞中“从”和“比”正反互用,容易混淆,应根据卜辞文义来确定。卜辞或用其本义,如“……卜,殻,贞:王从望乘伐下危受祐”(《粹》1113)。① 下危,方国名。卜辞中还用作连词,意为和。金文中“从”有跟从、从属、听从等动词用法,也用作介词,表所从。

从部有两个属字。“從”字下云:“随行也。从辵、从,从亦声。”金文中从、從通用,属于古今字关系。后“从”专表听从义,而“從”表随从义。1956 年公布的《汉字简化方案》中,“從”又简化为“从”。

## 291. 比(bǐ)

“比,密也。二人为从,反从为比。凡比之属皆从比。[illegible],古文比。”(毗至切)

甲骨文或作[illegible],金文或作[illegible]、[illegible],象两个人相随之形。战国包山楚简作[illegible]。张舜徽云:“比之本义,当为二人并立,并立则近,故训密也。古文作[illegible],从二大,大即人也,象二人并立之形。此与扶、竝二字皆双声,其义亦同。二人为从,谓前后相随也。比则左右相并,故

①马如森《殷墟甲骨文实用字典》,上海大学出版社,2008 年,第 194 页。

曰:‘反从为比。’”①卜辞中也用“比”为“妣”。由于“比”和“从”两个字形体相近,容易混用,所以许慎说“二人为从,反从为比”。许慎用“密”来解释“比”是声训,带有推源的性质。“比”的造字意图是比附、并列。相比附和并列则密切,所以也可以来解释“比”的词义。

比部只有一个属字“毖”,云:“慎也。从比,必声。《周书》曰:‘无毖于卹。’”

## 292. 北(bèi)

“北,乖也。从二人相背。凡北之属皆从北。”(博墨切)

徐锴《系传》:“乖者,相背违也。古人云追奔逐北,逐其亡者。”段玉裁注:“乖者,戾也。此于其形得其义也。军奔曰北,其引申之义也。谓背而走也。韦昭注《国语》曰:‘北者,古之背字。’又引申之为北方。”

甲骨文有[illegible]、[illegible],金文作[illegible]、[illegible],象二人相背之形。甲骨文和金文中多用为方位词,北方。

注意:古籍中常见“北面”一词,不可用今天的意思去理解。古代“北面”有两个意思,一是古代学生的敬师之礼,《汉书·于定国传》:“定国乃迎师学春秋,身执轻,北面备弟子礼。”另一个意思是向人称臣,如司马光《赤壁之战》:“若不能,何不按兵束甲,北面而事之!”

北部只有一个属字“冀”,云:“北方州也。从北,異声。”《尔雅·释地》:“两河间曰冀州。”

## 293. 丘(qiū)

“丘,土之高也,非人所为也。从北,从一。一,地也。人居在丘南,故从北。中邦之居在昆仑东南。一曰:四方高、中央下为丘。象

①张舜徽《说文解字约注》(第三册),华中师范大学出版社,2009年,第2004页。

形。凡丘之属皆从丘。，古文从土。”（去鸠切）

太炎先生云：“人所为曰京，非人所为曰丘。……丘又训空，《汉书》‘丘嫂’即寡嫂也。丘谓之虚，虚本大丘，引申为空虚之虚，故丘亦引申为虚空之义。”①

甲骨文或作、，象两座小山高出地面之形。春秋金文作、，战国金文作、，战国包山楚简作、，字形从甲骨文变化而来。

出土文献中“丘”多用为地名。许慎说“非人所为”就是自然生成。朱骏声《说文通训定声》：“《尔雅·释丘》‘非人为之丘’注：‘地自然也。’”“从北从一”的说法则是根据小篆形体分析的结果。徐灏《注笺》：“此字说解未确。盖因字之上体与北同，遂误认为从北，从一。又因《山海经》言昆仑虚在西北，遂以为中邦之居在昆仑东南，取义迂远，非其指也。”

丘部有两个属字。如“虚”字下云：“大丘也。昆仑丘谓之昆仑虚。古者九夫为井，四井为邑，四邑为丘，丘谓之虚。从丘，虍声。”“屔”字下云：“反顶受水丘。从丘，泥省声。”

## 294. 乑（yín）

“，众立也。从三人。凡乑之属皆从乑。读若钦崟。”（鱼音切）

徐锴《系传》：“今谓众立不动为乑也。”

甲骨文作，金文作，从三人，所谓“人三为众”。卜辞或用其本义，如：“舞，今日众舞。”（《甲》2858）②饶炯《部首订》：“乑当为古文群字，谓众多也。篆从三人，与雥从三隹为群鸟例同。……故《六书统》、《六书精蕴》、《李氏摭古遗文》所录群字，均有从乑君声之篆，其从本字加声，与考从老省丂声转注例同。”③

①王宁主持整理《章太炎说文解字授课笔记·部首》（缩印本），中华书局，2010年，第12页。

②马如森《殷墟甲骨文实用字典》，上海大学出版社，2008年，第196页。

③丁福保《说文解字诂林》（三），云南人民出版社，2006年，第2073—2074页。

乑部有三个属字。如“眾”字下云:“多也。从乑、目,眾意。”金文或作[古文字]。又如“聚”字下云:“会也。从乑,取声。邑落云聚。”指人相聚合。邑落是村落。

## 295. 𡈼(tǐng)

“𡈼,善也。从人、士;士,事也。一曰:象物出地挺生也。凡𡈼之属皆从𡈼。”(他鼎切)

徐铉曰:“人在土上,𡈼然而立也。”

甲骨文或作[甲骨文]、[甲骨文],象一个人挺立在土堆之上。卜辞中的[甲骨文]字象人挺立,表示有所企求、希企之义。如:“己卯卜,㱿,贞:[甲骨文](𡈼)父乙妇好生,保?”(《合》2646)①大意是乞求父乙佑护妇好生育。太炎先生云:“此字当以挺生为本义。上象其题,下象土,声义与耑中皆相近。挺生则直,故诸𡈼声字义多近直。”②

许慎说“𡈼”有两个意思,这是两个字误合为一个形体所致。饶炯《部首订》:“𡈼存二说,部属所从,义皆假借,形无由正。……篆本二字,而今并之者也。一为进善,即徵之古文,从人从士会意。一为拔出,即挺之古文,从土象物挺生之形,指事。篆涉隶变,误合为一。”③

𡈼部有三个属字。如“徵”字下云:“召也。从微省。𡈼为徵,行于微而文达者,即徵之。”“朢”字下云:“月满与日相望,以朝君也。从月,从臣,从𡈼。𡈼,朝廷也。”

## 296. 重(zhòng)

“[篆文],厚也。从𡈼,東声。凡重之属皆从重。”(柱用切)

徐锴《系传》:“𡈼者,人在土上,故为厚也。”段玉裁注:“厚斯重矣。引申之为郑重、重叠。古只平声,无去声。”

---

①黄天树《黄天树古文字论集》,学苑出版社,2006年,第345页。
②张舜徽《说文解字约注》(第三册),华中师范大学出版社,2009年,第2010页。
③丁福保《说文解字诂林》(三),云南人民出版社,2006年,第2076页。

甲骨文作[古文字]，商代金文作[古文字]、[古文字]，西周早期金文作[古文字]，战国金文作[古文字]、[古文字]。对于“重”的构形，柯昌济提出[古文字]即[古文字]（重）字的见解。“前者从人从東，象一个人背着沉甸甸的口袋。后者把两个偏旁重叠之而合成一体。[古文字]之与[古文字]，是竖笔的合用重合。它们分别为早晚字。”①战国郭店楚简作[古文字]、[古文字]。

徐复疑其为“重身”义，即怀孕，“从壬，谓其身挺立；从東，象身中有身，与娠同义”。②

重部只有一个属字“量”，云：“称轻重也。从重省，曏省声。[古文字]，古文量。”

## 297. 臥（wò）

“[古文字]，休也。从人、臣，取其伏也。凡臥之属皆从臥。”（吾货切）

段玉裁改“休也”为“伏也”，云：“伏，大徐作休，误。臥与寝异；寝于床，《论语》‘寝不尸’是也。臥于几，《孟子》‘隐几而臥’是也。臥于几，故曰伏。……引申为凡休息之称。……臣下曰‘象屈服之形’，故以人臣会意。”太炎先生云：“仰臥曰寝，俯臥曰臥。”杨树达《释臥》云：“余谓古文臣与目同形，臥当从人从目。盖人当寝臥，身体官骸与觉时皆无别异，所异者独目尔；觉时目张，臥时则目合也。”③甲骨文偏旁象一个人弯下腰来，突出竖目。

臥部有三个属字。如“監”字下云：“临下也。从臥，衉省声。”“監”字甲骨文或作[古文字]、[古文字]，金文或作[古文字]，象人俯身以目视皿，来照见自己的面容。如此看来，杨树达先生说“臥”从人从目是有道理的。再如“臨”下云：“監臨也。从臥，品声。”

---

①黄天树《黄天树古文字论集》，学苑出版社，2006年，第345页。

②徐复、宋文民《说文五百四十部首正解》，江苏古籍出版社，2003年，第241页。

③杨树达《积微居小学述林全编》（上），上海古籍出版社，2007年，第143页。

## 298. 身(shēn)

"[小篆],躳也。象人之身。从人,厂声。凡身之属皆从身。"(失人切)

甲骨文或作[甲骨文],金文或作[金文]、[金文]、[金文]、[金文],象人身形。或说从人之腹部隆起,象有孕之形,有妊娠义,如:"丙申卜,㱿,贞:妇好身,弗以妇葬。"(《乙》6691)卜辞中也指人的腹部,如:"贞:勿于父乙告疒身。"(《乙》5839)①《诗·大雅·大明》:"大任有身,生此文王。"毛传:"身,重也。"郑玄笺:"重,谓怀孕也。"孔颖达疏:"以身中复有一身,故言重。"许慎这里解释为"躳",意思是"身躯"。《楚辞·九歌·国殇》:"身既死兮神以灵,魂魄毅兮为鬼雄。"金文中"身"承袭甲骨文,或于腹部加一点,或于下部加一横为饰,可以表示人体。如毛公鼎:"吕(以)乃族干吾(敔敌)王身。"②战国文字包山楚简作[楚简]、[楚简]、[楚简],郭店楚简作[楚简]。睡虎地秦简作[秦简]、[秦简]。

身部只有一个属字"躯",云:"体也。从身,区声。"

## 299. 㐆(yī)

"[小篆],归也。从反身。凡㐆之属皆从㐆。"(於机切)

甲骨文"身"字作左向右向互见。许慎分为两个部首。"归"意思是归依。徐铉等注:"徐锴曰:'古人所谓反身修道,故曰归也。'"朱骏声《说文通训定声》说"㱙"是"㐆"的俗字。

㐆部只有一个属字"殷",云:"作乐之盛称殷。从㐆,从殳。《易》曰:'殷荐之上帝。'"段玉裁注:"乐者,乐其所自成,故从㐆;殳者,干戚之类,所以舞也。"

## 300. 衣(yī)

"[小篆],依也。上曰衣,下曰裳。象覆二人之形。凡衣之属皆从

①徐中舒《甲骨文字典》,四川辞书出版社,1989年,第931—932页。

②陈初生《金文常用字典》,陕西人民出版社,1987年,第800页。

衣。”(於稀切)

徐锴《系传》:“人所依也。《易》曰:‘黄帝、尧、舜垂衣裳而天下治。’”

甲骨文作 ,金文作 等,皆象衣襟左右掩覆之形。甲骨文或加交错的斜画或直画,或加点以象衣饰。小篆字形发生变化,许慎据以说形,其说有误。徐灏《注笺》:“古钟鼎文多作 ,与小篆同体,上为曲领,左右象袂,中象交衽,此象形文明白无可疑者。”许慎用“依”来解释“衣”,为声训。段玉裁注:“依者,倚也。衣者,人所倚以蔽体者也。”“衣”构意是上衣,下衣为“裳”。《诗·邶风·绿衣》:“绿兮衣兮,绿衣黄裳。”衣也可为衣服总称,还引出覆盖之义。如《周易·系辞下》:“古之葬者,厚衣之以薪。”金文中“衣”可指上衣。也通“殷”,表示祭祀名、朝代名等。

衣部有一百一十五个属字。如“表”字下云:“上衣也。从衣,从毛。古者衣裘,以毛为表。”又如“袁”字下云:“长衣皃。从衣,叀省声。”又如“襄”字下云:“汉令:解衣耕谓之襄。”又如“衵”字下云:“日日所常衣。从衣,从日,日亦声。”衵音 yì,今天所谓贴身内衣。

## 301. 裘(qiú)

“ ,皮衣也。从衣,求声。一曰:象形,与衰同意。凡裘之属皆从裘。 ,古文省衣。”(巨鸠切)

徐锴《系传》:“裘以兽皮毛作之,以助女工也。”

甲骨文作 ,象皮毛外露之衣,应为“裘”的本字。金文或作 、 ,加上声符“求”,成为从衣、求声的形声字。金文或将“求”省简为“又”或“寸”,如 、 。金文中也有 的写法,但不用为衣裘义,为《说文》古文的来源。段玉裁注:“裘之制,毛在外,故象毛文。……(求,古文裘)此本古文裘字,后加衣为裘,而求专为干请之用;亦犹加艸为蓑,而衰为等差之用也。”段氏说法为是,后来“求”和“裘”的词义各有专用,于是分为两个字。张舜徽云:“‘求’为‘裘’之初文,象挈其领而毛顺下之形。《荀子》所谓:‘若挈裘领,诎五指而顿之,顺者不可胜数也。'是其事矣。古者丝、麻为服，皆可成之于家，惟皮衣必猎取于外，故求字引申为探索寻求义。"①然金文中"求"借用为求索义，无用为衣裘者；故裘锡圭疑"求"是训"多足虫"的"蛷"的初文，"求索"是假借义。

裘部只有一个属字。

## 302. 老(lǎo)

"耂，考也。七十曰老。从人毛匕，言须发变白也。凡老之属皆从老。"(卢皓切)

甲骨文作[甲骨文]、[甲骨文]、[甲骨文]、[甲骨文]，皆象一老者倚杖之形。"老"之构意是年老之人。金文作[金文]、[金文]、[金文]、[金文]，其手杖有些变形。其用例如殳季良父壶："用亯(享)孝于兄弟婚顜(媾)者(诸)老。"②战国包山楚简作[楚简]，郭店楚简作[楚简]。传世文献用例如《论语·季氏》："及其老也，血气既衰，戒之在得。""老"还可做动词用，"告老"之义。《左传·隐公三年》："其子厚与州吁游，禁之，不可。桓公立，乃老。"

老部下有九个属字。如"耆"字下云："老也。从老省，旨声。"又如"孝"字下云："善事父母者。从老省，从子；子承老也。""孝"是会意字。

## 303. 毛(máo)

"[篆文]，眉发之属及兽毛也。象形。凡毛之属皆从毛。"(莫袍切)

"毛"是个象形字，金文作[金文]、[金文]，战国包山楚简作[楚简]，皆象毛丛生之形。段玉裁注："眉者，目上毛也；发者，首上毛也。……及兽毛者，贵人贱畜也。"徐灏《注笺》："人、兽曰毛，鸟曰羽，浑言通曰毛。引申之，草木亦谓之毛。"《左传·僖公二十二年》："君子不重伤，不禽二毛。"二毛是须发斑白的老者。张舜徽云："毛之言麻也，麻者微

---

①张舜徽《说文解字约注》(第三册)，华中师范大学出版社，2009年，第2064页。

②陈初生《金文常用字典》，陕西人民出版社，1987年，第811页。

也。故凡物之细微者,皆得谓之毛。毛、麻受义同原,惟语音稍转耳。毛之本义,自指纤微之物言,故许以眉发兽毛为释。”①

毛部有五个属字。如“氈”字下云:“撚毛也。从毛,亶声。”段玉裁注:“撚毛者,蹂毛成氈也。”现在叫氈毯,俗作“毡”。

## 304. 毳(cuì)

“毳,兽细毛也。从三毛。凡毳之属皆从毳。”(此芮切)

金文作[古文字]、[古文字],战国上博简作[古文字],从三毛会意,因为兽的嫩毛细而多。段玉裁注:“掌皮注曰:‘毳毛,毛细缛者。’(从三毛)毛细则丛密,故从三毛,众意也。”“毳”最早见于西周金文,如守宫盘:“赐守宫丝束、苴幕五,苴幂二,马匹、毳布三。”②此处毳布即用细毛织成的布。《诗·王风·大车》也有“毳衣”一词。

毳部只有一个属字。

## 305. 尸(shī)

“尸,陈也。象卧之形。凡尸之属皆从尸。”(式脂切)

甲骨文或作[古文字]、[古文字]、[古文字],金文或作[古文字]、[古文字]。黄德宽云:“尸,甲骨文、金文象蹲踞之形,本义为蹲踞。典籍借用夷。《论语·宪问》‘原壤夷俟’。何晏集解引马融注‘夷,踞;俟,待也’。”③或说这是东夷的一种习惯,古人叫夷踞,与中原人坐时以膝着地、臀压在足上的坐法不同。林义光《文源》说尸古与夷同音,疑为“夷居”之夷的本字。甲骨文、金文多借尸为东夷之夷,不见用于本义者。如競卣:“命伐南尸(夷)。”④

许慎说,人横陈而卧为“尸”。张舜徽云:“尸之言弛也,弛其四

---

①张舜徽《说文解字约注》(第三册),华中师范大学出版社,2009年,第2069页。

②李学勤《字源》(中),天津古籍出版社,2012年,第743页。

③黄德宽《古文字谱系疏证》(三),商务印书馆,2007年,第2978页。

④陈初生《金文常用字典》,陕西人民出版社,1987年,第821页。

支,偃息之象也。尸本人卧之名,因人死横陈亦谓之尸,其后引申义行而本义废矣。”①《论语·乡党》:“寝不尸。”

尸部有二十二个属字。如“居”字下云:“蹲也。从尸,古者居从古。”后来增加义符作“踞”。“屆”字下云:“行不便也。一曰:极也。从尸,凷声。”又如“尼”字下云:“从后近之。从尸,匕声。”又如“層”字下云:“重屋也。从尸,曾声。”又如“尻”字下云:“脽也。从尸,九声。”段玉裁注:“尻今俗云沟子是也。脽今俗云屁股是也。”古时尸体的意思只写作“屍”,而“尸”只表示身体的意思。后来文字简化,只保留“尸”字写法。

## 306. 尺(chǐ)

“尺,十寸也。人手却十分动脉为寸口。十寸为尺。尺,所以指尺规榘事也。从尸,从乙。乙,所识也。周制:寸、尺、咫、寻、常、仞诸度量,皆以人之体为法。凡尺之属皆从尺。”(昌石切)

甲骨文、两周金文皆不见尺字。出土文献的“尺”最早见于战国晚期兆域图铜版及睡虎地秦简牍,分别作 ㇆、尺。典籍中最早见于《诗·鲁颂·閟宫》:“是断是度,是寻是尺。”周制以人体为法,尺从人,从一点标志人之肘处。徐锴《系传》:“十分,一寸也。人所诊脉处,五脏脉所会也。《家语》曰:布指知尺,舒肱知寻。《汉书》:武帝常读东方朔上书,辄乙其处。是以乙为记识也。”林义光《文源》:“按从尸犹从人。尺以人体为法,故于胫下以乙识之。寸以手却十分为法,然则尺以足上十寸为法也。”②《大戴礼记·王言》:“布指知寸,布手知尺,舒肘知寻。”《说文》“夫”字下曰:“人长八尺,故曰丈夫。”“仞”下云:“伸臂一寻,八尺。”“寻”下云:“度人之两臂为寻,八尺也。”从这些材料可以看出,古代多以人体某一部分的长度为拟长度单位的依据。尺是长度单位,度量长度的器具也叫尺。如《玉台新咏·古诗为

①张舜徽《说文解字约注》(第三册),华中师范大学出版社,2009 年,第 2073 页。

②林义光《文源》卷七,中西书局,2012 年,第 288 页。

焦仲卿妻作》:“左手持刀尺,右手执绫罗。”

尺部只有一个属字“咫”,云:“中妇人手长八寸谓之咫,周尺也。从尺,只声。”咫尺可以连言,表示地理上接近。

## 307. 尾(wěi)

“,微也。从到毛在尸后。古人或饰系尾,西南夷亦然。凡尾之属皆从尾。”(无斐切)

甲骨文作,象人后有装饰的尾形。甲骨文词义不明。小篆成为从尸,从毛。许慎用“微”训“尾”,这是声训。微是微小、细微的意思;尾部细微,所以训为“微”。他还说古代西南少数民族有这种在身后装饰羽毛的习俗。王筠说,“尸”应为“皮”之省,故“尾”应指禽兽之尾而言。但从甲骨文看,“尾”的构意为人饰之尾;引申为动物之尾。

尾部有三个属字。如“屬”字下云:“连也。从尾,蜀声。”又如“屈”字下云:“无尾也。从尾,出声。”又如“尿”字下云:“人小便也。从尾,从水。”会意字,古书上多假借“溺”字表示。

## 308. 履(lǚ)

“,足所依也。从尸,从彳,从夂,舟象履形。一曰:尸声。凡履之属皆从履。,古文履,从页,从足。”(良止切)

段玉裁注:“古曰屦,今曰履;古曰履,今曰鞵;名之随时不同者也。引申之训践,如‘君子所履’是也。”许慎说“舟象履形”,意思说小篆“履”中有“舟”这个形体;由于船与鞋子形状相似,所以用“舟”象征鞋子。

甲骨文作,人脚下有一横,代表“履”或所践之处。甲骨文当“践”、“行”讲,如:“辛卯贞:祷禾于河,勿(履),惠丙?”(《合》33283,33284同文)大意说,辛卯这天贞问,向河神祈祷谷物的好收成,是否不要亲自到河这个地方去呢?① 或说金文有、,从頁,从

①黄天树《黄天树古文字论集》,学苑出版社,2006年,第346页。

舟,是“履”之初文,会人履舟之意,本义为践履。金文或加“眉”为声符,如[古文字],《说文》篆文应是其讹变。① 金文或作[古文字]、[古文字],战国包山楚简作[古文字]、[古文字]。

履部有四个属字。如“屦”字下云:“履也。从履省,娄声。”

## 309. 舟(zhōu)

“[篆文],船也。古者共鼓、货狄刳木为舟,剡木为楫,以济不通。象形。凡舟之属皆从舟。”(职流切)

甲骨文作[古文字]、[古文字]、[古文字],金文作[古文字]、[古文字]、[古文字],均象舟形,构意是船。如麦尊:“王乘于舟为大豊(禮)。”②

段玉裁注:“《邶风》‘方之舟之’,传曰:‘舟,船也。’古人言舟,汉人言船,毛以今语释古,故云舟即今之船也。”段氏说舟和船是古今差异,《方言》说两者为地域差异。《方言》第九:“舟,自关而西谓之船,自关而东或谓之舟。”朱骏声云:“按:舟之始,古以自空大木为之,曰俞。后因集板为之曰舟,又以其沿水而行曰船。”张舜徽云:“舟之言周也,谓周密无罅隙也。集板为舟,必周密不漏而后可浮。……物之密固而无罅隙者,无逾于舟,否则水入而下沉矣。故周密之义,自起于舟。其后以舟为船之专名,而周密之义专属之周矣。”③

舟部有十一个属字。“俞”字下云:“空中木为舟也。从亼,从舟,从巜。巜,水也。”“船”字下云:“舟也。从舟,铅省声。”“般”字下云:“辟也。象舟之旋。从舟,从殳。殳所以旋也。”“服”字下云:“用也。一曰:车右骓,所以舟旋。从舟,𠬝声。”

## 310. 方(fāng)

“[篆文],并船也。象两舟省总头形。凡方之属皆从方。[篆文],方或从

①黄德宽《古文字谱系疏证》(三),商务印书馆,2007年,第3074页。

②陈初生《金文常用字典》,陕西人民出版社,1987年,第824页。

③张舜徽《说文解字约注》(第三册),华中师范大学出版社,2009年,第2089页。

水。"(府良切)

徐灏《注笺》:"方象两舟并系横视之形,今字作舫同。方之引申为凡相并之称。……若用为方圆之方,则是假借而非引申。盖匚乃其本字,今方行而匚废耳。"《甲骨文字诂林》中姚孝遂按语云:"徐中舒以为象耒形,独具卓识。"徐中舒有《耒耜考》专门讨论,可以参考。①

甲骨文中有作[古文字]、[古文字]、[古文字]、[古文字],金文或作[古文字]、[古文字]、[古文字],皆不象并船形。卜辞中多用为"四方"之"方",如:"东方西乡。"(《粹》1252)②金文中"方"用法较多,可指方形,与圆相对,如史逨方鼎:"史逨乍(作)宝方鼎。"还可指面积、方位等。有时也指诸侯国与邻近方国,如乙亥鼎:"唯王正(征)井(邢)方。"③这种用法卜辞多见。

方部只有一个属字"斻",云:"方舟也。从方,亢声。《礼》:天子造舟,诸侯维舟,大夫方舟,士特舟。"段玉裁注:"《卫风》:'一苇杭之。'毛曰:'杭,渡也。'杭即斻字。《诗》谓一苇可以为之舟也。舟所以渡,故谓渡为斻。……斻亦作航。"

## 311. 儿(rén)

"[古文字],仁人也,古文奇字人也。象形。孔子曰:'在人下,故诘屈。'凡儿之属皆从儿。"(如邻切)

桂馥《义证》云:"说解'仁人也',当为'仁也',人字衍。""儿"与"人"在上古字义相同,写法也没有分别。《说文》为创立部首的需要,把原来的两字分为儿、人两个部首。把人形在下的归入"儿"部,如兀、允、兒等;把人形在左边的归入"人"部,如保、仕、休等。现在兒童的"兒"简化为"儿",跟《说文》部首"儿"成为同形字。许慎所说的"古文奇字"即其《说文解字叙》中"即古文而异者"。

儿部有五个属字,即兀、兒、允、兑、充。如"兀"字下云:"高而上

①参阅李学勤《字源》(中),天津古籍出版社,2012年,第756页。

②马如森《殷墟甲骨文实用字典》,上海大学出版社,2008年,第202页。

③陈初生《金文常用字典》,陕西人民出版社,1987年,第829—830页。

平也。从一在人上。”“兒”字下云:“孺子也。从儿,象小儿头囟未合。”又如“充”字下云:“长也,高也。从儿,育省声。”

## 312. 兄(xiōng)

“,长也。从儿,从口。凡兄之属皆从兄。”(许荣切)

徐锴《系传·通论》:“兄者,况也。能以言况其弟也。事有隐避不可正言,则譬况之而已矣,故于文‘口儿’为兄。儿者,人在下者也;以口教其下也。下,弟也。”

甲骨文兄作、、,从人,从口,和小篆近似,象张口直立之人。金文或作、。可能在古代宗法社会里,兄长对诸弟能发号施令,具有权威性,故如此造字。在卜辞中用为“兄长”之义,如:“庚申卜,行,贞:王宾兄庚翌,亡尤?”(《合》23484)①金文中“兄”也多用于兄弟义,如剌卣:“剌乍(作)兄日辛尊彝。”②金文中“兄”或通“贶”。传世文献用“贶”,如《诗·小雅·彤弓》:“我有嘉宾,中心贶之。”不过贶赐义在金文中更多是用“光”字表示,如西周守宫尊:“周师光(贶)守宫事。”③“贶”有个异体作“䝨”。战国包山楚简有、、等不同字形。

或说“兄”字为“祝”字初文。杨树达《释兄》云:“余疑兄当为祝之初文,祝乃后起之加旁字。”④不过,卜辞中兄字作、,邑字作,祝字作、等,区别是明显的,一般不相混。⑤

兄部只有一个属字。

## 313. 兂(zēn)

“,首笄也。从人,匕象簪形。凡兂之属皆从兂。,俗兂,从

①黄天树《黄天树古文字论集》,学苑出版社,2006年,第347页。

②陈初生《金文常用字典》,陕西人民出版社,1987年,第832页。

③李学勤《字源》(中),天津古籍出版社,2012年,第758页。

④杨树达《积微居小学述林全编》(上),上海古籍出版社,2007年,第82—83页。

⑤于省吾《甲骨文字诂林》(第一册),中华书局,1996年,第86页。

竹，从簪。”（侧岑切）

郭沫若《殷契粹编》第247片考释中认为甲骨文为先的异体，象女子头着簪之形。于省吾《甲骨文字诂林》第0434条姚孝遂按语认可这一观点。新石器时代，从商周到秦汉墓葬都经常出土石簪、玉簪、骨簪等，甲骨文女子头上所饰正象其形。篆文发生讹变，到春秋时期出现俗体“簪”字，以形声取代了象形。

先，簪之古字，类似今之所谓发夹。段玉裁注：“先必有岐，故又曰叉，俗作钗。《释名》曰：‘叉，枝也。因形名之也。’篆右象其叉，左象其所抵以固弁者。……（簪，俗先）今俗行而正废矣。”《竹部》曰：“笄，簪也。”如此，先和笄两个字为同义互训。簪可以作动词，如“簪笔”，义为“插笔于簪”。

先部只有一个属字。

## 314. 皃（mào）

“，颂仪也。从人，白象人面形。凡皃之属皆从皃。，皃或从页，豹省声。，籀文皃，从豹省。”（莫教切）

商代金文有，甲骨文《明》七二七有相似的字形，《说文》篆文与之相似。姚孝遂云：“实则白既象人面，亦假作黑白之白。《说苑・修文》：‘貌者，男子之所以恭敬，夫人之所以姣好也。行步中矩，折旋中规，立即磬折，拱则抱鼓……。’《国语・晋语》：‘夫貌，情之华也。’仪容包括人身之全体言之，而突出表现于面容，故皃字从人作皃。”①“皃”是“貌”的古字。“颂仪”义为容貌仪表。段玉裁注：“颂者，今之容字。必言仪者，谓颂之仪度可皃象也。凡容言其内，皃言其外。引伸之，凡得其状曰皃。”许慎说“从人，白象人面形”，“白”只是一个象形笔画，象人的一张脸，非黑白之白。许慎说的或体当为籀文“貌”的变体。西周古文字资料中未见“貌”字，最早见于战国郭店楚简，作，汉初马王堆汉墓帛书也有使用。

①于省吾《甲骨文字诂林》（第二册），中华书局，1996年，第1026页。

兒部只有一个属字"𥤜",云:"冕也。周曰覍,殷曰吁,夏曰收。从皃,象形。𥤜,籀文𥤜,从廾,上象形。𥤜,或𥤜字。"段玉裁注:"人象上覆之形。弁之讹俗为卞,由隶书而貤谬也。"

## 315. 兜(gǔ)

"兜,廱蔽也。从人,象左右皆蔽形。凡兜之属皆从兜。读若瞽。"(公户切)

段玉裁注:"廱当作邕,俗作壅。此字经传罕见,音与蛊同,则亦蛊惑之意也。《晋语》曰:'在列者献诗,使勿兜。'疑兜或当为兜,韦曰:'兜,惑也。'"《说文解字诂林续编》载宋育仁《说文部目笺正》即说兜即古文瞽字,篆文作瞽。杨树达云:"兜者,瞽之初字也,字从儿,象左右二目有所蔽而不见形。此与夨象倾头,交象交胫,尣象曲胫同意。"①裘锡圭在《关于殷墟卜辞的"瞽"》一文中也有类似说法。他说,《甲骨文编》第1044号把𠂤、𠂤等字释为"老"是不对的,而应该释为"瞽"。字形上部写法是对目的变形,正好用来表示目有残疾、目不能见。据此,《说文》中的"兜"也是"瞽"表意初文的省变,人形上端两旁的曲线则是由兜的人形上端象眼眶的线条变来的。②李家浩《读〈郭店楚墓竹简〉琐记》中也研究了此字,可以参阅。战国郭店楚简作𠂤、𠂤。

兜部只有一个属字"兜",云:"兜鍪,首铠也。从兜,从皃省。皃象人头也。"

## 316. 先(xiān)

"先,前进也。从儿,从之。凡先之属皆从先。臣铉等曰:之人上是先也。"(稣前切)

甲骨文作𠂤、𠂤,金文或作𠂤、𠂤。字形象人前面有一只脚,从

①杨树达《积微居小学述林全编》(上),上海古籍出版社,2007年,第65页。

②黄天树《黄天树古文字论集》,学苑出版社,2006年,第347页。

止，从人，金文或加彳，构意是“走在前面”。卜辞可用为对先祖的尊称，谓先祖、先世，如：“戊申卜，马其先王兑从，大吉。”（《粹》1154）①也可用于先后之“先”。金文中“先”有“先导”义，如令鼎：“令眔奋先马走。”②《荀子》中亦有“先马”，义为“导马”。金文中“先”还表示时间靠前，常见的有先王、先公、先考、先祖等。杨树达《释先》云：“止为人足，先从儿古人字，从止而义为前进，犹见从人目而义为视，企从人止而义为举踵，鸣从鸟口而义为鸟鸣，吠从犬口而义为犬吠也。《十一篇上·水部》云：‘洗，洒足也。从水，先声。’按先从儿止，洗从水从先，实乃从水从儿从止，谓以水洒人之足也。……侁乃先之后起加义旁字也。”③

先部只有一个属字“兟”字，云：“进也。从二先。赞，从此。阙。”

## 317. 秃（tū）

“秃，无发也。从人，上象禾粟之形，取其声。凡秃之属皆从秃。王育说：苍颉出，见秃人伏禾中，因以制字。未知其审。”（他谷切）

段玉裁注：“按粟当做秀，以避讳改之也。……象禾秀之形者，谓禾秀之颖屈曲下垂，茎屈处圆转光润，如折钗股。秃者全无发，首光润似之，故曰‘象禾秀之形’。……其实秀与秃古无二字，殆小篆始分之。今人秃顶亦曰秀顶，是古遗语。凡物老而椎钝皆曰秀，如铁生衣曰锈。”段玉裁说“秀”与“秃”为一字的说法尚缺乏充分依据。“秀字形体最早见于春秋时代的石鼓文，习见于战国包山楚简，上从禾，下从乃，与《说文》篆文秀字形体完全相同。而秃字形体最早见于秦印、秦陶文颓字所从，独体字最早见于汉简、汉印和《说文》

①马如森《殷墟甲骨文实用字典》，上海大学出版社，2008 年，第 204 页。

②陈初生《金文常用字典》，陕西人民出版社，1987 年，第 833 页。

③杨树达《积微居小学述林全编》（上），上海古籍出版社，2007 年，第 132—133 页。

小篆，但秃字上从禾，下从𠆢，与同时代的乃字形体区别明显。”①因此秀、秃表示秃顶义可能都是借用，本义已失。黄季刚先生讲《说文》，说太炎先生引《周礼·秋官》“髡者使守积”以说从禾从儿之意。② 关于“秃”的结构说法不一。人头无发叫“童”；山无草木也叫“童”。如《荀子·王制》：“斩伐养长不失其时，故山林不童而百姓有余材也。”杨倞注：“山无草木曰童。”清汪中《述学·释童》：“童之为言秃也，语转而异。”

秃部只有一个属字“穨”，云：“秃皃。从秃，貴声。”俗字讹作“颓”。

## 318. 見(jiàn)

“見，视也。从儿，从目。凡見之属皆从見。”(古甸切)

甲骨文或作[古文字]、[古文字]，金文作[古文字]、[古文字]，从人从目，象人目平视有所見之形。过去学者对于卜辞中的字形差异未加区分，不管目下人是跪坐形的，还是直立形的，学者都释为“見”。裘锡圭根据新出土的郭店楚简《老子》中“[古文字](视)之不足[古文字](見)”③认为甲骨文中的[古文字]应释为見，[古文字]释为視，是后来形声字“視”的表意初文。卜辞或用其本义，如：“己酉卜，宾，贞：今日王步兆見雨亡灾，一月。”(《续》6·10·4)④金文中可表示看見义，如中山王壶：“则臣不忍見也。”金文中还可表示下对上的拜見、谒見等，如墙盘：“散(微)史剌(烈)且(祖)来見武王。”⑤张舜徽云：“《史记·项羽本纪》：‘军无見粮。’《汉书·高五王传》：‘于今見在最为长。’古人或单称見，或称見在，犹今俗称現

①李学勤《字源》(中)，天津古籍出版社，2012年，第761页。

②徐复、宋文民《说文五百四十部首正解》，江苏古籍出版社，2003年，第258页。

③荆州市博物馆《郭店楚墓竹简》，文物出版社，1998年，第9页。

④马如森《殷墟甲骨文实用字典》，上海大学出版社，2008年，第204页。

⑤陈初生《金文常用字典》，陕西人民出版社，1987年，第835页。

在也。……故今俗所称現在,亦可称眼前,或称目前,其理一耳。"①

見部有四十四个属字。如"觀"字下云:"谛視也。从見,雚声。"又如"覽"字下云:"觀也。从見、監,監亦声。"又如"覺"字下云:"寤也。从見,學省声。一曰:发也。"

### 319. 覞(yào)

"覞,并視也。从二見。凡覞之属皆从覞。"(弋笑切)

饶炯《部首订》:"并視,非二人同視一物,谓二人相对为視也。"②"覞"不见于先秦出土文献,也不见于传世文献,其构意无法明确。覞字仅见于北周卫元嵩《元包经·太阳》:"覞于醜,囧于垠。"苏源明传:"覞于醜,觀夫众也。囧于垠,照夫远也。"意思是两个人相对而視。张舜徽云:"覞之言耀也。谓两目炯炯有光,照耀于外也。覞从二見,犹从二目。"③

### 320. 欠(qiàn)

"欠,张口气悟也。象气从人上出之形。凡欠之属皆从欠。"(去剑切)

段玉裁注:"悟,觉也。引伸为解散之意。口部'嚏'下曰:'悟,解气也。'……《曲礼》'君子欠伸',正义云:'志疲则欠,体疲则伸。'……欠故,古有此语,今俗曰呵欠。又欠者,气不足也。故引伸为欠少字。"

甲骨文或作[illegible]、[illegible]、[illegible]等,象人跪跽而向前张口出气之形,口向左或右意思一样。甲骨文字形到金文、战国文字,再到秦汉简帛都无太大变化。在先秦出土文字资料中,未见单独使用的"欠"。但

①张舜徽《说文解字约注》(第三册),华中师范大学出版社,2009 年,第 2108 页。

②丁福保《说文解字诂林》(三),云南人民出版社,2006 年,第 2175 页。

③张舜徽《说文解字约注》(第三册),华中师范大学出版社,2009 年,第 2123 页。

“欠”作偏旁常见。“欠”引申有“缺少”之义。

欠部有六十四个属字。欠部的字大多与张口出气有关。如“欲”字下云：“贪欲也。从欠，谷声。”又如“歉”字下云：“歉食不满。从欠，兼声。”又如“次”字下云：“不前不精也。从欠，二声。”又如“歆”字下云：“神食气也。从欠，音声。”

## 321. 㱃(yǐn)

“，歠也。从欠，酓声。凡㱃之属皆从㱃。，古文㱃，从今水。，古文㱃，从今食。”(於锦切)

甲骨文或作、、、，徐中舒说象人俯首吐舌捧尊就饮形，是“㱃”字初文。甲骨文字形本为会意字，到西周金文中，字所从之“舌”形变为“今”，“人”形讹变为“欠”。此后字形可分析为从欠从酉会意，会饮酒或其他流食之意，今声，如、、、。“飮”字写法最早见于春秋时期金文，作，其所从食乃今与酉讹变而成。卜辞或用其本义，如：“昃，亦有出虹，自北，㱃于河。”(《合》10405)①金文中也用其本义，如沇兒钟：“孔嘉元成，用盘㱃酉(酒)。”②后通用字形为“飲”，简化为“饮”。

㱃部只有一个属字“歠”，云：“㱃也。从㱃省，叕声。吷，歠，或从口从夬。”古书多借“啜”字。

## 322. 次(xián)

“，慕欲口液也。从欠，从水。凡次之属皆从次。，次或从侃。，籀文次。”(叙连切)

段玉裁注：“有所慕欲而口生液也，故其字从欠、水。……俗作涎，郭注《尔雅》作唌。”饶炯《部首订》：“凡人心有不足，则慕欲其足，而不觉口液之出，非惟慕欲饮食为然。不过人于饮食之慕欲，其

①黄天树《黄天树古文字论集》，学苑出版社，2006年，第348页。

②陈初生《金文常用字典》，陕西人民出版社，1987年，第838页。

显而易见耳，故次从欠从水会意。”①张舜徽云：“唐写本《玉篇》残卷次字下引《说文》：‘慕也，欲也，亦口液也。’罗氏影印本作液作依，乃传写之讹。是许书原文，本为三义。今二徐本夺其中二‘也’字，遂误连为一矣。今俗称次为口水，字亦作涎。人见美食及其他可爱慕物，则口水常生，是数义固相成也。”②

甲骨文有，金文作，象人口液外流形。“涎”是后起形声字。“次”字构意是“流口水”，引申为水满溢。卜辞有：“己亥卜，王，贞：洹不次？允不[次]。”卜问洹河的水是否会漫出来。③ 于省吾云：“甲骨文次字，有的象以手拂液形，有的象口液外流形，故后世形容人之贪饕，以垂涎为言。甲骨文盗字只一见，与次同用。口液为次之本义，引申之则为水流泛滥无方，水流泛滥无方又与后世盗窃之义相因。”次、涎为古今字，“涎”见于东汉碑文。④

次部有三个属字。如“羡”字下云：“贪欲也。从次，从羑省。”又如“盗”字下云：“私利物也。从次，次欲皿者。”

## 323. 旡(jì)

“，饮食气屰不得息曰旡。从反欠。凡旡之属皆从旡。，古文旡。”（居未切）

徐锴《系传》：“欠，息也。故反欠为不得息。”屰同“逆”。不得息，意思是气不顺。甲骨文有，象人跽而口向后张之形，是“旡”之初文。其实甲骨文“欠”字正反无别。大概到了西周中晚期，从反写的欠字与从正写的欠字在词义上有了区别。用反写的欠（即“旡”）表示逆气，形成一个新的会意字。张舜徽云：“旡之言朮也，谓气停止喉中不得上下也。凡遇此证，必张口作声乃止。湖湘间称为打

①丁福保《说文解字诂林》（三），云南人民出版社，2006年，第2194页。

②张舜徽《说文解字约注》（第三册），华中师范大学出版社，2009年，第2147页。

③黄天树《黄天树古文字论集》，学苑出版社，2006年，第348页。

④于省吾《甲骨文字释林》，中华书局，1979年，第384页。

格，格即旡之双声语转。”①

旡部下有两个属字。如“旤”字下云：“屰恶惊词也。从旡，咼声。读若楚人名多夥。”亦作“旤”。《史记》、《汉书》多借“旤”为“祸”字。

①张舜徽《说文解字约注》（第三册），华中师范大学出版社，2009年，第2149页。

# 卷　九

## 324. 頁(xié)

"[古文字],頭也。从百,从儿。古文䭫首如此。凡頁之属皆从頁。百者,䭫首字也。"(胡结切)

甲骨文或作[古文字]、[古文字],象人頭有毛发和身形。頁与首、百本来是一字异体,只比"首、百"多画出人的身体。金文作[古文字],战国信阳楚简作[古文字]。许书中首、百、頁三字分立,盖因三字各有所统属之字。"頁"多用于作偏旁。至于"活頁"、"册頁"中的"頁",是同音假借字,同"叶"(葉)。

頁部有九十二个属字。从"頁"的字大多与頭有关。如"題"字下云:"額也。从頁,是声。""碩"字下云:"頭大也。从頁,石声。""顆"字下云:"小頭也。从頁,果声。""頗"字下云:"頭偏也。从頁,皮声。""顯"字下云:"頭明饰也。从頁,㬎声。"又"煩"字下云:"热頭痛也。从頁,从火。一曰:焚省声。"

## 325. 百(shǒu)

"[古文字],頭也。象形。凡百之属皆从百。"(书九切)

甲骨文作[古文字],象没有画出頭发的人頭之形,与"首"为一字异体。卜辞或用其本义,如:"王疾首,中日彗。"(《合》13613)"彗"《说文》训为"扫竹",引申有除去之义。这句是验辞,大意是说王的頭疼等毛病到中午就好了。① 出土文献中"百"字见于战国随县曾侯乙墓竹简,字形作[古文字],用法与"首"完全相同。甲骨文、金文中首、百同形。

①黄天树《黄天树古文字论集》,学苑出版社,2006年,第348页。

战国文字中有頭发者为“首”，无頭发者为“百”，音义相同，为一字异体。

百部只有一个属字“䩉”，云：“面和也。从百，从肉。读若柔。”古代典籍中通用“柔”字。

## 326. 面(miàn)

“，颜前也。从百，象人面形。凡面之属皆从面。”(弥箭切)

段玉裁注：“颜者，两眉之中间也。颜前者，谓自此而前则为目、为鼻、为目下，为颊之间，乃正向人者。故与背为反对之称。”张舜徽云：“面即皃之语转，面之转为皃，犹冖之转为冃耳。盖面之言丏也，谓不能自见也。人身惟不能自见其面耳。面、丏双声，实即一语。”①

甲骨文或作、，外形象面部轮廓，里面是人的眼睛；眼睛是面部最引人注目之处，故从“目”。卜辞中有：“辛亥卜，呼面见于妇好……。”(《花》195)大意是，呼令(人名)当面谒见于妇好。② 战国楚文字加饰笔，如包山楚简的、天星观1号墓卜策的。

面部有三个属字。如“醮”字下云：“面焦枯小也。从面、焦。”“酺”字下云：“颊也。从面，甫声。”

## 327. 丏(miǎn)

“，不见也。象壅蔽之形。凡丏之属皆从丏。”(弥兖切)

徐锴《系传》：“左右拥蔽，面不分也。沔、眄、麪、从此。”金文作，战国郭店楚简作。“丏”的构意不明。徐灏《注笺》：“从丏之字，眄，目遍合也；，冥合也，皆与壅蔽义近，其字形未详。”张舜徽云：“后世儿童嬉戏，以巾束系额下，蒙蔽双目，相互追逐捉拿，谓之捉迷，当以丏为本字。迷、丏双声，故得通假耳。捉迷者左右壅

①张舜徽《说文解字约注》(第三册)，华中师范大学出版社，2009年，第2186页。

②黄天树《黄天树古文字论集》，学苑出版社，2006年，第348页。

蔽,不能见物,丏实象之。此俗盖所起甚早,故先民特造丏字以纪其事,今则专用借字迷而丏废矣。"①何琳仪认为"丏"字当"从乚,万声",隐藏义。《说文·十二下·乚部》:"乚,匿也。象迟曲隐蔽形。读若隐。"②

丏部没有属字。

## 328. 首(shǒu)

"𦣻,百同。古文百也。巛象发;发谓之鬊,鬊即巛也。凡首之属皆从首。"(书九切)

甲骨文作[古文字],金文作[古文字]、[古文字]、[古文字],均象人首有发之形;也有些写法省去发形,如甲骨文作[古文字]。新出甲骨文或作[古文字]、[古文字](《花》304),象画出头发的头形,画出了头发、眼睛、嘴巴、耳朵等,十分逼真。卜辞中作:"甲卜,子疾[古文字](首),亡祉(延)?"(《花》304)③金文中也用其本义,如虢季子白盘:"搏伐猃狁,于洛之阳,折首五百,执讯五十,是以先行。"④折首即斩首。"首"由"头"引申出首领、第一等义。"首尾"一词,一般当作"前后"或者"始末"讲。后也引申出"勾结"义,如《京本通俗小说·错斩崔宁》:"你既与那妇人没甚首尾,却如何与他同行同宿?"

首部有两个属字。如"䭫"字下云:"下首也。从首,旨声。"后通用"稽"字。

## 329. 𥄉(jiāo)

"𥄉,到首也。贾侍中说:此断首到縣𥄉字。凡𥄉之属皆从𥄉。"(古尧切)

---

①张舜徽《说文解字约注》(第三册),华中师范大学出版社,2009年,第2188页。

②详见何琳仪《战国古文字典》(下),中华书局,1998年,第1077—1078页。

③黄天树《黄天树古文字论集》,学苑出版社,2006年,第348—349页。

④陈初生《金文常用字典》,陕西人民出版社,1987年,第846页。

此字为倒首之形，是古代所谓的梟首之刑，《汉书》多借“梟”字。金文有[illegible]、[illegible]、[illegible]，象系首于木之形，为后来“縣”字。“縣”在战国曾侯乙墓楚简作[illegible]，在包山楚简作[illegible]。段玉裁注：“到者，今之倒字。此亦以形为义之例。（贾侍中说）称官不称名者，尊其师也。……《广韵》引《汉书》曰‘……𥄉首’。按今《汉书·刑法志》作梟，盖非孙愐所见之旧矣。𥄉首字当用此，用梟于义无当。”

𥄉部只有一个“縣”字，云：“系也。从系持𥄉。”后加心为“懸”字。

## 330. 須（xū）

“[illegible]，面毛也。从頁，从彡。凡須之属皆从須。臣铉等曰：此本須鬚之須。頁，首也。彡，毛饰也。借为所須之須。俗书从水，非是。”（相俞切）

甲骨文作[illegible]，金文或作[illegible]、[illegible]，象面有胡须之形。战国包山楚简作[illegible]，曾侯乙墓楚简作[illegible]。本为整体象形，小篆变为从頁、从彡会意，后来写成“鬚”。朱骏声云：“《礼记·礼运》疏引《说文》‘須为颐下之毛。象形。’按颐下曰須，口上曰髭，颊旁曰髯，俗字作鬚。”“面毛”今天称为“胡須”。“胡”本义是兽颔下垂肉，后用来指人，人此处有須。张舜徽云：“许以面毛释須，浑言之耳。盖須之言纤也，谓纤细如丝也。俗称胡須，胡与頤双声，即颐也。”①

金文中“須”多用为器名，如周雒盨：“周雒乍（作）旅須（盨）。”②

須部有四个属字。如“頿”下云：“口上須也。从須，此声。”

## 331. 彡（shān）

“[illegible]，毛饰画文也。象形。凡彡之属皆从彡。”（所衔切）

甲骨文作[illegible]。段玉裁说笔所画之文为彡，曰：“巾部曰：饰者，刷

---

①张舜徽《说文解字约注》（第三册），华中师范大学出版社，2009 年，第 2190—2191 页。

②陈初生《金文常用字典》，陕西人民出版社，1987 年，第 850 页。

也。饰画者，刷而画之；毛者，聿也。……毛所饰画之文成彡。须发皆毛属也。故皆以为彡之属而从彡。”张舜徽云：“毛饰画文，当读为四事，非止二义也。谓凡从彡之字有属毛者，须、髟是也；有属饰者，鬱下云：‘彡其饰也。’是也；有属画者，彤下云：‘彡其画也。’是也；有属文者，彪下云：‘彡象其文也。’是也。若此诸字，虽同从彡，而所象各异。”①从中看出，彡这个字形可以表示各种不同的词义，如毛发、色彩、花纹等，因为其外形有相似性。如“参”指浓密的头发；“髟”指头发长；“彩”指各种颜色；“彪”指老虎身上的彩色毛；“影”则指明暗相间斑驳状。

彡部有八个属字。如“修”字下云：“饰也。从彡，攸声。”“㣎”字下云：“细文也。从彡，㝕省声。”引申为精美之义。古书多借“穆”字，如《诗·大雅·文王》：“穆穆文王，於缉熙敬止！”

## 332. 彣(wén)

“彣，𢒈也。从彡，从文。凡彣之属皆从彣。”(无分切)

战国包山楚简作彣。《说文·有部》“𢒈”字意为“有文章也”，典籍中通作“郁”。“彣”字段玉裁注：“凡言文章皆当作彣彰，作文章者，省也。文训遣画，与彣义别。”徐灏《注笺》：“文章与彣彰，乃相承增偏旁耳。”“彣彰”本谓花纹，后文字积而成篇也叫“文章”，是比喻义。

文、彣为古今字。甲骨文、金文已见“文”字，“彣”目前最早见于战国文字，“彣”字只是承担“文”的一项常见词义。

彣部只有一个属字“彦”，云：“美士有文，人所言也。从彣，厂声。”

## 333. 文(wén)

“文，错画也。象交文。凡文之属皆从文。”(无分切)

①张舜徽《说文解字约注》(第三册)，华中师范大学出版社，2009 年，第 2192 页。

甲骨文作、、，金文或作、、、、、，均象正面站立的人形；人的胸部刺有花纹，此以“纹身”之“纹”为“文”。《史记·赵世家》：“夫翦发文身，错臂左衽，瓯越之民也。”司马贞索隐：“错臂亦文身，谓以丹青错画其臂。”又引申为花纹或纹理。如《左传·隐公元年》：“宋武公生仲子，仲子生而有文在其手，曰为鲁夫人。”晁错《论贵粟疏》：“衣必文采，食必粱肉。”张舜徽云：“文之言分也，谓资此以分别万物也。……本书《叙篇》云：‘见鸟兽蹄迒之迹，知分理之可相别异也。’分理，犹文理耳。”①金文中“文”的主要用法是指非军事的，与“武”相对。金文盂鼎有“玟”字，为文王专用字，与武王作“珷”同例。

“彣”为“文”的后出字，东汉孔宙碑有“彣”字。

文部有三个属字。从“文”的字多与文饰、彩饰有关。如“斐”字下云：“分别文也。从文，非声。《易》曰：‘君子豹变，其文斐也。’”

## 334. 髟(biāo)

“，长发猋猋也。从长，从彡。凡髟之属皆从髟。”（必凋切，又所衔切）

“猋猋”即形容长发散乱飘扬的样子。“髟”字从长从彡，彡犹毛也，会长发之意。

甲骨文有、、，商代金文作，象人有飘飘长发之形。陈世辉和林沄释作“髟”。战国郭店楚简作。《说文》对形体的解释“从长从彡”，把披长发的人形割裂为人形和发形两个部分。先秦“髟”和“长”写法完全不同。在汉代隶书中，髟旁与“长”字的写法合流而混同无别。可能是为了避免隶变造成的形混，才在“髟”的右边加“彡”以区别。《说文》“髟”字篆体大概根据东汉隶书而“复原”，不符合先秦实际情况。②

---

①张舜徽《说文解字约注》（第三册），华中师范大学出版社，2009年，第2197页。

②黄天树《黄天树古文字论集》，学苑出版社，2006年，第349页。

髟部有三十七个属字。汉字从髟的字大都与毛发有关。如“髮”字下云:“根也。从髟,犮声。[illegible],髮或从首。[illegible],古文。”段玉裁改为“头上毛也”。又如“𩮩”字下云:“髮至眉也。从髟,敄声。《诗》曰:‘紞彼两𩮩。’髳,𩮩或省。汉令有髳长。”“髲”字下云:“鬄也。从髟,皮声。”段玉裁注根据《鄘风·君子偕老》正义引《说文》改为“益发也”,大概是今天所说的假发。

## 335. 后(hòu)

“后,继体君也。象人之形。施令以告四方,故厂之。从一、口。发号者,君后也。凡后之属皆从后。”(胡口切)

所谓“继体君”意思是通过正常途径和程序继承王位的君主,与“继弑君”相对而言。“继弑君”指杀害在位君主而获得王位的君王。“故厂之”,“厂”谓牵引。许慎根据小篆说“后”的形体,清代学者大多对许慎说法加以阐释。甲骨文出土后,学者开始重新阐释“后”字的造字意图。王国维说古毓、后一字。母系氏族阶段,始祖母被尊称为后。卜辞中有用为先妣尊称者,如“庚戌卜,何,贞:翊辛亥又后妣辛響”(《佚》266),此贞人“何”为一期武丁卜辞。① 或说:“后,甲骨文用指商王配偶。或作姤,加女旁为其异体,遂分化为二。后与司形近混同。甲骨文毓常用为后,其省形或作[illegible]、[illegible],或以为后由此省讹而来。”②于省吾《寿县蔡墓铜器铭文考释》:“后为毓的后起字。西周金文仍以毓为后,班簋的‘毓文王、王姒圣孙’,毓文王即后文王,后为君后。金文后字只于吴王光鉴一见。由此可知,以后为毓,当起于春秋时期。”③

后部只有一个属字“哏”,云:“厚怒声。从口、后,后亦声。”字或作“㖃”,俗作“吼”。

①马如森《殷墟甲骨文实用字典》,上海大学出版社,2008年,第208页。
②黄德宽《古文字谱系疏证》(一),商务印书馆,2007年,第924页。
③李学勤《字源》(中),天津古籍出版社,2012年,第795页。

## 336. 司(sī)

"司,臣司事于外者。从反后。凡司之属皆从司。"(息兹切)

"臣司事于外者"指在朝廷外办事的大臣。段玉裁注:"外对君而言。君在内也,臣宣力四方在外,故从反后。"许慎解释"司"的构形是"后"的反面,"后"为朝廷内主事的君后,而"司"则是"司事于外"的大臣。这个意思产生于周秦以后。

"甲骨文乙二二七四作[illegible],乙七九〇〇作[illegible],商司母戊鼎作[illegible],从[illegible]从ㅂ(口)。[illegible]象倒置之柶,柶所以进食,以倒柶覆于口上会意为进食。自食为司,食人食神亦称司,故祭祀时献食于神祇亦称司,后起字为祠,商代司母戊方鼎,即祠母戊方鼎也。氏族社会中食物为共同分配,主持食物分配者亦称司。"①唐兰认为甲骨文中的"后"和"司"古本同用一形,正反无别。② 周宝宏说:"西周金文司字多用作嗣,不用为主管之义的司,主管之义用嗣字表示,至战国金文才用司字表示主管之义,一直到传世文献也如此,而嗣字只表示治理之义。嗣字从[illegible],像以手治丝之形,因此有治理、主管之义,此为嗣字本义,嗣字从司,只是声符。"③如传世文献中司土、司空、司马等,金文分别作嗣徒、嗣工、嗣马等。

司部只有一个属字"词",云:"意内而言外也。从司,从言。"

## 337. 卮(zhī)

"卮,圜器也。一名觛。所以节饮食。象人,卩在其下也。《易》曰:'君子节饮食。'凡卮之属皆从卮。"(章移切)

卮是圜形酒器,小卮又称为觛,是用来节制饮食的东西。许慎

①徐复、宋文民《说文五百四十部首正解》,江苏古籍出版社,2003 年,第 273 页。

②参见《考古》1977 年第 5 期,《黄天树古文字论集》,学苑出版社,2006 年,第 346 页。

③李学勤《字源》(中),天津古籍出版社,2012 年,第 795 页。

根据小篆形体认为"卮"的造字意图从人从卩。张舜徽云:"许君此训,与爵篆说解所云:'象爵之形。所以饮器象爵者,取其鸣节节足足也。'其意正同。盖古文以饮酒过量为戒,故于制器造字之际,皆寓节制知足之训。古鼎多琢饕餮之形,亦即此旨。许君解卮字为从卩,必有所受,故下又引《易》颐卦《象传》文以明节饮食之意也。"①

太炎先生云:"《庄子》之卮言者,无条理之言也。卮原有节,兹训为无节者,盖以相反为训。"②

卮部有两个属字。今通用字形为"卮"。

## 338. 卩(jié)

"㔾,瑞信也。守国者用玉卩,守都鄙者用角卩,使山邦者用虎卩,土邦者用人卩,泽邦者用龙卩,门关者用符卩,货贿用玺卩,道路用旌卩。象相合之形。凡卩之属皆从卩。"(子结切)

许慎用符节之义来解释"卩"字构形,认为"象相合之形"。徐锴《系传》:"今皆作节字。卩象半分之形,守国者其卩半在内,半在外。"后来的学者多是沿袭这个思路来分析"卩"字的构形。

甲骨文或作[古文字]、[古文字]、[古文字]。吴大澂根据古文字得出结论,认为字形象人跪拜之形,应是"跪"字初文。他在《说文古籀补》中指出:"篆当作[古文字],下象人股胫形,所谓鄙躬折节也。初义当为骨卩、筋卩字,引申为符卩、卩操。"大概人在祭祀时有礼拜之仪式,敬神取信,所以"卩"引申出符节之义。

杨树达《释卩》云:"《卩部》云:'厀,胫头卩也。从卩,桼声。'愚谓卩乃厀之初文,卩字上象厀盖,下象人胫,象形字也。卩桼古音同在屑部,声亦相近,厀字乃象形加声旁字耳。《卩部》又云:'卷,厀曲也。从卩,𢍏声。'凡𢍏声字皆含曲义,字从卩从𢍏而训为厀曲,此制

①张舜徽《说文解字约注》(第三册),华中师范大学出版社,2009年,第2214—2215页。

②王宁主持整理《章太炎说文解字授课笔记・部首》(缩印本),中华书局,2010年,第15页。

字时卩即厀字之明证也。”①

卩部有十二个属字。如“令”字下云:“令,发号也。从亼、卩。”又“卮”字下云:“科卮,木节也。从卩,厂声。贾侍中说以为:卮,裹也。一曰:卮,盖也。”又“厀”字下云:“胫头卩也。从卩,桼声。”今通用“膝”。又“卸”字下云:“舍车解马也。从卩、止、午。读若汝南人写书之写。”

## 339. 印(yìn)

“印,执政所持信也。从爪,从卩。凡印之属皆从印。”(於刃切)

徐锴《系传》:“爪,手爪,以持印也。”段玉裁注:“凡有官守者皆曰执政,其所持之卩信曰印。……(从爪卩)会意,手所持之卩也。”

甲骨文或作印,或作印,从爪,从卩,象以手抑人使之跽伏之形,为“抑”字初文。容庚《金文编》:“印,印从爪,从卩,象以手抑人而使之跽,其义如许书之抑,其字形则如许书之印,意印、抑为一字。”②张舜徽云:“太古取信于人,率以手指按记,用为证验。今乡僻犹多用手印,其遗法也。此乃印信之所由起,至于玺节印章,皆后世礼文大备时始有之,固未足证发古意。许君说字,多徇时制,故以执政所持信解之。”③

印部只有一个属字“抑”,云:“按也。从反印。抑,俗从手。”从小篆字形看,爪在卩右上方为“抑”,爪在卩上方为“印”。

## 340. 色(sè)

“色,颜气也。从人,从卩。凡色之属皆从色。色,古文。”(所力切)

徐锴《系传》:“颜色,人之仪节也。”

---

①杨树达《积微居小学述林全编》(上),上海古籍出版社,2007 年,第 67－69 页。

②容庚《金文编》,中华书局,1985 年,第 645 页。

③张舜徽《说文解字约注》(第三册),华中师范大学出版社,2009 年,第 2220—2221 页。

色，春秋金文或左从爪，右从卩。战国文字于卩形下加短横，如信阳楚简作[古文字]，郭店楚简作[古文字]。又郭店楚简或加页，如[古文字]、[古文字]。秦系文字睡虎地或讹作[古文字]，或作[古文字]。许慎说从人从卩会意，大概意思说人的脸色表情应当是内心情绪的反映，如朱骏声云："根心生色，若合符卩也。"段玉裁云："颜气与心若合符卩，故其字从人、卩。"也有学者说色字当从人，卩当为声。张舜徽云："人之颜气，见于容面，故古文从百，从百犹从面耳。百与色，又双声也。颜气，犹言颜色、气色。"①"色"构意是脸色，如"察言观色"、"色厉内荏"、"谈虎色变"等中的"色"用的都是本义。

色部有两个属字。如"艴"字下云："色艴如也。从色，弗声。《论语》曰：'色艴如也。'"

## 341. 卯(qīng)

"[篆文]，事之制也。从卩、卪。凡卯之属皆从卯。阙。"(去京切)

甲骨文象二人张口相向之形，为"嚮"的初文。由于[古文字]后来废弃不用，借用"向"字来表示此义，人们就误以为方向义是《说文》"北出牖"之义的引申义了。甲骨文中卿作[古文字]，从[古文字]，从皀，象两个人相向共食之形。[古文字]在卜辞中可以借用为宴饗的"饗"字。许慎解释说"事之制"，意思是卿，为官守制度。阙，段玉裁注："此阙，谓阙其音也。其义其形既憭矣。而读若某则未闻也。"姚孝遂说："契文[古文字]象二人相向之形。古卯、卿、鄉、饗实本同源。段玉裁卯字注谓'卩卪今人读节奏，合乎节奏乃为能制事者也'，均由《说文》以卩为符节字所致误。《玉篇》、《广韵》音卯为卿本不误。卿、嚮古声类同，阳与庚古韵亦通。段玉裁、朱骏声均昧于其初形，皆以《玉篇》、《广韵》音卿之非是。"②

卯部只有一个属字"卿"，云："章也。六卿：天官冢宰、地官司

①张舜徽《说文解字约注》(第三册)，华中师范大学出版社，2009 年，第 2221 页。

②于省吾《甲骨文字诂林》(第一册)，中华书局，1996 年，第 390 页。

徒、春官宗伯、夏官司马、秋官司寇、冬官司空。从卯，皀声。”

## 342. 辟(bì)

“ ，法也。从卩，从辛，节制其辠也；从口，用法者也。凡辟之属皆从辟。”（必益切）

此字甲骨文作 、 、 ，从卩，从辛，或从口，构意为用刑刀处罚犯罪之人，加口则是用口数其罪过。徐灏《注笺》：“法谓法令。君称辟，行法者也。罪称辟，犯法者也。法谓之辟，因之犯法亦曰辟矣。”

罗振玉云：“古文辟从辛人。辟，法也。人有辛，则加以法也。古金文作 ，增○，乃璧之本字，从○，辟声。而借为训法之辟。许书从口，又由○而讹也。古文辟字，甲文作 ，或作 ，可证。”①姚孝遂说：“实则契文仅作 ，既不从口，也不从○，从○乃增饰，从口或⊙乃讹变。”② 从卩、从辛会意，会用刑具施于跪跽之人，故有法义，有罪义。西周金文中辟有治理、法则、君王、官长等义，均与本义有关。战国金文或作 、 ，郭店楚简作 。睡虎地秦简作 ，与小篆相近。

辟部有两个属字。如“嬖”字下云：“治也。从辟，乂声。《虞书》曰：‘有能俾嬖。’”嬖，今《尧典》作“乂”。

## 343. 勹(bāo)

“ ，裹也。象人曲形，有所包裹。凡勹之属皆从勹。”（布交切）

徐锴《系传》：“此文起于人字，曲包也。”

段玉裁注：“今字包行而勹废矣。”徐灏《注笺》：“勹从人曲之，盖怀中包裹之意。引申为屈曲之义。……又为环帀之义。”

---

①张舜徽《说文解字约注》（第三册），华中师范大学出版社，2009 年，第 2224 页。

②于省吾《甲骨文字诂林》（第三册），中华书局，1996 年，第 2487 页。

段玉裁等认为“勹”为“包”的本字。今俗语转为“抱”，即“勹”字。甲骨文作[illegible]，于省吾认为象人侧面俯伏之形，即“伏”字的初文。匍、匐等字均从“勹”。

勹部有十四个属字，除去匀、旬二字本应从[illegible]（甲骨文以[illegible]为旬），其余诸字皆从勹。如“匊”字下云：“在手曰匊。从勹、米。”为会意字。又如“勼”字下云：“聚也。从勹，九声。读若鸠。”又如“匀”字下云：“少也。从勹、二。”又如“旬”字下云：“遍也。十日为旬。从勹、日。”

## 344. 包(bāo)

“[illegible]，象人裹妊。巳在中，象子未成形也。元气起于子。子，人所生也。男左行三十，女右行二十，俱立于巳，为夫妇。裹妊于巳，巳为子。十月而生，男起巳至寅，女起巳至申，故男年始寅，女年始申也。凡包之属皆从包。”（布交切）

“包”字未见于商代西周文字，但《诗经》习见“包”字和“苞”字，说明两周时代应有“包”字。出土文献“包”字最早见于睡虎地秦简，作[illegible]。学者多说“包”为“胞”的初文。包从勹，表示包裹之义；从巳，巳像未出生小儿，二者合起来表示胞衣义。徐灏《注笺》：“包，古胞字。[illegible]象子未成形。从勹裹之。引申为凡包裹之称。段氏所引高注，乃阴阳家言，无关字义。许因[illegible]与巳午之巳相似，故举以为说。当以象形为正义，元气以下，皆余义也。”汉代阴阳家盛行，故许慎也难免偶尔采之以说字义。或说“元气起于子”为后人增之。

包部有两个属字。如“胞”字下云：“儿生裹也。从肉，从包。”又如“匏”字下云：“瓠也。从包，从夸声。包，取其可包藏物也。”

## 345. 茍(jì)

“[illegible]，自急敕也。从羊省，从包省，从口。口，犹慎言也。从羊，羊与義、善、美同意。凡茍之属皆从茍。[illegible]，古文，羊不省。”（己力切）

徐灏《注笺》：“疑此即古敬字。春秋史茍、唐茍，盖用此为名。”

甲骨文有、诸形体，象狗蹲踞而两耳上耸之貌，表示警戒之义。朱芳圃云："字从羌，从口，会意。羌为牧羊人，口示吆喝，合之谓牧人警敕羊群。"①卜辞中借用为人名或地名。金文作、，也有增加偏旁的形体，如、。金文中"苟"用为"敬"。郭沫若以为甲骨文中为"狗"之初文，象贴耳人立之形。金文中"苟"也多次出现。他说："金文诸字均用为敬，敬者警也，自来用狗以警夜，故狗形之文以为敬。敬字之结构即策狗以警卫之意，与牧駿等字例同。苟字讹变为从艸句声之苟，而《说文》两收之。……苟、苟之分已久而苟成废文，苟成虚字，非有殷周古文以为证，乌能知其涯涘耶？"②张舜徽云："苟从羊省，与从艸之苟，绝然二字。隶书与苟字相近，因误为苟。经传中二字相乱之处至多，如《仪礼·聘礼记》'宾为苟敬'，《礼记·大学》'苟日新'之类，皆当作从羊省之苟，学者所宜明辨也。"③

苟部只有一个属字"敬"，云："肃也。从攴、苟。"西周早期金文以"苟"为敬；敬字产生于西周早中期之间，是累加义符而成，作为表示肃静之义的专字。西周金文"敬"多用于严肃、肃静义。

### 346. 鬼（guǐ）

"，人所归为鬼。从人，象鬼头。鬼，阴气贼害，从厶。凡鬼之属皆从鬼。，古文从示。"（居伟切）

甲骨文或作、、，均象人身而头巨大，为鬼头之形。构意应为原始社会及商周社会中人所戴的一种吓人的面具，以之代表人观念中的鬼。卜辞或用其本义，如："贞：亚多鬼梦，亡疾。四月。"（《前》4·18·3）卜辞中还常借用为方国名，如："己酉卜，宾，贞：鬼方易亡祸。五月。"（《乙》6684）鬼方在今天的山西太原东，𢀛方东北

①朱芳圃《殷周文字释丛》，中华书局，1962年，第68页。

②郭沫若《申论苟甲》，《郭沫若全集·考古编》（第一卷），科学出版社，2002年，第358页。

③张舜徽《说文解字约注》（第三册），华中师范大学出版社，2009年，第2231页。

一带。① 西周金文或作、，春秋作，战国早期金文作，战国郭店楚简作，这些形体均不从“厶”。董莲池说古文、篆文从“厶”的形体应是从侯马盟书写法讹变而来。② 张舜徽云：“姚华《弗堂类稿》，有《说鬼》一篇，谓鬼字从甶，乃人戴假面具为装鬼之式。《周礼》方相氏，已有黄金四目之文，其来甚远。人戴甶于首，其形可畏，故畏字亦从甶。姚氏所言精覈，为自来学者所未道。若以声求之，则鬼之与棞，语原同也。物之可戴于首者，古谓之棞，亦谓之鬼，今谓之盔，皆一语之转，姚说信可从已。”③

鬼部有十六个属字。如“魂”字下云：“阳气也。从鬼，云声。”“魄”字下云：“阴神也。从鬼，白声。”“醜”字下云：“可恶也。从鬼，酉声。”

## 347. 甶(fú)

“，鬼头也。象形。凡甶之属皆从甶。”(敷勿切)

甲骨文有形，金文作，象鬼头。《说文》小篆形体和甲骨文相近。张舜徽引姚华说，以为甶乃人戴假面具之形，详见上“鬼”字。“卜辞甲五〇七、南明六六九、乙八八一〇、遗四三七，皆以甶为所获敌国之首，用为祭品，是甶为首，死人之首也。人死即为鬼，故许君释为‘鬼头’。”④

甶部只有两个属字。“畏”字下云：“恶也。从甶，虎省。鬼头而虎爪，可畏也。”“禺”字下云：“母猴属。头似鬼。从甶，从内。”

## 348. 厶(sī)

“，姦衺也。韩非曰：‘苍颉作字，自营为厶。’凡厶之属皆从

①马如森《殷墟甲骨文实用字典》，上海大学出版社，2008 年，第 212 页。

②董莲池《说文部首形义新证》，作家出版社，2007 年，第 252 页。

③张舜徽《说文解字约注》(第三册)，华中师范大学出版社，2009 年，第 2232—2233 页。

④徐复、宋文民《说文五百四十部首正解》，江苏古籍出版社，2003 年，第 283 页。

厶。”(息夷切)

段玉裁注:“公私字本如此,今字私行而厶废矣。私者,禾名也。”王筠云:“厶者只欲自利,其状如钩。”张舜徽云:“湖湘间言及此辈人,辄曲其指以状之曰‘斯人心实如钩’云云,殆即自营之意。”①

战国文字则多作三角形。战国晚期金文作▽,望山楚简作△。“厶”字在经传上皆作“私”。

厶部有两个属字。如“篡”字下云:“屰而夺取曰篡。从厶,算声。”再如“羑”字下云:“相訹呼也。从厶,从羑。誘,或从言秀。䛻,或如此。羑,古文。”

## 349. 嵬(wéi)

“嵬,高不平也。从山,鬼声。凡嵬之属皆从嵬。”(五灰切)

段玉裁注:“此篆可入山部,而必立为部首者,巍从此也。”徐灏《注笺》:“嵬、巍本一字,相承增偏旁。”

嵬,本义为山高而不平。常与其他字连用组成复合词或连绵词。如《诗·小雅·谷风》:“习习谷风,维山崔嵬。无草不死,无木不萎。”汉代又写作“隗”。如《析里桥郙阁颂》:“高山崔隗兮,水流荡荡。”

嵬部只有一个属字“巍”,云:“高也。从嵬,委声。”

## 350. 山(shān)

“山,宣也。宣气散,生万物。有石而高,象形。凡山之属皆从山。”(所间切)

甲骨文有山等形体。商人有时向山祈求降雨,如:“其虘(皆)取二山,有大雨?”(《合》30453)取,祭名。若皆用取祭于二山,会有大

①张舜徽《说文解字约注》(第三册),华中师范大学出版社,2009年,第2240页。

雨吗？① 金文有、、等，皆象山峰并立之形。许慎这里用“宣”来解释“山”，与“水，准也”、“门，闻也”、“户，护也”一样，都是声训。刘熙的《释名·释山》还用“产”来解释“山”：“山，产也，产生万物。”产、山双声，而宣、山叠韵。“宣”有发散、宣泄之义。徐锴《系传》：“山出云雨，所以宣地气。《山海经》曰：‘积石之山，万物无不有。’”

山部有五十二个属字。如“島”字下云：“海中往往有山可依止曰島。从山，鳥声。读若《诗》曰‘蔦与女蘿’。”又如“岱”字下云：“太山也。从山，代声。”太山，即泰山。“嶪”字下云：“山在弘农华阴。从山，華省声。”

## 351. 屾(shēn)

“屾，二山也。凡屾之属皆从屾。”(所臻切)

学者多谓“屾”为“山”的繁文。《正字通·山部》：“屾，即山之重文，音义不殊。”“屾”为“山”之重叠成字。王筠《说文释例·叠文同异》：“凡叠三成文者，未有不与本字异音异义者矣。其叠二成文，则音义异者固多，而同者亦有之。”张舜徽云：“凡叠二成文之字，与其初文，有音义全同者，亦有音义全异者。如珏之于玉、皕之于百，乃音义异者也。如沝之于水、䲆之于鱼，则音义同矣。屾之于山，与沝、䲆同例。”②

屾部只有一个属字“嵞”，云：“会稽山。一曰：九江当嵞也。民以辛壬癸甲之日嫁娶。从屾，余声。《虞书》曰：予娶嵞山。”“嵞山”石经作“塗山”。嵞、塗，古今字。

## 352. 屵(è)

“屵，岸高也。从山、厂，厂亦声。凡屵之属皆从屵。”(五葛切)

---

①参阅黄天树《黄天树古文字论集》，学苑出版社，2006 年，第 350 页。

②张舜徽《说文解字约注》(第三册)，华中师范大学出版社，2009 年，第 2262—2263 页。

“屵”为“岸”之初文，从山，厂声。从古文字形体来看，“厂”字当是“石”字之省。徐灏《注笺》：“屵盖即岸字。岸本作厂，籀文从厂，增干声作厈。此则从厂加山，皆以其形略而著之也。屵、岸一声之转，古音并在元部。”

屵部有五个属字。如“岸”字下云：“水厓而高者。从屵，干声。”又如“崖”字下云：“高边也。从屵，圭声。”

## 353. 广(yǎn)

“广，因广为屋，象对刺高屋之形。凡广之属皆从广。读若俨然之俨。”(鱼俭切)

“因广为屋，象对刺高屋之形”是说依旁山崖而构建房屋，盖上古时代初建房屋时有如此作法。张舜徽云：“凡因厂为屋者，必一边倚厓岩以当垣墙，一边耸高敞以通出入，其制视平地建屋者为高，故许云象对刺高屋之形。……屋之高仰者为广，犹人之昂头者为俨。许云广读若俨，以其音同义通耳。”①“广”的本义后来还在使用，如韩愈《陪杜侍御游湘西两寺独宿有题》：“剖竹走泉源，开廊架崖广。”清代桂馥曾以此字为“庵”的初文。

广部有四十八个属字。从“广”的字多与房屋义有关。如“庠”字下云：“礼官养老。夏曰校，殷曰庠，周曰序。从广，羊声。”又如“廣”字下云：“殿之大屋也。从广，黄声。”今“廣”简化为“广”。又如“庶”字下云：“屋下众也。从广、炗。炗，古文光字。”又如“廑”字下云：“少劣之居。从广，堇声。”

## 354. 厂(hǎn)

“厂，山石之厓岩，人可居。象形。凡厂之属皆从厂。厈，籀文从干。”(呼旱切)

①张舜徽《说文解字约注》(第三册)，华中师范大学出版社，2009年，第2266页。

“厂”有两种写法。一是“厂”，象山石形。金文中用为地名，如散氏盘：“登于厂湶。”二是“厈”，从厂，干声。如作册折尊：“唯五月王在厈。”也是地名，《说文》籀文形体与之相似。小篆的形体则有象形意味。根据许慎解释，“厂”的构意是山岩所伸出的部分，象房子伸出的屋檐，可以住人。今天工厂、厂矿字作“厂”，古代另有“廠”，为“敞”的俗字。“廠”本指无墙壁的棚舍。北魏贾思勰《齐民要术·养羊》：“架北墙为廠。”至明代开始指工厂。《明史·食货志六》：“三十七年遣官之江西，造内殿醮坛瓷器三万，后添设饶州通判，专管御器廠烧造。是时营建最繁，近京及苏州皆有砖廠。”

厂部下有二十六个属字。如“厝”字下云：“厉石也。从厂，昔声。《诗》曰：‘他山之石，可以为厝。’”今《诗》作“错”。再如“仄”字下云：“侧倾也。从人在厂下。[illegible]，籀文从夨，夨亦声。”再如“产”字下云：“仰也。从人在厂上。一曰：屋梠也。秦谓之桷，齐谓之产。”

## 355. 丸(wán)

“[illegible]，圜，倾侧而转者。从反仄。凡丸之属皆从丸。”(胡官切)

徐锴《系传》：“仄，一向敧而不可回也。是故仄而可反为丸，丸可左可右也。”

许慎说“丸”指一种圆形物，能倾侧反转，字的形体似“反仄”。这个意义最早见于《左传·宣公二年》：“晋灵公不君，厚敛以彫墙；从台上弹人，而观其辟丸也。”这里“丸”的意思是弹丸。丸还可以当“蛋”讲，如《吕氏春秋·本味》：“流沙之西，丹山之南，有凤之丸，沃民所食。”

丸部有三个属字。如“[illegible]”字下云：“鸷鸟食已，吐其皮毛如丸。从丸，咼声。读若骫。”徐复引太炎先生《新方言》说[illegible]当为“燕窝”之本字。张舜徽云：“[illegible]字今音则转为窝，俗所称燕窝，即由海滨小燕所吐口黏液与食物相合而成。其下者羽毛交杂，即所谓毛燕也。

可知食已吐丸，不特鸷鸟为然。”①

## 356. 危(wēi)

“危，在高而惧也。从厃，自卪止之。凡危之属皆从危。”（鱼为切）

徐锴《系传》：“《孝经》曰：‘在上不骄，高而不危，制节谨度，满而不溢。’故从卪。”

王筠《说文句读》云：“厃、危盖一字，分动静耳。厃，静字也，人在厂上，登高临深，人之仰之者代为之慄矣。此但拟一可惧之象，故曰静字。危，动字也，自知可惧而惧焉，故卪之。”王说可信，厃、危本为一字，危实为厃之后增体。经传中用“危”，也取在高而惧的意思。孟蓬生说：“（危）从卪，厃声。卪字本象一跪跽人形，所以危当即跪字的初文或异构。《韩非子・外储说左下》：‘刖危引之而逃之门下室中。’正用危如跪字。但典籍中跪多表示跪跽，而危则多表示高或危险，已经分化为两个字。表示危高和危险的字当以厃为本字。”②

出土文献中“危”字最早见于战国郭店楚简，作危，到了睡虎地秦简中作危。

危部只有一个属字“䧦”，云：“䧦㕒也。从危，支声。”俗作崎岖，指山路倾斜难行。如庾信《小园赋》：“䧦㕒兮狭室，穿漏兮茅茨。”

## 357. 石(shí)

“石，山石也。在厂之下，口象形。凡石之属皆从石。”（常只切）

甲骨文或作石，象石磬之形，后加口，作石，即以磬之象形表示石头。金文作石，上象山崖，下象一石块；口，标示石块。本义是石头，引申可指石针、砭石，如《素问・病能论》：“夫气盛血聚者，宜石

①张舜徽《说文解字约注》（第三册），华中师范大学出版社，2009年，第2293页。

②李学勤《字源》（中），天津古籍出版社，2012年，第833页。

而写之。”金文中可用为重量单位。战国包山楚简字形作[古文字]、[古文字]。

以石作声符，可以派生不少词。黄德宽说：“石，象石之形。用以作宗庙宝祏，遂派生祏字。上古之世，先民烧石投盛水器中以煮熟食物，故由石之用途而派生庶字。从石派生之石、祏、䄷、拓、若等字多含有大、多之意，为一同源派生系列。”①

石部有四十八个属字。如“磺”字下云：“铜铁朴石也。从石，黄声。读若穬。卝，古文磺。《周礼》有卝人。”再如“碣”字下云：“特立之石。东海有碣石山。从石，曷声。”再如“砭”字下云：“以石刺病也。从石，乏声。”

## 358. 長(cháng)

“[篆文]，久远也。从兀，从匕。兀者，高远意也。久则变化。亡声。[篆文]者，倒亡也。凡長之属皆从長。臣铉等曰：倒亡，不亡也。長久之义也。[古文]，古文長。[古文]，亦古文長。”(直良切)

甲骨文或作[甲骨文]诸形，象人長发手持杖之形。金文或作[金文]、[金文]、[金文]、[金文]。金文中既读 cháng 表示長度、長久等义，也读 zhǎng 表示年長等义。战国金文或作[古文字]、[古文字]，包山楚简或作[古文字]、[古文字]，曾侯乙墓楚简或作[古文字]，睡虎地秦简作[古文字]。

小篆字形发生变化，许慎根据小篆形体作出解释，已非构意。“長”字许慎解释迂曲难懂。朱骏声说“此字当训发，人毛之最長者也”。张舜徽云：“证之金文長字作[金文]，甲文……作[甲骨文]，皆象人披发绵長之形。发在人毛中为最長，古人造字近取诸身，因即以为長短之長耳。许书所收古文二体，亦与金文甲文相近。其下皆从人，则散長而在人上者，非发而何？故知朱说不可易也。人之年岁较大者，其身必视稚幼为高，故又用为長幼之称矣。”②

①黄德宽《古文字谱系疏证》(二)，商务印书馆，2007 年，第 1532 页。

②张舜徽《说文解字约注》(第三册)，华中师范大学出版社，2009 年，第 2312 页。

長部只有三个属字。如“镾”字下云：“久長也。从長，爾声。”段玉裁注：“镾，今作彌。盖用弓部之璽代镾而又省玉也。彌行而镾废矣。汉碑多作璽，可证。”今通行简化字“弥”。又“肆”字下云：“极陈也。从長，隶声。”古籍写作“肆”字。

## 359. 勿(wù)

“勿，州里所建旗。象其柄，有三游，杂帛，幅半异，所以趣民，故遽称勿勿。凡勿之属皆从勿。㫆，勿或从㫃。”(文弗切)

甲骨文作[illegible]、[illegible]、[illegible]、[illegible]。裘锡圭说，勿从刀，刀刃旁的小点代表所切割的东西，构意应是“分割、切断”，“刎”字初文。卜辞中“勿”被借为否定副词，相当于今天的“不”或“不要”。金文中“勿”作[illegible]、[illegible]、[illegible]，用为否定词。胡小石《说文部首》中云：“勿实为事物之物本字，而今之物字原意为杂色牛。”①许慎说“勿”本为大夫和士所建旗帜，右笔象旗之柄，左边三笔似三条旗游，即飘带，飘带使用杂色的帛。“趣民”是召集百姓的意思，所以急速叫“勿勿”。

勿部只有一个属字“昜”，云：“开也。从日、一、勿。一曰：飞扬。一曰：长也。一曰：强者众皃。”

## 360. 冄(rǎn)

“冄，毛冄冄也。象形。凡冄之属皆从冄。”(而琰切)

徐锴《系传》：“冄，弱也。象毛细而下垂。”段玉裁注：“冄冄者，柔弱下垂之皃。须部之髯取下垂意，女部之姌取弱意。《离骚》：‘老冄冄其将至。’此借冄冄为冘冘。《诗》：‘荏染柔木。’传曰：‘荏染，柔意也。’染即冄之假借。凡言冄言姌，皆谓弱。”张舜徽云：“冄有柔弱义，推之木耳谓之萮，艸多叶谓之莁，艸盛谓之茸，柔韦谓之䰂，嘉肉谓之腬，……虫动谓之蝡，柔土谓之壤，铁之耎者谓之鍒，皆与冄

①徐复、宋文民《说文五百四十部首正解》，江苏古籍出版社，2003年，第291页。

双声义近。名虽万殊,而语出一柢,以其受义之原同耳。”①

甲骨文有,象须毛下垂的样子;金文有、,形体也相似;俗作“髯”。

冉部没有属字。

## 361. 而(ér)

“,颊毛也。象毛之形。《周礼》曰:‘作其鳞之而。’凡而之属皆从而。臣铉等曰:今俗别作髵,非是。”(如之切)

徐锴《系传》:“象颊毛连属而下也。”

金文作、。徐灏《注笺》:“而、耏古今字。因借为语词,加彡作耏。又借为尔我之称,而、尔一声也。”金文中有第二人称代词用法,如越王钟:“歆(喜)而(尔)宾各(客)。”金文中还可用作连词,如中山王壶:“为人臣而彶(反)臣其宗。”②战国包山楚简作、,上博简作。

而部只有一个属字“耏”,云:“罪不至髡也。从而,从彡。耐,或从寸。诸法度字从寸。”

## 362. 豕(shǐ)

“,彘也。竭其尾,故谓之豕。象毛足而后有尾。读与豨同。按今世字误以豕为彘,以彘为豕。何以明之?为啄、琢从豕,蠡从彘,皆取其声,以是明之。臣铉等曰:此语未详,或后人所加。凡豕之属皆从豕。,古文。”(式视切)

甲骨文有、,金文有等,战国包山楚简作、。甲骨文“豕”与“犬”字的区别在于“豕”腹肥尾短;“犬”则腹瘦尾长。卜辞或用其本义,如:“丁未子卜,惠今日求豕,遘?”(《英》1906)卜辞里

---

①张舜徽《说文解字约注》(第三册),华中师范大学出版社,2009年,第2316页。

②陈初生《金文常用字典》,陕西人民出版社,1987年,第889—890页。

的“豕”也可以指野猪。这条卜辞大意是，今日去寻求野猪，会碰上吗？① 金文除用本义及人名外，还用为“家”，如颂鼎：“令女（汝）官嗣成周贾廿豕（家）。”②

许慎说“竭其尾”意思是竖立其尾。段玉裁注：“《立部》曰：‘竭者，负举也。’豕怒而竖其尾则谓之豕。”“豕”本义是“猪”。《诗·小雅·渐渐之石》：“有豕白蹢，烝涉波矣。”古文中“豕牢”一般指猪圈，但也有“厕所”义。《竹书纪年》第九卷：“季历之妃曰太任，梦长人感己，溲于豕牢而生昌，是为周文王。”

豕部有二十一个属字。如“豝”字下云：“牝豕也。从豕，巴声。一曰：一岁能相把拏也。《诗》曰：‘一发五豝。’”又如“豙”字下云：“豕怒，毛竖。一曰：残艾也。从豕、辛。”又如“豩”字下云：“二豕也。豳从此。阙。”

## 363. 㣇(yì)

“ ，修豪兽。一曰：河内名豕也。从彑，下象毛足。凡㣇之属皆从㣇。读若弟。 ，籀文。 ，古文。”（羊至切）

金文中的“㣇”和“豕”应是一个字的异体，战国郭店楚简作 ，到了《说文》里分为两个部首。段玉裁注：“（从彑）象头锐。（下象毛足）刀者象其髦也，毛当作髦。巾象足。”徐灏《注笺》：“古文 象修毫形，小篆兼取古籀之体。”张舜徽云：“㣇，古文作 ，与殺之古文同字。盖㣇即今俗所称野猪，为好殺之兽，故引申训殺，因即以为殺之古文耳。”③徐复说，㣇与蔡、殺古音近，三字通用。④

㣇部有四个属字。

①黄天树《黄天树古文字论集》，学苑出版社，2006年，第351页。

②陈初生《金文常用字典》，陕西人民出版社，1987年，第891页。

③张舜徽《说文解字约注》（第三册），华中师范大学出版社，2009年，第2326页。

④徐复、宋文民《说文五百四十部首正解》，江苏古籍出版社，2003年，第294页。

## 364. 彑(jì)

“彑,豕之头。象其锐而上见也。凡彑之属皆从彑。读若罽。”(居例切)

段玉裁注:“象形也。……罽者,籀文锐。故音相通也。”徐灏《注笺》:“彑即彖字之头,因彘、彖等字从彑,遂立为部首而自为一字。”张舜徽云:“许云象其锐,谓豕之长喙也。网部罽下云:‘罽,籀文锐。’是彑读若罽,其义固通于罽矣。豕以长喙为异,野猪之喙,力尤大。可以掘地作窟,可以搏物制死,猎人皆见而畏之。”①“彑”在典籍中没有单独使用的。

彑部有四个属字。如“彘”字下云:“豕也。后蹄发谓之彘。从彑,矢声,从二匕。彘足与鹿足同。”又如“彖”字下云:“豕走也。从彑,从豕省。”

## 365. 豚(tún)

“[古文字],小豕也。从彖省,象形。从又持肉,以给祠祀。凡豚之属皆从豚。[古文字],篆文从肉、豕。”(徒魂切)

甲骨文作[古文字]、[古文字]、[古文字]等,金文作[古文字]、[古文字],《说文》古文与其相近。睡虎地秦简作[古文字],《说文》篆文与之相似。卜辞中豚用为祭祀用牲,如:“皆用豚眔羊。”(《甲》675)②

许慎说“从又持肉,以给祠祀”是用手拿着肉,以供宗庙祭祀之用。王筠《说文释例》曰:“古人之豕,非大不食。小豕惟以致祭也。殆亦贵诚之意乎!”此条字头是籀文,小篆形体作为重文列在最后。

豚部只有一个属字。

---

①张舜徽《说文解字约注》(第三册),华中师范大学出版社,2009 年,第 2328 页。

②徐中舒《甲骨文字典》,四川辞书出版社,1989 年,第 1059 页。

## 366. 豸(zhì)

“豸，兽长脊，行豸豸然，欲有所司杀形。凡豸之属皆从豸。”(池尔切)

甲骨文作，象猛兽张口欲噬之形。《说文》篆文略同。许慎说“豸”是兽在捕捉猎物时突然伸长身体的样子。段玉裁注：“司，今之伺字，许书无伺。凡兽欲有所伺杀，则行步详寀，其脊若加长。豸豸然，长皃，文象其形也。”张舜徽云：“《尔雅·释蟲》所云‘有足谓之蟲，无足谓之豸’，乃互文以见义。盖凡有足无足之物，既可谓之蟲，又可谓之豸也。不然，则豸部之文二十，皆野兽也，何得以无足为解乎？蟲、豸二字双声语转，故可互通。”①

豸部有十九个属字。如“豹”字下云：“似虎，圜文。从豸，勺声。”

## 367. 㒸(sì)

“㒸，如野牛而青。象形，与禽、离头同。凡㒸之属皆从㒸。兕，古文从儿。”(徐姊切)

张舜徽云：“古文象此兽正面之形，上象其角，下象两前足。篆文象侧面之形，前有角而后有四足，横视之自见。《尔雅·释兽》：‘兕似牛。’郭注云：‘一角青色，重千斤。’《尔雅》但云‘似牛’，许书则云‘如野牛’，意实相同。”②

甲骨文中有好几种写法，如、、、等，共同的特征是巨首独角，本义为犀牛。卜辞或用其本义，如：“王异戊其射在穆兕，擒？”(《合》28400)③大意为王将要在戊那天去射穆地的兕牛，不会有灾

①张舜徽《说文解字约注》(第三册)，华中师范大学出版社，2009年，第2331页。

②张舜徽《说文解字约注》(第三册)，华中师范大学出版社，2009年，第2339页。

③黄天树《黄天树古文字论集》，学苑出版社，2006年，第351页。

祸吧。兕为犀牛的一种,其皮厚实,可以做铠甲。《国语·晋语八》:“昔吾先君唐叔,射兕于徒林,殪以为大甲,以封于晋。”韦昭注:“兕似牛而青,善触人。”

𤉡部没有属字。典籍中通用写法为“兕”。这种写法源自《说文》古文,与睡虎地秦简写法相似。

## 368. 易(yì)

“,蜥易,蝘蜓,守宫也。象形。《祕书》说:日月为易,象阴阳也。一曰:从勿。凡易之属皆从易。”(羊益切)

段玉裁注:“虫部‘蜥’下曰:‘蜥易也。’‘蝘’下曰:‘在壁曰蝘蜓,在艸曰蜥易。’《释鱼》曰:‘蝾螈,蜥易;蜥易,蝘蜓;蝘蜓,守宫也。’郭云:‘转相解,博异语,别四名也。’……易本蜥易,语言假借而难易之义出焉。……(象形)上象首,下象四足,尾甚微,故不象。……《秘书》谓纬书。……纬书说字,多言形而非其义。此虽近理,要非六书之本,然下体亦非月也。”太炎先生云:“守宫也。即今壁虎,俗作蜴。难傷、变敡、蜥易、周覡。《礼记·祭统》:‘易抱龟南面。’是主卜筮之官曰易,即覡字(易、覡同部)。”①

甲骨文“易”字或作、、,字形结构很难分析。或说甲骨文或从二皿,或加廾,会双手持一皿之水倾注另一皿中之意。引申为变易。郭沫若、陈梦家都认为“易”乃“益”的简化。甲骨文的“易”多读作“锡”,义为“赏赐”。如:“己酉卜,亘,贞:易禾,不易禾? 王占曰:吉。易。”(《合》9464)大意是,关于商王对臣僚进行稼禾赏赐的贞卜。② 金文有、、、、,表示器皿中有鬯酒用来赏赐。从简化为,为易字。从金文字形看,“易”是“赐”的本字。赏赐是使受赐者的财富有所增益,所以由“益”分化出“易”。如周初德簋:“王易德贝廿朋。”金文中“易”还用为难易义。许慎所云盖为借

①王宁主持整理《章太炎说文解字授课笔记·部首》(缩印本),中华书局,2010年,第18页。

②黄天树《黄天树古文字论集》,学苑出版社,2006年,第352页。

义，蜥易能变色，取变易之义。战国郭店楚简作、，信阳楚简作。睡虎地秦简作，与小篆相似。

易部没有属字。

## 369. 象(xiàng)

“，长鼻牙，南越大兽，三年一乳。象耳、牙、四足之形。凡象之属皆从象。”(徐两切)

甲骨文作、等，均象大象之形，突出长鼻的特征。卜辞或用其本义，如“……获象”(《前》3·31·3)。① 商代晚期金文象且辛鼎中作，完全是大象的图画。西周金文又有，战国金文作等字形，郭店楚简作，睡虎地秦简作。《山海经》中曾多处记载大象。《吕氏春秋·古乐》：“商人服象，为虐于东夷。周公遂以师逐之，至于江南。”罗振玉云：“盖象之尤异于他畜者，其鼻矣。又象为南越大兽，此后世事，古代则黄河南北亦有之。为字从手牵象，则象乃寻常服御之物。今殷虚遗物有镂象牙礼器，又有象齿甚多。卜用之骨，有绝大者，殆亦象骨。又卜辞卜田猎，有获象之语。知古者中原象至殷世尚盛也。”②

后“象”被借为“形于外者”之意义，如“气象”、“星象”等。古汉语中有“象人”一词，是专有名词，意思是木偶。《韩非子·显学》：“磐石千里，不可谓富；象人百万，不可谓强。”

象部只有一个属字“豫”，云：“象之大者。贾侍中说，不害于物。从象，予声。”

---

①马如森《殷墟甲骨文实用字典》，上海大学出版社，2008年，第220页。

②张舜徽《说文解字约注》(第三册)，华中师范大学出版社，2009年，第2340页。

# 卷　十

## 370. 馬(mǎ)

“ ,怒也,武也。象馬头、髦、尾、四足之形。凡馬之属皆从馬。 ,古文。 ,籀文馬,与 同,有髦。”(莫下切)

甲骨文作 、 、 、 等,为一匹头朝上、背朝右、尾朝下的馬的形象。金文或作 、 、 ,与甲骨文写法大致相同。《说文》中古文的写法大致是金文的变体。战国时形体变易很大,燕文字作 ,楚文字包山楚简作 、 。许慎用“怒”来训释“馬”,大概由于馬善怒且勇敢,多用于武事。段玉裁说:“(馬,怒也,武也)以叠韵为训。”太炎先生《新方言・释言》:“今荆州谓面含怒色为馬起脸。”①

馬部有一百一十四个属字。如“駱”下云:“馬白色黑鬣尾也。从馬,各声。”又如“駁”字下云:“馬色不纯。从馬,爻声。”又如“驥”字下云:“千里馬也。孙阳所相者。从馬,冀声。天水有驥县。”又如“篤”字下云:“馬行顿迟。从馬,竹声。”

## 371. 廌(zhì)

“ ,解廌兽也。似山牛,一角。古者决讼,令触不直。象形。从豸省。凡廌之属皆从廌。”(宅买切)

廌是传说中的神兽,又叫獬廌。据说能帮助断案,辨别曲直,用角触不直者。段玉裁注:“《论衡》曰:‘獬豸者,一角之羊,性识有罪,皋陶治狱,有罪者令羊触之。’按古有此神兽,非必皋陶赖之听

①徐复、宋文民《说文五百四十部首正解》,江苏古籍出版社,2003 年,第300 页。

狱也。”

甲骨文有[古文字]、[古文字]，商代晚期金文亚廌父丁觚作[古文字]，象廌侧面之形。卜辞或用其本义，如：“壬卜，子其入廌、牛于丁？”（《花》38）①战国郭店楚简或作[古文字]。“郭店简‘者侯之门，义士之所廌’，《庄子·胠箧》作‘诸侯之门，而仁义存焉’。廌、薦二字因形体相关，典籍往往以廌为薦。……薦、荐古通。郭店简廌（薦）可依《庄子》读为存。”②

廌部有三个属字。如“薦”字下云：“兽之所食艸。从廌，从艸。古者神人以廌遗黄帝。帝曰：‘何食？何处？’曰：‘食薦。夏处水泽，冬处松柏。’”又如“灋”字下云：“刑也。平之如水，从水；廌，所以触不直者，去之，从去。法，今文省。”

## 372. 鹿（lù）

“[篆文]，兽也。象头、角、四足之形。鸟、鹿足相似，从匕。凡鹿之属皆从鹿。”（卢谷切）

甲骨文作[古文字]、[古文字]、[古文字]。卜辞或用其本义，如：“狩获擒鹿五十又六。”（《前》4·8·1）③金文作[古文字]、[古文字]，均象鹿形。战国包山楚简作[古文字]，已不象形。睡虎地秦简作[古文字]，与现在字形很接近。我国鹿的种类很多，先秦典籍也有很多记载。如《诗·小雅·小弁》：“鹿斯之奔，维足伎伎。”引申为所要捕获的对象。由于鹿、禄同音，可用鹿指爵位、权力。如《汉书·蒯通传》：“且秦失其鹿，天下共逐之，高材者先得。”张舜徽引饶炯说法：“鹿性好旅，行则相随，食则相呼。《诗》云：‘瞻彼中林，甡甡其鹿。’又云：‘呦呦鹿鸣，食野之苹。’皆其事。故因性为名，从旅寄音也。”④

鹿部下有二十五个属字。如“麒”字下云：“仁兽也。麋身，牛

①黄天树《黄天树古文字论集》，学苑出版社，2006年，第353页。

②黄德宽《古文字谱系疏证》（三），商务印书馆，2007年，第2046—2047页。

③马如森《殷墟甲骨文实用字典》，上海大学出版社，2008年，第223页。

④张舜徽《说文解字约注》（第三册），华中师范大学出版社，2009年，第2388—2389页。

尾，一角。从鹿，其声。”又如“麟”字下云：“大牝鹿也。从鹿，粦声。”又如“麋”字下云：“鹿属。从鹿，米声。麋，冬至解其角。”麋俗称“四不象”。又如“麗”字下云：“旅行也。鹿之性见食急，则必旅行。从鹿，丽声。《礼》‘麗皮纳聘’，盖鹿皮也。”

## 373. 麤(cū)

“麤，行超远也。从三鹿。凡麤之属皆从麤。”(仓胡切)

甲骨文有从二鹿之字，王襄《簠室殷契类纂》说从二鹿与从三鹿同，意思都是“行超远”。段玉裁注：“鹿善惊跃，故从三鹿。引申之为卤莽之称。《篇》、《韵》云：‘不精也，大也，疏也。’皆今义也。俗作麁，今人概用粗，粗行而麤废矣。……三鹿齐跳，行超远之意。”“麤”字构意是“跳跃”，但典籍中并未使用此义，主要是借为“粗疏”义。徐灏《注笺》：“按麤与粗音义同而微有别，故《春秋繁露·俞序篇》云：‘始于麤粗，终于精微。’”然二字古通用不别也。”由于麤之行走义久不用，故在粗长义上，粗、麤可认为是异体。《第一批异体字整理表》规定“粗”为正体字，“麤”作为异体字被淘汰。

麤部只有一个属字“𪋻”，云：“鹿行扬土也。从麤，从土。”

## 374. 㲋(chuò)

“㲋，兽也。似兔，青色而大。象形。头与兔同，足与鹿同。凡㲋之属皆从㲋。[篆文]，篆文。”(丑略切)

甲骨文有[甲骨文]、[甲骨文]，商代晚期金文有写实字形，作[金文]。段玉裁说《山海经》中的“㚟”为“㲋”之异体。太炎先生《文始》也说：“㲋、兔虽分大小，造文者必不委细分别，其一字异形可知也。”①

㲋部有三个属字，皆为兽名。

## 375. 兔(tù)

“兔，兽名。象踞，后其尾形。兔头与㲋头同。凡兔之属皆从

①丁福保《说文解字诂林》(四)，云南人民出版社，2006年，第2432页。

兔。"(汤故切)

甲骨文中有[illegible]、[illegible]等形体,皆象兔形。卜辞或用其本义,如:"……子卜,翊辛丑,王逐兔。"(《前》6·49·6)①《诗·小雅·巧言》:"他人有心,余忖度之。跃跃毚兔,遇犬获之。"张舜徽云:"兔之言挩也,谓其善自解挩也。兔走甚迅,忽焉不见,所谓动如脱兔也。故引申有免义。本书无免篆,钱大昕谓兔、免当为一字,古音本读兔如勉。汉人作隶,误分之耳,其说是也。"②

古代车上有连接车厢底板与车轴的部件,形状似蹲伏之兔,因名伏兔,简称兔。

兔部有四个属字。如"逸"字下云:"失也。从辵、兔。兔謾訑善逃也。"又如"冤"字下云:"屈也。从兔,从冂。兔在冂下不得走,益屈折也。"

## 376. 莧(huán)

"[illegible],山羊细角者。从兔足,苜声。凡莧之属皆从莧。读若丸。寬字从此。"(胡官切)

许慎说"莧"是形声字,王筠在《说文句读》中说是通体象形。甲骨文有[illegible]、[illegible]、[illegible],象一只细角山羊之形。张舜徽云:"莧之言环也,谓其角卷曲如盘环也。"③寬字从莧声。这个字和"莧菜"的"莧"不是一个字。卜辞或用其本义,如:"莧羊二?"(《合》903反)④

莧部没有属字。

## 377. 犬(quǎn)

"[illegible],狗之有县蹄者也。象形。孔子曰:'视犬之字,如画狗也。'

①马如森《殷墟甲骨文实用字典》,上海大学出版社,2008年,第226页。

②张舜徽《说文解字约注》(第三册),华中师范大学出版社,2009年,第2401页。

③张舜徽《说文解字约注》(第三册),华中师范大学出版社,2009年,第2403页。

④黄天树《黄天树古文字论集》,学苑出版社,2006年,第353页。

凡犬之属皆从犬。”（苦泫切）

甲骨文有、、，字形象腹瘦长尾之狗形。卜辞可用为祭牲之义，如：“辛巳卜，品，贞：埋三犬，尞五犬、五豭，卯四牛，一月。”（《前》7·3·3）①金文有、两种写法，一种横书，一种竖书。金文中也用为本义，如员鼎：“王令员执犬。”②有时也用为族氏名。战国包山楚简作。许慎说的“县蹏”即“悬蹄”。大概指猎犬而言，或云其前足上有一趾不履地。张舜徽云：“古有田犬，有守犬，有食犬。田犬即猎犬也。食犬以供庖膳，故古者犬名羹献也。后世食犬废而田犬亦罕，家所畜者，惟守犬耳。”③

古代“犬”组成的词常是谦称和卑称。如“犬马”是臣子对君上的自卑之称，“犬马之齿”则指自己的年龄，“犬子”是对自己儿子的谦称等。

犬部有八十二个属字。如“狗”字下云：“孔子曰：‘狗，叩也。叩气吠以守。’从犬，句声。”又如“尨”字下云：“犬之多毛者。从犬，从彡。《诗》曰：‘无使尨也吠。’”又如“默”字下云：“犬暂逐人也。从犬，黑声。读若墨。”又如“類”字下云：“种類相似，唯犬为甚。从犬，頪声。”

## 378. 㹜（yín）

“，两犬相啮也。从二犬。凡㹜之属皆从㹜。”（语斤切）

㹜字为会意字，从两犬，两犬相遇往往相咬斗。正如《说文·犬部》所云：“獨，犬相得而斗也。从犬，蜀声。羊为群，犬为獨也。”王国维《甲骨学文字编》云：“《楚辞·九辩》：‘猛犬狺狺而迎吠兮’，狺当即此字。金文有叔㹜簋，其形体同。”④此字文献中未见到实际用例。

①马如森《殷墟甲骨文实用字典》，上海大学出版社，2008 年，第 226 页。

②陈初生《金文常用字典》，陕西人民出版社，1987 年，第 901 页。

③张舜徽《说文解字约注》（第三册），华中师范大学出版社，2009 年，第 2403—2404 页。

④徐复、宋文民《说文五百四十部首正解》，江苏古籍出版社，2003 年，第 307 页。

狱部只有两个属字。如“獄”字下云：“确也。从㹜，从言。二犬所以守也。”

## 379. 鼠(shǔ)

“，穴虫之总名也。象形。凡鼠之属皆从鼠。”（书吕切）

徐锴《系传》：“上象齿，下𠃓象腹爪尾。鼠好啮伤物，故象齿。”

甲骨文作、，象鼠之形，或从小，因鼠之体小。鼠是整体象形。上部象鼠头，张着口，齿露出，下部是身、尾，其足讹连于头下。战国楚帛书作。睡虎地秦简作，已与小篆大致相同了。许慎用“穴虫之总名”来解释“鼠”，反映出当时对鼠的分类与认识水平。正如王筠《说文句读》所言：“此谓凡穴居者，皆通名鼠，犹今俗言貂鼠、貛鼠也。不但指本部而言。”《尔雅》鼠类包括的种类与《说文》相近。《诗·召南·行露》：“谁谓鼠无牙？何以穿我墉？”《诗经》中“鼠”还通“癙”字，当“忧”讲。《小雅·雨无正》：“鼠思泣血，无言不疾。”郑玄笺：“鼠，忧也。”成语“鼠肝虫臂”比喻极为细微而无价值的东西。

鼠部有十九个属字。如“鼬”字下云：“如鼠，赤黄而大，食鼠者。从鼠，由声。”俗多称为黄鼠狼。

## 380. 能(néng)

“，熊属，足似鹿。从肉，目声。能兽坚中，故称贤能，而强壮称能杰也。凡能之属皆从能。臣铉等曰：目非声，疑皆象形。”（奴登切）

金文或作、、、，战国信阳楚简作，望山楚简作。“能”后被借用表示才能、贤能义。《尚书·大禹谟》：“汝惟不矜，天下莫与汝争能。”又进一步引申为有能力、胜任、能够、容许等义。金文中还有亲善、和睦义，如毛公鼎：“康能三（四）或（国）。”①

①陈初生《金文常用字典》，陕西人民出版社，1987年，第908页。

小篆字形已成为笔势,无法反映出造字意图。段玉裁注:"《左传》、《国语》皆云:'晋侯梦黄能入于寝门。'韦注曰:'能,似熊。'凡《左传》、《国语》能作熊者,皆浅人所改也。"徐灏《注笺》:"能,古熊字。……假借为贤能之能。后为借义所专,遂以火光之熊为兽名之能,久而昧其本义矣。"

能部没有属字。

## 381. 熊(xióng)

"[篆],兽。似豕,山居,冬蛰。从能,炎省声。凡熊之属皆从熊。"(羽弓切)

熊,从火,能声。战国包山楚简作[古文字]、楚帛书作[古文字],新蔡楚简作[古文字]、[古文字],构意是火势旺盛。因"能"被借用表示能愿动词等,就借用表示大火貌的"熊"来表示动物。

熊部只有一个属字"羆"字,云:"如熊,黄白文。从熊,罷省声。"

## 382. 火(huǒ)

"[篆],燬也。南方之行,炎而上。象形。凡火之属皆从火。"(呼果切)

甲骨文中作[甲骨文]、[甲骨文]、[甲骨文],象火苗上冒之形。甲骨文或用其本义,如:"丙寅卜,𣪊,贞:其有火?"(《合》2874)①甲骨文"火"跟"山"字形体相近,容易混淆。一般说来,山字下面一笔平直;火字下面的一笔弯曲,给人燃烧的动感。战国楚帛书作[古文字]。

许慎用"燬"来解释"火",属于用方言来解释雅言。许慎在解释"燬"时说:"火也。从火,毁声。"《诗·周南·汝坟》:"王室如燬。"毛传:"燬,火也。"陆德明释文:"燬,音毁。齐人谓火曰燬。"太炎先生云:"今读火如燬,今福建人犹如此。"许慎云"南方之行",这是用五行来解字。"火"构意就是物体燃烧所产生的光和热。作动词用,为"焚烧"义,如《左传·宣公十六年》:"夏,成周宣榭火,人火之

①李学勤《字源》(下),天津古籍出版社,2012年,第885页。

也。凡火，人火曰火，天火曰灾。”

火部有一百一十一个属字。注意：“火”作部首在构造其他字时有不同变体。一般写作“火”，有时在整个字下部写成“灬”，如“烈、然”等；有时在字下部写成“小”，如“尉、尞”等；另外在“赤”字中，下部的写法也很特殊。火部字如“炭”字下云：“烧木余也。从火，岸省声。”又如“熄”字下云：“畜火也。从火，息声。亦曰灭火。”又如“尉”字下云：“从上案下也。从𡰥，又持火，以尉申缯也。”

## 383. 炎(yán)

“炎，火光上也。从重火。凡炎之属皆从炎。”(于廉切)

甲骨文或作炎等，金文作炎、炎等，以火上有火来会火势旺之意。战国包山楚简作炎，楚帛书作炎。《尚书·胤征》：“火炎昆冈，玉石俱焚。天吏逸德，烈于猛火。”《朱子语类·孟子七》：“敬之问：‘故，是已然之迹，如水之润下，火之炎上。’”金文中“炎”用为地名，如召尊。

炎部有七个属字。如“粦”字下云：“兵死及牛马之血为粦。粦，鬼火也。从炎、舛。”

## 384. 黑(hēi)

“黑，火所熏之色也。从炎，上出囪。囪，古窗字。凡黑之属皆从黑。”(呼北切)

甲骨文作黑，金文或作黑、黑，战国曾侯乙墓楚简作黑。睡虎地秦简作黑，已与小篆形体接近。唐兰认为本象正立而面部被施以墨刑的人，后在两臂上下加上饰点。许慎则以“黑”之构意为火熏之色。卜辞或用其本义，如：“惟黑犬，王受有祐。”(《合》29544)①白居易《卖炭翁》：“满面尘灰烟火色，两鬓苍苍十指黑。”泛指黑色。注意古书中“黑头”指少年。司空图《新岁对写真》：“文武轻销丹灶火，

①李学勤《字源》(下)，天津古籍出版社，2012年，第902页。

市朝偏贵黑头人。""黑头"还指传统戏剧中角色的一种，如京剧中的尉迟恭、包公等。

黑部有三十六个属字。如"黝"字下云："微青黑色。从黑，幼声。《尔雅》曰：'地谓之黝。'"又如"點"字下云："小黑也。从黑，占声。"又如"黨"字下云："不鲜也。从黑，尚声。"

## 385. 囱(chuāng)

"囱，在墙曰牖，在屋曰囱。象形。凡囱之属皆从囱。窗，或从穴。囧，古文。"(楚江切)

"囱"构意为"天窗"，引申指灶突，俗称烟囱。大概上古半穴式建筑，所谓"陶复陶穴"，需上穿一孔以通明，此即囱之起源。《说文》古文外象屋，中象棂。段玉裁注："此皆以交木为之，故象其交木之形，外域之也。"徐灏《注笺》："囱、窗古今字，又作窻。许于穴部'窻'训通孔，义似稍别，其实通孔即囱之本义。在墙曰牖，在屋曰窗；对文则异，散言通谓之窗耳。"

囱部只有一个属字"悤"，云："多遽悤悤也。从心、囱，囱亦声。"

## 386. 炎(yàn)

"焱，火华也。从三火。凡焱之属皆从焱。"(以冉切)

甲骨文作焱，从三火，是同体会意。"焱"义为火花，火焰。《广韵·锡韵》："焱，火焰也。"焱的构意和森、淼、磊等字相同。

焱部有两个属字。如"熒"字下云："屋下鐙烛之光。从焱、冂。"

## 387. 炙(zhì)

"炙，炮肉也。从肉在火上。凡炙之属皆从炙。𤏲，籀文。"(之石切)

"炙"构意是烤。许慎用"炮肉"来解释，《火部》下云："炮，毛炙肉也。"炙、炮互训。大概这是用泥裹上肉然后再在火上烤的办法。《诗·小雅·瓠叶》："有兔斯首，燔之炙之。"毛传："炕火曰炙。"孔颖达疏:“炕,举也。谓以物贯之而举于火上以炙之。”关于其籀文,徐锴《系传》云:“籀文,今《东京赋》文作此字。”张舜徽云:“凡烤肉,必以物贯之而县于火上,累累下垂,故炙之籀文从柬作[古文字],柬者,木垂华实也,烤肉之形似之耳。”①“炙”作名词用,是烤肉之义。如《孟子·尽心下》:“公孙丑问曰:‘脍炙与羊枣孰美?’孟子曰:‘脍炙哉!’”成语“脍炙人口”比喻诗文等非常受人欢迎。还引申为熏陶。《孟子·尽心下》:“非圣人而能若是乎?而况于亲炙之者乎?”出土文献用例可见睡虎地秦简日书甲种。

炙部有两个属字。如“燔”字下云:“宗庙火孰肉。从炙,番声。《春秋传》曰:‘天子有事,燔焉。以馈同姓诸侯。’”

## 388. 赤(chì)

“[篆文],南方色也。从大,从火。凡赤之属皆从赤。[古文],古文从炎、土。”(昌石切)

段玉裁注:“火者,南方之行,故赤为南方之色。从大者,言大明也。”张舜徽云:“凡土经火烧则色赤,验于灶心之土而可知也。故赤之古文从炎土。”②甲骨文作[古文字]、[古文字]等。字形是在“火”上加“大”字表示火盛,会大火颜色之意。金文卫盉作[古文字]、[古文字]、[古文字],均从大从火。金文中或用其本义,如麦尊:“侯乘于赤旂舟。”战国包山楚简作[古文字]、[古文字]。初生婴儿全身呈红色,故叫赤子。又引申出光着、空着、裸露、一无所有等义。“赤”又象征革命。

赤部有七个属字。从赤的字大都与赤色有关。如“赨”字下云:“赤色也。从赤,蟲省声。”又如“赭”字下云:“赤土也。从赤,者声。”

---

①张舜徽《说文解字约注》(第三册),华中师范大学出版社,2009年,第2500页。

②张舜徽《说文解字约注》(第三册),华中师范大学出版社,2009年,第2501页。

## 389. 大(dà)

“大,天大,地大,人亦大。故大象人形。古文大也。凡大之属皆从大。”(徒盖切)

甲骨文有大、大等,西周金文作大、大,象人正立之形。战国晚期金文或作大,已不太象形了。王筠《说文释例》曰:“天地之大,无由象之以作字,故象人之形以作大字,非谓大字即是人也。故部中奎、夹二字指人,以下则皆大小之大矣。它部从大义者,凡二十六字。惟亦、矢、夭、交、尣、夫六字取人义,余亦大小之大,或用为器之盖矣。两臂侈张,在人无此礼体,惟取其大而已。”《说文》中以大为古文,以亣为籀文,从而分为两个部首。大部有奎、奄、夷等十七个字,都是上形下声的字;而亣部有“奕、奘”等七个字,下面都从亣,上为声。这两个部首本来没有必要分别,实在是因为结构不同而加以区分。“大”还可以当“太”用。《骈雅训纂·释名称》:“古人太字多不加点,如大极、大初、大素、大室、大庙、大学之类。后人加点,以别小大之大,遂分而为二矣。”

大部有十七个属字。如“奎”字下云:“两髀之间。从大,圭声。”又如“奄”字下云:“覆也。大有余也。又欠也。从大,从申。申,展也。”又如“夷”字下云:“平也。从大,从弓。东方之人也。”

## 390. 亦(yì)

“亦,人之臂亦也。从大,象两亦之形。凡亦之属皆从亦。臣铉等曰:今别作腋,非是。”(羊益切)

徐锴《系传》:“人之掖也。八,其处也。”商代晚期亦戈上作亦。甲骨文作亦、亦等,西周金文作亦,中间象正面的人形,两臂之下的两点是指事符号,指出腋之位置。战国郭店楚简略有变形,作亦。《仪礼·有司》:“司马朼羊,亦司马载。”郑玄注:“亦著脊胁皆一骨也。”卜辞中的“亦”借用为副词,也、又之义。金文中也有类似用法。“臂亦”即“臂腋”,俗称人的胳肢窝。

亦部只有一个属字“夾”,云:“盗窃褱物也。从亦,有所持。俗谓蔽人俾夹是也。弘农陕字从此。”今陕西之“陕”的繁体“陝”从此。后世《辞海》立“亦”部,但其中所收录的“变”、“恋”、“栾”、“鸾”等字中的“亦”为“䜌”的简化字,与“亦”本义无关。其他字典和词典一般不立亦部。

## 391. 夨(zè)

“夨,倾头也。从大,象形。凡夨之属皆从夨。”(阻力切)

甲骨文有 、 、 等,皆象人头倾夨之形。卜辞中借用为商代先公王亥,即王夨,如:“壬辰卜,㱿,贞:于王夨。”(《乙》5317)① 金文作 、 ,上所倾头或左或右,构意是倾头,后用为凡倾夨之称。金文中未见使用本义,借用表示人名、国名。段玉裁注:“人部曰:‘倾者,夨也。’夨象头倾,因以为凡倾之称。(从大,象形)象头不直也。”

夨部有三个属字。如“吴”字下云:“姓也。亦郡也。一曰:吴,大言也。从夨、口。”

## 392. 夭(yāo)

“夭,屈也。从大,象形。凡夭之属皆从夭。”(於兆切)

甲骨文、金文均作 形,象人行走时两臂摆动之形。战国楚帛书作 ,睡虎地秦简作 。段玉裁注:“象首夭屈之形也。……《论语》:‘子之燕居,申申如也,夭夭如也。’上句谓其申,下句谓其屈。不屈不申之间,其斯为圣人之容乎?”“夭”从“屈”义引申为短命、夭折。《荀子·荣辱》:“乐易者常寿长,忧险者常夭折。”“夭”还假借指草木茂盛。《诗·周南·桃夭》:“桃之夭夭,灼灼其华。”

夭部有三个属字。如“喬”字下云:“高而曲也。从夭,从高省。《诗》曰:‘南有乔木。’”又如“幸”字下云:“吉而免凶也。从屰,从

---

①马如森《殷墟甲骨文实用字典》,上海大学出版社,2008 年,第 235 页。

夭。夭,死之事,故死谓之不𡴘。"隶变后作"幸"。又如"奔"字下云:"走也。从夭,贲省声。与走同意,俱从夭。"

后来的《康熙字典》、《辞源》、《新华字典》等均不立"夭"部。后世"夭"多作形声字的声符,如"妖"、"跃"、"袄"等。

## 393. 交(jiāo)

"㐮,交胫也。从大,象交形。凡交之属皆从交。"(古爻切)

"交"构意是交胫之形,记录的词义是交叉、交错等。出土文献中,战国郭店楚简作㐮,睡虎地秦简作㐮。屈原《九歌·国殇》:"旌蔽日兮敌若云,矢交坠兮士争先。"《孟子·滕文公上》:"兽蹄鸟迹之道交于中国。"古代五岭之南有"交趾"之国,其名可能与"交"义有关联。

交部有两个属字。如"绞"字下云:"缢也。从交,从糸。"会意字,义为勒颈而死。后世一般字典、词典均不立"交"部。

## 394. 尣(wāng)

"尢,尬,曲胫也。从大,象偏曲之形。凡尣之属皆从尣。㞷,古文从㞷。"(乌光切)

从小篆形体看,就是正面站立而跛了一条腿的人。段玉裁注:"尬者,蹇也。尣本曲胫之称,引申之为曲脊之称。……(从大,象偏曲之形)谓从大而象一胫偏曲之形也。……尣者,古文象形字;㞷者,小篆形声字。"朱骏声《说文通训定声》:"按从大而屈其右,指事也。"徐复说:"《左传·僖公二十一年》:'夏,大旱。公欲焚巫尪。'尪为古文㞷之省变。《礼记》有童汪踦,能执干戈以卫社稷。童谓童子;汪即尪之借字,今谓跛足;踦谓行步蹇劣。"①甲骨文有一个字,胡厚宣释为尣的古文"㞷",甲骨文字形表示手拿锯子锯去人的一足,

①徐复、宋文民《说文五百四十部首正解》,江苏古籍出版社,2003 年,第 318 页。

是古代酷刑的写照。① 在河南的殷墟考古发掘中，曾发现过少了一个下肢骨的殉葬人，大概是生前受过刖刑的奴隶。缺了一腿，自然站立不正，“象偏曲之形”了。② 金文墙盘有尢，读为匡。

尢部有十一个属字。如“尳”字下云：“蹇也。从尢，皮声。”这些字均跟腿脚患病或行走艰难、不正等意义有关。如“尴尬”在此部，本来指行为不正，鬼鬼祟祟。《京本通俗小说·西山一窟鬼》：“这个开酒店的汉子又尴尬，也是鬼了。”后引申为处境窘困，不易处理。“尢”隶变后有“尢”、“尣”两种写法。

## 395. 壶(hú)

“壶，昆吾，圜器也。象形。从大，象其盖也。凡壶之属皆从壶。”(户吴切)

徐锴《系传》：“昆吾，纣臣，作瓦器。大，掩之也。”

甲骨文作[古文字]、[古文字]、[古文字]、[古文字]、[古文字]等，西周金文作[古文字]、[古文字]、[古文字]、[古文字]、[古文字]、[古文字]等，皆象壶形。春秋金文作[古文字]、[古文字]、[古文字]，战国金文作[古文字]、[古文字]，睡虎地秦简作[古文字]。根据《史记·殷本纪》记载，黄河北岸有祝融之后建立的昆吾国。昆吾国善作陶器，其所做之壶，十分精巧，故称昆吾。王筠《说文释例》：“昆吾者，壶之别名也。昆读如浑，与壶双声，吾与壶叠韵，正与‘蒺藜为茨’、‘之于为诸’、‘者焉为旃’一例。”张舜徽云：“壶之形制，乃原于瓠。太古惟知以瓠之干者盛饮食，故即谓瓠为壶。《诗·豳风·七月》篇：‘八月断壶。’毛传云：‘壶，瓠也。’《楚辞·招魂》篇：‘元蠭若壶。’王注云：‘壶，干瓠也。’是已。凡匋器、铜器之壶，皆依仿瓠之形状以制作者也。”③壶本义是盛酒浆的器皿。古代有所谓“投壶”的游戏。古代宴请宾客时，宾主相互娱乐，以矢投壶中，在一定的距离内，投中者算胜，不中者要罚酒。这是古代的

①详见胡厚宣《殷代的刖刑》，《考古》1973年第2期。

②杨五铭《文字学》，湖南人民出版社，1986年，第16页。

③张舜徽《说文解字约注》(第三册)，华中师范大学出版社，2009年，第2521页。

一种娱乐活动。

壶部只有一个属字。后世的字典、词典一般不立壶部。“壺”简化为“壶”。

## 396. 壹(yī)

“𡔷，专壹也。从壶，吉声。凡壹之属皆从壹。”(於悉切)

徐锴《系传》:“从壶，取其不泄也。”段玉裁改为从壶、吉会意，吉亦声。他说“壹壺”是“絪緼”的本字。义为天地之元气浑然，吉凶未分，故其字从吉凶在壶中会意。故此“壹”有“专壹不二”义。徐灏《注笺》:“壹之本义为壹壺，声转为抑郁，闭塞之义也。《孟子·公孙丑》篇:‘志壹则动气，气壹则动志也。’赵注曰:‘志气闭而为壹。’《左氏》昭元年传:‘节宣其气，勿使有所壅闭湫底以露其体，今无乃壹之，则生疾矣。壹皆谓抑郁闭塞也。’”杨树达《释壹》又以从壹得声之噎饐曀墤四字证明壹之初义为“抑郁闭塞”。如此看来，许慎所释“专壹”应为引申义。① 睡虎地秦简字形作壹，其中构件“豆”为“吉”的讹变。

壹部只有一个属字“懿”，云:“专久而美也。从壹，从恣省声。”从“壹”之“专壹”义得义。

## 397. 㚔(niè)

“㚔，所以惊人也。从大，从羊。一曰:大声也。凡㚔之属皆从㚔。一曰:读若瓠。一曰:俗语以盗不止为㚔。㚔，读若籋。”(尼辄切)

甲骨文作 、 等，均象刑具手铐之形。战国中山王壶作 。殷墟出土的陶俑有两手加梏者，其梏与此字形一致。隶书和楷书都变作“幸”，跟楷书不幸的“幸”(《说文·夭部》)字写法混同。“㚔”在后世不见单用，只见于“執”、“圉”等字的偏旁中。甲骨文中“㚔”

①杨树达《积微居小学述林全编》(上)，上海古籍出版社，2007年，第95页。

字有单用之例,如:“癸巳卜,宾,贞:臣㚔(執)? 王占曰:‘吉。其㚔(執)隹(唯)乙、丁。’七日丁亥,既㚔(執)。”(《合》643)大意说,癸巳日占卜,由贞人“宾”主持贞问,问逃亡的臣奴能否抓住。武丁察看卜兆后做出判断,说:“吉利。到第三天的乙未或第五天的丁酉就会把臣奴抓住。”但是商王武丁所占并不准确,事实上在癸巳日占卜的七天前的丁亥日,臣奴就早已在某地被抓住了。①

许慎说“所以惊人”指用来吓人的东西。“一曰大声”,大概也与惊吓人之义有关。关于“俗语以盗不止为㚔”一句,文献中“㚔”有此义。承培元《说文引经证例》:“《左传》曰:‘则国无㚔民。谚曰:民之多㚔。’两㚔字今皆讹幸。左氏云谚,许云俗语,可证也。”②许慎说“㚔,读若籋”一句,盖“㚔”即“籋”之本字。《说文·竹部》下云:“箝也。”“㚔”之本义为刑具,用于拘禁俘虏、罪犯等,所以卜辞中引申为凡执之义。

㚔部有六个属字。如“執”字下云:“捕罪人也。从丮,从㚔。㚔亦声。”又如“圉”字下云:“囹圄。所以拘罪人。从㚔,从口。一曰:圉,垂也。一曰:圉人,掌马者。”又如“盩”字下云:“引击也。从㚔、攴,见血也。扶风有盩厔县。”

## 398. 奢(shē)

“奢,张也。从大,者声。凡奢之属皆从奢。奓,籀文。”(式车切)

春秋金文有奢。许慎用“张”解释“奢”,意思是铺张、奢侈。段玉裁注:“张者,施弓弦也。引申为凡充斥之称。侈下曰:‘一曰奢也。’”籀文奓,当同侈。“奢奓”可连言,多作“奢侈”。《汉哀帝元寿二年丞相遣郡国计吏敕》:“今俗奢奓过制度。日以益甚。”唐罗隐《秦中富人》:“粪土金玉珍,犹嫌未奢侈。”

---

①黄天树《黄天树古文字论集》,学苑出版社,2006年,第355页。

②丁福保《说文解字诂林》(四),云南人民出版社,2006年,第2542页。

奢部只有一个属字。

## 399. 亢(gāng)

"亢,人颈也。从大省,象颈脉形。凡亢之属皆从亢。頏,亢或从頁。"(古郎切)

徐锴《系传》:"亢,喉咙也。故鲍昭《舞鹤赋》曰:'引员吭之纤婉。'本作此字。"甲骨文有亢等,金文有亢、亢、亢等形。"亢"构意是喉咙。

段玉裁注:"《史》、《汉》张耳列传:'乃仰绝亢而死。'韦昭曰:'亢,咽也。'苏林云:'肮,颈大脉也。俗所谓胡脉。'《娄敬传》:'搤其亢。'张晏曰:'亢,喉咙也。'按《释鸟》曰'亢,鸟咙',此以人颈之称为鸟颈之称也。亢之引申为高也,举也,当也。"后起本字是"吭"。张舜徽云:"颈、亢双声,一语之转。亢之转为颈犹刚之转为劲耳。亢之或体从页,则为人颈专字矣。人自颈以下肩以上谓之颈,犹艸木干谓之茎也。颈亦谓之亢,犹竹列谓之笐也,皆取其直耳。故亢之引申又有直义。"①

亢部只有一个属字。

## 400. 夲(tāo)

"夲,进趣也。从大,从十。大十,犹兼十人也。凡夲之属皆从夲。读若滔。"(土刀切)

"进趣"是迅速前进之义。徐锴《系传》:"大,奄有之义也。"段玉裁注:"趣者,疾也。……说'从大、十'之意,言其进之疾如兼十人之能也。"太炎先生云:"滔滔,水之滔滔也。凡一切之进趣当作夲。"②张舜徽云:"进疾谓之夲,由此声衍为湍,疾濑也;为滔,水大

①张舜徽《说文解字约注》(第三册),华中师范大学出版社,2009年,第2527页。

②王宁主持整理《章太炎说文解字授课笔记·部首》(缩印本),中华书局,2010年,第20页。

皃。皆有疾进义,并受声义于夲。”①“从古文字演变情况看,此字或是𡙕、奏之类字下半部的讹断,割裂取字,附会为义,仅见于字书收录,罕见于文献用例。古籍中不见‘夲’字,表达此义多用‘滔’。”②

夲部有五个属字。如“暴”字下云:“疾有所趣也。从日出夲廾之。”又如“奏”字下云:“奏进也。从夲,从廾,从中;中,上进之义。”

## 401. 夰(gǎo)

“夰,放也。从大而八分也。凡夰之属皆从夰。”(古老切)

“夰”本义为分散、放纵。徐锴《系传》:“大,人也;分,施散也。会意。”段玉裁注:“放者,逐也。……夰者,大分之意也。”徐灏《注笺》:“夰者,放纵轻脱之貌。”张舜徽云:“夰字训放与敖字从放同意,谓出游也。人闲散无事则出游,手足舒散,行步安缓,故许云‘从大而八分也’。今俗称人之游散缓步者曰大摇大摆,摆即八之语转耳。”③

夰部有四个属字。如“奡”字下云:“嫚也。从百,从夰。夰亦声。《虞书》曰:‘若丹朱奡。’读若傲。《论语》:‘奡汤舟。’”又如“界”字下云:“春为界天,元气界界。从日、夰,夰亦声。”金文史墙盘作𠂔,后写作“昊”。

## 402. 亣(dà)

“亣,籀文大。改古文。亦象人形。凡亣之属皆从亣。”(他达切)

段玉裁注:“谓古文作大,籀文乃改作亣也。本是一字,而凡字偏旁或从古、或从籀不一。许为字书,乃不得不析为二部,犹人、儿

①张舜徽《说文解字约注》(第三册),华中师范大学出版社,2009年,第2528页。

②李学勤《字源》(下),天津古籍出版社,2012年,第917页。

③张舜徽《说文解字约注》(第三册),华中师范大学出版社,2009年,第2531页。

本一字,必析为二部也。顾野王《玉篇》乃用隶法合二部为一部,遂使古籀之分不可考矣。”大概同一个构件在应用时,由于在合体字中位置不同,导致写法不一致。凡是“大”旁居于上者,都归入“大”部,如奎、夹、奄等。凡是“大”旁在下者都归入此“亣”部。如奕、奘、奚等。许慎说籀文“大”是从古文改易而成。籀文构字时多处于合体字上下结构的下部,如本部中的七个字都是如此。

亣部有七个属字。如“奕”字下云:“大也。从大,亦声。《诗》曰:‘奕奕梁山。’”又如“奘”字下云:“駔大也。从大,从壮。壮亦声。”

## 403. 夫(fū)

“夫,丈夫也。从大,一以象簪也。周制以八寸为尺,十尺为丈,人长八尺,故曰丈夫。凡夫之属皆从夫。”(甫无切)

甲骨文作夫,金文作夫,均象正面站立的人形,头部的一横表示头簪。用簪束发,表示成年。古代插簪加冠的男子才能称丈夫。战国包山楚简字形变作夫。《穀梁传·文公十二年》:“男子二十而冠,冠而列丈夫,三十而娶。”对“夫”字构形,董莲池另有看法。他说,出土先秦古文字用来表示簪的符号无作“一”形者,“夫”字上一横应当是与“大”的区别符号。① 金文中“夫”可作量词,用于称数成年男子,也可用于句首语气词。《用部》有“甫”字,“男子美称也”。“甫”与“夫”应是一语之转。

夫部有两个属字。如“规”字下云:“有法度也。从夫,从见。”又如“㚘”下云:“并行也。从二夫。辇字从此。读若伴侣之伴。”

## 404. 立(lì)

“立,住也。从大,立一之上。臣铉等曰:大,人也。一,地也。会意。凡立之属皆从立。”(力入切)

①董莲池《说文部首形义新证》,作家出版社,2007年,第290—291页。

许慎此处以“住”释“立”，然《说文》正篆无“住”字。段玉裁注本改“住”为“侸”。甲骨文作，商代晚期父丁卣作，西周金文作，从大，从一，象人正面站立之形，一表示所立之地。战国时金文或作，郭店楚简作、。卜辞中或用其本义，如：“王其焚沇迺录（麓），王于东立，豕出，擒？”（《合》28799）大意是，王焚烧沇地的迺麓以驱赶野兽，王站立等候于东，是否可以擒获出奔之豕。①

古立、位同字。如颂鼎：“王各（格）大室，即立（位）。”②朱骏声《说文通训定声》：“《周礼》故书小宗伯：‘掌建国之神立。’注：古者立、位同字。古文《春秋经》‘公即位’为‘公即立’。”马王堆汉墓帛书《经法·道法》：“天地有恒常，万民有恒事，贵贱有恒立。”③恒立，即恒位。“立”本义为站立，《左传·宣公二年》：“半入，华元逃归。立于门外，告而入。”

立部有十八个属字。如“端”字下云：“直也。从立，耑声。”又如“竫”字下云：“亭安也。从立，争声。”又如“竭”字下云：“负举也。从立，曷声。”

## 405. 竝(bìng)

“竝，并也。从二立。凡竝之属皆从竝。”（蒲迥切）

甲骨文作、，上部是两个正面并排站立的人形，下部一条横线表示地面，合起来表示并立。商代并爵作，金文或作、等，与甲骨文相似。金文中“并”有一并、一起义。小篆中已经看不出来人的形状了。段玉裁注：“人部‘併’下曰‘竝也’。二篆为转注。郑注《礼经》‘古文竝，今文多作併’，是二字音义皆同之故也。”“竝”隶变后作“並”，典籍中通用“並”，今简化为“并”。

竝部只有一个属字“暜”字，云：“废，一偏下也。从竝，白声。”甲

①黄天树《黄天树古文字论集》，学苑出版社，2006年，第356页。

②陈初生《金文常用字典》，陕西人民出版社，1987年，第941页。

③湖南省博物馆、复旦大学出土文献与古文字研究中心《长沙马王堆汉墓帛书集成》（肆），中华书局，2014年，第127页。

骨文作[古文字],用高低不平两个人形表示替代之义。战国中山王鼎作[古文字]。俗作“替”。

## 406. 囟(xìn)

“[篆文],头会脑盖也。象形。凡囟之属皆从囟。[篆文],或从肉、宰。[古文],古文囟字。”(息进切)

“头会”指头顶骨会拢处。儿童幼小的时候,头顶部无骨,常跳动不已,为头骨未合之征。后四周头骨逐渐长大而会合。“𡿺”,即“腦”字,现在简化为“脑”。“囟”上象头发,下即指“头会”,人生而此处无骨,所以叫“囟门”。段玉裁注:“《内则》正义引此云:‘囟,其字象小儿脑不合也。’按儿部‘皃’下亦云:‘从儿,上象小儿头脑未合也。’”

甲骨文有[甲骨文],象脑壳、头颅之形。金文作[金文],战国望山楚简作[楚简]。卜辞或用其本义,如:“☐用危方囟于妣庚,王宾?”(《合》28092)①所谓“用危方囟”即用某方伯的头颅去祭祀。大意是,用战争中俘虏的敌人酋长的头颅去祭祀祖先,是否能受到神灵的保佑。《左传·昭公十一年》“冬,十一月,楚子灭蔡,用隐大子于冈山”以及《僖公十九年》“夏,宋公使邾文公用鄫子于次睢之社,欲以属东夷”记载了大致相同的习俗。

囟部有两个属字。如“巤”字下云:“毛巤也。象发在囟上及毛发巤巤之形。此与籀文子字同。”又如“[篆文]”字下云:“人脐也。从囟,囟取气通也;从比声。”

## 407. 思(sī)

“[篆文],容也。从心,囟声。凡思之属皆从思。”(息兹切)

段玉裁改“容”为“睿”,云:“谷部曰:‘睿者,深通川也。’……引申之,凡深通皆曰睿。思与睿双声。……谓之思者,以其能深通也。”严可均云:“容当作睿。小徐作‘睿也’,即睿字。𣦼部曰:‘叡,

①黄天树《黄天树古文字论集》,学苑出版社,2006年,第356页。

深明也,通也。'古文作睿。《洪范》:'思曰睿。'故许训思为睿。"①徐灏《注笺》:"人之精髓在脑,脑主记识,故思从囟,兼用为声,囟、思一声之转也。"此说思当为睿思、深思、熟虑之义。朱骏声《说文通训定声》:"《书·洪范》:'思曰容。'言心之所虑,无不包也。"按照这种解释,容的意思是包容,说人之所思,无所不包。隶变后作从田、从心,则构意已湮没。对于以容释思,太炎先生有不同解释。他在《小学答问》中说:"容借为颂,相承不改,故《说文》亦用借字。……思之为颂,犹言图画,今人所谓写象也。"②

出土文献中,金文"思"作[古文字],战国包山楚简作[古文字],郭店楚简作[古文字]。"思"在古代汉语里还用为语助词。如《诗·鲁颂·泮水》:"思乐泮水,薄采其芹。"又《大雅·文王有声》:"镐京辟廱,自西自东,自南自北,无思不服。皇王烝哉!"又《周南·汉广》:"汉之广矣,不可泳思。"又读为 sāi,在"于思"中指络腮胡。如《左传·宣公二年》:"于(语助词)思(络腮胡,代指宋国华元)于思,弃甲复来。"

思部只有一个属字"慮",云:"谋思也。从思,虍声。"《说文·言部》下云:"谋,虑难曰谋。"对"慮"字构形,裘锡圭在《战国货币考(十二篇)》中指出"慮"本从膚声,非从思。③

## 408. 心(xīn)

"[古文字],人心。土藏,在身之中。象形。博士说以为火藏。凡心之属皆从心。"(息林切)

徐锴《系传》:"心星为大火,然则心属火也。"甲骨文作[古文字]、[古文字],象人心脏轮廓之形。卜辞或用其本义,如:"庚卜:子心疾,亡延?"

---

①张舜徽《说文解字约注》(第三册),华中师范大学出版社,2009年,第2548页。

②丁福保《说文解字诂林》(四),云南人民出版社,2006年,第2567页。

③裘锡圭《战国货币考(十二篇)》,《北京大学学报(哲学社会科学版)》1978年第2期。

(《花》181)"心疾"指心脏患病,"亡延"意思是疾病不会延缠。① 金文作[金文]、[金文],象一颗心的样子。金文中有思想、意念义。许慎根据五行学说,用五行配五脏。"古论医凡二派,今文家以火、木、土、金、水配心、肝、脾、肺、肾;古文家则以土、金、木、火、水配之。许君师承贾逵,故从古文家之说;博士说则为今文家之语。今之中医则宗今文家。"②

张舜徽云:"心犹小也,谓其体视肺肝为小也。心小双声,心即小之语转。推之星、粟、线、丝、纤、细诸字,皆与心双声义近,语原一耳。心本纯象形字,汉人傅会五行之说以分释五藏,甚无谓,不足取也。"③

心部有属字二百六十二个,大都与思想感情和心理活动有关。如"悳"字下云:"外得于人,内得于己也。从直,从心。"今通行字作"德"。又如"慶"字下云:"行贺人也。从心,从夊。吉礼以鹿皮为贽,故从鹿省。"

## 409. 惢(suǒ)

"[篆文],心疑也。从三心。凡惢之属皆从惢。读若《易》'旅琐琐'。"(又才规、才累二切)

徐锴《系传》:"疑虑不一也,故从三心会意。"从三心,如同今语所谓"三心二意",谓意念游移不定,心事散乱。段玉裁注:"《魏都赋》曰:'神惢形茹。'(从三心)今俗谓疑为多心。会意。今花蘂字当作此。蘂、槳皆俗字也。"许慎的释义在古籍中有实际用例,如北周卫元嵩《元包经·孟阴》:"内有惢,下有事。"李江注:"惢,疑也,谓进退不决。""惢"有"心疑"义,又用为"花蕊"之"蕊",因有此二

①黄天树《黄天树古文字论集》,学苑出版社,2006 年,第 356 页。

②徐复、宋文民《说文五百四十部首正解》,江苏古籍出版社,2003 年,第 328 页。

③张舜徽《说文解字约注》(第三册),华中师范大学出版社,2009 年,第 2549—2550 页。

义，故有才规、才累二切以区别不同词义。

惢部有一个属字“縈”，云：“垂也。从惢，糸声。”縈当为会意字，从惢、糸。《左传·哀公十三年》：“佩玉縈兮，余无所系之。”

# 卷十一

## 410. 水(shuǐ)

“巛,凖也。北方之行,象众水并流,中有微阳之气也。凡水之属皆从水。”(式轨切)

甲骨文作𡿧、𡿨、𡿩等,金文作巛,战国包山楚简作𣲌,小篆形体与之相承,中间一竖笔象水流之形,旁边之点象水滴,故其本义为水流。甲骨文或用作洪水、水灾义,如:“壬子卜,亡(无)水。”(《合》33356)①金文中可用为河流通称,如同簋:“自淲东至于河,乃逆至于玄水。”②

许慎以“凖”释“水”为声训。段玉裁注:“凖,古音追,上声。此以叠韵为训,如‘户,护’、‘尾,微’之例。《释名》曰:‘水,凖也;准,平也。’天下莫平于水,故匠人建国必水地。’”古代五行学说中,南、东、西、中、北分别与火、木、金、土、水相配,所以许慎说“水”是“北方之行”。万物以水为最平,故《管子・水地》云:“是以水者,万物之凖也。”

水部有四百六十七个属字,该部字大都与“水”有关,其作偏旁常写作“氵”。如“泳”字下云:“潜行水中也。从水,永声。”又如“汓”字下云:“浮行水上也。从水,从子。古或以汓为没。泅,汓或从囚声。”又如“灝”字下云:“豆汁也。从水,颢声。”又如“泰”字下云:“滑也。从廾,从水,大声。”

## 411. 沝(zhuǐ)

“𣹟,二水也。阙。凡沝之属皆从沝。”(之垒切)

---

①李学勤《字源》(下),天津古籍出版社,2012年,第955页。

②陈初生《金文常用字典》,陕西人民出版社,1987年,第955页。

甲骨文有𣲜,从二水,字形与小篆相同。卜辞中借用为地名,如:“……于沝伐。”(《京都》2327)①王筠《说文句读》:“既释以二水也,而又云‘阙’者,盖沝即水之异文。许君未得确据,故不质言之。”张舜徽则以沝为水之籀文,云:“《集韵》云:‘闽人谓水曰沝。’盖由方俗殊语,故分为二音耳。”②典籍中未见有用“沝”字者。

沝部有两个属字,篆文是“流”和“涉”,而籀文皆从沝。

## 412. 瀕(pín)

“瀕,水厓。人所賓附,頻蹙不前而止。从頁,从涉。凡頻之属皆从頻。臣铉等曰:今俗别作水賓,非是。”(符真切)

金文作𩔖、𩔖,象人瞪目面对水流,应是“顰”之初文。字形或作𩔖、瀕。金文中“瀕”有数、多之义,如井侯簋:“拜韻首鲁天子造厥瀕(頻)福。”③瀕(頻)福即多福。段玉裁注:“厓,今之涯字。附当作駙,马部曰:‘駙,近也。’瀕賓以叠韵为训。瀕,今字作濱。《召旻》传曰:‘瀕,厓也。’《采蘋》、《北山》传皆曰:‘濱,厓也。’……此以顰戚释从頁之意也。将涉者或因水深,顰眉蹙頞而止。故字从涉頁。”太炎先生云:“賓、比双声。賓附,比附也。如《尚书·禹贡》‘玭珠’亦作‘蠙珠’。頻頻之頻亦比字之借。比,相次也。濱,古无此字,正作頻。”④《墨子·尚贤下》:“是故昔者舜耕于历山,陶于河瀕,渔于雷泽。”张舜徽云:“许书但有瀕,而经传多作濱;此犹许书但有薲,而经传多作蘋。盖頻声、賓声本通,濱之于瀕,犹薲之于蘋,皆一字之异体,而许书偶失收耳。瀕今作頻,沿隶省也。”⑤

---

①马如森《殷墟甲骨文实用字典》,上海大学出版社,2008年,第255页。

②张舜徽《说文解字约注》(第三册),华中师范大学出版社,2009年,第2805页。

③陈初生《金文常用字典》,陕西人民出版社,1987年,第967页。

④王宁主持整理《章太炎说文解字授课笔记·部首》(缩印本),中华书局,2010年,第21页。

⑤张舜徽《说文解字约注》(第三册),华中师范大学出版社,2009年,第2807页。

濒部只有一个属字“顰”，云：“涉水顰蹙。从頻，卑声。”徐复说古頻、顰盖为一字。

## 413. 𡿨（quǎn）

“𡿨，水小流也。《周礼》：‘匠人为沟洫，耜广五寸，二耜为耦。一耦之伐，广尺深尺谓之𡿨。倍𡿨谓之遂，倍遂曰沟，倍沟曰洫，倍洫曰巜。’凡𡿨之属皆从𡿨。甽，古文𡿨，从田，从川。畎，篆文𡿨，从田，犬声。六畎为一畝。”（姑泫切）

𡿨、巜、巛三字原本无别，都表示水流，后来分化为三个字，表示大小不同的水流。段玉裁云：“水部曰：‘涓，小流也。’𡿨与涓音义同。”张舜徽云：“𡿨即涓之初文也。𡿨、巜、巛三文相次，𡿨独一𡿨而止，象其流之狭，故云水小流也。此乃田间小流，故或体甽、畎皆从田。甲文中已有甽字，知其所起已早。畎字虽较晚出，而经传多用之，畎行而𡿨废矣。许引《周礼》云云，乃约举《考工记》匠人文。”①𡿨、巜、巛反映了沟洫之制的出现和发展。

𡿨部没有属字。

## 414. 巜（kuài）

“巜，水流浍浍也。方百里为巜，广二寻，深二仞。凡巜之属皆从巜。”（古外切）

徐锴《系传》：“按《释名》：‘水注沟曰巜。巜，会也，小水之所聚会也。’今人作浍。”浍为巜的繁文。段玉裁说“浍浍”当作“𠀤𠀤”，隶变后作“活活”，音 guō guō。《诗·卫风·硕人》：“河水洋洋，北流活活。”毛传：“活活，流也。”

巜部下只有一个属字“粼”，云：“水生厓石间粼粼也。从巜，粦声。”

## 415. 川（chuān）

“川，贯穿通流水也。《虞书》曰：‘濬𡿨巜距川。’言深𡿨巜之

①张舜徽《说文解字约注》（第三册），华中师范大学出版社，2009年，第2808页。

水,会为川也。凡川之属皆从川。”(昌缘切)

甲骨文作[古文字]、[古文字]、[古文字]等,两边是岸,中间有流水,象河流之形。后来中间那些象水流的虚点连成了一条实线。卜辞或用其本义,如:“即川,燎,又(有)雨?”(《合》28180)商代对山川的祭祀有所谓“即祭”和“望祭”之别。“即祭”是商王亲自前往祭祀地点。卜辞大意是说,商王亲自前往“即祭”河川,举行燎祭,是否会下雨,大概是久旱而举行求雨祭祀。① 金文作[古文字],是许书巛字所本。许慎引《虞书》曰:“濬𡿨巜距川。”今见《益稷》文,“𡿨巜”作“畎浍”,意思是开掘小水、大水乃至大川。

川部有九个属字。如“巠”字下云:“水脉也。从川在一下,一,地也。壬省声。一曰:水冥巠也。”又如“邕”字下云:“四方有水自邕城池者。从川,从邑。”又如“侃”字下云:“刚直也。从㐰,㐰,古文信;从川,取其不舍昼夜。《论语》曰:‘子路侃侃如也。’”又如“州”字下云:“水中可居曰州。周绕其旁,从重川。昔尧遭洪水,民居水中高土,或曰九州。《诗》曰:‘在河之州。’一曰:州,畴也。各畴其土而生之。[古文字],古文州。”

## 416. 泉(quán)

“[古文字],水原也。象水流出成川形。凡泉之属皆从泉。”(疾缘切)

徐锴《系传》:“凡水原所出也。”甲骨文作[古文字]、[古文字]、[古文字]、[古文字]等,金文作[古文字]、[古文字]等,均象水从洞穴流出之形。战国晚期金文或作[古文字],包山楚简作[古文字],郭店楚简作[古文字]。卜辞或用其本义,如:“乙卯卜,贞:今早泉来水,……”(《合》10156)大意是卜问,今天早上洹水上游的源头水到了,洹水是否会满溢成灾。②《说文》小篆与之相似。也可指地下水。《墨子·备穴》:“下地,得泉三尺而止。”太炎先生云:“从白,从水,俗字,然汉已如此。古无钱字,只作泉。钱本田器。”③

①黄天树《黄天树古文字论集》,学苑出版社,2006年,第357页。

②黄天树《黄天树古文字论集》,学苑出版社,2006年,第357页。

③王宁主持整理《章太炎说文解字授课笔记·部首》(缩印本),中华书局,2010年,第21页。

因货币像水一样有流通的特点，故古代把货币叫泉。《汉书·食货志》："私铸作泉布者，与妻子没入为官奴婢。"

泉部只有一个属字"䋣"，云："泉水也。从泉，緐声。读若饭。"许慎《淮南子注》："楚人谓水暴溢为瀿。"瀿与䋣同，谓泉水暴涨。①

## 417. 灥(xún)

"，三泉也。阙。凡灥之属皆从灥。"(详遵切)

文献中未见使用灥字。段玉裁说泉、灥为一字。从其部属字"厵"从"灥"、重文"原"从"泉"来看，"灥"应为"泉"之重文。

灥部只有一个属字"厵"，云："水泉本也。从灥出厂下。原，篆文从泉。"后来字形加水旁，写作"源"。

## 418. 永(yǒng)

"，长也。象水巠理之长。《诗》曰：'江之永矣。'凡永之属皆从永。"(于憬切)

甲骨文作、等。对于"永"字构意，学者们有不同看法。或说许慎所云水流之形为正解；或说为"泳"之本字，意为人潜行在水中。刘钊说其构意尚不清楚，应付之阙如。他认为卜辞中"永"有吉祥美善之意，如"帝其降永"即"帝其降永命"之意，如《尚书·金縢》所言"天降宝命"。卜辞中"永"也借用为人名。② 金文中作、、、等。西周铜器铭文屡见"子子孙孙永宝用"之语；"永"字写法正反无别，义为长久、永远。许慎所引《诗》为《周南·汉广》文。

永部只有一个属字"羕"，云："水长也。从永，羊声。《诗》曰：'江之羕矣。'"段玉裁注："《汉广》文。《毛诗》作永，《韩诗》作羕，古音同也。"张舜徽说"羕"即永字后起增声体，故金文中有"永保用

①徐复、宋文民《说文五百四十部首正解》，江苏古籍出版社，2003年，第335页。

②于省吾《甲骨文字诂林》(第三册)，中华书局，1996年，第2263—2269页。

亯”,或作“羕保用亯”。① 金文中“羕”还通作“祥”。如中山王壶:“为人臣而彶(反)臣其宗,不羕(祥)莫大焉。”②

## 419. 𠂢(pài)

“𠂢,水之邪流别也。从反永。凡𠂢之属皆从𠂢。读若稗县。徐锴曰:永,长流也。反即分𠂢也。”(匹卦切)

许慎说河水斜出的支流为𠂢。金文有𠂢、𠂢。永、𠂢本为一字,后分化为二字。“𠂢”本义为水之溪流,“派”的初文。“从反永”,是说两字形体正好相反。“许书通例:凡倒置某字形体而成新字者,反置某字形体而成新字者,重叠某字形体而另成一字者,必附于正字之后。如‘県’从倒首,故在‘首’部之后;‘司’从反后,故在‘后’部之后;‘艸’从二屮,故在‘屮’部之后。”③张舜徽云:“别者,分也。水别谓之𠂢,犹禾别谓之稗,故许即读𠂢为稗。《禾部》稗下云:‘琅邪有稗县。’”④

𠂢部有两个属字。如“覛”字下云:“邪视也。从𠂢,从見。”会意字。俗字“覓”,由此隶变而来。又“衇”字下云:“血理分邪行体者。从𠂢,从血。脈,衇或从肉。”后来通行字作“脉”。

## 420. 谷(gǔ)

“谷,泉出通川为谷。从水半见,出于口。凡谷之属皆从谷。”(古禄切)

“谷”甲骨文作谷,金文作谷、谷,构意是山谷。“许云从水半见,于形不类。疑字本从仌口,会意,两山分处是为谷矣。口则象谷

①张舜徽《说文解字约注》(第三册),华中师范大学出版社,2009年,第2816页。

②陈初生《金文常用字典》,陕西人民出版社,1987年,第971页。

③殷寄明《说文解字精读》,复旦大学出版社,2006年,第197页。

④张舜徽《说文解字约注》(第三册),华中师范大学出版社,2009年,第2817页。

口也”。① 卜辞有:“甲寅卜,王曰贞:翌乙卯其田,亡災?于谷。”(《合》24471)②

或说“欲”为“谷”的分化字。黄德宽云:“谷,以口为声,盖取山谷两分如口,为口之同源分化字。或以为是‘欲’的初文。人口慕欲而垂涎与泉出通川状似,为‘同状异所’分化,后加注意符‘欠’分化出专字欲。”③

谷部有七个属字。如“谿”字下云:“山渎无所通者。从谷,奚声。”通行字写作“溪”。又如“䜣”字下云:“通谷也。从谷,害声。”通行字写作“豁”字。《汉书·高帝纪上》:“宽仁爱人,意豁如也。”颜师古注:“豁然开大之貌。”

## 421. 仌(bīng)

“仌,冻也。象水凝之形。凡仌之属皆从仌。”(笔陵切)

金文作仌,象冰之初结纹理。徐锴《系传》:“冰初凝,文理如此也。”后来文献中,仌没有单用情况。《玉篇》中偏旁作冫,云:“冬寒水结也。”“仌”构意为“冰”,文献中作“冰”。《礼记·月令》:“水始冰,地始冻,雉入大水为蜃,虹藏不见。”

仌部有十六个属字。汉字中,由“冫”组成的字大都与冰冻、寒冷有关,如寒、冬、冷、凉、凛、冽等。如“冰”字下云:“水坚也。从仌,从水。凝,俗冰从疑。”金文陈逆簠有𠖥,象水成冰凝之形。后大概因为“仌”不便于隶书,就用“冰”代之,另别制“凝”字代冰。又如“凋”字下云:“半伤也。从仌,周声。”王筠《说文句读》:“艸木零落有渐,故曰半伤。”又如“冬”字下云:“四时尽也。从仌,从夂。夂,古文终字。㫶,古文冬从日。”

①李孝定《甲骨文字集释》(第十、十一卷),台湾中研院史语所,1970年,第3415页。

②黄天树《黄天树古文字论集》,学苑出版社,2006年,第357页。

③黄德宽《古文字谱系疏证》(二),商务印书馆,2007年,第948页。

## 422. 雨(yǔ)

"雨,水从云下也。一象天,冂象云,水霝其间也。凡雨之属皆从雨。[古文],古文。"(王矩切)

甲骨文作[甲骨文]、[甲骨文]、[甲骨文]等,金文或作[金文]、[金文]、[金文],皆象雨点从天而降。卜辞中记载雨事很多,形体也有不少。卜辞中或用其本义,如:"其自南来雨。"(《后》上32·6)①《说文》中的古文和篆文都可以从中找到来源。

雨部有四十六个属字。汉字中从"雨"的字,大都与气象有关。如"靁"字下云:"阴阳薄动,靁雨生物者也。从雨,畾象回转形。"又如"䨮"字下云:"凝雨说物者。从雨,彗声。"今省作"雪"。

## 423. 雲(yún)

"雲,山川气也。从雨,云象雲回转形。凡雲之属皆从雲。云,古文省雨。[古文],亦古文雲。"(王分切)

甲骨文作[甲骨文]、[甲骨文]、[甲骨文]等,从二,二表示天空,其下象云回转形。后来加雨旁为雲字。卜辞或用其本义,如:"戊戌卜,其阴翌已抑?啓,不见云。"(《合》20988)②段玉裁注:"古文只作云,小篆加雨于上,遂为半体会意、半体象形之字矣。……古文上无雨,非省也。二盖上字,象自下回转而上也。"段氏说法与甲骨文吻合。春秋晚期金文或作[金文],战国天星观1号墓卜策作[楚简],郭店楚简作[楚简]。

雲部只有一个属字"霒",云:"雲覆日也。从雲,今声。侌,古文或省。"后来通用"陰"字,现在简体写作"阴"。

## 424. 魚(yú)

"魚,水蟲也。象形。魚尾与燕尾相似。凡魚之属皆从魚。"(语

①马如森《殷墟甲骨文实用字典》,上海大学出版社,2008年,第258页。

②黄天树《黄天树古文字论集》,学苑出版社,2006年,第358页。

居切）

甲骨文作[古文字]、[古文字]等，金文犀伯鼎作[古文字]、[古文字]、[古文字]、[古文字]，均象魚形。甲骨文与金文均可用为本义。又毛公鼎还有“魚葡（箙）”一词，指魚形的箭袋，或说是蒙有魚皮的箭袋。文献中作“魚服”，如《诗・小雅・采薇》：“四牡翼翼，象弭魚服。”战国包山楚简作[古文字]、[古文字]，曾侯乙墓楚简作[古文字]。卜辞有[古文字]、[古文字]，字从又，表示捕魚之义；商代卣文作[古文字]，字从两手，西周金文作[古文字]，加水旁，从两手，均表示用手捕魚之义。后来写作“漁”。《周易・系辞下》：“作结绳而为网罟，以佃以漁，盖取诸《离》。”陆德明释文：“马融注：‘取魚曰漁。’本作魚。”

魚部有一百零二个属字。如“鱖”字下云：“魚名。从魚，厥声。”又如“鮏”字下云：“魚臭也。从魚，生声。”后来通行字为“腥”。

## 425. 𩺰（yú）

“[篆文]，二魚也。凡𩺰之属皆从𩺰。”（语居切）

段玉裁注：“此即形为义，故不言从二魚。二魚重而不并，《易》所谓贯魚也。魚行必相随也。……所以不并入魚部必立此部者，以有[篆文]字从𩺰也。”这里用“二魚”是讲字的构意。𩺰当为魚之异体。甲骨文中漁字，或从水从魚，而魚的数量或单或复。

𩺰部只有一个属字“[篆文]”，云：“捕魚也。从𩺰，从水。漁，篆文[篆文]，从魚。”

## 426. 燕（yàn）

“[篆文]，玄鸟也。籋口，布翅，枝尾。象形。凡燕之属皆从燕。”（於甸切）

徐锴《系传》：“籋音聂，小钳也。”

甲骨文有[古文字]、[古文字]、[古文字]，象燕子之形。卜辞或用其本义，如：“擒获燕十，豕一，麑一。”（《存》上746）①玄鸟，意思是黑鸟，各本因避清庙

①马如森《殷墟甲骨文实用字典》，上海大学出版社，2008年，第262页。

讳,改为元鸟。籋口,意思是像钳子一样的口;布翅,张着翅膀;枝尾,是尾巴分叉。段玉裁注:“(籋口)故以廿象之;(布翄)故以北象之;(枝尾)与鱼尾同,故以火象之。”在卜辞与传世典籍中,“燕”借为“宴”,谓宴飨宾客,后来还增加偏旁作“讌、醼”。张舜徽云:“燕、乙一物,故同训玄鸟,以其背色黑也。燕象正面之形,乙象卂飞之形。乙下云:‘齐鲁谓之乙。’是由方音而殊读耳。经传多燕燕二字叠用,即乙下所云‘取其鸣自呼’之意也。”①

“燕”读 yān 时,指古代燕国,本作“匽”、“郾”,后作“燕”。燕为姬姓,开国国君是召公奭。

燕部没有属字。为什么“燕”部没有属字又被立为部首呢?邹晓丽先生说,这与“燕”作为商族的图腾有关。《诗经》说的“玄鸟”即燕,被商奉为始祖。燕地也是殷商氏族的发祥地。“燕”反映了古代重要的政治生活内容,故单立为部首。②

## 427. 龍(lóng)

“龍,鳞虫之长,能幽能明,能细能巨,能短能长,春分而登天,秋分而潜渊。从肉,飞之形,童省声。凡龍之属皆从龍。”(力钟切)

龍是个象形字。甲骨文作 、 、 等,上面象头,下面象巨口,右边象身子;象龍飞腾之形。金文作 、 、 。许慎根据讹变的字形,误析为“从肉,飞之形,童省声”。古代遇到旱灾往往作土龍以求雨。《山海经·大荒东经》:“旱而为应龍之状,乃得大雨。”卜辞亦有:“其作土龍于凡田,又(有)雨?”(《合》29990)③龍是传说中能兴风作雨的神奇动物。《说苑·辨物》:“神龍能为高,能为下;能为大,能为小;能为幽,能为明;能为短,能为长。”汉代对龍的神异之说已

①张舜徽《说文解字约注》(第三册),华中师范大学出版社,2009 年,第 2880 页。

②邹晓丽《基础汉字形义释源——〈说文〉部首今读本义》(修订本),中华书局,2007 年,第 169 页。

③黄天树《黄天树古文字论集》,学苑出版社,2006 年,第 358 页。

经盛行。在近年来的考古发现中，陆续见到距今五千到八千年前的龍的图案和玉雕。《左传·昭公二十九年》："古者畜龍，故国有豢龍氏，有御龍氏。"龍在古代封建社会中被当成是权力和尊贵的象征，如龍袍、龍颜、龍床等。而从龍得声的龏、寵、蘢、隴、龐、壟等也含有尊宠、高大之义。

龍部有四个属字。如"龕"字下云："龍皃。从龍，合声。"

## 428. 飛(fēi)

"飛，鸟翥也。象形。凡飛之属皆从飛。"(甫微切)

战国曾侯乙墓楚简作飛、飛。小篆与之相近，形体上象头颈长毛，下象张两翅，构意是鸟飛翔。许慎说"鸟翥"意思就是鸟飛翔。《说文·羽部》："翥，飛举也。"《诗·邶风·燕燕》："燕燕于飛，下上其音。"由鸟飛翔引申出其他物体在天空中飘飛，如飛雪、飛絮、飛沙走石等。鸟上下飛翔，其速甚快，故引申为凡速之称。如《汉书·天文志》："彗孛飛流，日月薄食。"今称人做事捷速为飛快。又由快速引申为意外的、突然的，如飛祸等。简化字"飞"就是取了原字的一部分代替了原字，这是汉字形体演变的一个重要途径。

飛部只有一个属字"䨿"，云："翄也。从飛，異声。"该字秦公镈作䨿，上从飛。《说文》篆文作"翼"，典籍中通用此字形。

## 429. 非(fēi)

"非，违也。从飛下翄，取其相背。凡非之属皆从非。"(甫微切)

徐灏《注笺》："从飛下翄，谓取飛字之下体而为此篆耳。钟鼎文作非，正合'从飛下翄'之语。小篆变作非。凡鸟飛，翄必相背，故因之为违背之称。"

甲骨文作非、非、非等，金文作非、非，形体相似，象鸟的两只翅膀飛举之形。或说非从"北"分化而来。黄德宽云："疑非与北为同源字。北是背之初文，甲骨文作北，象二人相背。非(非)则于人形上各加一短横以与北相区别。违是非的本义，与北(背)义相因。”① 卜辞中“非”字多用为否定词，和经传中的“非”或“匪”意思相同。金文中可用为动词，责难义；也用作副词，相当于“不”。

非部有四个属字。如“靠”字下云：“相违也。从非，告声。”古人说的“靠”是相背，今天说的“靠”是相依。又如“靡”字下云：“披靡也。从非，麻声。”引申义有散乱、倒伏等。从“非”的字多与相背有关，如“靠”、“排”、“靡”等。“非”也可以表音，作声符，如“扉”、“悲”、“菲”、“蜚”等。

## 430. 卂(xùn)

“卂，疾飛也。从飛而羽不见。凡卂之属皆从卂。”(息晋切)

金文卂伯簋作卂，《说文》小篆与之相似。徐复说：“卂象鸟疾飛似箭形，约略见鸟之轮廓，以会疾飛之义。”②段玉裁注：“引申为凡疾之称。故撞下曰‘卂擣也’。辵部‘迅’从卂。(从飛而羽不见)飛而羽不见者，疾之甚也，此亦象形。”说鸟飛得非常快，以至于翅膀都看不出来了。太炎先生云：“即今之迅字。”③

卂部只有一个属字“茕”，云：“回疾也。从卂，营省声。”后引申有茕独义。如《尚书·洪范》：“无虐茕独，而畏高明。”

①黄德宽《古文字谱系疏证》(四)，商务印书馆，2007年，第3168页。

②徐复、宋文民《说文五百四十部首正解》，江苏古籍出版社，2003年，第344页。

③王宁主持整理《章太炎说文解字授课笔记·部首》(缩印本)，中华书局，2010年，第22页。

# 卷十二

## 431. 乙(yǐ)

"乚,玄鸟也。齐鲁谓之乙,取其鸣自呼。象形。凡乙之属皆从乙。鳦,乙或从鸟。"(乌辖切)

徐锴《系传》:"此与甲乙之乙相类,此音轧。其形举首下曲,与甲乙字异也。"甲骨文有乚,金文有乚、乚。黄德宽云:"乙,构形不明。或疑甲骨文象水流之形,从水之字或从乙,殷周金文与战国文字承袭甲骨文。乙与《说文》训'流也'之乚,实为一字。《说文》强分为二字。"①或说字形象空中飞燕。玄鸟,意思是黑鸟,燕子别称。历史记载,燕子为商之始祖。后为与甲乙之乙区别,加鸟旁为"鳦"。《诗·商颂·玄鸟》:"天命玄鸟,降而生商。"郑玄笺:"玄鸟,鳦也。"《史记·殷本纪》:"殷契,母曰简狄,有娀氏之女,为帝喾次妃。三人行浴,见玄鸟堕其卵,简狄取吞之,因孕生契。"许慎说齐鲁之地把玄鸟叫作"乚",是取其自呼。

乚部有两个属字。如"孔"字下云:"通也。从乙,从子。乙,请子之候鸟也。乙至而得子,嘉美之也。古人名嘉,字子孔。"又如"乳"字下云:"人及鸟生子曰乳,兽曰产。从孚,从乙。乙者,玄鸟也。《明堂·月令》:'玄鸟至之日,祠于高禖以请子。'故乳从乙。请子必以乙至之日者,乙春分来,秋分去。开生之候鸟,帝少昊司分之官也。"孔、乳均为会意字。

## 432. 不(fǒu)

"不,鸟飞上翔,不下来也。从一,一犹天也。象形。凡不之属

---

①黄德宽《古文字谱系疏证》(四),商务印书馆,2007年,第3310页。

皆从不。"(方久切)

许慎用小篆的形体解释,说"不"是鸟向上飞翔而不落下来。张舜徽云:"不即飞之语转。不、飞双声,其义一耳。飞与非一字,不之用为不然之不,犹非之用为是非之非,亦以双声义通,故古人多通用。……不字本义为指实物,今但用为虚词;犹非字本义为指实物,今但用为虚词;其例正同。学者能明乎非之为飞,则亦可无疑于不之训飞矣。"①或说"不"象花蒂之形。徐灏《注笺》:"郑樵曰:'不象花萼蒂之形。'程氏《通艺录》曰:'《小雅》:常棣之华,鄂不韡韡。郑笺云:承华者曰鄂,不当作柎。柎,鄂足也。古声不、柎同。'"

"不"甲骨文作、、、等,罗振玉、王国维等谓象花萼之形,是柎之本字,认为郑玄笺注可信。《诗·小雅·常棣》"鄂不",用"不"之本义。或说"不"构意是草根,用作"柎"为借用。② 金文或作、、。不过卜辞、铭文和经传中多假借"不"为否定词。

"不"可被借为"丕"等。金文有用例,如毛公鼎:"不(丕)巩(鞏)先王配命。"③传世文献也有用例,如《诗·周颂·清庙》:"不显不承。"其中借为"丕"。

不部只有一个属字"否",云:"不也。从口,从不。不亦声。"

## 433. 至(zhì)

",鸟飞从高下至地也。从一,一犹地也。象形。不,上去;而至,下来也。凡至之属皆从至。,古文至。"(脂利切)

许慎把"至"和"不"放在一起解释,说"至"构意是"鸟飞从高下至地":这是根据已经变化的字形做出的解释。验之甲骨文字形、等,"罗振玉《雪堂金石文字跋尾》谓象矢远来降至地之形。复友

①张舜徽《说文解字约注》(第四册),华中师范大学出版社,2009年,第2890页。

②于省吾《甲骨文字诂林》(第三册),中华书局,1996年,第2511页。

③陈初生《金文常用字典》,陕西人民出版社,1987年,第991页。

萧璋教授早年撰《释至》亦谓至为倒矢插地之形，说皆可通”①。词义是“到”。卜辞用例如：“贞，今二月师般至？”（《合》4225）②大意是贞问师般其人是否能在二月到来。金文作、，战国望山楚简作、。金文中有用例，如矢尊：“明公朝至于成周。”金文中还可通“致”，传达义，如琱生簋：“余或至（致）我考我母命。”③

至部有五个属字，该部的字大都有到、达之义。如“到”字下云：“至也。从至，刀声。”又如“臻”字下云：“至也。从至，秦声。”又如“臺”字下云：“观。四方而高者。从至，从之，从高省。与室、屋同意。”

## 434. 西（xī）

“，鸟在巢上。象形。日在西方而鸟栖，故因以为东西之西。凡西之属皆从西。，西或从木妻。，古文西。，籀文西。”（先稽切）

徐锴《系传》：“此本象鸟栖也。”甲骨文有、、、、、等，金文散盘作、，均象鸟巢之形。卜辞中“西”正表示“西方”之义，如：“王自往西？”（《合》6928）④甲骨文还可用作地名与宫室名。金文中也可用为方位名，如五祀卫鼎：“氒（厥）西彊（疆）眔（逮）厉田。”⑤《说文》中的古文和籀文与金文相似。根据小篆形体，许慎解释为“鸟在巢上”。上古无“栖”字，只有“西”字。后来“西”和“栖”分工明确，前者表示方位，后者表示栖息。

西部只有一个属字，为姓氏用字。后世一般字典、词典均不立“西”部。

---

①徐复、宋文民《说文五百四十部首正解》，江苏古籍出版社，2003年，第347页。

②黄天树《黄天树古文字论集》，学苑出版社，2006年，第358页。

③陈初生《金文常用字典》，陕西人民出版社，1987年，第994页。

④李学勤《字源》（下），天津古籍出版社，2012年，第1037页。

⑤陈初生《金文常用字典》，陕西人民出版社，1987年，第995页。

## 435. 鹵(lǔ)

“鹵,西方鹹地也。从西省,象盐形。安定有鹵县。东方谓之斥,西方谓之鹵。凡鹵之属皆从鹵。”(郎古切)

甲骨文作[illegible]、[illegible]等,金文免盘作[illegible],象盐粒在容器中。卜辞或用其本义,如:“庚卜,子其见(献)丁鹵,以?”(《花》202)①《说文》谓鹵从西省,是根据小篆字形来解释的,不符合实际。但说中间象盐形则是对的。从晋姜鼎“易(赐)鹵积千两”等看,鹵似是可以计量的制成品,大概是粗盐。

戴侗《六书故》:“鹵,内象盐,外象盛鹵器,与卣同。”“鹵”构意是“盐”。如果加以区分,那么鹵指生盐,而盐指加工过的鹵。《史记·货殖列传》:“山东食海盐,山西食盐鹵。”“东方谓之斥”句,《说文》中“斥”训“卻屋”,段玉裁注:“谓开拓其屋使广也。”大概鹵地易坼裂,故称斥。古代典籍中,鹵多作通假字,如通“橹”,《史记·秦始皇本纪》:“秦有余力而制其敝,追亡逐北,伏尸百万,流血漂鹵。”还可通“掳”,如《史记·吴王濞列传》:“今卬等又重逆无道,烧宗庙,鹵御物,朕其痛之。”还通“鲁”,笨,愚钝,如《庄子·则阳》:“君为政焉勿鹵莽。”

《简化字总表》把“鹵”简化成“卤”,省去原字中的四个点。

鹵部有两个属字。如“鹹”字下云:“衔也。北方味也。从鹵,咸声。”简化为“咸”。

## 436. 鹽(yán)

“鹽,咸也。从鹵,監声。古者宿沙初作煮海鹽。凡鹽之属皆从鹽。”(余廉切)

徐锴《系传》云:“夙沙,黄帝臣也。西方有鹽井也。”段玉裁注:“《困学纪闻》引鲁连子曰:‘古善渔者,宿沙瞿子。’又曰:‘宿沙瞿子

①黄天树《黄天树古文字论集》,学苑出版社,2006年,第359页。

善煮鹽。'许所说盖出《世本·作篇》。"胡小石《说文部首》:"由宿沙煮海鹽观之,鹽乃东海岸产物。而由文字观之,似鹵字形体出自鹽之先。而由民族发源观之,亦先人居西北为早。"①商代晚期金文亚共覃父乙簋作,战国金文亡鹽右戈作。《包山楚简》147 号简文言"煮于海",则可能是"鹵"的繁体,或者是未加声符的"鹽"的初文。睡虎地秦简作,字形与小篆很接近了。

鹽部有两个属字。如"鹽"字下云:"河东鹽池。袤五十一里,广七里,周百十六里。从鹽省,古声。"又如"鹼"字下云:"鹵也。从鹽省,僉声。"

## 437. 户(hù)

",护也。半門曰户。象形。凡户之属皆从户。,古文户,从木。"(侯古切)

徐锴《系传》:"按《礼》曰:'将上堂,声必扬;将入户,视必下。'"

甲骨文有等,象单扇門之形。卜辞或用其本义,如:"己巳卜,其啓庭西户,兄(祝)于妣辛?"(《合》27555)大意是说把大庭西面的边門打开以祝祭妣辛。② 金文作,战国楚简作、。许慎用"护"解释"户"是声训。《释名·释宫室》:"户,护也。所以谨护闭塞也。"饶炯《部首订》:"古人于室作户,意在保货藏;于塾作門,意在通内外。故户以护为音,門以闻为音,声在而义即附焉尔。"③所谓"半門为户",是说从字的构形上看,双扇为門,单扇为户,户为半門。"户"作动词有"阻止"义,如《左传·宣公十二年》:"王见右广,将从之乘,屈荡户之,曰:'君以此始,亦必以终。'"

户部有九个属字。从"户"的字大多与門户有关,如扉、扇、扃等。如"扉"字下云:"户扇也。从户,非声。"又如"扆"字下云:"户牖之间谓之扆。从户,衣声。"类似屏风。古多借"依"字。又如

---

①徐复、宋文民《说文五百四十部首正解》,江苏古籍出版社,2003 年,第 349 页。
②黄天树《黄天树古文字论集》,学苑出版社,2006 年,第 359 页。
③丁福保《说文解字诂林》(五),云南人民出版社,2006 年,第 2896 页。

“扃”字下云:“外闭之关也。”段玉裁注:“户扃,盖以木横著于户为之机,令外可闭者。”

## 438. 門(mén)

“門,聞也。从二户,象形。凡門之属皆从門。”(莫奔切)

甲骨文有、等,金文門簋作,从二户,象門形。甲骨文、金文有的字形上有一横木,有的则省去了。卜辞或用其本义,如:“王于宗門逆羌。”(《甲》896)①金文中也用其本义。许慎用声训解释“門”。段玉裁注:“(門,聞也)以叠韵为训。聞者,谓外可聞于内,内可聞于外也。”从构形看,许慎说是象形;“門”从二户,但不是同体会意。

“門”部有五十六个属字。如“閶”字下云:“天門也。从門,昌声。楚人名門曰閶闔。”又如“閨”字下云:“特立之户。上圜下方,有似圭。从門,圭声。”又如“閭”字下云:“里門也。从門,吕声。《周礼》:‘五家为比,五比为閭。’閭,侣也。二十五家相群侣也。”

## 439. 耳(ěr)

“耳,主听也。象形。凡耳之属皆从耳。”(而止切)

甲骨文作、、、,象耳形,耳朵轮廓很明显。卜辞或用其本义,如:“癸卜贞,子耳鸣,亡(無)害?”(《花》53)②金文或作、、,战国包山楚简作、。秦睡虎地秦简25—45作,耳朵中一横似表示其中有窍。“耳”构意为耳朵,所以许慎说是“主听”,起听闻作用。后可用为语气助词,是“而已”的合音。段玉裁注:“凡语云‘而已’者,急言之曰‘耳’。”《荀子·劝学》:“口耳之间则四寸耳,曷足以美七尺之躯哉!”

耳部有三十一个属字。如“耴”字下云:“耳垂也。从耳下垂。

---

①马如森《殷墟甲骨文实用字典》,上海大学出版社,2008年,第264页。

②黄天树《黄天树古文字论集》,学苑出版社,2006年,第359页。

象形。《春秋传》曰“秦公子辄”者,其耳下垂,故以为名。”又如“聯”字下云:“连也。从耳,耳连于颊也。从絲,絲连不绝也。”又如“聖”字下云:“通也。从耳,呈声。”又如“聽”字下云:“聆也。”今天简化作“听”。其实两个字本不同。许书《二上·口部》:“听,笑貌。从口,斤声。”《史记·司马相如列传》:“无是公听然而笑。”裴駰集解:“郭璞曰:‘听,笑貌也。’”又如“聝”字下云:“军战断耳也。《春秋传》曰:以为俘聝。从耳,或声。”经传中多写作“馘”。又如“聑”字下云:“安也。从二耳。”“聑”应是现在“妥帖”之“帖”的本字。又如“聶”字下云:“附耳私小语也。从三耳。”现在简化为“聂”。

440. 臣(yí)

“[篆],顄也。象形。凡臣之属皆从臣。[篆],篆文臣。[篆],籀文从首。”(与之切)

段玉裁注:“《序卦》传曰:‘頤者,养也。’古名頤,字真。晋枚頤,字仲真;李頤,字景真。枚頤,或作梅赜,误也。(象形)此文当横视之。横视之,则口上、口下、口中之形俱见矣。……(頤,篆文臣)此为篆文,则知臣为古文也。”“顄”字,《九上·頁部》训为“頤”,两个词互训。俗称下巴。从许慎解释看,頤为篆文,[篆]为籀文,则臣为古文无疑。

此字在甲骨文“姬”字[甲骨文]中作偏旁,于省吾认为字形象梳理头发的“篦子”。金文有[金文]。①《说文·竹部》有“筐”训为“取虮比也”,则保存古训。“臣”、“筐”,古今字。

臣部只有一个属字“巸”,云:“广臣也。从臣,巳声。[古文],古文巸,从户。”

441. 手(shǒu)

“[篆],拳也。象形。凡手之属皆从手。[古文],古文手。”(书九切)

①于省吾《甲骨文字释林》,中华书局,1979年,第66—67页。

徐锴《系传》："五指之形。"金文有𠂇、𠂇，均象手伸指形。战国郭店楚简作𠂇。段玉裁注："今人舒之为手，卷之为拳，其实一也。故以手与拳二篆互训。""手"又引申作动词，义为"取"，如《诗·小雅·宾之初筵》："宾载手仇，室人入又。"又有拿着、执持义，如《逸周书·克殷》："武王乃手大白以麾诸侯。""手大白"即"右秉白旄。"

手部有二百六十四个属字，该部的字大都与手及手的动作有关。如"拉"字下云："摧也。从手，立声。"摧、拉是同义词，成语有"摧枯拉朽"。又如"承"下云："奉也，受也。从手，从卩，从廾。"又如"搂"字下云："曳聚也。从手，娄声。"又如"失"字下云："纵也。从手，乙声。"又如"挩"字下云："解挩也。从手，兑声。"今天通行是"解脱"字。又如"拓"字下云："拾也。陈宋语。从手，石声。摭，拓或从庶。"

## 442. 𠦝(guāi)

"𠦝，背吕也。象胁肋也。凡𠦝之属皆从𠦝。"(古怀切)

段玉裁注："吕下曰'脊骨也'，脊兼骨肉言之，吕则其骨。析言之如是，浑言之则统曰背吕，犹俗云背脊也。……象形，谓丿象背脊居中而直，一象人要，仌仌则象背左右胁肋之形也。"徐在国说，许慎之说不确，"𠦝"应是"朿"的讹变体。①

𠦝部只有一个属字"脊"，云："背吕也。从𠦝，从肉。"《说文》认为"脊"为会意字，"脊"字所从之"𠦝"为象形字，象背吕之形。刘钊根据睡虎地秦简"脊"作𦚏、𦚏(36—75)，认为字上部所从即《说文》的"𠦝"字。他进一步根据"责"字从金文到秦简和汉帛书的形体变化，提出"脊"构形是从肉朿声之形声字，而《说文》中的部首"𠦝"不过是"朿"字的变形。②

---

①李学勤《字源》(下)，天津古籍出版社，2012年，第1085页。

②刘钊《古文字构形学》，福建人民出版社，2006年，第213—214页。

## 443. 女(nǚ)

"[illegible],妇人也。象形,王育说。凡女之属皆从女。"(尼吕切)

甲骨文有[illegible]、[illegible],金文作[illegible]、[illegible],均象面朝左而跪坐的女子,上身直立,双手交叉在胸前。有的字形在头部加上一横画,大概表示头戴饰物。有些金文写法也变得不是很象形了,如[illegible]。甲骨文和金文均用于本义。卜辞还用"女"为"母"字,如:"乙酉卜,㱿,贞:尞于东女九牛。"(《续》1·53·2)①东女为东母,母神。

因女性柔顺,故由"女"派生出"如"字。或云:"上古战争掠夺之女性俘虏多用作奴隶,故奴即由女分化而来,后派生出伇、奴字表示。"②

女部有二百三十七个属字。如"媒"字下云:"谋也。谋合二姓。从女,某声。"又如"妁"字下云:"酌也。斟酌二姓也。从女,勺声。"又如"威"字下云:"姑也。从女,从戌。汉律曰:'妇告威姑。'"

## 444. 毋(wú)

"[illegible],止之也。从女,有奸之者。凡毋之属皆从毋。"(武扶切)

"毋"是"女"的分化字,从女,中间加一横笔为分化符号,女亦声。"毋"常用义为"止",用在祈使句中,修饰动词。卜辞和金文中多用"母"为"毋"。后来形体分化,用"母"表示其造字本意,用"毋"表示禁止义,各有专用。

毋部只有一个属字"毐",云:"人无行也。从士,从毋。贾侍中说:秦始皇母与嫪毐淫,坐诛,故世骂淫曰嫪毐。读若娭。"会意字。

## 445. 民(mín)

"[illegible],众萌也。从古文之象。凡民之属皆从民。[illegible],古文民。"

---

①马如森《殷墟甲骨文实用字典》,上海大学出版社,2008年,第270页。

②黄德宽《古文字谱系疏证》(二),商务印书馆,2007年,第1563页。

(弥邻切)

甲骨文有[甲骨文字形]字,李孝定《甲骨文字集释》释为民,卜辞有残辞"疾民"(《合》13629)。① 金文或作[金文字形]、[金文字形]、[金文字形]、[金文字形]等。甲骨文、金文字形象以有刃物刺目之形,是"盲"字初文。许慎用"萌"来解释"民",古"民萌"连言。段玉裁注:"古谓民曰萌。汉人所用,不可枚数。……(古文民)盖象萌生緐庑之形。"陆宗达先生认为,古文象俘虏被捆绑牵系之形,因此"民"的古文反映了由俘虏变为生产奴隶的形象。②

民部只有一个属字"氓",云:"民也。从民,亡声。读若盲。"《诗·卫风·氓》:"氓之蚩蚩,抱布贸丝。"毛传:"氓,民也。"

## 446. 丿(piě)

"丿,右戾也。象左引之形。凡丿之属皆从丿。"(房密切)

徐锴《系传》曰:"其为文举首而申体也。夭字从此。"段玉裁注:"戾者,曲也;右戾者,自右而曲于左也,故其字象自左方引之。丿,音义略同擎,书家八法谓之掠。"张舜徽云:"古人云丿,犹今语称偏。凡弓戾谓之弯,足跛谓之蹩,不能行谓之躄,从旁牵谓之僻,皆双声相衍,受义于丿,丿乃其语根也。"③

丿部有三个属字。如"乂"字下云:"芟艸也。从丿从乀相交。刈,乂或从刀。"又如"弗"字下云:"挢也。从丿,从乀,从韦省。"

## 447. 厂(yì)

"厂,抴也,明也。象抴引之形。凡厂之属皆从厂。虒字从此。"(余制切)

①李孝定《甲骨文字集释》(第十二、十三卷),台湾中研院史语所,1970年,第3715—3717页。

②陆宗达《说文解字通论》,中华书局,2015年,第64页。

③张舜徽《说文解字约注》(第四册),华中师范大学出版社,2009年,第3100—3101页。

徐锴《系传》:“曳物形,象丿状而不举首也。”段玉裁注:“抴者,捈也;捈者,卧引也。卧引者,横引之。(明也)此义未闻。”张舜徽云:“曳、抴皆后起字,厂乃其初文也。故许以抴训厂,以今字释古文,令人易解耳。又训明者,盖义通于愧。心部:‘愧,习也。’凡事习则明,故《仓颉篇》云:‘愧,明也。’是其义已。”①

厂部只有一个属字“弋”,云:“橜也。象折木邪锐著形。从厂,象物挂之也。”“弋”应为橛杙的本字。甲骨文中有 形,金文作 、 。郭店楚简作 、 ,与小篆相近。睡虎地秦简作 。

## 448. 乀(yí)

“乀,流也。从反厂,读若移。凡乀之属皆从乀。”(弋支切)

徐锴《系传》:“反厂,音曳也。凡曳者,不顺而曳之也。反曳也,故为流;流,顺也。”张舜徽云:“许以流训乀,流者,水行也。水性就下,故乀象自上倾下之形。因引申为凡流动之名。此乃移动、迁移之初文,故许云:‘读若移。’今借用移,而乀废矣。”②乀字在典籍中没有单独出现。

乀部只有一个属字“也”,云:“女阴也。象形。也,秦刻石也字。”或说甲骨文中“也”和“它”本为一字,蛇虫之象。王筠《文字蒙求》:“也,古匜字。沃盥器也。”后借用为助词。

## 449. 氏(shì)

“氏,巴蜀山名岸胁之旁箸欲落堕者曰氏。氏崩,闻数百里。象形,乀声。凡氏之属皆从氏。扬雄赋:响若氏隤。”(承旨切)

段玉裁注:“此谓巴蜀方语也。……小阜之旁箸于山岸胁而状欲落堕者曰氏。其字亦作坻,亦作阺。……谓氏象旁于山胁也。氏

①张舜徽《说文解字约注》(第四册),华中师范大学出版社,2009年,第3102页。

②张舜徽《说文解字约注》(第四册),华中师范大学出版社,2009年,第3103页。

之附于姓者类此。”“氏”甲骨文作[古文字]，金文作[古文字]、[古文字]、[古文字]，战国包山楚简作[古文字]，当为根柢之柢本字。① 许慎引扬雄赋此句在《汉书·扬雄传》中作“响若阺隤”。太炎先生在《文始》中说，氏和氐盖本为一字，两个字双声旁转。太炎先生云：“《文选》中有阺字(阺，巴蜀名山也)，即氏之俗字。引申为氏姓之氏，其实氏姓之氏当作是，氏、是古通。三国时有氏仪，孔融谓‘氏，民无上’，因改姓是。”②

金文中“氏”可以用来表示宗族、官名、妇人等，也通“是”、“只(只)”等。古籍中“氏”多被假借为表示宗族的称号。上古，氏为姓的分支，用以区别子孙之所以自出。如屈原是楚王后代，姓芈，屈是他这一分支的氏。秦汉后，姓氏就没有什么区别了。

氏部只有一个属字“氒”，云：“木本。从氏，大于末。读若厥。”

## 450. 氐(dǐ)

“[古文字]，至也。从氏下箸一。一，地也。凡氐之属皆从氐。”(丁礼切)

“氐”是“氏”的分化字，春秋早期金文作[古文字]。黄德宽云：“氏、氐一字分化，参脂部端纽氐声。从氐派生之字如泜、坻、祗等均与地或止意有关。又引申而有对或抵意，遂派生跃、抵二字。抵触则有磨砺之意，故砥由是派生(或以为砥由止、对之义派生，砥砺又为其引申义)。纸因砥之平义而派生。”③段玉裁注：“氐之言抵也。凡言大氐，犹大都也。”徐灏《注笺》：“氐即根氐本字，相承增木为柢。……氐在下，故引申为高低之称。”太炎先生云：“今抵字当作氐，《说文》

①古文字诂林编纂委员会《古文字诂林》(第九册)，上海教育出版社，2004年，第927页。

②王宁主持整理《章太炎说文解字授课笔记·部首》(缩印本)，中华书局，2010年，第23页。

③黄德宽《古文字谱系疏证》(三)，商务印书馆，2007年，第2042页。

无底字，亦应作氐。"①《诗·小雅·节南山》："尹氏大师，维周之氐。"毛传："氐，本也。"《诗经》中"氐"还指我国西部的一个古老部落，又叫西戎，殷周时期分布在今青海、甘肃、四川等地区。如《诗·商颂·殷武》："昔有成汤，自彼氐羌，莫敢不来享，莫敢不来王，曰商是常。"郑玄笺："氐羌，夷狄国，在西方者也。"

氐部有三个属字，它们本义和抵、至有关。

## 451. 戈(gē)

"戈，平头戟也。从弋，一横之。象形。凡戈之属皆从戈。"(古禾切)

"戈"是象形字，甲骨文作[illegible]。卜辞或用其本义，如："惠兹戈用？惠兹戚用？"(《屯》2194)②罗振玉《增订殷墟书契考释》说戈为象形字。徐复说："商代戈卣作[illegible]，象戈之形，中竖为戈柲，柲中横画为戈头，戈上端斜出之短画为柲冒，柲下端为铜鐏。"③金文中或作[illegible]、[illegible]、[illegible]、[illegible]、[illegible]、[illegible]等形，为《说文》小篆所本。

"戈"为一种兵器。《诗·秦风·无衣》："王于兴师，修我戈矛，与子同仇。"《荀子·议兵》："古之兵，戈、矛、弓、矢而已矣。"

戈部有二十五个属字，从戈的字大都与兵器、战争和杀戮等有关。如"贼"字下云："败也。从戈，则声。"又如"或"字下云："邦也。从口，从戈，以守一。一，地也。"

## 452. 戉(yuè)

"戉，斧也。从戈，乚声。《司马法》曰：'夏执玄戉，殷执白戚，周左杖黄戉，右秉白髦。'凡戉之属皆从戉。臣铉等曰：今俗别作钺，非是。"

①王宁主持整理《章太炎说文解字授课笔记·部首》(缩印本)，中华书局，2010年，第23页。

②黄天树《黄天树古文字论集》，学苑出版社，2006年，第360—361页。

③徐复、宋文民《说文五百四十部首正解》，江苏古籍出版社，2003年，第359页。

(王伐切)

甲骨文或作、等,象一种斧类兵器。卜辞或用其本义,如:"……子其惠舞戉,若? 不用。"(《花》206)卜问子持钺以舞好不好。① 金文作、、等,用作兵器名。虢季子白盘的写法和小篆接近,后世加金字旁作"钺"。《诗·商颂·长发》:"武王载旆,有虔秉钺。"表示武器的"钺"和《说文》"钺,车銮声也"之"钺"为同形字。

戉部只有一个属字"戚",云:"戉也。从戉,尗声。""戚"本为整体象形,甲骨文作。商代晚期金文作、,西周金文作,变成从戈、尗声的形声字。小篆承续了这种写法。战国郭店楚简作、。

## 453. 我(wǒ)

",施身自谓也。或说:我,顷顿也。从戈,从。,或说古垂字。一曰:古殺字。凡我之属皆从我。,古文我。"(五可切)

甲骨文或作等,皆象兵器之形。李孝定《甲骨文字集释》即持此说。金文作、、、、、,和《说文》古文相似,和《说文》小篆相似。战国郭店楚简作。许慎对"我"字形体的说解没有确证,在出土文献和传世文献中"我"常用为第一人称代词,其本义湮没。至于"顷顿"义,或说为"俄"之义。②

我部只有一个属字"義",云:"己之威仪也。从我、羊。羛,墨翟书,義从弗。魏郡有羛阳乡,读若錡,今属鄴,本内黄北二十里。"

## 454. 亅(jué)

",钩逆者谓之亅。象形。凡亅之属皆从亅。读若橜。"(衢月切)

段玉裁注:"钩者,曲金也。《司马相如列传》:'犹时有衔橜之

①黄天树《黄天树古文字论集》,学苑出版社,2006年,第361页。

②董莲池《说文解字考正》,作家出版社,2005年,第319页,第502页。

变。’集解引徐广云：‘钩逆者谓之橜。’……皆谓橜为亅之假借字也。……（象形）象钩自下逆上之形。”徐灏《注笺》：“亅象曲钩之形，马之衔橜，乃其一端耳。”

徐在国说：“‘亅’当由甲骨刻辞‘丿’形演变而来。甲骨文‘亅’读为‘奇’。《合集》17581：‘古示十屯（纯）又一亅（奇）。’‘屯’读为‘纯’，二算为纯。‘亅’读为‘奇’，一算为奇。纯、奇均是量词。”①“亅”就是一把铁钩或带钩的小木橜的形象，悬在室内用于挂物。“亅”不能独立成字，只做部首使用。

“亅”部只有一个属字，从反“亅”，其实为一字异体关系。

## 455. 琴（qín）

“珡，禁也。神农所作，洞越，练朱五弦，周加两弦。象形。凡琴之属皆从琴。鑋，古文琴，从金。”（巨今切）

段玉裁注：“象其首、身、尾也。上圆下方，故象其圆。……今人所用琴字，乃上从小篆，下作今声。”饶炯《部首订》：“外象琴体，中象琴柱，上四横象弦轴，下二横象弦轸，左右直下象弦。”②后来把篆文改为“琴”，是把表意字字形的一部分改为形近的声符“今”，使表意字转化为形声字。张舜徽云：“盖琴之为言紧也，谓其弦丝急也。弦急而后声起，故琴由此得名焉。弦急谓之琴，犹口急谓之唫，急持衣裣谓之捡耳。”③传说琴为神农所发明，一开始琴有贯穿底部的孔，即“洞越”。“练朱”指朱红色的熟绢丝，如段注云：“练者其质，朱者其色。”神农开始作琴，用朱红色的熟绢丝作成五根弦，周朝又增加成七弦。“琴”为拨弦乐器，俗称“古琴”。曾侯乙墓 E61 号漆箱文字有“琴瑟”。郭店楚简《性自命出》：“听琴瑟之声，则諍如也斯难。”④字

①李学勤《字源》（下），天津古籍出版社，2012 年，第 1112 页。

②丁福保《说文解字诂林》（五），云南人民出版社，2006 年，第 3101 页。

③张舜徽《说文解字约注》（第四册），华中师范大学出版社，2009 年，第 3121 页。

④荆门市博物馆《郭店楚墓竹简》，文物出版社，1998 年，第 180 页。

形作琴。《诗·小雅·鹿鸣》:"我有嘉宾,鼓瑟鼓琴。"

琴部只有一个属字"瑟",云:"庖牺所作弦乐也。从琴,必声。"徐灏《注笺》:"故古文琴从古文瑟,今瑟之小篆从琴者,后制之字耳。"

## 456. 乚(yǐn)

"乚,匿也。象迟曲隐蔽形。凡乚之属皆从乚。读若隐。"(於谨切)

许慎说"乚"的字形直观地反映出隐蔽的意思。张舜徽云:"乚即隐之初文。此文始直,下复折而横行,是迟曲隐蔽之形。本书辵部:'迟,曲行也。'是其义已。凡物竖则著,偃则蔽。于人亦然,直立则显,坐下则隐。于日亦然,行至中天则昭明,邪迤则渐匿矣。"①《玉篇》:"乚,今作隐。"

乚部只有一个属字"直",云:"正见也。从乚,从十,从目。"段玉裁注:"谓以十目视乚,乚者无所逃也。三字会意。"甲骨文"直"作[古文字]等,表示目光正视一处,并不从"乚"。金文始从"乚"作[古文字]、[古文字]。

## 457. 亡(wáng)

"亡,逃也。从入,从乚。凡亡之属皆从亡。"(武方切)

《说文》说"亡"本义是逃跑,从入,从乚,意思是入于隐蔽之处。张舜徽云:"此篆从入,犹从日也。入象日光下射之状,故日、入实一字,说详五篇入部。日乚为亡,谓日影西移,渐至不可见,有似于亡失也。先民造字,远取诸物,物之易见亡失者,莫如日影,故亡字取象焉。亡之本义为日隐不见,故引申有逃义、失义。人死则形体消失,故亦称死为亡。其以亡为有无之无者,则双声通假耳。"②

①张舜徽《说文解字约注》(第四册),华中师范大学出版社,2009年,第3122页。

②张舜徽《说文解字约注》(第四册),华中师范大学出版社,2009年,第3123页。

甲骨文作[古文字]、[古文字]，金文作[古文字]、[古文字]、[古文字]，皆不从入。战国望山楚简作[古文字]。睡虎地秦简作[古文字]，与小篆形体已基本一致。或说“亡”为“锋芒”之本字。梁东汉云：“[古文字]是‘刀’的象形，一点是增加的符号。一点在刀口，表示‘锋芒在这里’。后来字形又稍稍有变化，……都假借为‘有无’的‘无’。……‘逃也’是假借义。”①金文中“亡”有“灭亡”之义，也通“无”，通“忘”等。

亡部有四个属字。如“望”字下云：“出亡在外，望其还也。从亡，朢省声。”又如“[篆文]”字下云：“亡也。从亡，無声。[篆文]，奇字无，通于元者。王育说，天屈西北为无。”今通行“無”（“无”）。又如“匄”字下云：“气也。逯安说，亡人为匄。”其中“气”即乞字。“匄”俗作“丐”。

## 458. 匸（xì）

“[篆文]，邪徯，有所侠藏也。从乚，上有一覆之。凡匸之属皆从匸。读与徯同。”（胡礼切）

徐灏《注笺》云：“徯有待义，亦有止义。有所侠藏，言其中可以藏物也。邪犹曲也。盖如曲垣之类，以待藏物，而上覆蔽之，故从乚从一。其曲笔下垂者，所以别于方体之匚耳。”徐复说“邪徯”是邪道。黄天树说，乚、匸两个部首作为形旁因为意义相近可以换用，如商代甲骨文“區”字作“[古文字]、[古文字]，侯马盟书作“區”。《说文》把上面一横出头的“匸”和不出头的“匚”分为两个部首。“匸”象上面有东西覆盖着，表示有所隐藏，如匿、區、医等字从匸；而部首“匚”则象方形的盛物器，匡、匣、匠等字从匚。②

匸部有六个属字。除“匹”字外，其他字的本义都与隐藏或装盛东西有关。如“區”字下云：“踦區，藏匿也。从品在匸中。品，众也。”又如“匿”字下云：“亡也。从匸，若声。读如羊驺箠。”又如“匽”字下云：“匿也。从匸，妟声。”《汉书·礼乐志》郊祀歌：“海内

①梁东汉《汉字的结构及其流变》，上海教育出版社，1959年，第100页。
②黄天树《黄天树古文字论集》，学苑出版社，2006年，第361—362页。

安宁,兴文匽武。”又如“医”字下云:“盛弓弩矢器也。从匚,从矢。《国语》曰:‘兵不解医。’”今《国语·齐语》作“翳”,为假借字。今之医生之“医”实为“醫”字之简化,与“医”字本义无关。

## 459. 匚(fāng)

“匚,受物之器。象形。凡匚之属皆从匚。读若方。,籀文匚。”(府良切)

段玉裁注:“此其器盖正方。文如此作者,横视之耳。直者其底,横者其四围,右其口也。……方本无正字,故自古假方为之。依字,匚有榘形,固可假作方也。”张舜徽云:“此文本当作凵,象正方之器可以受物之形。为恐与去鱼切之𠙴、口犯切之凵相混,因侧立其文以相避,亦兼以便于为他文偏旁耳。自借方为匚,而匚废矣。”①

“匚”本象受物之形。甲骨文中或作、、,金文作、。参见上面第458部“匸”字条。甲骨文“匚”或读为“祊”,祭名,如:“丙寅卜贞:酌匚于丁三十小牢。”(《合》1971)或读为“报”,如:“祝三匚叀羊。”(用羊祝祭报乙、报丙、报丁)(《殷契粹编》118)

匚部有十八个属字,从“匚”的字本义与制器者或盛具有关。如“匠”字下云:“木工也。从匚,从斤。斤,所以作器也。”匠是会意字,匚中装有斤、斧等工具。又如“匧”字下云:“藏也。从匚,夹声。箧,匧或从竹。”又如“匡”字下云:“饮器,筥也。从匚,𡉚声。筐,匡或从竹。”饶炯说“匚”即为“匡”的古文,籀文正象竹编之形。后从匡加竹形,成为今之“筐”。又如“匜”字下云:“似羹魁,柄中有道,可以注水。从匚,也声。”“匜”是古代洗手时用来盛放水和浇注水的器具。

①张舜徽《说文解字约注》(第四册),华中师范大学出版社,2009年,第3128—3129页。

## 460. 曲(qū)

“，象器曲受物之形。或说：曲，蚕薄也。凡曲之属皆从曲。，古文曲。”(丘玉切)

段玉裁注：“匚象方器受物之形，侧视之；象圜其中受物之形，正视之。引申之为凡委曲之称。……其字俗作苗，又做笛。”徐灏《注笺》：“隶变作曲，北人读若去，与‘音去鱼切’只轻重之殊，盖、本一字，犹匚之为矣。”

许慎说，曲为圆形受物之器。甲骨文作，金文中有、，战国郭店楚简作，睡虎地秦简作、。曲还有蚕薄义，即养蚕的器具，用苇篾编成。《礼记·月令》：“具曲植籧筐。”用了本字。《说文·艸部》有：“苗，蚕薄也。”应是后增之体。或说“曲”的构意为“曲尺之形”，故有弯曲义，与“直”相对。战国鸟虫箴铭带钩，上有“宜曲则曲，宜直则直”。又引申出邪曲、局部、歌曲等义。①

曲部只有两个属字；该部字本义或与弯曲有关，或与器具有关。

## 461. 甾(zī)

“，东楚名缶曰甾。象形。凡甾之属皆从甾。，古文。”(侧词切)

段玉裁注：“缶下曰：‘瓦器，所以盛酒浆，秦人鼓之以节歌，象形。’然则缶既象形矣，甾复象形，实一物而语言不同，且实一字而书法少异耳。”徐灏《注笺》：“此当从《玉篇》作甴。戴氏侗曰：‘甴，竹器也。’……灏按，正象编竹之形，仲达说是也。许云东楚名缶曰甾，疑有误。此字隶变作甾，以上三歧为曲笔，遂与艸部之甾相溷，故《广韵》误认为一字。”

甲骨文有字形作、，金文作、等，不知是否与小篆之“甾”有传承关系。对小篆的“甾”，文字学家有不同看法。许慎说为

①李学勤《字源》(下)，天津古籍出版社，2012年，第1119页。

缶器，段玉裁也认同。徐灏认同戴侗的观点，说是编竹之形。敦煌所出汉人书《急就》残章，第二章“由广国”，汉简由作𠙴，与《说文》“𠙴”正同。太炎先生在《新出三体石经》中认为甾即后来的“由”字。王国维有《释由》一文，阐释了《说文》“甾”即“由”字的观点。文中说，今大徐本注音“侧词切”为“甾”之音，这是把甾、𤰔混为一字的结果。“然甾、𤰔决非一字。𤰔为艸部菑字重文，从田，巛声，故读侧字反或侧词反。若甾之与𤰔，于今隶形虽相似，其音义又有何涉乎？考此字古文本作𠙴，篆文亦或如之，其变而为隶书也。乃屈曲其三直，遂成甾字。后人不知其为古文𠙴字之变，以其形似𤰔，遂以𤰔之音读之。实则此音毫无根据也。”①徐复说：“《说文》从由之字凡二十二，而无由字，诸家以字体刻写资料证明，甾即由字，可无致疑。”②

甾部有四个属字，从“甾”的字本义与盛器有关。

## 462. 瓦（wǎ）

“瓦，土器已烧之总名。象形。凡瓦之属皆从瓦。”（五寡切）

段玉裁注：“凡土器，未烧之素皆谓之坏，已烧皆谓之瓦。……（象形也）象卷曲之状。”张舜徽云：“土器之已烧者，品类至繁，不可胜状，惟举屋瓦以概其余耳。此文盖本作𠃊，象屋瓦一仰一伏形。其后为便书写，乃易横为直。篆体首笔横出以作笔势，中又加一以承其虚，而象形之旨渐晦。”③

睡虎地秦简作瓦。小篆“瓦”尚象屋瓦相互勾搭之形；构意为瓦片，实义为陶器总称。《楚辞・卜居》：“黄钟毁弃，瓦釜雷鸣。”《韩非子・外储说右上》：“有瓦器而不漏，可以盛酒乎？”其中瓦都是泛

①王国维《观堂集林》（第一册），中华书局，1959年，第275页。

②徐复、宋文民《说文五百四十部首正解》，江苏古籍出版社，2003年，第367页。

③张舜徽《说文解字约注》（第四册），华中师范大学出版社，2009年，第3138页。

指陶器。今“瓦”特指盖房用的瓦片。北京卖土器的店铺叫“缸瓦铺”或“瓦铺子”,用了“瓦”之初义。

瓦部有二十四个属字,本义多与烧制土器的匠工或所烧制的土器、瓦片等有关。如“甄”字下云:“匋也。从瓦,垔声。”又如“甍”字下云:“屋栋也。从瓦,夢省声。”“㼝”字下云:“小盂也。从瓦,夗声。”扬雄《方言》作“盌”,今通行碗、椀字。

## 463. 弓(gōng)

“弓,以近穷远。象形。古者挥作弓。《周礼》六弓:王弓、弧弓,以射甲革、甚质;夹弓、庾弓,以射干侯、鸟兽;唐弓、大弓,以授学射者。凡弓之属皆从弓。”(居戎切)

挥作弓:挥为黄帝臣。甚质:椹质靶。干侯:即豻侯。干即豻,胡地野犬。侯是箭靶。

甲骨文已出现了弓字,如[甲骨文]、[甲骨文]等;其中有的象上了弦的弓,有的象省去弦线。金文作[金文]、[金文]等。小篆应是省去弓弦的字形变化而来。“弓”的构意是射箭的武器。如同卣:“易(赐)同金车弓矢。”《包山楚简》260:“一奠弓。”①字形作[楚简]。《诗 · 大雅 · 公刘》:“弓矢斯张,干戈戚扬,爰方启行。”

弓部有二十六个属字,其义与弓弩、射箭等有关。如“弧”字下云:“木弓也。从弓,瓜声。一曰:往体寡,来体多,曰弧。”又如“张”字下云:“施弓弦也。从弓,长声。”又如“引”字下云:“开弓也。从弓、丨。”又如“弘”字下云:“弓声也。从弓,厶声。厶,古文肱字。”

## 464. 弜(jiàng)

“弜,彊也。从二弓。凡弜之属皆从弜。”(其两切)

王筠曰:“弓本彊有力,二弓则尤彊矣。”此字王国维认为是训弓檠之“柲”的本字。弓檠是用来辅弓之物。引申为辅,为重,又引申

①李学勤《字源》(下),天津古籍出版社,2012年,第1123页。

为强。① 彊之彊大、彊壮义后作“强”，为借字。强，本虫名，从虫，弘声。“从二弓”，是同体会意，表示加强。甲骨文中“弜”借作副词，犹“勿”，如：“辛亥卜：岳弗害禾，弜侑岳。”（《合》34229）有时用如“不”，如：“允受禾，弜受？”（《合》22246）②

弜部只有一个属字“弼”字，云：“辅也，重也。从弜，丙声。𢐀，弼，或如此。𢐁、𢐂，并古文弼。”意思是辅正弓弩。

## 465. 弦（xián）

“𢎗，弓弦也。从弓，象丝轸之形。凡弦之属皆从弦。臣铉等曰：今别作絃，非是。”（胡田切）

段玉裁注：“弓弦，以丝为之，张于弓。因之张于琴瑟者亦曰弦。俗别作絃，非也。弦有急意，故董安于性缓，佩弦以自急。心部云：‘𢡷，急也。’”轸，本指车厢底部四侧的横木，引申指弓的系弦处，它可以转动来调节弦的松紧。许慎说弦字中的“玄”象丝轸的样子。

甲骨文有𢎗，在弓弦上加一个指事性的符号，表示弓弦所在。后来，象丝轸之形的“𢆯”改成形近的“玄”，就成了从弓、玄声的形声字了。本义是弓弦，引申指月亮半圆。如睡虎地秦简《日书甲种》：“弦望及五辰不可以兴乐□。”③字形作𢎗。

弦部有三个属字。

## 466. 系（xì）

“𣱼，繫也。从糸，丿声。凡系之属皆从系。𣪠，系或从毄、處。𦃃，籀文系，从爪、丝。”（胡计切）

段玉裁注：“系者，垂统于上而承于下也。……系之义引申为世

①王国维《观堂集林》（第一册），中华书局，1959年，第288页。
②李学勤《字源》（下），天津古籍出版社，2012年，第1127页。
③睡虎地秦墓竹简整理小组《睡虎地秦墓竹简》，文物出版社，1990年，第186页。

系。”许慎说“从糸，丿声”不确。所谓“丿声”应即爪旁之省。“系”构意是悬挂。如《荀子·劝学》：“系之苇苕。”注意：古代“系”、“係”、“繫”三个字不同。它们在连接、拴绑义上可以通用。在相互关联的意思上，一般写作“係”或“繫”，而不写作“系”。在“世系”、“系统”等意义上，则应写作“系”，而不写作“係”或“繫”。

系部只有三个属字。如“孫”字下云：“子之子曰孫。从子，从系。系，续也。”又如“緜”字下云：“联微也。从系，从帛。”或写作“绵”，意思是绵长。

# 卷十三

## 467. 糸(mì)

“，细絲也。象束絲之形。凡糸之属皆从糸。读若硯。，古文糸。”(莫狄切)

徐锴《系传》:“一蚕所吐为忽,十忽为絲。糸,五忽也。”段玉裁注:“絲者,蚕所吐也;细者,微也。细絲曰糸,糸之言蔑也,蔑之言无也。(象束絲之形)此谓古文也。”

甲骨文作、、，金文作、、，象小把絲拧在一起之形。在较早的古文字里,“糸”和“絲”是一个字,单复无别。《说文》分化为两个字。“糸”构意是细絲。张舜徽云:“细絲谓之糸,犹粟实谓之米,木上谓之末,眉发谓之毛,分枲谓之麻,艸之初生者谓之苗,皆双声语转,并有细义。”①用语源意义来解释糸。

糸部有二百四十七个属字,从“糸”的字本义大都与絲织品及絲织行为有关。如“綜”字下云:“机缕也。从糸,宗声。”又如“紀”字下云:“絲别也,从糸,己声。”又如“絕”字下云:“断絲也。从糸,从刀,从卩。，古文絕,象不连体,绝二絲。”如“續”字下云:“连也。从糸,賣声。，古文續,从庚、貝。”

## 468. 素(sù)

“，白緻繒也。从糸、，取其泽也。凡素之属皆从素。”(桑故切)

“白緻繒”指白色而细密的生帛。《释名·释采帛》:“素,朴素

---

①张舜徽《说文解字约注》(第四册),华中师范大学出版社,2009 年,第3161 页。

也。已织则供用，不复加功饰也。又物不加饰，皆目谓之素，此色然也。”段玉裁注：“郑注《杂记》曰：‘素，生帛也。’然则生帛曰素，对湅缯曰练而言，以其色白也。故为凡白之称。……泽者，光润也，毛润则易下垂，故从糸、𠂹会意。”太炎先生云：“白绢曰素，引申为质素，又为空。郑康成《仪礼》注：‘形法定为素。’后变为𡑞，又变为塑。”①或说素、索本一字分化。②

素部有五个属字。如“繛”字下云：“𦃃也。从素，卓声。绰，繛或省。”“𦃃”字下云：“繛也。从素，爰声。缓，𦃃或省。”

## 469. 絲(sī)

“絲，蚕所吐也。从二糸。凡絲之属皆从絲。”(息兹切)

段玉裁注：“吐者，写也。”徐灏《注笺》：“蚕所吐为糸，纠合以成絲，故从二糸。引申之，凡物之类絲者皆曰絲；白色亦曰絲，如言‘鬓絲’是也。”又絲是纤细之物，可引申为泛指如絲状之纤细之物，如雨絲、蛛絲、藕絲、铁絲等。甲骨文有 、 、 之形，金文作 、 、 ，战国信阳楚简作 。

絲部有两个属字。如“轡”字下云：“马轡也。从絲，从軎。与连同意。《诗》曰：‘六轡如絲。’”又如“𦀚”字下云：“织绢从糸贯杼也。从絲省，丱声。”段玉裁改其中的“糸”为“絲”，云：“以絲，各本误作从糸，毌作贯，今正。……以絲贯于杼中而后织，是之谓𦀚。杼之往来，如关机合开也。”后世字典、词典一般不立絲部。“絲”今简化为“丝”。

## 470. 率(shuài)

“率，捕鸟毕也。象丝罔，上下其竿柄也。凡率之属皆从率。”(所律切)

---

①王宁主持整理《章太炎说文解字授课笔记·部首》(缩印本)，中华书局，2010年，第25页。

②李学勤《字源》(下)，天津古籍出版社，2012年，第1154页。

《说文》中“毕”的意思是“田网”，用来捕鸟。“率”构意为捕鸟之网。段玉裁认为“率”与“毕”同物而异名。“象丝罔”是说“率”字的中部象丝网形。张舜徽云：“左右四点，乃象米粒，所以诱致鸟雀者。今山村施小罔以捕鸟者，犹于罔旁播米粒也。本书口部囮下云：‘率鸟者繫生鸟以来之，名曰囮。’是率字引申本有诱义也。今湖湘间称欺诱人曰率，盖古语矣。欺诱称率，诈骗称囮，皆取义于捕鸟之事。”①或说“率”的构意是麻索。此义经典作“繂”，如《诗经》。徐灏《注笺》云：“传注未有训率为毕者，许说殆非也。”他同意戴氏说法。从甲骨文来看，字形作 [古文字]、[古文字]，象绞麻为索之形。② 卜辞中借用为地名和祭名。金文中“率”有率领义，也可以作副词，有悉、尽义。

率部没有属字。

## 471. 虫(huǐ)

“[篆文]，一名蝮，博三寸，首大如擘指。象其卧形。物之微细，或行，或毛，或蠃，或介，或鳞，以虫为象。凡虫之属皆从虫。”（许伟切）

段玉裁注：“从虫之字多左形右声，左皆用虫为象形也。《月令》：‘春，其蟲鳞。夏，其蟲羽。中央，其蟲倮。虎豹之属，恒浅毛也。秋，其蟲毛。冬，其蟲介。’许云或飞者，羽也。古虫、蟲不分，故以蟲谐声之字多省作虫，如融、赨是也。鳞介以虫为形，如螭、虯、蛤、蚌是也。飞者以虫为形，如蝙蝠是也。毛蠃以虫为形，如蝯、蜼是也。”

甲骨文作 [古文字]、[古文字]、[古文字]，象蛇形。“虫”的构意是蛇。金文形体有 [古文字]、[古文字]，睡虎地秦简字形变为[古文字]。许慎解释为“蝮”，字也作“虺”。《说文》把虫、蟲分为两个字。早在秦汉时代已有人把“虫”当成“蟲”来用了（见秦简和汉碑等）。今天把“蟲”简化为“虫”，来源

①张舜徽《说文解字约注》（第四册），华中师范大学出版社，2009 年，第 3253 页。

②详见于省吾《甲骨文字诂林》第四册，中华书局，1996 年，第 3184 页“率”下按语。

已久。

虫部所属字有一百五十二个，其本义多与蛇虫等生物相关。如“蜀”字下云：“葵中蚕也。从虫，上目象蜀头形，中象其身蜎蜎。《诗》曰：‘蜎蜎者蜀。’”“蚩”字下云：“蟲也。从虫，之声。”又如“蝉”字下云：“以旁鸣者。从虫，单声。”又如“蜃”字下云：“雉入海化为蜃。从虫，辰声。”又如“蚨”字下云：“青蚨。水蟲，可还钱。从虫，夫声。”

## 472. 䖵(kūn)

“，蟲之总名也。从二虫。凡䖵之属皆从䖵。读若昆。”(古魂切)

段玉裁注：“二虫为䖵，三虫为蟲。䖵之言昆也，蟲之言众也。”䖵为“昆蟲”的“昆”本字。张舜徽云：“小蟲谓之䖵，犹鱼子谓之鲲耳。蟲之小者恒群聚，群聚则众多，故《夏小正传》云：‘昆者，众也。’凡言䖵蟲，即今语所云昆蟲也。经传皆作昆，而䖵废矣。”①甲骨文有、、等形体，皆从二虫，大概会众蟲之义，卜辞中“”与《说文》中的“䖵”是否为一字尚待研究。

䖵部有二十四个属字，本义大都与昆虫有关。如“蠶”字下云：“任丝也。从䖵，朁声。”又如“蠡”字下云：“蟲啮木中也。从䖵，彖声。”又如“蠢”字下云：“蟲动也。从䖵，春声。”

## 473. 蟲(chóng)

“，有足谓之蟲，无足谓之豸。从三虫。凡蟲之属皆从蟲。”(直弓切)

张舜徽云：“蟲之言动也。凡生物之能动者古皆谓之蟲也。《大戴记·易本命篇》有所谓羽蟲、毛蟲、甲蟲、鳞蟲、倮蟲，是蟲者固动

---

①张舜徽《说文解字约注》(第四册)，华中师范大学出版社，2009年，第3303页。

物之通名。故人者,即所谓倮蟲也。今音蟲在澄纽,古读归定,固与动双声也。《贾子》言'器无蟲镂',《扬子》言'彫蟲篆刻',皆以双声借蟲为彤耳。"①参见第471部"虫"字。

"蟲"本义是动物总名。包括人在内的所有动物,古代都可以"蟲"称之。"蟲"在出土文献中最早见于包山楚简,作🀆。后代"蟲"所指范围缩小,主要指昆虫。但老虎称"大蟲",仍承袭了古代用法。

蟲部有五个属字。如"蠱"字下云:"腹中蟲也。《春秋传》曰:'皿蟲为蠱,晦淫之所生也。'臬桀死之鬼亦为蠱。从蟲,从皿。皿,物之用也。""蟲"今简化为"虫"。

## 474. 風(fēng)

"🀆,八風也。东方曰明庶風;东南曰清明風;南方曰景風;西南曰涼風;西方曰閶闔風;西北曰不周風;北方曰广莫風;东北曰融風。風动蟲生,故蟲八日而化。从虫,凡声。凡風之属皆从風。🀆,古文風。"(方戎切)

许慎释"風"为八方之風。古人以为八風、八卦、八音以及八个节气相对应。段玉裁注:"《乐记》:'八風从律而不姦。'郑曰:'八風从律,应节至也。'《左氏传》:'夫舞所以节八音而行八風。'服注:'八卦之風也。'"徐灏《注笺》:"風无形可象,因其所生之物以制字,故从虫。堪舆家相地覘風所至,即知其下有蚁,此'風动虫生'之验也。"

甲骨文中有"鳳鸟"之"鳳",作🀆等形,或加凡声的作🀆等。卜辞中多借为風字,如"遘大鳳"、"大驟鳳"等,其中"鳳"都假借为"鳳"。金文或作🀆,战国楚帛书作🀆。"風"是空气流动,引申为像風那样快,如風行。社会习惯变化类似風的流动,故風又引申有風

①张舜徽《说文解字约注》(第四册),华中师范大学出版社,2009年,第3310页。

俗、風气等义，如蔚然成風、移風易俗等。

風部有十二个属字，本义都与自然界之風有关。如“飆”字下云：“扶摇風也。从風，猋声。飑，飆或从包。”又如“飄”字下云：“回風也。从風，票声。”“飄”义为旋風，又名羊角風。

## 475. 它(tā)

“，虫也。从虫而长。象冤曲垂尾形。上古艸居患它，故相问：无它乎？凡它之属皆从它。蛇，它或从虫。臣铉等曰：今俗作食遮切。”(托何切)

段玉裁注：“上古者，谓神农以前也。相问无它犹后人之不恙、无恙也。语言转移，则以无别故当之，而其字或假佗为之，又俗作他。经典多作它，犹言彼也。”

容庚、商承祚都说，“它”与“虫”为一字。甲骨文作、、，金文作、、。卜辞中有借“它”为代词者，所以又造了“蛇”字来表示其本义。战国包山楚简作。“它”后来加人旁为“佗”，隶变后作“他”。“它”多作声符，从“它”得声的佗、陀、拕、驼、施等多含有屈曲不正的含义。

它部没有属字。

## 476. 龜(guī)

“，舊也。外骨内肉者也。从它，龜头与它头同。天地之性，广肩无雄，龜鳖之类，以它为雄。象足、甲、尾之形。凡龜之属皆从龜。，古文龜。”(居追切)

甲骨文作、等，象乌龜的形状，其中象龜的侧面形的，与《说文》篆文相合；象龜的正面形的，与《说文》古文合相。卜辞或用其本义，如：“有来自南以龜？”(《合》7076 正)①金文或作，象龜正面之形。战国郭店楚简作。

①黄天树《黄天树古文字论集》，学苑出版社，2006 年，第 362 页。

许慎以"舊"释"龜"是声训,舊,长久。龜是长寿动物,故用舊来解释它。段玉裁注:"舊本鴟舊字,假借为故舊,即久字也。……外骨,《考工记·梓人》文。郑云'龜属'。……从它者,象它头而已。左象足,右象背甲,电者象尾。"太炎先生云:"古读龜如鸠,龜舊声训。以寿长,故曰舊也。"①古代龜被认为是神灵之物,故用来占卜。《礼记·曲礼上》:"龜为卜,筴为筮。"《史记·龜策列传》:"江旁家人常畜龜饮食之,以为能导引致气,有益于助衰养老,岂不信哉!"古代印章的纽多作龜形,所以"龜纽"、"龜绶"就成为印章代称了。

龜部有两个属字。

## 477. 黽(měng)

"黽,蛙黽也。从它,象形。黽头与它头同。凡黽之属皆从黽。黽,籀文黽。"(莫杏切)

蛙黽是蛙类动物的总称。段玉裁注:"谓从它,象其头,下象其大腹也。……言头而余为腹可知矣。……古文只象其头腹,籀文又象其长足善跳。"甲骨文有字形作[甲骨文]、[甲骨文]、[甲骨文],与籀文相似。商代晚期至西周早期金文作[金文]、[金文]、[金文]、[金文],西周晚期金文作[金文],战国鄂君启车节作[金文]。"黽"为"蛙"的象形,独体字,其构形实与"它"无关。

黽部有十二个属字,大多表示鳖类、蛙类以及其他水生类生物。如"鼈"字下云:"甲虫也。从黽,敝声。"又如"黿"字下云:"大鼈也。从黽,元声。"

## 478. 卵(luǎn)

"卵,凡物无乳者卵生。象形。凡卵之属皆从卵。"(卢管切)

段玉裁注:"卵未生则腹大。卵阴阳所合,天地之杂也,故象其分合之形。"张舜徽云:"卵之言裸也,谓外无毛羽而光滑也。裸卵双

---

①王宁主持整理《章太炎说文解字授课笔记·部首》(缩印本),中华书局,2010年,第26页。

声,语之转耳。"①卵可以指鱼卵和虫卵两个意义。战国望山楚简作
[ancient form],包山楚简作[ancient form]。睡虎地秦简作[ancient form],与小篆基本相同。或说卵象睾丸之形。②

卵部只有一个属字"毈",云:"卵不孚也。从卵,段声。"后来《康熙字典》、《辞源》、《新华字典》均未立"卵"部。

## 479. 二(èr)

"二,地之数也。从偶一。凡二之属皆从二。弍,古文。"(而至切)

二,本为数字,许慎的解释加上了文化意义。根据《周易》,八卦的基本符号有⚊、⚋两种,⚊为阳,⚋为阴,分别代表天和地;许慎说二就是"地之数也"。段玉裁注云:"《易》曰:'天一地二。惟初大始,道立于一。有一而后有二。元气初分,轻清昜为天,重浊侌为地。'"甲骨文中即有一、二、三、四等数字,都是积画为数,起源于古代算筹。战国郭店楚简作[ancient form]、[ancient form],与《说文》古文字形相近。

二部有五个属字,它们的本义均与所谓的"地之数"无关。如"亟"字下云:"敏疾也。从人,从口,从又,从二。二,天地也。"又如"恒"字下云:"常也。从心,从舟,在二之间上下。心以舟施,恒也。[ancient form],古文恒,从月。《诗》曰:'如月之恒。'"又如"亘"字下云:"求亘也。从二,从回。回,古文回,象亘回形。上下,所求物也。"又如"竺"字下云:"厚也。从二,竹声。"

## 480. 土(tǔ)

"土,地之吐生物者也。二,象地之下、地之中;物出形也。凡土之属皆从土。"(它鲁切)

许慎用"吐"来训释土字,这是声训。意思是说,土吐生万物。

---

①张舜徽《说文解字约注》(第四册),华中师范大学出版社,2009年,第3325页。

②黄德宽《古文字谱系疏证》(三),商务印书馆,2007年,第2729—2730页。

对字形的解释，许慎用小篆的形体，说“二象地之下、地之中”，一竖笔是物从土中长出之形。其实小篆的“土”字已经发生变化，难以反映造字意图。从甲骨文字形看，“土”象地面有土块形，如、、等。金文或作、、。卜辞中有“东土、南土、西土、北土”等说法，应当指四方土神。金文中“土”有土地、国土、领土等义。金文中“土”还同“社”，如宜侯夨簋：“王立（位）于宜宗土（社）南卿（向）。”①楚帛书中字形已经和小篆差不多。“土”构意是泥土，由泥土引申出土地、田地等意思。

土部有一百三十个属字，它们大多与土地、泥土、土建等有关。如“壤”字下云：“柔土也。从土，襄声。”又如“堪”字下云：“地突也。从土，甚声。”又如“在”字下云：“存也。从土，才声。”又如“坏”字下云：“丘再成者也。一曰：瓦未烧。从土，不声。”今字作“坯”。今“坏”则是“壞”的简化字。

## 481. 垚（yáo）

“垚，土高也。从三土。凡垚之属皆从垚。”（吾聊切）

徐锴《系传》：“累土故高也。”徐灏《注笺》说垚、堯是古今字，又作“嶢”。“垚”为“堯”的初文。

垚部只有一个属字“堯”，云：“高也。从垚在兀上，高远也。”甲骨文堯字作，从二土，从兀，表示高义。后世写作三土，更突出高之义。《说文》中堯的古文与甲骨文相似。由“高”义引申有明、曲、长等义，故翹、撓、橈、曉、驍、嬈等从“堯”派生而来。②

## 482. 堇（qín）

“堇，黏土也。从土，从黄省。凡堇之属皆从堇。，，皆古文堇。”（巨斤切）

①陈初生《金文常用字典》，陕西人民出版社，1987 年，第 1087 页。

②黄德宽《古文字谱系疏证》（一），商务印书馆，2007 年，第 811 页。

徐锴《系传》:“黄土乃黏也。今人谓水中泥黏者为堇。”

段玉裁注:“《内则》:‘涂之以谨涂。’郑曰:‘谨当为墐,声之误也。墐涂,涂有穰草也。’按郑注墐当为堇,转写者误加土耳。……从黄者,黄土多黏也。……古文从黄,不省。”张舜徽云:“黏土能由人手引长而烦治之,古文有作 者,盖象黏土相连可以纠缠之形。湖湘间称土之柔黏者曰观音土,观音即堇字切语也。盖缓言之为观音,急言则为堇矣。”①堇有黏土义,后代依然有此用法。《资治通鉴·唐僖宗光启三年》:“杨行密围广陵且半年……草根木实皆尽,以堇泥为饼食之,饿死者太半。”胡三省注:“堇泥,黏土也。”堇也写作墐,意为墐泥。《新五代史·刘守光传》:“或丸墐土而食,死者十六七。”墐、堇意思相同,盖指俗称的观音粉,可以用来止饥,但容易导致肠子阻塞而死。

金文作 、 、 、 ,战国郭店楚简作 、 ,睡虎地秦简作堇。或说“堇”构意是焚人牲以祭祀,引申为烘烤、焚烧、干燥等义,这些意义后来写作“熯”。再引申为困苦、艰难等。如難、嘆、暵等,均从堇得声,意义亦相关。金文中“堇”有朝觐、朝见义,如卫盉:“矩白(伯)庶人取堇(觐)章(璋)于裘卫。”又有进献义,如琱生簋:“琱生则堇(觐)圭。”②

堇部只有一个属字“艱”,云:“土难治也。从堇,艮声。囏,籀文艱,从喜。”《周礼》有“艱”字。

## 483. 里(lǐ)

“里,居也。从田,从土。凡里之属皆从里。”(良止切)

徐锴《系传》:“按《尚书》曰:‘百姓里居。’”段玉裁注:“《郑风》:‘无踰我里。’传曰:‘里,居也。二十五家为里。’……(从田,从土)有田有土而可居矣。”“里”本义是居民聚居之地,引申为居民单

①张舜徽《说文解字约注》(第四册),华中师范大学出版社,2009年,第3374页。

②陈初生《金文常用字典》,陕西人民出版社,1987年,第1096页。

位，如大簋："余既易（赐）大乃里。"

黄德宽云："里，初见于西周金文，从田，从土，会土田可居之意。西周金文田、土中划贯通，晚周以后习将土旁中的圆点延伸为短横，遂为篆文里字所本。战国文字或田中省横笔，或中竖不贯通。"①

里部有两个属字。如"野"字下云："郊外也。从里，予声。壄，古文野，从里省，从林。"古文字所见的"野"字，均从林、从土会意。如甲骨文作埜，金文作埜。战国或加"予声"，如《说文》古文。睡虎地秦简作𡐨、埜。秦篆则改从"林"为从"田"，田与土连起来，就成了"里"字，加予声即为小篆的字形。

## 484. 田（tián）

"田，陈也。树谷曰田。象四口；十，阡陌之制也。凡田之属皆从田。"（待年切）

段玉裁注："陈敬仲之后为田氏，田即陈字，假田为陈也。……谓口与十合之，所以象阡陌之一纵一横也。"田和陈古音相同。许慎用"陈"解释"田"，而陈与阵为古今字。古代田猎与战争相似，需要摆阵以待，故云"田，陈也"。如此，田的初始义为田猎。甲骨文"田"作田、田、田、田等，皆象田猎的方阵。古代狩猎之制度，当在贵族的狩猎之囿内划分狩猎区域，田即象此形。这个意义后来写作"畋"。或说"田"象田亩阡陌纵横之形，上古驱兽焚烧野草杂树所辟之空地正好用为农田，故田猎、田地实出一源。周实行了井田制，这里井田的意思是农耕之田，字义已经转移。金文作田，金文中"田"可指耕种的土地，如五祀卫鼎："余舍女（汝）田五田。"②第二个田字用为量词。金文中"田"还通"甸"，指甸服、甸畿内的诸侯。许慎用"树谷"来解释"田"，大概是后起之义。

田部有二十八个属字，它们大都与田地或耕种有关。如"畴"字

①黄德宽《古文字谱系疏证》（一），商务印书馆，2007年，第197页。

②陈初生《金文常用字典》，陕西人民出版社，1987年，第1100页。

下云:“耕治之田也。从田,象耕屈之形。[ancient character],畴或省。”又如“畸”字下云:“残田也。从田,奇声。”又如“畿”下云:“天子千里地。以远近言之,则言畿也。从田,幾省声。”又如“畜”字下云:“田畜也。《淮南子》曰:‘玄田为畜。’[ancient character],《鲁郊礼》畜,从田,从兹;兹,益也。”

## 485. 畕(jiāng)

“[ancient character],比田也。从二田。凡畕之属皆从畕。”(居良切)

段玉裁注:“比,密也。二人为从,反从为比。比田者,两田密近也。……窃谓田与田相乘,所谓陈陈相因也,读如敶列之敶。”甲骨文作[ancient character],象两田相毗之形。春秋金文或作[ancient character]、[ancient character],后一写法与小篆写法相近。太炎先生《文始》说畕和畺同字。金文有[ancient character]、[ancient character],从畕,从弓。徐复说:“古疆域之大小即以田猎之弓度之,今北方农民以步之多少度量田亩,尚云若干弓。”①

畕部只有一个属字“畺”,云:“界也。从畕,三,其界画也。疆,畺或从彊土。”实则古文字中,畕、畺、彊、疆均为同字。

## 486. 黄(huáng)

“[ancient character],地之色也。从田,从炗。炗亦声。炗,古文光。凡黄之属皆从黄。[ancient character],古文黄。”(乎光切)

段玉裁注:“玄者,幽远也。则为天之色可知。《易》曰:‘夫玄黄者,天地之杂也。天玄而地黄。’……(从田)土色黄,故从田。……(炗,古文光)见火部。”黄字在甲骨文和金文中均出现。甲骨文作[ancient character]、[ancient character]、[ancient character]、[ancient character]。甲骨文中的构形,唐兰以为象巫尫之形,可能是“尫”的初文。② 裘锡圭赞同这个说法,并做了进一步的论证。③ 金

①徐复、宋文民《说文五百四十部首正解》,江苏古籍出版社,2003 年,第 386 页。

②唐兰《毛公鼎“朱韨、葱衡、玉环、玉瑹”新解》,《光明日报》1961 年 5 月 9 日,转引自《黄天树古文字论集》,学苑出版社,2006 年,第 363 页。

③裘锡圭《古文字论集》,中华书局,1992 年,第 216—219 页。

文作黄、黄、黄、黄、黄、黄、黄。金文中的字形，郭沫若则以为是佩玉之形。他在《金文余释·释黄》中说："是故黄即佩玉，自殷代以来所旧有。后假为黄白字，卒至假借义行而本义废，乃造珩若璜以代之，或更假用衡字。"①战国包山楚简作黄，仰天湖楚简作黄。而许慎根据小篆字形说"从田从炗"会意，炗亦声，构件田与光会日光照耀于田而显黄色之意。《释名·释采帛》云："黄，晃也，犹晃晃，象日光色也。"《说文·火部》："光，明也。从火在儿上，光明意也。古文炗。"炗从廿，从火，会廿人同举火，表示光明之义。

黄部有五个属字，它们大都与黄色有关。如"䵋"字下云："青黄色也。从黄，有声。"太炎先生《新方言·释器》："今人谓人面色杂青黄色者曰䵋气色。"②今天通行字作"晦气"。

## 487. 男(nán)

"男，丈夫也。从田，从力。言男用力于田也。凡男之属皆从男。"(那含切)

段玉裁注："《白虎通》曰：'男，任也。任功业也。'古男与任同音。……农力于田，自王公以下无非力于田者。"

甲骨文作男、男、男，金文作男，均有从田、从力之形；"力"形象原始耒形，谓以耒耕田。在农耕时代，耕田主要是男子之事，故以男为男子任力之称。金文中男有男子、儿子、爵位名等用法。

男部有两个属字。如"舅"字下云："母之兄弟为舅，妻之父为外舅。从男，臼声。"又如"甥"字下云："谓我舅者，吾谓之甥也。从男，生声。"

## 488. 力(lì)

"力，筋也。象人筋之形。治功曰力，能圉大灾。凡力之属皆从

①《郭沫若全集·考古编》(第五卷)，科学出版社，2002年，第359页。

②徐复、宋文民《说文五百四十部首正解》，江苏古籍出版社，2003年，第387页。

力。”(林直切)

段玉裁注:“筋下曰:‘肉之力也。’二篆为转注。筋者其体,力者其用也。……(象人筋之形)象其条理也。人之理曰力,故木之理曰朸,地之理曰防,水之理曰泐。(治功曰力)《周礼·司勋》文。(能御大灾)《国语》、《祭法》文。”

甲骨文作、,象一种掘土用的尖头农具,下端一横象脚踏的横木。金文或作,与甲骨文相近。战国郭店楚简作,睡虎地秦简作。因为用耒耕作须有力,故引申为“气力”。① 卜辞或用其本义的,如:“戊申卜:日用马,于之力?”(《花》196)②金文中也用其本义,如叔夷钟:“灵力若虎。”③有时也表示功劳。由力气可泛指各种力量、能力等。

力部有三十九个属字,它们大都与力量、力气有关。如“勉”字下云:“强也。从力,免声。”又如“勝”字下云:“任也。从力,朕声。”又如“加”字下云:“语相增加也。从力,从口。”又如“劾”下云:“法有辠也。从力,亥声。”又如“募”字下云:“广求也。从力,莫声。”

## 489. 劦(xié)

“,同力也。从三力。《山海经》曰:‘惟号之山,其风若劦。’凡劦之属皆从劦。”(胡颊切)

张舜徽云:“劦本音力制切,而训同力,谓其力之强也。同力谓之劦,因引申为凡力强之名。故急风亦谓之劦,犹风雨暴疾谓之飈耳,双声相转也。”④甲骨文作、、,商代晚期金文也有,象三力同耕,会同心协力之意。卜辞或用其本义,如:“贞:惠辛亥(劦)

①徐中舒《甲骨文字典》,四川辞书出版社,1989年,第1478页。

②黄天树《黄天树古文字论集》,学苑出版社,2006年,第363页。

③陈初生《金文常用字典》,陕西人民出版社,1987年,第1110页。

④张舜徽《说文解字约注》(第四册),华中师范大学出版社,2009年,第3405页。

田？十二月。”(《合》9499)①甲骨文有些字从“口”不从“口”无别，“⿱劦凵”即《说文》之“劦”字。

劦部属字有三个，本义都与协作有关。如“恊”字下云：“同心之和。从劦，从心。”又如“勰”字下云：“同思之和。从劦，从思。”又如“協”字下云：“众之同和也。从劦，从十。旪，古文協，从曰、十。叶，或从口。”徐复说劦、協、恊三形同字。②

①黄天树《黄天树古文字论集》，学苑出版社，2006年，第363页。

②徐复、宋文民《说文五百四十部首正解》，江苏古籍出版社，2003年，第389页。

# 卷十四

## 490. 金(jīn)

“金,五色金也。黄为之长,久薶不生衣,百炼不轻,从革不违。西方之行。生于土,从土;左右注,象金在土中形;今声。凡金之属皆从金。金,古文金。”(居音切)

段玉裁注:“凡有五色,皆谓之金也。下文白金、青金、赤金、黑金,合黄金为五色。”徐灏《注笺》:“五色者,白金銀,青金鉛,赤金銅,黑金鐵,与黄金而为五也。黄为之长,遂独专其名。块然之物,无可取象,因其生于土,故从土;左右点,象金在土中,盖指事也。”许慎解释金为金属,黄金为之长,久埋不生锈,百炼不减轻,反复作器也无妨碍。在五方与五行的对应关系上,西方属金。张舜徽云:“金之言紧也,物之紧者无逾于此也。”①

从考古发掘看,中国的青銅器始于殷商时期,但甲骨文中是否有“金”字尚有争议。唐兰曾在《甲骨文自然分类简编》中指出甲骨文的“从火从今”的字疑为“金”字,《殷墟花园庄东地甲骨》中新出土的卜辞亦有“从火从今”之字,唐兰的推测大概可信。② 金文“金”字或作金、金、金、金、金、金、金等。徐复说,金文的“金”字象房屋下置放銅炉炼金,其液体因沸腾而溢出。周宝宏认为,从金文看,“金”字右下不从“土”,而是“士”或“王”,为斧钺象形,表示是青銅器制品;而左边两点为青銅原料,“吕”字初文。金文中用“吕”表示青銅原料,如效父簋:“休,王易效父〓(吕)三,用作氒(厥)宝尊

①张舜徽《说文解字约注》(第四册),华中师范大学出版社,2009 年,第 3407 页。

②黄天树《黄天树古文字论集》,学苑出版社,2006 年,第 364 页。

彝。”他认为“金”字从吕、从士（或从王），今声。① 金文中“金”也常用为青銅原料。古代炼銅鑄造武器之事《左传》中就有记载。②《左传·僖公十八年》：“郑伯始朝于楚。楚子赐之金，既而悔之，与之盟曰：‘无以鑄兵。’故以鑄三鐘。”

金部有一百九十六个属字，本义大都与金属、冶炼、武器等有关。如“鑲”字下云：“作型中肠也。从金，襄声。”又如“鋌”字下云：“銅鐵朴也。从金，廷声。”又如“鏡”字下云：“景也。从金，景声。”又如“銖”字下云：“权十分黍之重也。从金，朱声。”

## 491. 幵（jiān）

“幵，平也。象二干对构，上平也。凡幵之属皆从幵。徐铉曰：幵但象物平，无音义也。”（古贤切）

徐锴《系传》：“幵但象物平也。无音义。”“幵”构意为平，似两个兵器并举齐平之貌。段玉裁认为其读音从干得声，云：“凡岐头两平曰幵。幵字，古书罕见。《禹贡》：‘道岍及岐。’许书无岍字。盖古只名幵山，后人加之山旁，必岐头平起之山也。……幵从二干，古音仍读如干。何以证之？籀文𣓌读若刊，小篆作栞，然则干、幵同音可知。”

裘锡圭、黄天树、董莲池等都认为“幵”为“笄”字初文“𠆢”（《金文编》第1167页）的繁化形体。甲骨文有𡚬（《甲骨文编》第869页），象女人头上插二“笄”，为“妍”字初文。“𠆢”和幵的关系，应与“屮”和“艸”的关系一样，为一字的繁简两体。“幵”所从的“干”应是𠆢形中竖线上黑点变为横线的结果。而由𠆢到幵是先有了𠆢𠆢，然后演变为“幵”，又有后来的“笄”。③ 古有幵山，亦名幵头山。《汉

①李学勤《字源》（下），天津古籍出版社，2012年，第1215页。

②徐复、宋文民《说文五百四十部首正解》，江苏古籍出版社，2003年，第391—392页。

③参见裘锡圭《古文字论集》第383页，黄天树《黄天树古文字论集》第364页，董莲池《说文部首形义新证》第349页。

书·地理志》作岍头山,《史记》作鸡头山,《括地志》作笄头山,都是同音替代。张舜徽则以之为“肩”之异体,其说见《说文解字约注》,可以参阅。

幵部没有属字。

## 492. 勺(zhuó)

“[illegible],挹取也。象形,中有实,与包同意。凡勺之属皆从勺。”(之若切)

勺为挹酒或水之器。张舜徽云:“许训挹取,但就用言,自与酌同音同义。若训器名,则当以杓为本字,应读甫摇切。今语通称挹取酒浆之器为瓢,即杓之古读耳。”①考古发掘中,勺常与盛酒器一起出土。金文勺方鼎或作[illegible],象勺形,短画为勺中之实。战国望山楚简作[illegible]。勺是类似斗的舀酒或舀水的器具,比斗小。

勺部只有一个属字“与”,云:“赐予也。一勺为与。此与與同。”会意字。“与”字构形,董莲池认为是“牙”字的形讹。而以“牙”为“与”是音近假借。②

## 493. 几(jǐ)

“[illegible],踞几也。象形。《周礼》五几:玉几、雕几、彤几、鬃几、素几。凡几之属皆从几。”(居履切)

段玉裁说“几”的俗体作“机”。许慎说“踞几”是席地而坐时所倚靠的东西。“几”象古人席地而坐时供倚靠的几案,最早见于西周金文“处”的偏旁。战国包山楚简作[illegible]。《诗·大雅·行苇》:“或肆之筵,或授之几。”郑玄笺:“年稚者为设筵而已,老者加之以几。”孔颖达疏:“几者,所以安身,少不当凭几。”张舜徽云:“古者席地而坐,至汉犹然。《汉书·贾谊传》:‘文帝与语,不自知膝之前于席。’是汉

①张舜徽《说文解字约注》(第四册),华中师范大学出版社,2009年,第3477页。

②董莲池《说文部首形义新证》,作家出版社,2007年,第356页。

世坐犹如古。其时几之形制甚卑,可凭可踞,亦可荐物,一器固数用也。观本部所列诸文,皆居止之义,可知此器以踞人为主,故许君即以踞几训几耳。所引《周礼》五几,见《春官》司几筵。"①"几"今天的主要功用是摆放东西,如茶几等,上古时代主要用来依凭身体以休息。

今天"几"还是"幾"的简化字。幾从丝,本指细微。《说文·丝部》:"幾,微也。"《周易·系辞下》:"幾者,动之微,吉之先见者也。"韩康伯注:"吉凶之彰,始于微兆。"因此,数不满十称"幾个",相接近、无距离称为"幾乎"。

几部有三个属字,表示以"几"为凭靠的行为。如"凭"字下云:"依几也。从几,从任。《周书》:'凭玉几。'读若冯。"又如"凥"字下云:"处也。从尸得几而止。《孝经》曰:'仲尼凥。'凥谓闲居如此。"又如"处"字下云:"止也。得几而止。从几,从夂。處,处或从虍声。"

## 494. 且(jū)

"且,薦也。从几,足有二横;一,其下地也。凡且之属皆从且。"(子余切,又千也切)

段玉裁注:"薦当作荐。……薦训兽所食艸,荐训薦席。薦席谓艸席也。艸席可为藉谓之荐。……且,古音俎,所以承藉进物者。引申之,凡有藉之词皆曰且。凡语助云且者,必其义有二,有藉而加之也。"

甲骨文且字作、、等形体,象盛肉之俎形。商代晚期金文作、,西周金文或作、、。"且"构意为切肉之薦。因古代常置放肉于俎上以祭祀先祖,故称先祖为"且"。对此字,郭沫若《甲骨文字研究·释祖妣》新解为"实牡器之象形"。"且"后借用为虚

①张舜徽《说文解字约注》(第四册),华中师范大学出版社,2009年,第3478—3479页。

词。如作语气词,相当于“啊”。《诗·郑风·出其东门》:“虽则如荼,匪我思且。”也可以作连词,当“又”、“而且”、“尚且”讲。还可以作副词,当“暂且”、“将要”、“还”讲。

且部有两个属字。如“俎”字下云:“礼俎也。从半肉在且上。”

## 495. 斤(jīn)

“[illegible],斫木也。象形。凡斤之属皆从斤。”(举欣切)

斤即斧。徐灏《注笺》:“斧、斤同物,斤小于斧。”甲骨文或作[illegible],象曲柄斧形。金文或作[illegible]、[illegible]。“斤”构意为伐木工具,类似后代的锛、斧等。金文中的“斤”可用为重量单位,也用作地名与人名。

斤部有十四个属字。从斤的字多与斧类工具或砍、劈这类行为有关。如“所”字下云:“伐木声也。从斤,户声。《诗》曰:‘伐木所所。’”又如“斯”字下云:“析也。从斤,其声。《诗》曰:‘斧以斯之。’”

## 496. 斗(dǒu)

“[illegible],十升也。象形,有柄。凡斗之属皆从斗。”(当口切)

段玉裁注:“上象斗形,下象其柄也。斗有柄者,盖象北斗。”张舜徽云:“斗之言到也。谓取物于彼,到注于此也。到即倒之本字。斗之为器,原以挹水,非以盛水。挹之即到注于他器,亦用以挹酒浆,有柄,取挹注之便耳。今俗所用熨斗,乃其遗制。湖湘间称挹水之器为登子,登即斗之语转也。今语称簦为斗笠,亦斗、登语转之证。”①

甲骨文作[illegible]、[illegible]。于省吾主编《甲骨文字诂林》认为甲骨文中“斗”即“十升之斗”义。金文有[illegible]、[illegible],似斗形。金文中用为容器单位,如秦公簋:“□一斗七升大半升,盖。”小篆已经演变得不象形了。

---

①张舜徽《说文解字约注》(第四册),华中师范大学出版社,2009 年,第 3488 页。

根据许慎的解释，斗为量器。斗还是舀酒的酒器。《诗·大雅·行苇》：“酌以大斗，以祈黄耇。”毛传：“大斗，长三尺也。”形状如斗的器物也可称作“斗”，如“北斗星”形如大勺。《诗·小雅·大东》：“维北有斗，不可以挹酒浆。”“熨斗”也似斗形，故可称“斗”。如《晋书·韩伯传》：“令伯捉熨斗。”

后世还以“斗”为斗争字，斗争的“斗”繁体为“鬥”。

斗部有十六个属字。如“料”字下云：“量也。从斗，米在其中。读若辽。”又如“斡”字下云：“蠡柄也。从斗，倝声。杨雄、杜林说，皆以为轺车轮斡。”又如“魁”字下云：“羹斗也。从斗，鬼声。”又如“斠”字下云：“平斗斛也。从斗，冓声。”今天“比较”的“较”之本字。又如“斟”字下云：“勺也。从斗，甚声。”意思是用勺舀酒，故谓倒酒为斟酒。

## 497. 矛(máo)

“[illegible]，酋矛也。建于兵车，长二丈。象形。凡矛之属皆从矛。[illegible]，古文矛，从戈。”（莫浮切）

徐锴《系传》：“酋矛，长矛也。[illegible]，矛也；[illegible]，其上所注旄属。建者，邪迆立之也。”古代文献中“酋矛”多指短柄矛。而此处“酋矛”徐锴《系传》说为“长矛”。这是古代常用兵器，可竖立在兵车上面。金文䲡簋有字形作[illegible]，丿似刺兵，[illegible]似钩，[illegible]为系缨的环纽。战国鸟虫书作[illegible]、[illegible]、[illegible]，睡虎地秦简作[illegible]。

矛部有五个属字。如“矜”字下云：“矛柄也。从矛，今声。”

## 498. 車(chē)

“[illegible]，輿輪之总名。夏后时，奚仲所造。象形。凡車之属皆从車。[illegible]，籀文車。”（尺遮切）

徐锴《系传》：“按《周礼》曰：‘一器而工聚者，惟車为多。’”段玉裁注：“（象形）谓象两輪一軸一輿之形，此篆横视之乃得。……（籀文車）从戈者，車所建之兵，莫先于戈也；从重車者，象兵車联缀也。

重車则重戈矣。”

“輿輪之总名”，指車厢、車轮等零部件的总称。“輿”本义車厢，可代指車。史籍有《輿服志》。许慎说的“夏后时奚仲所造”，段玉裁注云：“《左传》曰：‘薛之皇祖奚仲居薛，以为夏車正。’杜云：‘奚仲为夏禹掌車服大夫。’然则非奚仲始造車也。”张舜徽云：“《释名·释車》云：‘古者曰車，声如居，言行所以居人也；今曰車，車，舍也，行者所处若居舍也。’是車字本有二读，汉以前車音如居，汉时車音近舍。今读尺遮切，则舍声之变耳。”①

甲骨文和金文中“車”的字形很多。甲骨文或作、、、等，金文中有、、等字形。最繁的写法如同一辆单轅車的结构俯视图，最简的形体仅仅截取繁体“車”字的車輪部分而已。甲骨文和金文均用其本义。关于車制，阮元的《揅经室集》有《考工记·車制图解》上下卷，论述甚为详细。现代学者孙机有专门研究，其著探讨古代車制甚详，可参阅。

車部有九十八个属字，它们本义大都与各种車辆或車的部件、装置等有关。如“輯”字下云：“車和辑也。从車，咠声。”又如“軍”字下云：“圜围也。四千人为軍。从車，从包省。軍，兵車也。”又如“範”字下云：“範軷也。从車，笵省声。读与犯同。”

## 499. 𠂤(duī)

“𠂤，小阜也。象形。凡𠂤之属皆从𠂤。”（都回切）

徐铉曰：“今俗作堆。”段玉裁注云：“小阜曰𠂤，《国语》假借魁字为之。《周语》：‘夫高山而荡以为魁陵粪土。’贾逵、韦昭皆曰：‘小阜曰魁。’即许之𠂤也。”徐灏《注笺》引戴侗说，其为山丘之侧立之状。张舜徽以为，“雇、陮”皆“𠂤”之后起字。

甲骨文有两个“𠂤”字，其中一个训为“小阜”，为古“堆”字。典

①张舜徽《说文解字约注》（第四册），华中师范大学出版社，2009 年，第 3497 页。

籍中不用𠂤字，俗字作堆、碓，又作追、垍，或作敦、墩等。另外的一个为古“師”字，竖笔一般写作呈弯弧状的𠂤、𠂤。卜辞云：“戊辰卜贞，翌己巳涉𠂤？五月。”（《合》5812）其中的“涉𠂤”为“涉師”，意思是“使師众涉水”。后来这两个字在演变中混淆。孙诒让在《名原》中认为，这两个字是竖过来写的“山”、“丘”二字，李孝定和李学勤等学者都认可这种看法。① 于省吾认为甲骨文和西周金文中師旅之師均作“𠂤”，而西周金文职官之名则多作“師”。金文中“𠂤”用作“師”之例，如克鼎：“王命善夫克舍令于成周遹正八𠂤（師）之年。”

𠂤部有两个属字。如“官”字下云：“史，事君也。从宀，从𠂤，𠂤犹众也。此与師同意。”

## 500. 𨸏（fù）

“𨸏，大陆，山无石者。象形。凡𨸏之属皆从𨸏。𨸏，古文。”（房九切）

段玉裁注：“《释名》曰：‘土山曰𨸏。’象形者，象土山高大而上平，可层累而上，首象其高，下象其三成也。”甲骨文作𨸏、𨸏、𨸏等，一说象竖起来写的土山；一说象古人穴居因出入需要而挖出的脚窝。

𨸏部有九十一个属字。从“𨸏”的字多与山陵、地势或登高下降有关。如“附”字下云：“附娄，小土山也。从𨸏，付声。《春秋传》曰：附娄无松柏。”又如“陕”字下云：“弘农陕也。古虢国，王季之子所封也。从𨸏，夾声。”又如“際”字下云：“壁会也。从𨸏，祭声。”

## 501. 𨺅（fù）

“𨺅，两𨸏之间也。从二𨸏。凡𨺅之属皆从𨺅。”（房九切）

此字之训释是构意，文献中未见实际用例。段玉裁注其读音是

①黄天树《黄天树古文字论集》，学苑出版社，2006年，第365页。

"似醉切",徐灏《注笺》训为"隧"字。张舜徽云:"许书无隧,当以此为本字。两阜相对,其间径路必深,因谓之隧,犹心深谓之憏,深远谓之邃耳。"①战国文字其作为偏旁在青川秦墓木牍中出现。

䮫部下有三个属字,本义和两阜有关,如䧢(隘)、𨸏(隧)等。

## 502. 厽(lěi)

"厽,絫坺土为墙壁。象形。凡厽之属皆从厽。"(力轨切)

段玉裁注:"絫者,今之累字。土部曰:'一臿土谓之坺。'臿者,今之锹。以锹取田间土块,令方整不散,今里俗云'坺头'是也。亦谓之版光,累之为墙壁。……(象形)象坺土积叠之形。"徐复说,段注"坺头"说来自吴方言,朱骏声亦称苏俗谓之草皮泥,以臿取之,形如土墼。② 张舜徽云:"今俗所称'草方',即坺土也。连草取之,尤为坚结,于为墙筑垒均宜。下文絫、垒二篆,皆厽之增体字。"③

厽部有两个属字。如"絫"字下云:"增也。从厽,从糸。絫,十黍之重也。"又如"垒"字下云:"絫墼也。从厽,从土。"

## 503. 四(sì)

"四,阴数也。象四分之形。凡四之属皆从四。丣,古文四。亖,籀文四。"(息利切)

段玉裁注:"谓囗象四方,八象分也。"而籀文四则是积画为字,与一、二、三构造方式一样,在六书是指事。甲骨文和金文均有类似写法。金文或作〇、〇、〇、〇。张舜徽说,金文实象鼻息下出之形。由于三、四音同,故借四为三,"自借义行而本义废,四既为计数专

①张舜徽《说文解字约注》(第四册),华中师范大学出版社,2009 年,第 3569 页。

②徐复、宋文民《说文五百四十部首正解》,江苏古籍出版社,2003 年,第 402 页。

③张舜徽《说文解字约注》(第四册),华中师范大学出版社,2009 年,第 3571 页。

字，于是乃复造从口之呬以代之。本书所云：‘东夷谓息为呬。’是也。证之四岁牛为牭，四马为驷，则造字时已有借四为三者。约定俗成，由来已旧。”①马叙伦《说文解字六书疏证》提出“四”为“泗”本字，以象形手法表示鼻涕。虽然缺乏书证，但从文字构形角度看也有一定道理。而石鼓文、秦峄山石碑写法均与小篆形体相近。

四部没有属字。

## 504. 宁(zhù)

“ ，辨积物也。象形。凡宁之属皆从宁。”(直吕切)

段玉裁注：“辨，今俗字作辦，音蒲苋切。古无二字二音也。《周礼》‘以辨民器’，辨，具也。分别而具之，故其字从刀。积者，聚也。宁与貯盖古今字。”

宁，古貯字，意思是分类貯藏物品。甲骨文有 、 ，为象形。金文作 、 、 。“宁”字构意为貯藏、貯积。甲骨文有“宁、貯”两种写法，加“貝”表示财物，两字可视为异体。由貯藏引申出盛放、久远等义。由久远进一步引申出久立义，后又造“佇”专门表示久立义。久立的地方也称“宁”，可用来指古代宫殿门和屏之间，以及正门内两侧屋之间。如《礼记·曲礼下》：“天子当宁而立，诸公东面，诸侯西面，曰‘朝’。”

宁部只有一个属字。

注：宁(zhù)和宁(níng、nìng)是音义毫无关系的两个字，属于同形字。宁(níng)是寧的简化字(“寧”在《说文·丂部》)，有平安、安宁之义。也可以作副词，读 nìng，是宁愿、宁可之义。简化字中，宁静义作“宁”，貯藏义作“貯”。今“貯”简化为“贮”。

## 505. 叕(zhuó)

“ ，缀联也。象形。凡叕之属皆从叕。”(陟劣切)

---

①张舜徽《说文解字约注》(第四册)，华中师范大学出版社，2009 年，第 3572—3573 页。

徐锴《系传》:“交络互缀之象。”叕象物体缀联之形,后作“缀”。金文作、,睡虎地秦简作。

叕部只有一个属字,云:“缀,合箸也。从叕,从糸。”“缀”为“叕”的增体字。

## 506. 亞(yà)

“亞,醜也。象人局背之形。贾侍中说,以为次弟也。凡亞之属皆从亞。”(衣驾切)

段玉裁注:“(亞,醜也)此亞之本义。亞与惡音义皆同,故《诅楚文》‘亞驼’,《礼记》作‘惡池’;《史记》卢绾孙他之封惡谷,《汉书》作亞谷;宋时玉印曰‘周惡夫印’,刘原甫以为即条侯亞父。……《尚书大传》:‘王升舟入水,鼓钟惡,观台惡,将舟惡。’郑玄注:‘惡,读为亞。亞,次也。’皆与贾说合。”“亞”有丑陋之意不诬,如马王堆汉墓帛书《十六经·果童》:“夫地有山有泽,有黑有白,有美有亞。”①

亞,甲骨文或作、等,金文作,战国郭店楚简作、、,包山楚简作、、。而许慎说字形象人驼背之形,从甲骨文来看,并非如此。对其构意说法不一。林义光《文源》提出“亞”为“庌”之古文的看法。徐复据甲骨文字形并与殷墟陵墓形制对照,认为甲骨文“亞”字象古代聚族而居的大院。他说:“殷商之制,城墉、庙堂、世室及陵墓沿用此形。《周礼·考工记》云‘殷人四阿重屋’,是也。亞形建筑既便于合族共处,又使各户独立,故同代兄弟并列同俦,而复可叙以位次。经典多用醜训醜类,段玉裁云:‘醜即畴之假借字。畴者,今俗之俦类字也。’”②卜辞中“亞”可用于官名,也有“次”义。③

①湖南省博物馆、复旦大学出土文献与古文字研究中心《长沙马王堆汉墓简帛集成》(肆),中华书局,2014年,第158页。

②徐复、宋文民《说文五百四十部首正解》,江苏古籍出版社,2003年,第405页。

③于省吾《甲骨文字诂林》(第四册),中华书局,1996年,第2905页。

亞部只有一个属字。

## 507. 五(wǔ)

“㐅,五行也。从二,阴阳在天地间交午也。凡五之属皆从五。㐅,古文五省。”(疑古切)

许慎用五行说训释“五”的文化意义。“五”的本义即交午、交错,其字假借为数词。胡小石《说文古文考》:“是×形起于晚周。新出魏石经《尚书》‘五十年’之五,古文作×,知许书古文又本于壁书。”①

甲骨文中有㐅、五之形。卜辞中㐅用为相遇之意,而五用作数词。新近出土的《花》178片上“五”的写法作“☰”,首次出现。② 姚孝遂云:“×乃五之最初形体,《说文》古文同。《大射仪》:‘若丹若墨,度尺而午。’郑注:‘一纵一横曰午。’贾疏:‘十字为之。’王筠《释例》谓‘正之则十字,邪之则×字,故知午为借字。’”③金文作五、五、五,战国信阳楚简作五。

五部没有属字。“五”本为刻识符号,为双划交叉,有交午义。由交午或引申而有禁止、忤逆义,由此派生“圄、齬、寤、铻、牾、逜”诸字;或因交午而引申喻指言辞交流,派生出“语”字;再引申有觉悟、明白义,故“语、晤、悟”等也为“五”之派生字。由表数字之义又引申分化出“伍”。④

## 508. 六(liù)

“六,《易》之数。阴变于六,正于八。从入,从八。凡六之属皆从六。”(力竹切)

许慎解释的是《易》卦的意思。六为偶数,为阴。一卦中的六

①胡小石《胡小石论文集三编》,上海古籍出版社,1995年,第518页。

②黄天树《黄天树古文字论集》,学苑出版社,2006年,第365页。

③于省吾《甲骨文字诂林》(第四册),中华书局,1996年,第3575页。

④黄德宽《古文字谱系疏证》(二),商务印书馆,2007年,第1425页。

爻，为"老阴"；八为少阴，不变。占卦时，逢老阴、老阳则变。张舜徽说六象人行步迟缓，为僇之初文，可备一说。①

甲骨文有亼、亽等形体，金文有介等形体。于省吾说，"六"字初文本作"∧"，后多作亼、亽等形。因"∧"易与入字形体相混，后基本不用。② 睡虎地秦简作亽、六，后一种写法与今天写法已基本相同。或说"六"象结构简陋的棚屋之形，本义当为"草庐"，为"庐"字初文。"庐"、"六"古音相近，故可假借为数词。③

六部没有属字。

## 509. 七(qī)

"ㄘ，阳之正也。从一，微阴从中邪出也。凡七之属皆从七。"（亲吉切）

阳之正，七为奇数，为阳。卦爻中的七、八为少阳、少阴，不变之爻。阳则阳，不至变为阴，故云"阳之正"。"阳之正"谓"七"是阳爻中正宗的数。"从一，微阴从中邪出"，是说"七"的构形，意思是字形用一表示阳，ㄣ表示微弱之阴气从"一"中邪曲而出。

甲骨文作十，金文作十，在横画中加一小竖，会切断之意。睡虎地秦简作十。而甲骨文的十字作丨，金文作丨、丨、丨，战国包山楚简作丨，睡虎地秦简作十。因为七和十用横画的长短表示区别，容易相混，故小篆弯曲竖画以示与十字有别。林义光《文源》和丁山《数名古谊》皆云"七"为"切"之古文，借用表示数字"七"。

七部没有属字。

## 510. 九(jiǔ)

"九，阳之变也。象其屈曲究尽之形。凡九之属皆从九。"（举

①张舜徽《说文解字约注》（第四册），华中师范大学出版社，2009 年，第 3576 页。

②于省吾《甲骨文字释林》，中华书局，1979 年，第 98 页。

③李学勤《字源》（下），天津古籍出版社，2012 年，第 1267 页。

有切）

阳之变：九为奇数，为阳。卦爻中的九，为老阳，为变数，故云阳之变。屈曲，言其形体；究尽，言将近十，十为满数。

甲骨文有[illegible]、[illegible]、[illegible]，金文有[illegible]、[illegible]等形体。徐中舒《甲骨文字典》："（九）象曲钩之形。钩字古作句。句、九古音同，故句得借为九，复于句形上加指示符号而作[illegible]、[illegible]。"①"今人以手指示数，屈食指为九，乃古之遗俗。有人谓阿拉伯数字作9，亦以钩曲为意。本义以钩曲示数，乃习俗相承，中外所同也。"②丁山认为甲骨文"九"字与"肘"字象形文作[illegible]无别，"九本肘字，象臂节形"。如此，"九"的形体取象于肘，用于表示数目则是假借。③

九部只有一个属字"馗"，云："九达道也。似龟背，故谓之馗。馗，高也。从九，从首。逵，馗或从辵，从坴。"

## 511. 禸（róu）

"[illegible]，兽足蹂地也。象形，九声。《尔疋》曰：'狐狸獾貉醜，其足蹞，其迹禸。'凡禸之属皆从禸。[illegible]，篆文从足，柔声。"（人九切）

段玉裁注："足著地谓之厹。以蹂释禸，以小篆释古文也。"许慎说的"兽足蹂地"意思是野兽用脚蹂躏地面。"禸"后来的通行写法是"蹂"。

刘钊认为，"禸"在甲骨文和金文中并不存在，是文字形体发展中字形加饰笔演变而来。可能禽、萬、禹、离等字的下部所从难寻出处，《说文》才分离出部首"禸"来统领这些字。如"萬"的演变过程：[illegible]、[illegible]、[illegible]、[illegible]、[illegible]；而实际上"禸"形不是一个独立的字。钱玄同在《答顾颉刚书》中指出："《说文》中从禸的字，甲文、金文中均不从禸，那'象形，九声'而义为'兽足蹂地'之禸，殆汉人据讹文而杜撰的

①徐中舒《甲骨文字典》，四川辞书出版社，1989年，第1531页。

②徐复、宋文民《说文五百四十部首正解》，江苏古籍出版社，2003年，第409页。

③于省吾《甲骨文字诂林》（第四册），中华书局，1996年，第3582页。

字。”这一推论符合古文字事实。①《说文》有“蹂”字，后世即用此字来表示“兽足蹂地”义。

内部有六个属字。如“禽”字下云：“走兽总名。从内，象形，今声。禽、离、兕头相似。”又如“离”字下云：“山神兽也。从禽头，从内，从屮。欧阳乔说：离，猛兽也。”又如“萬”字下云：“虫也。从内，象形。”又如“禹”字下云：“虫也。从内，象形。，古文禹。”

## 512. 嘼(chù)

“，犍也。象耳、头、足内地之形。古文嘼，下从内。凡嘼之属皆从嘼。”（许救切）

犍，畜牲。《说文·牛部》：“犍，畜牷也。”小徐本作“畜牲”。钮树玉《校录》：“宋本牲作牷，讹。”张舜徽云：“凡云牲畜、家畜、六畜，皆当以嘼为正字。自经传以畜为嘼，而嘼废矣。本书田部：‘畜，田畜也。’乃谓田中所出，蓄聚之也。以与嘼字音同，故相通假耳。今语称嘼牲，读丑六切。”②

裘锡圭说：“‘嘼’在古文字中即‘單’字繁文，《说文》说此字不可信。”③狩猎的“狩”古作“獸”，本从單从犬会意。而嘼是“單”字繁化。今考甲骨文“單”作、、等，为狩猎工具的象形。“嘼”字在金文中有、、、、等不同形体，战国包山楚简作。可见“嘼”为狩猎工具，是“獸”字后起分化字，专表“牲畜”义，引申为动词蓄养。后来这两个义项由“畜”承担。“兽”则作为“獸”的简化字承担“野嘼”等义项。

嘼部只有一个属字“獸”，云：“守备者。从嘼，从犬。”“獸”字甲骨文作等，金文作、，战国包山楚简作，睡虎地秦简作，均“从嘼，从犬”，小篆基本未变。獸、狩本为一字，从犬，从丫(干)。丫

---

①刘钊《古文字构形学》，福建人民出版社，2006年，第24页。

②张舜徽《说文解字约注》（第四册），华中师范大学出版社，2009年，第3583页。

③荆州市博物馆《郭店楚墓竹简》，文物出版社，1998年，第169页。

为狩猎工具,犬善于逐獸,故干犬会狩猎之意。

## 513. 甲(jiǎ)

“甲,东方之孟,阳气萌动,从木戴孚甲之象。一曰:人头宜为甲,甲象人头。凡甲之属皆从甲。甲,古文甲,始于十,见于千,成于木之象。”(古狎切)

许慎先是用草木种子开裂发芽解释“甲”字。《白虎通·五行》说:“甲者,万物孚甲也。”《礼记·月令》曰:“是月也,天气下降,地气上腾,天地和同,草木萌动。”许慎说“东方”为五方之始,于五行中与木相配。“木”代表春天,其时阳气萌动,故“甲”之构形为草木出生时顶戴种子甲壳之形。他又援引一说:人体的头部为甲。段玉裁把大徐本的“人头宜为甲”中的“宜”改为“空”,说“空”、“腔”为古今字。所谓的“人头空”就是骷髅。徐灏《注笺》:“甲之本义谓木之孚甲,引申为凡皮甲之称,假借为十干之首。钟鼎文甲或作十,象孚甲之开坼也。”

甲骨文或作十、田等,金文中有十、⊕等形体,战国包山楚简作[illegible]、[illegible]、[illegible]、[illegible]。关于“甲”字的构形本源,于省吾说本为“首甲”之“甲”。古代应当先有护首之甲,后有护身之甲。正如《释名·释兵》所云:“甲,似物有孚甲以自御也。”“商器比作伯妇簋有[illegible]字,象武士右手执戈,左手执盾,首戴盔甲形,这是⊕为首甲的有力验证。……近年来的殷虚发掘,曾屡次出现圆形的铜盔,顶上有孔,用以插羽或系缨,即商代武士所戴的首甲。依据上述,则甲之作⊕,象首甲形,昭然若揭。”①金文中“甲”有“铠甲”义。如新郪虎符:“凡兴士被甲,用兵五十人以上,必会王符,乃敢行之。”②此义之“甲”或写作“介”,如“介胄”、“铠甲”等,介为甲的声借字。“蛤”为蜃属,带甲,为“甲”的同源字。皮肤病的“疥”也是“甲”的派生。

---

①于省吾《甲骨文字释林》,中华书局,1979年,第348—349页。

②陈初生《金文常用字典》,陕西人民出版社,1987年,第1145页。

甲部没有属字。

## 514. 乙(yǐ)

“乚,象春艸木冤曲而出,阴气尚强,其出乙乙也。与丨同意。乙承甲,象人颈。凡乙之属皆从乙。”(於笔切)

段玉裁注:“冤之言郁,曲之言诎也。乙乙,难出之貌。……《月令》郑注云:‘乙之言轧也。’时万物皆抽轧而出,物之出土艰屯,如车之辗地涩滞。”许慎云,“乙”之本义乃象草木初出时弯曲的样子。“在乙的派生词中,有义为抽、引的轧字,其义正是乙的本义引申而来的。《史记·律书》:‘乙者,言万物生轧轧然也。’”①

甲骨文或作[illegible]、[illegible],金文作[illegible]、[illegible]、[illegible]等。关于“乙”字构意,众说不一。如太炎先生《文始》说:“寻乙当为履之初文。汤自称‘予小子履’,《世本》言汤名天乙。乙、履,一也。故古文禮作[illegible],禮,履也,从乙声,即从履声也。乙象足迹,如桀形。”郭沫若《甲骨文字研究》说象鱼肠,吴其昌《金文名象疏证》说象刀形,饶炯《部首订》说为“芽”之古文等。或说甲骨文象水流之形,从水之字或从乙,“乙”与《说文》训“流也”之“乁”实为一字。② 这些都尚待进一步研究。

乙部有三个属字。如“乾”字下云:“上出也。从乙,乙,物之达也;倝声。”又如“亂”字下云:“治也。从乙,乙,治之也;从𤔔。”再如“尤”字下云:“异也。从乙,又声。”

## 515. 丙(bǐng)

“丙,位南方,万物成炳然。阴气初起,阳气将亏。从一入冂。一者,阳也。丙承乙,象人肩。凡丙之属皆从丙。”(兵永切)

段玉裁注:“郑注《月令》曰:‘丙之言炳也。万物皆炳然箸见。’……(从一入冂)合三字会意。阳入冂,伏藏将亏之象也。”俞樾说“丙”为“柄”之古文。张舜徽认同此解,云:“盖一以象天,此与雨

①陆宗达、王宁《训诂与训诂学》,山西教育出版社,1994 年,第 196—197 页。

②黄德宽《古文字谱系疏证》(四),商务印书馆,2007 年,第 3310 页。

之从一同意。入者,日也;冂者,门也。日光从天而下,射入门内,则一室昭然明矣。此乃丙字从一入冂之意。"①根据五行说,丙位居南方,属火;火代表夏,故万物兴盛。而阴气开始出现阳气将遭亏损。

甲骨文作[古文字]等,金文中有[古文字]、[古文字]、[古文字]等形,战国包山楚简作[古文字]、[古文字]。对其构意,各家说法不一。郭沫若《甲骨文字研究·释干支》谓丙象鱼尾;于省吾《殷契骈枝》说象物体的底座;叶玉森《殷虚书契前编考释》谓象几形等。徐灏《注笺》云:"丙之字形不可晓,从一入冂,望文为说耳。古钟鼎文多作[古文字],或作[古文字],状似鱼尾,故《尔雅》云'鱼尾谓之丙'。然亦非其本义,阙疑可也。"季刚先生说"丙"为"髆"之初文。陆宗达、王宁两位先生则认为"丙"乃"膀"之初文。因臂膀在人身两侧,所以引申有旁侧之义。髆训肩甲,与膀同源,引申有侧义。②

丙部无属字。

## 516. 丁(dīng)

"[篆文],夏时万物皆丁实。象形。丁承丙,象人心。凡丁之属皆从丁。"(当经切)

段玉裁注:"丁实,小徐本作'丁壮成实'。《律书》曰:'丁者,言万物之丁壮也。'《律历志》曰:'大盛于丁。'郑注《月令》曰:'时万物皆强大。'"依照五行说,丁位属火,于时属夏,故将"丁"解释为夏天植物茎上有果实形。

今天的出土文字形体各异,如甲骨文的[古文字]、[古文字]、[古文字]、[古文字],金文的[古文字]、[古文字]、[古文字],战国包山楚简的[古文字]、[古文字]、[古文字]、[古文字]。睡虎地秦简作[古文字],已与今天写法相同了。徐灏《注笺》:"果实未有称丁者,疑丁即今之钉字,象铁弋形。"古文字形证明徐灏之说可信,"丁"是"钉"字初文。陆宗达、王宁两位先生则进一步说明丁之本义为箭的头儿,箭头锐利,中物即入,故丁有撞击、刺杀之义。又箭头刺进目的物就实实定

①张舜徽《说文解字约注》(第四册),华中师范大学出版社,2009 年,第 3587 页。

②陆宗达、王宁《训诂与训诂学》,山西教育出版社,1994 年,第 198 页。

住，因而又有丁实、成熟之义。“‘丁’的这种双向的引申，可用它的另一个同源字‘成’来证明。‘成’从丁声，有落实、成熟、造就之义，无需证明。同时，成又有刺与击义。例如《吕氏春秋·长攻》：‘反斗而击之，一成，脑涂地。’《吕氏春秋·论威》：‘独手举剑，至而已矣。吴王一成。’前段话‘一成’是‘一击’，后段话‘一成’是‘一刺’，所以成熟义与击刺义异状而同所，可通。”①“丁”有成熟义，故人之壮年叫“丁壮之年”或“丁年”。成年男女叫“丁男”、“丁女”。成年人可服役，故有“壮丁”、“园丁”、“庖丁”等用法。

丁部无属字。

## 517. 戊(wù)

“戊，中宫也。象六甲五龙相拘绞也。戊承丁，象人胁。凡戊之属皆从戊。”（莫候切）

许慎用五行说解释“戊”，所谓“中宫”指中央，五行以戊属土，土为天地中央，金、木、水、火则各有职守，但都不能脱离“土”。“象六甲五龙相拘绞也”是说“戊”字构形，其中五画相连，象六甲中黄、白、黑、青、赤五龙相互钩接纠缠。六甲谓天干地支相配而得到甲子、甲戌、甲申、甲午、甲辰、甲寅。六甲中有五个辰日，而辰于物为龙，故有“六甲五龙”之说。

甲骨文“戊”字作[illegible]、[illegible]、[illegible]、[illegible]等，金文有[illegible]、[illegible]、[illegible]、[illegible]、[illegible]等，皆象兵器。“矛与戊都是刺杀的兵器，兼用于击，故成字从戊。戊矛之首锐利，故声转为夆，为锋。以铁鉄衣曰缝。缝也是矛、戊的派生词。”②徐复说：“五代梁太祖朱温避其曾祖茂琳讳，改戊字为武，后人因读戊为武音。”③

戊部只有一个属字“成”，云：“就也。从戊，丁声。成，古文成，

①陆宗达、王宁《训诂与训诂学》，山西教育出版社，1994 年，第 198—199 页。

②陆宗达、王宁《训诂与训诂学》，山西教育出版社，1994 年，第 199 页。

③徐复、宋文民《说文五百四十部首正解》，江苏古籍出版社，2003 年，第 416 页。

从午。”

## 518. 己(jǐ)

“ ,中宫也。象万物辟藏诎形也。己承戊,象人腹。凡己之属皆从己。 ,古文己。”(居拟切)

段玉裁注:“戊己皆中宫,故中央土,其日戊己。……引申之义为人己。言己以别于人者,己在中,人在外,可纪识也。……辟藏者,盘辟收敛,字象其诘诎之形也。此与巳止字绝不同。宋以前分别,自明以来,书籍间大乱。……( ,古文己)己亥讹三豕者,己与三形似也。”许慎这里用“中宫”释“己”,然后用五行说解释“己”的构形。

甲骨文有 、 等形体,金文有 ,战国郭店楚简作 。三体石经《僖公》作 ,为《说文》古文所本。学者多同意其义为“缴”,纶索之形。如叶玉森云:“按罗说己象缴,似矣。先哲造字取约束谊者,以 象之。”郭沫若云:“己者,惟之缴也。”张秉权、朱芳圃说当为“纪”之本字。① 卜辞中“己”借用为天干第六位。金文中“己”可借为“纪”,国名,姜姓,故城在今山东寿光县南。对于“己”的构意,太炎先生另有说法,他在《文始》中说“己”字形体象屈膝,为“跽”之初文。对太炎先生的说法,张舜徽有进一步阐释,可以参阅。

己部有两个属字。

## 519. 巴(bā)

“ ,虫也。或曰:食象蛇。象形。凡巴之属皆从巴。徐锴曰:一,所吞也。指事。”(伯加切)

段玉裁注:“谓虫名。……《山海经》曰:‘巴蛇食象,三岁而出其骨。’”

甲骨文作 、 ,象人手杷土之形,群点表示土粒,“杷”之初文。

---

①于省吾《甲骨文字诂林》(第四册),中华书局,1996 年,第 3586—3587 页。

张舜徽云："巴虫盖即今语所称大头蛇也。蛇为物善盘屈，不行，辄盘结如饼，因谓之巴；犹今俗称饼为粑耳。"①巴蛇即今蟒蛇。巴蛇吞象的传说，古代经传有不少记载。《山海经·海内经》："西南有巴国。……又有朱卷之国，有黑蛇，青首，食象。"郭璞注："即巴蛇也。"徐复说："巴陵为巨蛇骨积成之山，见《太平寰宇记》引《江源记》，当在后羿时代，地在洞庭。"②四川等地自古多出蛇，故古国以"巴"为名。中古以后"巴"的一些义项多是借音，如在"泥巴"、"锅巴"等词语中，表示干燥或黏结的东西。由此引申出粘住、紧贴、攀附等义。还可在"下巴"、"嘴巴"等词中表示面颊，这些均为假借用法。③

巴部只有一个属字。

## 520. 庚(gēng)

"，位西方，象秋时万物庚庚有实也。庚承己，象人脐。凡庚之属皆从庚。"(古行切)

段玉裁注："《律书》曰：'庚者，言阴气更万物。'《律历志》：'敛更于庚。'《月令》注曰：'庚之言更也，万物皆肃然更改，秀实新成。'……庚庚，成实貌。"根据五行说，以庚位配西方，于时配秋，此时是万物成熟的季节，许慎据此释"庚"。"象人脐"的说法则来自《大一经》。

关于"庚"字构意，说法不一。甲骨文作、、，或说象一件用绳索悬挂起来的钟形乐器之形。金文或作、、、、，战国包山楚简作，睡虎地秦简作、。戴侗《六书故》根据金文认为"庚"象钟类，并认为是"镛"字初文，可信。郭沫若也同意"庚"为乐

①张舜徽《说文解字约注》(第四册)，华中师范大学出版社，2009年，第3590页。

②徐复、宋文民《说文五百四十部首正解》，江苏古籍出版社，2003年，第419页。

③李学勤《字源》(下)，天津古籍出版社，2012年，第1274页—1275页。

器的说法(《甲骨文字研究·释干支》)。饶炯《部首订》说是兵械。高亨《文字形义学概论》认为是古代的筛糠器。张舜徽说庚之本义与“兵”相近。他说:“史称徭戍之赋曰更赋,俗称巡夜之夫曰更夫,皆当以庚为本字。庚与兵实即一语,盖在喉则为庚,入唇则为兵耳。此亦喉唇相转之理也。”①姚孝遂说:“郭沫若谓庚本象钲铙,其说是对的。考古发掘,商代未见有钟。钟当由钲铙发展而来。钲铙未见有耳,均有柄,击之以鸣。”②

金文中“庚”除了表示天干第七位外,还通“更”,义为经过、经历,如鄂君启舟节:“庚(更)松昜(阳)。”③

庚部没有属字。

## 521. 辛(xīn)

“辛,秋时万物成而孰。金刚味辛,辛痛即泣出。从一,从䇂。䇂,辠也。辛承庚,象人股。凡辛之属皆从辛。”(息邻切)

段玉裁注:“《律书》曰:‘辛者,言万物之新生,故曰辛。’《律历志》曰:‘悉新于辛。’《释名》曰:‘辛,新也。物初新者,皆收成也。’(金刚味辛)谓成孰之味也。”胡小石《说文部首》说“辛、䇂”二字无别,都有罪义。依据五行说,以辛属金配秋,于味配辛辣,故许慎有此释。

甲骨文或作[illegible]、[illegible],金文作[illegible]、[illegible]、[illegible]、[illegible]。“辛”应是独体象形字,象一种刑具。古代对俘虏或有罪之行常施黥刑,即在其面部刺字,“辛”即施刑工具。王国维说“辛”自为一字,而“䇂、𢆉”另为一字。郭沫若则说三字当为一字之变体,构形本为“古之剞劂”。吴其昌则说象斧类兵器。徐灏《注笺》中不同意许慎的看法,说:“(辛)盖亦象器物之形,借为庚辛字,又借为苦辛字也。”詹鄞鑫则进一步

①张舜徽《说文解字约注》(第四册),华中师范大学出版社,2009年,第3591页。
②于省吾《甲骨文字诂林》(第四册),中华书局,1996年,第2893页“庚”字下按语。
③陈初生《金文常用字典》,陕西人民出版社,1987年,第1153页。

指出“辛”为凿具,“镌”字初文。①

辛部有五个属字。如“辠”字下云:“犯法也。从辛,从自,言辠人蹙鼻苦辛之忧。秦以辠似皇字,改为罪。”

## 522. 辡(biǎn)

“辡,辠人相与讼也。从二辛。凡辡之属皆从辡。”(方免切)

徐灏《注笺》:“讼必有两造,故从二辛,犹二䇂也。两造则必有一是非,因之为辩论之义,别作辯。又为辩别之义,别作辨。”

辡部只有一个属字“辯”,云:“治也。从言在辡之间。”张舜徽云:“辯从言在辡之间而训为治,自当以治狱为本义。湖湘间称治狱为‘辦案’,又称加有罪者以重罚为‘辦人’,皆用辯之本义。引申为治事之通称。今语所称‘辦事’,谓治事也。辦即辯之语转耳。又通作班。《荀子·君道篇》:‘善班治人者也。’古言班治,犹今言辦理也。”②

## 523. 壬(rén)

“壬,位北方也。阴极阳生,故《易》曰:‘龙战于野。’战者,接也。象人褱妊之形。承亥壬以子,生之叙也,与巫同意。壬承辛,象人胫。胫,任体也。凡壬之属皆从壬。”(如林切)

根据五行说,壬位居北方,属水,于时配冬。冬时阴气极盛,阳气始生。许慎引《周易》“龙战于野”,其中龙喻阳,野喻阴,这句话比喻阴阳交接。“承亥壬以子”是说“壬”取象于“怀壬之形”。“言地支亥和天干壬按五行说都位居北方,地支亥下为子,‘亥’字就象怀子咳咳之形。‘壬’即妊,谓身震动欲生,生则为子,所以和‘亥’同位居的‘壬’取象怀妊之形,如此符合孳生的顺序。‘壬’字在工形中加

①诸说参见于省吾《甲骨文字诂林》(第四册),中华书局,1996 年,第 2496—2501 页。

②张舜徽《说文解字约注》(第四册),华中师范大学出版社,2009 年,第 3594—3595 页。

‘一’表示怀妊，和‘巫’字在工形中加‘人’，‘人’表示两袖舞的构形道理相同。”①

徐灏《注笺》：“壬，负任也。假借为壬癸字，久而为借义所专，又增人旁作任。《大雅·生民篇》：‘是任是负。’《孟子·滕文公篇》：‘门人治任将归。’赵注：‘任，担也。’从工，从一。工者，器物也；一在其中，指事。古钟鼎文或作工，中点与一画同意，因之有胜任之称，又为任脉之名。人身督脉循背而行，谓之任脉，亦负任义也。《素问·骨空论》曰：‘任脉者，女子得之以任养也。’故有娠谓之任，俗作妊。许云‘象人褢妊’，即据任脉而言也。”“壬”字甲骨文或作工、工等形，金文有工、工等。关于其构意说法不一。姚孝遂云：“疑‘壬’即‘纴’之初形。‘纴’乃‘壬’之孳乳。”②可从。战国包山楚简作壬，睡虎地秦简作壬。

注意：“壬癸”的“壬”是中间笔画长，跟第295部的“𡈼”字写法不同。

壬部没有属字。

## 524. 癸(guǐ)

“癸，冬时水土平，可揆度也。象水从四方流入地中之形。癸承壬，象人足。凡癸之属皆从癸。𣌭，籀文从癶，从矢。”(居诔切)

段玉裁注：“揆、癸叠韵。《律书》曰：‘癸之为言揆也，言万物可揆度。’《律历志》曰：‘陈揆于癸。’”根据五行说，癸属水，于时配冬，许慎故有此解。

癸字甲骨文有癸、癸等形，金文有癸、癸、癸、癸、癸等，战国包山楚简作癸、癸，睡虎地秦简作癸。关于“癸”字构形，罗振玉提出为“戣”之本字，郭沫若赞同其说并加以阐释。这种说法本自戴侗《六

①董莲池《说文部首形义新证》，作家出版社，2007年，第381页。

②于省吾《甲骨文字诂林》(第四册)，中华书局，1996年，第3590页“壬”字下按语。

书故》。徐灏《注笺》："戴氏侗曰：'癸鼎文作[古文字形]，《书》云："一人冕执戣。"殆似三歧矛，借为壬癸之癸。按此器物与字形偶相似，亦非其本义。'周伯琦曰：'交错二木，度地以取平，与准同义。'其说似通。籀文癸从癶，即行地揆度之意也。""章炳麟《文始》、孔广居《说文疑疑》皆以癸为揆之古文，其说本于周伯琦之《六书正讹》。皆与[古文字形]之初形不合，不可据，存疑以俟考。"①

太炎先生在《文始》提出"癸"即"揆"字。张舜徽也说"癸"为"揆"的初文，并进一步阐释说："上世揆度，多用手足，两手舒张为一寻，两足展申为一步，此古法也。……古人步以量地，故籀文癸从癶也。古人以近度远，则多用矢。今俗犹称'一箭远'、'两箭远'，即以矢揆度意。故籀文又从矢也。"②

癸部没有属字。

## 525. 子(zǐ)

"[古文字形]，十一月，阳气动，万物滋，人以为称。象形。凡子之属皆从子。李阳冰曰：子在襁褓中足并也。[古文字形]，古文子，从巛，象发也。[古文字形]，籀文子，囟有发，臂胫在几上也。"(即里切)

段玉裁注："《律书》：'子者，滋也。言万物滋于下也。'《律历志》曰：'孳萌于子。'……(象形)象物滋生之形，亦象人首与手足之形也。"古用十二地支纪月，"子"表示夏历十一月，此时阳气初动，万物滋生。婴儿合乎这一特征，故人们把婴儿称为"子"。张舜徽云："许以十一月训子，用夏正耳。推原造字之初，子本象小儿之形，因引申为人之通称。盖子之言兹也。若艸木之兹生不已也。故己之所生亦称子。字变为崽，音读如宰。《方言》十：'崽者，子也。湘沅之会，凡言是子者谓之崽，若东齐言子矣。'然则崽字所起甚早，乃由

①于省吾《甲骨文字诂林》(第四册)，中华书局，1996年，第3591页。

②张舜徽《说文解字约注》(第四册)，华中师范大学出版社，2009年，第3596页。

籀文[glyph]形变而误。子与巤,实一字耳。今读分为二音,犹滓从宰声,读阻史切;梓从宰省声,读即里切也。”①

甲骨文或作[glyph]、[glyph]、[glyph]、[glyph]、[glyph],或作[glyph]、[glyph]、[glyph],象婴儿。卜辞中前者一般用作地支之子等,后者一般用作地支之巳,或子孙之子。子、巳皆象幼儿之形,其区别如太炎先生说的“巳象未成,子象已成”。卜辞或用其本义,如:“己亥卜,王:余弗其子妇姪子?”(《合》21065)②妇姪,人名,商王配偶。卜辞卜问是否以妇姪所生之子为子。金文或作[glyph]、[glyph]、[glyph]、[glyph],一般用于地支之子;或作[glyph]、[glyph],象幼儿之形,一般用为地支之巳,或子孙之子。金文中“子”可用作本义,如毛公鼎:“子子孙孙永保用。”金文中“子”用作“巳”,如大作大仲簋:“唯六月初吉丁子(巳)。”③

子部有十五个属字,该部字与婴儿或生育有关。如“孕”字下云:“裹子也。从子,从几。”又如“季”字下云:“少称也。从子,从稚省。稚亦声。”又如“存”字下云:“恤问也。从子,才声。”又如“疑”字下云:“惑也。从子、止、匕,矢声。”“疑”字甲骨文作[glyph]、[glyph],象一拄杖老人在路上左顾右盼之形;金文形体或作[glyph]、[glyph]。

## 526. 了(liǎo)

“[glyph],尥也。从子无臂。象形。凡了之属皆从了。”(卢鸟切)

段玉裁注:“尥,行胫相交也,牛行脚相交为尥。凡物二股或一股结纠紾縛不直伸者曰了戾。《方言》:‘軫,戾也。’郭注:‘相了戾也。’……(象形)象其足了戾之形。”张舜徽云:“今语所称明了、了然,皆借了为憭也。自借义行,而本义废矣。了有纠缠义,今则专用

①张舜徽《说文解字约注》(第四册),华中师范大学出版社,2009年,第3597页。

②黄天树《黄天树古文字论集》,学苑出版社,2006年,第366页。

③陈初生《金文常用字典》,陕西人民出版社,1987年,第1160页。

缭代之。凡物相纠则结,故引申有了结义。”①“了”引申有结束、完毕义。如宋柳永《煮海歌》:“周而复始无休息,官租未了私租逼。”

了部有两个属字。“孑”字下云:“无右臂也。从了,乚象形。”“孓”字下云:“无左臂也。从了,丿象形。”

## 527. 孨(zhuǎn)

“孨,谨也。从三子。凡孨之属皆从孨。读若翦。”(旨兖切)

段玉裁注:“《大戴礼》曰:‘博学而孱守之。’正谓谨也。引申之义为弱小。《史记》:‘吾王,孱王也。’韦昭曰:‘仁谨皃。’与许合。”徐灏《注笺》:“此当以弱小为本义,谨为引申义。三者皆孺子,是弱小矣。孨、孱盖古今字。”张舜徽云:“幼子好斗,相聚则易起龃龉,甚至争骂格斗不止,故养子者必慎防之也。孨从三子,会意。本书:‘叀,专小谨也。’与孨双声义近。”②一胎三子,其子必弱,故其构意为弱小,引申为懦弱。这些意义后作“孱”。

孨部有两个属字。“孱”字下云:“迮也。一曰:呻吟也。从孨在尸下。”又如“孴”字下云:“盛貌。从孨,从曰。读若薿薿。一曰:若存。孖,籀文孴,从二子。”

## 528. 𠫓(tū)

“𠫓,不顺忽出也。从到子。《易》曰:‘突如其来如。’不孝子突出,不容于内也。凡𠫓之属皆从𠫓。𠫤,或从到古文子,即《易》突字。”(他骨切)

段玉裁注:“到,今倒字。倒子,会意也。”徐灏《注笺》:“戴氏侗曰:‘𠫓子生顺如脱也。子生必先首下,许氏以顺为逆。’灏按:戴说是也。育从𠫓,正取生长之义。疏从古文𠫤,疏者通也,顺势以导

①张舜徽《说文解字约注》(第四册),华中师范大学出版社,2009年,第3603页。

②张舜徽《说文解字约注》(第四册),华中师范大学出版社,2009年,第3604页。

之也。”

甲骨文有“毓”字作[古文字形]、[古文字形]、[古文字形]、[古文字形]、[古文字形]，生子必头朝下先出，其中所从即倒“子”[古文字形]，本义为幼子初出母胎。

𠫓部有两个属字。如“育”字下云：“养子使作善也。从𠫓，肉声。《虞书》曰：‘教育子。’毓，育或从每。”

## 529. 丑(chǒu)

“[篆文]，纽也。十二月，万物动，用事。象手之形。时加丑，亦举手时也。凡丑之属皆从丑。”(敕九切)

许慎这里用“纽”来解释“丑”，为声训。古以十二地支纪月，“丑”表示夏历十二月。此时阴气渐解，阳气开始上腾，将用农事，必用手去操持。

甲骨文有[古文字形]、[古文字形]等，金文有[古文字形]、[古文字形]、[古文字形]等形，郭沫若说是古爪字。春秋金文或加“手”，作[古文字形]；战国楚简亦有类似写法，作[古文字形]。太炎先生云：“杻，手梏也。丑象手梏。”徐复说：“丑为纽手，字亦作杽。木部：‘杽，械也。从木，从手。手亦声。敕九切’《广雅·释言》：‘杽谓之梏。’今谓手铐。”①姚孝遂说：“‘丑’本象手有甲形，为叉之本字。《说文》训‘叉’为‘手足甲’。徐灏《段注笺》云：叉字‘本象手甲，故从又，引申而兼足甲也’。卜辞均假作干支字。”②陆宗达、王宁两位先生说“丑”象手之形，可以从“丑”的同源字来证明。如：“狃，食肉也。”“羞，进献也。”“狃”为猿属，亦善用爪攀缘。③

丑部有两个属字。如“羞”字下云：“进献也。从羊，羊，所进也。”

---

①徐复、宋文民《说文五百四十部首正解》，江苏古籍出版社，2003年，第428页。

②于省吾《甲骨文字诂林》(第四册)，中华书局，1996年，第3594页“丑”字下按语。

③陆宗达、王宁《训诂与训诂学》，山西教育出版社，1994年，第202页。

## 530. 寅(yín)

“寅,髌也。正月,阳气动,去黄泉,欲上出,阴尚强。象宀不达,髌寅于下也。凡寅之属皆从寅。𡨥,古文寅。”(弋真切)

许慎用“髌”来解释“寅”,对此王夫之《说文广义》阐释:“寅,髌也,膝端也。‘艮其限,列其寅。’《艮》三阳居二卦四阴之会,为膝端之象,字正作寅。”①古以十二地支纪月,寅表示夏历正月。此时阳气萌动,离开地下黄泉向上生发,但此时阴气尚强,覆盖阳气,使其不能上达地面。

甲骨文作[古文字]、[古文字]、[古文字]、[古文字]、[古文字]、[古文字],胡小石说字形象人两脚相交状。朱芳圃在《殷周文字释丛》中说“寅”象箭矢之形。姚孝遂亦说“寅”乃“矢”分化而来。他说:“‘寅’之初形与‘矢’无别,即借矢为寅,进而加‘一’作[古文字]以为区分。其作[古文字]不得谓为从弓,乃区别之文。”②西周金文或作[古文字]、[古文字]、[古文字]、[古文字]、[古文字]、[古文字]等,战国金文作[古文字]、[古文字]、[古文字],战国包山楚简作[古文字]。睡虎地秦简作[古文字],与今天写法完全一样了。金文中“寅”除作地支第三位外,还有“敬”义,如陈逆簠:“余寅事齐侯。”③

寅部没有属字。

## 531. 卯(mǎo)

“卯,冒也。二月,万物冒地而出。象开门之形,故二月为天门。凡卯之属皆从卯。𦥑,古文卯。”(莫饱切)

许慎用“冒”释“卯”,为声训。卯表示夏历二月,故许慎以“二月”为释。此月,万物破土而出,故字的构形象两扇门打开之状,二月又叫“天门”。段玉裁注:“《律书》曰:‘卯之为言茂也,言万物茂

①徐复、宋文民《说文五百四十部首正解》,江苏古籍出版社,2003年,第429页。

②于省吾《甲骨文字诂林》(第三册),中华书局,1996年,第2530页。

③陈初生《金文常用字典》,陕西人民出版社,1987年,第1166页。

也。'《律历志》:'冒茆于卯。'《天文训》曰:'卯则茂茂然。'《释名》曰:'卯,冒也。载冒土而出也。'盖阳气至是始出地。"

甲骨文有𠨸等,金文有𠨸等,与小篆相近。战国包山楚简或作[illegible]、[illegible]。胡小石《说文古文考》说象断物之形,王国维说"卯"或为"劉"之借字。徐复说:"复早年撰文说其义,并及留字、镏字构成之理。章先生为点定之。刊在《制言》半月刊。"①甲骨文、金文和《说文》篆文均无"劉"字,卯字即劉字也。卜辞中"卯"既借为干支字,又为用牲之法,如:"……鬯一卣,卯牢又一牛。"(《后》下7·5)②

陆宗达和王宁两位先生认为,篆文"卯"从两反"户",卯即门,贸是卯的孳乳字。《周礼·地官·司市》:"凡市入,则胥执鞭度守门。"而市是古代交易场所。太炎先生说:"夫至日关闭,故开门则贸易矣。"③"卯"用于纪时,指五时至七时,也泛指早晨。因为卯时是官府例定上班时间,故点名册叫卯册或卯簿,签到叫点卯。

卯部没有属字。

## 532. 辰(chén)

"辰,震也。三月,阳气动,雷电振,民农时也,物皆生。从乙,匕象芒达,厂声也。辰,房星,天时也。从二。二,古文上字。凡辰之属皆从辰。[illegible],古文辰。"(植邻切)

许慎用"震"来解释"辰",是声训。在十二生肖中,辰为龙。古人以为闪电和下雨皆龙所为。振,通"震"。"辰"表示夏历三月,此时阳气发动,雷电震动,是人们耕种的季节。此时万物开始生长,所以辰由乙、匕组成。乙表示地下草木弯曲成长,"匕"即"化",表示草木从地下生长变为草芒。"辰"又表示房星,说明耕种的天时已到。

---

①徐复、宋文民《说文五百四十部首正解》,江苏古籍出版社,2003年,第431页。

②马如森《殷墟甲骨文实用字典》,上海大学出版社,2008年,第329页。

③参阅陆宗达、王宁《训诂与训诂学》,山西教育出版社,1994年,第203页。

故辰又从“二”(今“上”字)。① 许慎对辰的构形解释以小篆为依据，不合最初构意。

甲骨文或作[古文字]、[古文字]、[古文字]、[古文字]等，金文或作[古文字]、[古文字]、[古文字]、[古文字]等，“辰”为“蜃”的初文。战国包山楚简作[古文字]、[古文字]、[古文字]、[古文字]，睡虎地秦简作[古文字]。郭沫若在《甲骨文字研究·释支干》中说：“又辰与蜃在古当系一字。蜃字从虫例当后起。”②徐中舒《甲骨文字典》说：“商代以蜃(蛤蚌属)壳为镰即蚌镰，其制于蚌镰背部穿二孔附绳索缚于拇指，用以掐断禾穗。甲骨文辰字正象缚蚌镰于指之形。[古文字]象蚌镰，本应为圆弧形，作方折形者乃刀笔契刻之故；[古文字]象以绳缚于手指之形。故辰之本义为蚌镰，其得名乃由蜃，后世遂更因辰作蜃字。”③卜辞或用其本义，如：“丙辰卜，王曰：辰？三[月]。”(《缀续》612)④姚孝遂说：“郭沫若谓辰‘实古之耕器’是对的。其制或石或蜃，殷墟多有出土。……卜辞‘辰’多借为干支字。”⑤古代记载可说明这一点。《淮南子·泛论训》：“古者剡耜而耕，摩蜃而耨。”高诱注：“剡，利也。耜，臿属。蜃，大蛤，摩令利，用之。耨，耨除苗秽也。”

“辰”的本义如此，便可派生出“農”。“辰”为蛤形，又似女阴，从而孳乳出“娠”。《说文·女部》：“娠，女妊身动也。从女，辰声。”娠与身同，今人仍谓怀孕为“有身”。又《礼记·内则》：“妻将生子，及月辰，居侧室。”“月辰”即今所谓“月经”，也与生殖有关。盖五谷之生与人畜之生其义相通。在这个意义上，“辰”与“辱”同源，正如蓐与蓐同源。《说文·辰部》：“辱，耻也。”其实辱训耻，是污浊、污染义的引申。《仪礼·士昏礼》：“今吾子辱。”郑玄注：“以白造缁曰

①董莲池《说文部首形义新证》，作家出版社，2007 年，第 389 页。

②《郭沫若全集·考古编》(第一卷)，科学出版社，2002 年，第 205 页。

③徐中舒《甲骨文字典》，四川辞书出版社，1989 年，第 1590 页。

④黄天树《黄天树古文字论集》，学苑出版社，2006 年，第 366 页。

⑤于省吾《甲骨文字诂林》(第二册)，中华书局，1996 年，第 1129 页下“辰”字下按语。

辱。”可见，辱有污染义。污染、污浊之义又是从阴器之义引申而来。①

辰部只有一个属字“辱”，云：“耻也。从寸在辰下。失耕时，于封畺上戮之也。辰者，农之时也；故房星为辰，田候也。”

## 533. 巳(sì)

“巳，已也。四月，阳气已出，阴气已藏，万物见，成文章，故巳为蛇。象形。凡巳之属皆从巳。”(详里切)

许慎用“已”来解释“巳”，古音巳、已相近，这里是声训。“已”是下文的“阳气已出，阴气已藏”之意。“巳”表示夏历四月，此时阳气已出，阴气已藏，万物出现，色彩斑斓。文章，意思是各种花纹和颜色相交织。在十二生肖中，巳为蛇。象形，是说巳的形体象蛇。

甲骨文有[古文字]、[古文字]等，金文有[古文字]、[古文字]，战国包山楚简作[古文字]，郭店楚简作[古文字]。睡虎地秦简作[古文字]，巳与今天写法一致。朱骏声云：“巳，似也。象子在包中形，包字从之。孺子为儿，襁褓为子，方生顺出为[古文字]，未生在腹为巳。……《广雅·释言》曰：‘子，巳，似也。’”太炎先生《文始》亦说巳为胎中之子，应和子字相通。姚孝遂云：“卜辞祀字或省作巳。除用作年祀如‘十祀’、‘廿祀’之外，尚用作祭祀之祀，如‘其祀多先且’(《佚》八六〇)；用作地名，如‘在祀’。……甲骨文‘巳’与‘祀’有时可通用，但已分化。只能视为同源，而不能视为同字。张政烺论‘巳’之词义甚详，其说至确。”②

《说文·包部》：“包，……巳在中，象子未成形也。”如此，“巳”为未成形之子。由于古文字形体不固定，可知“巳”与“目”实为一字。目、巳与胎古亦同音。《说文·巳部》：“贾侍中说：‘巳，意巳实也。象形。’”贾氏意思是用神话传说解释“巳”字。禹母吞食薏苡实而生禹，传说薏苡宜子，故禹称姒，得名于目，即“巳”。“巳为胎儿，

---

①参阅陆宗达、王宁《训诂与训诂学》，山西教育出版社，1994年，第204页。

②于省吾《甲骨文字诂林》(第二册)，中华书局，1996年，第1789页。

引申而有相似之义。取子承父而与父相似之义。”①

巳部下只有一个属字“㠯”，云：“用也。从反巳。”

## 534. 午(wǔ)

“[古文字]，啎也。五月，阴气午逆阳，冒地而出。此予矢同意。凡午之属皆从午。”(疑古切)

段玉裁注：“《广雅·释言》：‘午，仵也。’按仵即啎字，四月纯阳，五月一阴屰阳，冒地而出，故制字以象其形。……矢之首与午相似，皆象贯之而出也。”“啎”意思为逆犯。“午”表示夏历五月，此时阴气逆犯阳气，破土而出。这可以说明为什么“午”的构形与“矢”有相似之处，午、矢两字均锐其锋端。

甲骨文作[古文字]、[古文字]、[古文字]，金文或作[古文字]、[古文字]、[古文字]、[古文字]，战国包山楚简作[古文字]。徐灏《注笺》引戴侗说法认为午为“杵”之初文。黄季刚先生讲《说文》亦以“午”为“杵”之古文。张舜徽云：“本书臼部舂篆下明云：‘捣粟也。从廾持杵临臼上。’则午即杵之古文，确然无疑。”②“午”用为地支字为假借。

“杵是舂米的工具，抵捣是杵的动作，所以午引申为抵御、对抗，又引申为相对、相遇、相触，又引申为禁止。从吾之字多为午的同源字。如啎有逆义，唔有相对、相遇之义，圄、敔有禁御之义，衙有逆止之义，齬有相恶、相触之义，语有论难之义，吾与汝为对称，都是午的同源字。”③

午部只有一个属字“啎”，云：“逆也。从午，吾声。”

---

①参阅陆宗达、王宁《训诂与训诂学》，山西教育出版社，1994年，第204—205页。

②张舜徽《说文解字约注》(第四册)，华中师范大学出版社，2009年，第3612—3613页。

③陆宗达、王宁《训诂与训诂学》，山西教育出版社，1994年，第205页。

## 535. 未(wèi)

“，味也。六月，滋味也。五行，木老于未，象木重枝叶也。凡未之属皆从未。”（无沸切）

许慎用滋味来解释“未”，是声训。“未”表示夏历六月，此时万物成长，呈现出各种滋味。五行中“木”在未月老成，“未”的字形象“木重枝叶”。张舜徽云：“许既以味训未，而又申之曰‘滋味也’者，明未即味之古文耳。本书口部：‘味，滋味也。’是已。……刀部制下云：‘裁也。从刀，从未。未物成有滋味，可裁断。’然则未为味之古文无疑矣。滋味之字，形意难象，造字者不得已而托他物之象以明之。……故未字但象木重枝叶，而滋味之义寓焉矣。口部之味，乃后起增偏旁体。”①

甲骨文作、、等，金文作等，战国包山楚简作、，皆象树木之枝叶重叠，构意为幽昧不明。如《释名·释天》：“未，昧也。日中则昃，向幽昧也。”卜辞中“未”均借作干支字。

未部没有属字。

## 536. 申(shēn)

“，神也。七月，阴气成，体自申束。从臼，自持也。吏臣铺时听事，申旦政也。凡申之属皆从申。，古文申。，籀文申。”（失人切）

“申”表示夏历七月，此时阴气形成，其体势可自由伸展或卷束。“吏臣铺时听事，申旦政也”则谓用“申”记一日之中“铺时”（大约晚饭这个时刻）。

甲骨文有、、、，金文有、，战国包山楚简作，信阳楚简作，睡虎地秦简作，本义为闪電之形。“申”作为干支字

①张舜徽《说文解字约注》（第四册），华中师范大学出版社，2009年，第3614页。

后，本义加"雨"以别之，作"電"，则变为形声字。徐灏《注笺》："虫部虹籀文作[古文字形]，云从申。申，電也。……钟鼎文多作[古文字形]，籀文[古文字形]即从此变，小篆整齐之作[古文字形]耳。"张舜徽云："虫部虹，籀文作[古文字形]，云：'从申。申，電也。'是许君固以申为電已。今读申为失人切，古读则与電同，犹陈之古音读若田耳。申之初形作[古文字形]，一变而为籀文之[古文字形]，再变而为小篆之[古文字形]，则其中伸直以求匀整，而原形原意晦矣。電光闪耀，率由短而长，由近及远，故引申之又有引长义。"①卜辞中"申"均借为干支字。古人见電光闪烁于天，认为神所显示，故金文又以"申"为"神"。"神"为"申"的后起孳乳字。《周易·系辞上》："阴阳不测之谓神。"与"電"下所谓"阴阳激耀"同意。古人认为雷霆是電，也是神。"古人崇尚光明，電光最明，故以为神明。申有说明之义，也是由此引申。電光屈伸，因而申又有引义，孳乳出伸字。虹与電均象带，故此申为大带，孳乳出绅字。"②

申部有三个属字。如"臾"字下云："束缚捽抴为臾。从申，从乙。"又如"曳"字下云："臾曳也。从申，丿声。"

## 537. 酉(yǒu)

"[古文字形]，就也。八月，黍成，可为酎酒。象古文酉之形。凡酉之属皆从酉。[古文字形]，古文酉，从卯。卯为春门，万物已出；酉为秋门，万物已入。一，闭门象也。"(与久切)

段玉裁注："就，高也。《律书》曰：'酉者，万物之老也。'《律历志》曰：'留孰于酉。'《天文训》曰：'酉者，饱也。'《释名》曰：'酉，秀也。秀者，物皆成也。'……酎者，三重酒也。……古文酉，谓[古文字形]也。仿佛[古文字形]字之形而制酉篆，此与'弟从古文弟之形'、'民从古文民之形'、'革从古文革之形'为一例。"许慎用"就"释"酉"为声训。"酉"

①张舜徽《说文解字约注》(第四册)，华中师范大学出版社，2009年，第3615页。

②陆宗达、王宁《训诂与训诂学》，山西教育出版社，1994年，第206—207页。

表示夏历八月，此月黍成熟，可以酎酒。

甲骨文作[古文字]、[古文字]、[古文字]、[古文字]，象酒尊。金文或作[古文字]、[古文字]、[古文字]、[古文字]、[古文字]、[古文字]、[古文字]等，战国江陵秦家嘴楚简作[古文字]，包山楚简作[古文字]，睡虎地秦简作[古文字]。“酉”字构意为酒樽之象。徐复说：“酉本为盛酒之尊，因之所盛之酒亦曰酉。卜辞京一〇〇一用酉为酒。……自酉借为干支，初义遂失。”①

酉部有六十六个属字。以“酉”为表意偏旁的字，意义大都与酒有关。如“酒”字下云：“就也。所以就人性之善恶。从水，从酉；酉亦声。一曰：造也，吉凶所造也。古者仪狄作酒醪，禹尝之而美，遂疏仪狄。杜康作秫酒。”又如“醫”字下云：“治病工也。殹，恶姿也。醫之性然，得酒而使，从酉。王育说。一曰：殹，病声。酒所以治病也。《周礼》有醫酒。古者巫彭初作醫。”再如“莤”字下云：“礼祭，束茅，加于裸圭，而灌鬯酒，是为莤。象神歆之也。一曰：莤，榼上塞也。从酉，从艸。《春秋传》曰：‘尔贡包茅不入，王祭不供，无以莤酒。’”

## 538. 酋(qiú)

“[古文字]，绎酒也。从酉，水半见于上。《礼》有大酋，掌酒官也。凡酋之属皆从酋。”(字秋切)

段玉裁注：“绎之言昔也。昔，久也。……绎酒，谓日久之酒。……酋上与谷上正同，皆曰‘水半见’。绎酒糟滓下湛，水半见于上，故象之。……《礼》谓《明堂月令》：‘仲冬，乃命大酋。’注曰：‘酒孰曰酋。大酋者，酒官之长也。’”“绎酒”为久酿之酒。许慎说其构形是“水”字的一半置于“酉”上会意。徐复说“酋”、“酉”本一字。“酉”本为酒尊，借用为地支名后，酒尊之意以增“八”作“酋”来区分，且加双手作“尊”。张舜徽说“酋”字是“酉”的异体。上面的

①徐复、宋文民《说文五百四十部首正解》，江苏古籍出版社，2003年，第437页。

"八"表示酒气外溢,故从"酉"之字可以从"酋"。① 如"尊"甲骨文作[古文字]等,金文作[古文字]、[古文字]、[古文字],战国郭店楚简作[古文字]。太炎先生云:"酋长于祭时奉酒,故后人领袖者称为祭酒。"②

酋部只有一个属字"尊",云:"[古文字],酒器也。从酋,廾以奉之。……尊,或从寸。"现在用"尊"字表示尊卑义,酒器则作"樽"。

## 539. 戌(xū)

"[古文字],灭也。九月,阳气微,万物毕成,阳下入地也。五行,土生于戊,盛于戌。从戊含一。凡戌之属皆从戌。"(辛聿切)

戌为死灭。古用十二地支纪月,戌表示夏历九月,此时阳气微弱,万物都已成熟,阳气向下进入土中。五行中"土"位居于中央的戊位,在戌月(九月)气势最盛,故戌从戊含一("一"表示阳)。段玉裁有不同看法,他从钟鼎文的角度疑其形体为斧戉之戉,借为辰名,小篆为其变体。张舜徽说"戌"为生滅之滅本字,加火为烕,又加水为滅。

甲骨文作[古文字]、[古文字]、[古文字]、[古文字]、[古文字],象古兵器,与戊、戉等皆为斧钺之形。姚孝遂说:"契文戌字作[古文字]、[古文字]、[古文字]诸形,变异多端,要皆象斧钺类之兵器。徐灏《段注笺》'疑即斧戉之戉,借为辰名,小篆变其体耳'。此即罗振玉说之所本。"③金文作[古文字],战国包山楚简作[古文字]、[古文字]。睡虎地秦简作[古文字],已与小篆基本一致了。

戌部无属字。

## 540. 亥(hài)

"[古文字],荄也。十月,微阳起,接盛阴。从二,二,古文上字。一人

①张舜徽《说文解字约注》(第四册),华中师范大学出版社,2009 年,第 3638 页。

②王宁主持整理《章太炎说文解字授课笔记 · 部首》(缩印本),中华书局,2010 年,第 31 页。

③于省吾《甲骨文字诂林》(第三册),中华书局,1996 年,第 2411 页。

男,一人女也。从乙,象褢子咳咳之形。《春秋传》曰:‘亥有二首六身。’凡亥之属皆从亥。，古文亥,为豕,与豕同。亥而生子,复从一起。”(胡改切)

“亥”之构意众说不一。许慎用“荄”解释“亥”,荄意为草根。“亥”表示夏历十月,此时微弱阳气开始滋生,续接旺盛阴气。小篆的字形上面为“上”,下面可以分为两人,一人为男,一人为女,男女交接而怀子。“乙”象怀子后腹部卷曲的样子。褢,抱着;咳,小儿笑的样子。许慎引《春秋传》“二首六身”,或说,这是讲亥字的笔画,上首为两画,下身为六画。但按照现在的小篆的写法下面只有五画,段玉裁注云“盖周时首二画下作六画,与今篆法不同也”。或说“二首六身”有其他寓意,《左传·襄公三十年》有记录,为二万六千六百六十日的隐语,指七十三岁。许慎还说古文亥和豕同。张舜徽说亥即豕的误写。

甲骨文或作、、、、等,西周金文有、、、,春秋金文作、、、、,战国金文作,战国包山楚简,天星观1号墓卜策竹简作,睡虎地秦简作。古文字学家商承祚、吴其昌承继了许慎的说法,谓古“亥”、“豕”一字。郭沫若则说亥为一种奇异之兽,亦牵强之论。卜辞中“亥”均用作干支字。

陆宗达、王宁两位先生认为,“亥”即后来的“豥”。“豥为豕属,《说文·九下·豕部》:‘豕,彘也。竭其尾故谓之豕。象毛足而后有尾。’其古文作,与‘亥’的古文同形。《左传》所说的娄猪,《周易》所说的羸豕,皆此属,怀胎生子最多,‘亥’即豕怀胎生子之形,所以家从豕,也取义于繁殖之义。”①

古文字中后来“亥”、“豕”为两字,但字形容易相混。《吕氏春秋·慎行·察传》:“子夏之晋,过卫。有读史记者曰:‘晋师三豕涉河。’子夏曰:‘非也,是己亥也。夫己与三相近,豕与亥相似。’”

亥部无属字。

---

①陆宗达、王宁《训诂与训诂学》,山西教育出版社,1994年,第208页。

# 参考文献

## 论著部分

1.〔东汉〕许慎《说文解字》(注音版),中华书局 2015 年。
2.〔梁〕顾野王《原本玉篇残卷》,中华书局 1985 年。
3.〔梁〕顾野王《大广益会玉篇》,中华书局 1987 年。
4.〔南唐〕徐锴《说文解字系传》,中华书局 1987 年。
5.〔宋〕戴侗撰,党怀兴、刘斌点校《六书故》,中华书局 2012 年。
6.〔清〕段玉裁《说文解字注》,上海古籍出版社 1988 年。
7.〔清〕桂馥《说文解字义证》,中华书局 1987 年。
8.〔清〕莫友芝著,梁光华注评《唐写本说文解字木部笺异注评》,贵州人民出版社 1998 年。
9.〔清〕钱大昕《十驾斋养新录》,江苏古籍出版社 2000 年。
10.〔清〕阮元《十三经注疏》,中华书局 1980 年。
11.〔清〕王筠《说文解字句读》,中华书局 1988 年。
12.〔清〕王筠《说文释例》,中华书局 1988 年。
13.〔清〕徐灏《续修四库全书 · 说文解字注笺》,上海古籍出版社 1996 年。
14.〔清〕朱骏声《说文通训定声》,武汉市古籍书店影印 1983 年。
15. 曹先擢《汉字文化漫笔》,语文出版社 1993 年。
16. 陈初生《金文常用字典》,陕西人民出版社 1987 年。
17. 陈梦家《中国文字学》,中华书局 2006 年。
18. 陈斯鹏《楚系简帛中字形与音义关系研究》,中国社会科学出版社 2011 年。
19. 陈伟武《愈愚斋磨牙二集——古文字与古文献研究丛稿》,中西书局 2018 年。
20. 党怀兴《〈六书故〉研究》,陕西师范大学出版社 2000 年。
21. 党怀兴《宋元明六书学研究》,中国社会科学出版社 2003 年。
22. 董莲池《说文部首形义新证》,作家出版社 2007 年。
23. 董希谦、张启焕主编《许慎与〈说文解字〉研究》,河南大学出版社 1988 年。
24. 丁福保《说文解字诂林》,云南人民出版社 2006 年。
25. 高明编《古文字类编》,中华书局 1980 年。
26. 高明《中国古文字学通论》,北京大学出版社 1996 年。
27. 郭沫若《两周金文辞大系图录考释》,上海书店出版社 1999 年。
28. 郭芹纳《训诂学》,高等教育出版社 2005 年。
29. 郭锡良《汉字古音手册》,商务印书馆 2010 年。
30. 何九盈《中国古代语言学史》,北京大学出版社 2006 年。
31. 何琳仪《战国古文字典》,中华书局 1998 年。
32. 胡安顺主编《说文部首段注疏义》,中华书局 2018 年。
33. 胡安顺《音韵学通论》,中华书局 2003 年。
34. 黄德宽《汉字理论丛稿》,商务印书馆 2006 年。
35. 黄德宽《古文字谱系疏证》,商务印书馆 2007 年。
36. 黄德宽、陈秉新《汉语文字学史》,安徽教育出版社 2006 年。
37. 黄侃《黄侃论学杂著》,上海古籍出版社 1980 年。
38. 黄侃述,黄焯编《文字声韵训诂笔记》,上海古籍出版社 1983 年。
39. 黄天树《黄天树古文字论集》,学苑出版社 2006 年。
40. 黄天树《〈说文解字〉通论》,北京大学出版社 2014 年。
41. 黄孝德《敝帚自珍集》,武汉大学出版社 2015 年。
42. 华学诚等《扬雄方言校释汇证》,中华书局 2006 年。
43. 蒋善国《汉字学》,上海教育出版社 1987 年。
44. 李国英《小篆形声字研究》,北京师范大学出版社 1996 年。
45. 李圃主编《古文字诂林》,上海教育出版社 2002 年。
46. 李守奎《楚文字编》,华东师范大学出版社 2003 年。

47. 李守奎《汉字学论稿》,人民美术出版社 2016 年。
48. 李孝定《甲骨文字集释》,中研院史语所 1970 年。
49. 李学勤《古文字学初阶》,中华书局 2006 年。
50. 李学勤主编《字源》,天津古籍出版社 2012 年。
51. 李运富《楚国简帛文字构形系统研究》,岳麓书社 1997 年。
52. 李运富《汉字学新论》,北京师范大学出版社 2012 年。
53. 林沄《古文字学简论》,中华书局 2012 年。
54. 刘钊《古文字构形学》,福建人民出版社 2006 年。
55. 刘志成《中国文字学书目考录》,巴蜀书社 1997 年。
56. 陆宗达、王宁《训诂方法论》,中国社会科学出版社 1983 年。
57. 陆宗达《说文解字通论》,中华书局 2015 年。
58. 罗福颐主编《古玺文编》,文物出版社 1981 年。
59. 罗卫东《春秋金文构形系统研究》,上海教育出版社 2005 年。
60. 马如森《殷墟甲骨文实用字典》,上海大学出版社 2008 年。
61. 孟蓬生《上古汉语同源词语音关系研究》,北京师范大学出版社 2001 年。
62. 启功《古代字体论稿》,文物出版社 1964 年。
63. 齐元涛《隋唐五代碑志楷书构形系统研究》,上海教育出版社 2007 年。
64. 裘锡圭《文字学概要》,商务印书馆 2013 年。
65. 裘锡圭《古文字论集》,中华书局 1992 年。
66. 任继昉《释名汇校》,齐鲁书社 2006 年。
67. 任学良《〈说文解字〉引论》,福建人民出版社 1985 年。
68. 容庚编著,张振林、马国权摹补《金文编》,中华书局 1985 年。
69. 宋永培《〈说文〉汉字体系研究法》,广西教育出版社 1999 年。
70. 宋永培《〈说文〉与上古汉语词义研究》,巴蜀书社 2001 年。
71. 宋永培《说文与训诂研究论集》,商务印书馆 2013 年。
72. 苏宝荣《〈说文解字〉导读》,陕西人民出版社 1993 年。
73. 苏宝荣《许慎与〈说文解字〉》,大象出版社 1997 年。

74. 苏宝荣《〈说文解字〉今注》,陕西人民出版社 2000 年。
75. 商承祚《说文中之古文考》,上海古籍出版社 1983 年。
76. 沈兼士《沈兼士学术论文集》,中华书局 1986 年。
77. 汤可敬《〈说文解字〉今释》,岳麓书社 1997 年。
78. 唐兰《中国文字学》,上海古籍出版社 2005 年。
79. 王凤阳《汉字学》,吉林文史出版社 1989 年。
80. 王贵元《马王堆帛书汉字构形系统研究》,广西教育出版社 1999 年。
81. 王贵元《〈说文解字〉校笺》,学林出版社 2002 年。
82. 王辉《商周金文》,文物出版社 2006 年。
83. 王辉《高山鼓乘集——王辉学术文存二》,中华书局 2008 年。
84. 王辉、陈昭容、王伟《秦文字通论》,中华书局 2016 年。
85. 王力《同源字典》,中华书局 2014 年。
86. 王力《中国语言学史》,复旦大学出版社 2006 年。
87. 王国维《观堂集林》,中华书局 1959 年。
88. 王立军《宋代雕版楷书构形系统研究》,上海教育出版社 2003 年。
89. 王宁《汉字构形学导论》,商务印书馆 2015 年。
90. 王宁主编《通用规范汉字字典》,商务印书馆 2013 年。
91. 王宁主编《训诂学》(第 2 版),高等教育出版社 2010 年。
92. 王宁《训诂学原理》,中国国际广播出版社 1996 年。
93. 王宁主编《训诂学与词汇语义学论集》,语文出版社 2011 年。
94. 王宁、董希谦主编《许慎与说文小丛书》,河南人民出版社 1994 年。
95. 王宁主持整理《章太炎说文解字授课笔记》,中华书局 2010 年。
96. 王平《说文研读》,华东师范大学出版社 2011 年。
97. 徐在国《隶定古文疏证》,安徽大学出版社 2002 年。
98. 徐前师《唐写本玉篇校段注本说文》,上海古籍出版社 2008 年。
99. 徐正考《汉代铜器铭文研究》,吉林教育出版社 1999 年。
100. 徐正考、王冰、李振东《〈论衡〉词汇研究》,吉林大学出版社 2014 年。
101. 徐中舒主编《甲骨文字典》,四川辞书出版社 1989 年。
102. 殷焕先《汉字三论》,齐鲁书社 1981 年。

103. 杨树达《积微居小学金石论丛》,中华书局 1983 年。
104. 杨树达《积微居小学述林》,中华书局 1983 年。
105. 余国庆《说文学导论》,安徽教育出版社 1995 年。
106. 于省吾主编《甲骨文字诂林》,中华书局 1996 年。
107. 于省吾《甲骨文字释林》,中华书局 1979 年。
108. 姚孝遂《许慎与〈说文解字〉》,中华书局 1983 年。
109. 曾宪通、林志强《汉字源流》,中山大学出版社 2011 年。
110. 詹鄞鑫《汉字说略》,辽宁教育出版社 1991 年。
111. 张标《20 世纪说文学流别考论》,中华书局 2003 年。
112. 张颔《古币文编》,中华书局 1986 年。
113. 张其昀《"说文学"源流考略》,贵州人民出版社 1998 年。
114. 张守中《郭店楚简文字编》,文物出版社 2000 年。
115. 张守中《睡虎地秦简文字编》,文物出版社 1994 年。
116. 张书岩、王铁昆、李青梅、安宁《简化字溯源》,语文出版社 1997 年。
117. 张舜徽《〈说文解字〉导读》,中国国际广播出版社 2008 年。
118. 张舜徽《〈说文解字〉约注》,华中师范大学出版社 2009 年。
119. 张涌泉《汉语俗字研究》(增订本),商务印书馆 2010 年。
120. 赵平安《隶变研究》,河北大学出版社 1993 年。
121. 赵平安《说文小篆研究》,广西教育出版社 1999 年。
122. 赵学清《〈韩非子〉同义词研究》,中国社会科学出版社 2004 年。
123. 赵学清《战国东方五国文字构形系统研究》,上海教育出版社 2005 年。
124. 郑振峰《甲骨文字构形系统研究》,上海教育出版社 2006 年。
125. 中国社会科学院考古研究所《甲骨文编》,中华书局 1965 年。
126. 钟如雄《转注系统研究》,商务印书馆 2014 年。
127. 周大璞主编,黄孝德、罗邦柱编著《训诂学初稿》(第五版),武汉大学出版社 2013 年。
128. 周祖谟《周祖谟文字音韵训诂讲义》,天津古籍出版社 2004 年。
129. 祝敏申《〈说文解字〉与中国古文字学》,复旦大学出版社 1998 年。

130. 朱湘蓉《秦简词汇初探》,中国社会科学出版社 2012 年。
131. 邹晓丽《基础汉字形义释源》(修订本),中华书局 2007 年。

## 甲骨文字形及卜辞出处简称表

1.《铁》:《铁云藏龟》(六册),刘鹗,1058 片,抱残守缺斋石印本 1903 年。
2.《拾》:《铁云藏龟拾遗》,叶玉森,240 片,五凤砚斋影印本 1925 年。
3.《前》:《殷墟书契前编》,罗振玉,2229 片,珂罗版影印本 1913 年。
4.《菁》:《殷墟书契菁华》,罗振玉,68 片,实物照片影印本 1914 年。
5.《后》:《殷墟书契后编》,罗振玉,1104 片,珂罗版影印本 1916 年。
6.《续》:《殷墟书契续编》,罗振玉,2016 片,珂罗版影印本 1933 年。
7.《甲》:《殷墟文字甲编》,董作宾,3942 片,商务印书馆 1948 年。
8.《乙》上:《殷墟文字乙编》(上),董作宾,3472 片,中研院史语所 1948 年。
9.《乙》中:《殷墟文字乙编》(中),董作宾,2800 片,中研院历语所 1949 年。
10.《乙》下:《殷墟文字乙编》(下),董作宾,2833 片,中研院史言所 1953 年。
11.《佚》:《殷契佚存》,商承祚 1000 片,金陵大学中国文化研究所影印 1933 年。
12.《粹》:《殷契粹编》,郭沫若,1595 片,日本东京文求堂书店石印本 1937 年。
13.《摭续》:《殷契摭佚续编》,李亚农,343 片,商务印书馆 1950 年。
14.《京津》:《战后京津新获甲骨集》(四卷),胡厚宣,5642 片,上海群联出版社 1954 年。
15.《存》:《甲骨续存》(三册),胡厚宣,3753 片(上编一,二册,拓本 2755 片;下编三册,摹本 998 片),上海群联出版社 1955 年。
16.《缀合》:《殷墟文字缀合》,郭若愚、曾毅公、李学勤,482 片,科学出版社 1955 年。

17.《掇》:《殷契拾掇》(二编),郭若愚,510 片,上海出版公司 1953 年。

18.《怀》:《怀特氏等所藏甲骨文集》,许进雄,1915 片,加拿大多伦多皇家安大略博物馆 1979 年。

19.《京》:《京都大学人文科学研究所藏甲骨文字》,贝塚茂树,3246 片,京都大学人文科学研究所 1959 年。

20.《英》:《英国所藏甲骨集》,李学勤、齐文心、艾兰,2674 片,中华书局 1985 年。

21.《屯》:《小屯南地甲骨》,中国社会科学院考古研究所编,4589 片,中华书局 1980 年。

22.《合》:《甲骨文合集》,郭沫若主编,胡厚宣总编辑,41956 片,共十三册,中华书局 1978-1983 年。

23.《合补》:《甲骨文合集补编》,彭邦炯、谢济、马季凡,13450 片,语文出版 1999 年。

# 音序索引

# 后 记

乙丑夏，余卒业山东聊城师范学院，旋留校任教，以弱冠而授古文，惶恐之心难以备述。于小学诸科，余独钟文字训诂之学。授课之余，勤加研习，夜以继日，希冀深造。越二年，如愿入珞珈攻读硕士学位，从黄孝德先生习训诂之学。其时武汉大学为章黄学术重镇，名家如林，称盛一时。耀先黄焯先生为蕲春大师之亲侄，朝夕侍坐；博平刘赜先生乃季刚先生之高弟，尽得真传。而黄师尝为刘博平先生之助手，颇精字典训诂之学。黄师谆谆诫余曰：小学之根在《说文》，文字者，学问之灯火也，不由是而求，犹暗中索物，岂可得哉！余默识书绅，勤而行之，究心许学，未敢稍懈，尔来二十余年矣！

硕士业成，即返齐鲁任教。其间兼授《说文》部首选修课，诸生学而时习，乐在其中。如此有年，入之愈深，渐觉其难，所谓教而后知困也，遂生深造之念。岁在丁丑，上天垂爱，余得入北京师范大学攻博士学位，从王宁、邹晓丽二先生习文字之学。京师黉门，硕儒毕集，三载问学，颇云有得。辱蒙王宁先生不我遐弃，命参与汉字构形史系列研究，因得撰成《战国东方五国文字构形系统研究》一稿，复承赵诚、何九盈、高明、何琳仪、董琨、李国英、李运富诸先生赐予评阅，通过答辩，亦曰幸矣！辞别京师，继入四川大学博士后流动站，师从宋永培先生深入研究传统语言文字学。永培师亲炙陆颖明宗达先生，兼得王宁先生之指授，精于《说文》之学，实章黄学术之传人。是时，永培师方以语言内证之理论，梳理九经三传之词义，助余完成出站报告《〈韩非子〉同义词研究》，该文获赵振铎、彭裕商、俞理明、刘志成诸先生之好评。余既感且愧，默念此皆先师之垂训，余固不敢自是；而今先师墓木已拱，每忆及此，泫然伤神。

庚辰千禧，序属三秋，北师大“章黄学术思想研究中心”假胜地海宁召开“章黄学术思想研讨会”。余有幸参会，其间适逢陕西师大胡安顺先生，相谈甚欢，盛邀余共事于古城名校。是年冬，余赴川大，途经西安，访胡先生。先生关心后学之情，令人感怀，遂约出站后入职陕西师大。辛巳年秋，余践约赴三秦大地，执教耕耘，磨砻砥砺，至今不觉已近二十年矣。

余涉猎《说文》之学已逾卅载，为诸生授“《说文》精读”亦多历年所。稿初成，幸获国家社科基金后期资助；又蒙中华书局垂爱，接受出版。余于是稿，虽亹勉从事，刮垢磨光，改作者六，然因心志钝疏，积学所限，难免挂一漏万，还望博雅不吝指教！

拙稿曾得各位恩师指点，情深意厚，永志不忘。适值拙作问世之际，夏渌先生、宋永培师、何琳仪先生、邹晓丽师已先后辞世，请益无从，曷胜悲悼！

余供职师大期间，得古汉语教研室帮助颇多，相处欢哈，其乐融融。衷心感谢胡安顺、党怀兴、郭芹纳、陈枫、李占平、王怀中、朱湘蓉、王伟、惠红军、李孝仓、周广干诸位师长同仁！也感谢现代汉语教研室的邢向东、黑维强、杜敏、柯西钢诸位同仁的帮助！拙作即将付梓，又蒙胡先生审阅并赐序，感谢之情无以言表！

拙稿校改过程中，博士研究生马静、蔡红、李文亮、张文倩、刘洁琳，硕士研究生李梦颖、王晓敏、刘巧慧、齐妙、胡瑞瑶、黄芷晴、宋晓萱、马靓婧、刘周霏、段佳宁、邢文改尽心竭力，贡献良多，谨致谢忱！

最后，特别向中华书局俞国林、朱兆虎、白爱虎诸位先生致以谢忱！微其助，拙稿之面世也，难矣！

于陕西师范大学长安校区悠然居

2019 年 8 月 20 日